中文社会科学引文索引（CSSCI）来源集刊

人文论丛

2021年

第1辑（总第35卷）

陈　锋　主编

教育部人文社会科学重点研究基地
武汉大学中国传统文化研究中心　主办

武汉大学出版社

图书在版编目(CIP)数据

人文论丛.2021年.第1辑:总第35卷/教育部人文社会科学重点研究基地,武汉大学中国传统文化研究中心主办.—武汉:武汉大学出版社,2021.6
ISBN 978-7-307-22392-9

Ⅰ.人…　Ⅱ.①教…　②武…　Ⅲ.社会科学—2021—丛刊　Ⅳ.C55

中国版本图书馆 CIP 数据核字(2021)第 099063 号

责任编辑:李　程　　　责任校对:汪欣怡　　　版式设计:马　佳

出版发行:**武汉大学出版社**　　(430072　武昌　珞珈山)
(电子邮箱:cbs22@whu.edu.cn 网址:www.wdp.com.cn)
印刷:武汉中远印务有限公司
开本:787×1092　1/16　　印张:16.25　　字数:392 千字　　插页:2
版次:2021 年 6 月第 1 版　　　2021 年 6 月第 1 次印刷
ISBN 978-7-307-22392-9　　　　定价:68.00 元

《人文论丛》2021年第1辑（总第35卷）

学术顾问（以姓氏笔画为序）

卜松山　艾　兰　冯天瑜　池田知久

朱　雷　杜维明　宗福邦　谢和耐

裘锡圭

编委会成员（以姓氏笔画为序）

刘礼堂　李维武　陈文新　陈　伟

陈　锋　吴根友　沈壮海　余来明

张建民　杨　华　杨逢彬　罗国祥

尚永亮　郭齐勇　储昭华

主　编 陈　锋

副主编 郭齐勇　陈文新　杨　华

本卷执行主编 陈文新

本卷执行编辑 张昭炜

本　卷　编　务 王　迪　李小花

目　录

学 术 综 述

人 文 探 寻

博古旧家风，清赏分雅俗

—— 明清江南书画收藏赏鉴

□ 范金民

【摘要】 明前期到清前期江南的书画收藏鉴赏，显示出如下五个特点：一是就其热衷此道者而言，大要有素封地主土豪、官僚士大夫和专业的书画家与学者等三类人；二是地域上集中在农业经济较为发达、经营较为丰厚和科举最为成功的苏州、松江、常州地区；三是明中期书画文物作为清玩，收藏赏鉴之风在盛平之世随即兴起；四是就收藏内容而言，将宋本等古籍善本视为文物，纳入收藏范围；五是收藏对象重视前代珍品名迹的同时，当代人的作品已经引起时人的兴趣，开始走俏吃香。晚明江南的收藏赏鉴市场，显然是由以苏州为中心的江南士大夫的爱好欣赏之风掀起而由徽商推波助澜走向红火的；商人资本大量加入日益红火的江南书画古玩市场，使得收藏主体和文玩的集聚地点发生了变化；收藏鉴赏的表现途径也有两点异于前代，一是共同交流切磋的程度断非前代可比，二是收藏鉴赏圈的繁密程度也非前代可比。清前期江南书画文物收藏赏鉴，至少有四点值得注意：一是收藏赏玩者的主体主要是缙绅士夫；二是收藏赏玩者的地域向苏杭嘉地区的转移，江南文物收藏赏鉴的版图在清代前期更向东部转移；三是文物收藏鉴赏有着向家族集中的趋势；四是文物藏鉴的客观条件似乎更优于前代。江南之风，始终尚古，为古物收藏赏鉴提供了十分坚实的基地。

【关键词】 明清江南；书画；收藏；赏鉴

　　自明末嘉兴人沈德符说"嘉靖末年，海内宴安，士大夫富厚者，以治园亭、教歌舞之隙，间及古玩"① 后，今人多依此说，均将江南文物古玩的收藏赏鉴风气定在晚明，相关论述也一直集中在晚明时段。其实在江南，此风肇始于南宋末年，中经元朝，到明中期再度兴起，从未停歇。

　　对于晚明以前江南的书画收藏赏鉴，明末上海人张泰阶概括宋元明三代书画收藏鉴赏情形道："粤稽自古名绘多矣，得宣和内府之标题而声价始重，经元季诸公之欣赏而订正愈真。从唐历宋以至国初，作者代起，然绘事流传于海内者十之三，而聚于东吴者十之七，以胜国赏鉴家如四大名家皆吴产也，散之各邑者十之三，而聚于郡治者又十之七。以

---

① 沈德符：《万历野获编》卷 26《玩具·好事家》，中华书局 2004 年版，第 654 页。

近代收藏家王文恪公、徐默庵皆郡人也。元至正间，最称好事者，无如危太素、袁清容、徐元度、姚子章诸君，皆极力搜讨，苦心撰实，不啻米家书画船。昭代惟王、徐两家差可无愧，而收揽大不及前，亦时代囿之耳。"① 明末清初文坛领袖钱谦益则说："自元季迄国初，博雅好古之儒，总萃于中吴。南园俞氏、笠泽虞氏、庐山陈氏，书画金石之富甲于海内。景、天以后，俊民秀才，汲古多藏，继杜东原、邢蠡斋之后者，则性甫、尧民两朱先生，其尤也。其他则又有邢量用文、钱同爱孔周、阎起山秀卿、戴冠章甫、赵同鲁与哲之流，皆专勤绩学，与沈启南、文徵仲诸公相颉颃，吴中文献，于斯为盛。"② 按照这两人的说法，元代书画收藏赏鉴家多是江南人，早自元末起苏州一带已是书画收藏赏鉴中心，书画金石收藏最为丰赡，明早中期江南已涌现出诸多书画收藏赏鉴家。现着重考察明前期到清前期江南收藏鉴赏情形，期能深化相关研究。

一、明中期以前江南书画收藏赏鉴

元代，特别是元末，江南素封地主经济实力雄厚，以文雅相尚。明中期人吴宽说："浙右文雅，莫盛于元季，若徐幼文、倪元镇、马孝常、周履道诸公，既皆有名当时，至衲僧羽人，亦或弄笔墨而追逐于文场诗社间。"③ 又说："元之季，吴中多富室，争以奢侈相高，然好文而喜客者，皆莫若顾玉山，百余年来吴中尚能道其盛。"④ 这个顾玉山，就是发起玉山雅集的昆山人顾德辉顾阿瑛。他家"园池亭榭之盛，图史之富，与夫饩馆声伎并鼎甲一时"，富有才情，不但举办诗文雅集，而且"喜购古书名画三代以来彝鼎秘玩，集录赏鉴无虚日"⑤。"益购古书名画彝鼎秘玩"，热衷收藏，擅长文物鉴赏，"日与文人儒士为诗酒友。又颇鉴古玩好"。⑥ 所以明中期苏州藏书家黄省曾说，"自顾阿瑛好蓄玩器书画，亦南渡遗风也，至今吴俗权豪家，好聚三代铜器，唐宋玉、窑器、书画"⑦，将其视为江南书画文物收藏之风大盛的肇事者。

元末明初江南热衷于文物收藏的，自然不仅仅是顾德辉、倪瓒等寥寥数人，享有盛名者大有人在。

在苏州，如前述钱谦益列举的南园俞氏，指俞琰世代。俞琰字玉吾，吴县人。宋宝祐

---

① 张泰阶：《宝绘录》卷1《宝绘楼记》，《四库全书存目丛书》子部第 72 册，齐鲁书社 1997 年版，第 133 页。

② 钱谦益：《列朝诗集小传》丙集"朱处士存理"条，上海古籍出版社 1983 年版，第 303 页。文中邢量用文，实即邢量，字蠡斋，钱谦益可能失于检核。

③ 吴宽：《家藏集》卷 51《题元人墨迹》，《景印文渊阁四库全书》第 1255 册，台湾"商务印书馆" 1986 年版，第 473 页。

④ 吴宽：《家藏集》卷 51《跋桃源雅集记》，《景印文渊阁四库全书》第 1255 册，台湾"商务印书馆" 1986 年版，第 468 页。

⑤ 殷奎：《顾府君墓志铭》，顾沅辑：《吴郡文编》卷 201《墓志碣十三》，第 6 册，上海古籍出版社 2011 年版，第 22 页。

⑥ 《（正德）姑苏志》卷 54《人物十四·文学》，第 27~28 页；朱珪：《名迹录》卷 4《金粟道人顾君墓志铭》，《景印文渊阁四库全书》第 683 册，台湾"商务印书馆" 1986 年版，第 66 页。

⑦ 黄省曾：《吴风录》，《五朝小说大观》，上海扫叶山房 1926 年石印本，第 1 页。

间以词赋称。宋亡，隐居著述，不复仕进。以义理之学淑人。于书无不读，精于《易》学。尤好鼓琴。年老自号石涧。元元贞间卒，年七十余。著述丰富。仲子温，克承其志。孙贞木，初名祯，字贞木，后以字行，更字有立。自少笃志问学，尤工古文词。元季不仕，洪武初以荐授韶州府乐昌县知县，后改南康府都昌知县。有《立庵集》若干卷。①因住府城南园，"老屋数椽，古书金石，充牣其中。传四世皆读书修行"，人称"南园俞氏"。笠泽虞氏，指虞堪，字克用，一字胜伯。宋丞相允文之八世孙。家长洲，隐居行义，不乐仕进。家藏书甚富，多手自编辑。为诗清顺则丽，间写山水，也有思致。雅重先世手泽，闻有先祖遗文，虽千里外必购得之。博学行修，为一时所推。②庐山陈氏，指陈徵（1297—1348年），字明善，庐山人。宋宣和进士左朝散大夫篆之裔孙。少从吴澄游。自六艺百家之书无不读，而尤清介孤峭，不慕荣进，每鼓琴自娱。北游燕赵，遍交名公巨卿，论无下事。南还后，卜居吴地，时人称"天倪先生"。至正八年卒。③

至今为人津津乐道的巨富沈万三，有材料表明，其实也是个收藏家。明中期人沈周记载："国初沈万三者，吴人也，居周庄，富埒封君，所积宝玉、珊瑚、玛瑙、古窑器、汉晋唐宋名贤遗墨迹、图画、书籍，凡不珍玩无不毕具。如玛瑙酒壶，其质通明，类水晶，一枝葡萄如墨点就，号为'月下葡萄'，籍没后为吴江某氏所得。……天顺间，嘉兴李铭字日新者……求鉴古陈二引至富族曹琼家，酬米二十石，李不允。"④吴地另有陆友，字友仁，有"志雅斋"，"博雅好古，工汉隶八分法，尤能鉴辨三代汉魏而下钟鼎铭刻、晋唐法书名画，皆有精识"⑤。吴县光福人徐达左，字良夫，号耕渔子，洪武初为建宁训导。"所藏高编大册甚富"，其中有苏东坡遗张平阳村醪诗真迹。⑥常熟缪贞，善篆隶真行书，虞山碑刻，多其手迹，"尤嗜古，凡三代汉唐器物，悉能购藏"，曾得宋内藏绍兴丁巳邵谔所进《述古图》圆砚，因而以"述古"名堂。⑦

在松江热衷文物收藏的，按嘉靖后期人何良俊的说法，就有青龙镇的任水监家、小蒸的曹云西家、下沙的瞿霆发家、张堰的杨竹西家、陶宅的陶与权家、吕巷的吕璜溪家、祥泽的张家、干巷的侯家等。曹云西是有名的东吴富家，其声华文物可与无锡倪瓒和昆山顾阿瑛并称。其人擅长书画，平远法李成，山水师郭熙，"笔墨清润，全无俗气"。杨竹西即家有不碍云山楼者，家中"元时诸名胜题赞皆满"。干巷侯家则"好古，所藏甚

① 《（正德）姑苏志》卷52《人物十》，第18页，卷54《人物十三·儒林》，第10页；张泉：《吴中人物志》卷6《儒林》，古吴轩出版社2013年版，第61页。

② 《（正德）姑苏志》卷54《人物十四·文学》，第34页；张泉：《吴中人物志》卷7《文苑》，古吴轩出版社2013年版，第82页。

③ 《（崇祯）吴县志》卷51《人物十六》引郑元祐《志略》，第19页。

④ 沈周：《沈周集·石田翁客座新闻》卷6"尤物害人"条，张修龄等校点，上海古籍出版社2013年版，第925页。

⑤ 张泉：《吴中人物志》卷13《艺术》，古吴轩出版社2013年版，第181页。

⑥ 吴宽：《家藏集》卷49《题东坡遗张平阳诗真迹》，《景印文渊阁四库全书》第1255册，台湾"商务印书馆"1986年版，第450页。

⑦ 张泉：《吴中人物志》卷13《艺术》，古吴轩出版社2013年版，第182页。

富"，家有盈尺玉观音，白如凝脂，"乃三代物，至宝也"。此外还有张氏，即有三味轩者。①

在常州路宜兴州，元代中后期有王氏家族，收藏古玩丰夥。孔齐记："义兴王仲德老先生，平日诚实喜静，惟好蓄古定官窑剔红旧青古铜之器，皆不下数百缗，及唐、宋名画亦如之，独无书册法帖耳。"② 这位古器收藏家，元末文人郑元祐也提到他，"荆溪王仲德，以故宋将家子孙，博古嗜学，延致金坛张天民先生于其家"。又说王仲德与其兄子敬、弟子明，承其父传，"书传子史百家之言，三代、两汉尊彝罍鼎之器，六朝以下图史绘画之属，象犀玉石制作之粹"，琳琅满目，入其家，"殆所谓如行山阴道中，千岩万壑，使人应接不暇"。③ 陶宗仪则记："义兴王子明，家饶于财，所藏三代彝鼎，六朝以来法书名画实冠浙右。"④ 张雨也记，王仲德之弟子明，家中藏有宋人苏轼的书法真迹，并为藏画求张雨题字。⑤ 王仲德、王子明兄弟的收藏情形说明，这是宜兴的一个颇具盛名的文玩收藏家族，其藏品极为丰夥，并不像孔克齐所说，其实法书名帖也有藏弄，而且在江南地区特别出名。⑥

在其他地方。杭州有沈积中，家藏《进马图》，其图画师运思极精，栩栩如生。⑦ 湖州有富家某氏，酷爱赵孟頫书画，"重购而蓄之，积至三四箧"⑧。元末人朱旭，博涉经史，尤长于小楷、篆、隶、章草，早年从赵孟頫游，已有能书名，"晚年深造晋唐笔法之妙，家藏法书名画古器，皆神品"⑨。

入明之初，江南富豪遭到朝廷迁徙籍没等沉重打击，经济实力严重摧损，古物收藏的前提荡然无存，但擅长鉴定者仍有其人。如永乐中苏州人周璿，长于书画，因荐供职内廷，居家重视收藏历代书画作品，"其所收贮古今法书名画最多，皆手所装潢，盈厨积筒，值佳客至辄出而玩之，如阅武库之藏，使人目眩意铄，应接不暇，君乃快

---

① 何良俊：《四友斋丛说》卷16《史十二》、卷29《画二》，中华书局1959年版，第136、266页。

② 孔齐：《至正直记》卷4"莫置玩器"，上海古籍出版社2012年版，第127页。

③ 郑元祐：《侨吴集》卷7《题良常草堂卷》、卷10《王氏彝斋记》，《景印文渊阁四库全书》第1216册，台湾"商务印书馆"1986年版，第502、565页。

④ 陶宗仪：《南村辍耕录》卷10"鼎作牛鸣"条，文化艺术出版社1998年版，第140页。

⑤ 张雨《句曲外史集》卷上《墨海棠》注："东坡书蔡君谟《梦中》绝句二、《放妓营》绝句三、虞伯生题四绝于后，真迹藏义兴王子明家。要予次韵，凡九首。"（《景印文渊阁四库全书》第1216册，台湾"商务印书馆"1986年版，第359页）

⑥ 有关王仲德家族的收藏，还可参见刘迎胜：《王仲德家族与元末江南古玩收藏》，《元史及民族与边疆研究集刊》第22辑，上海古籍出版社2010年版。

⑦ 徐一夔：《始丰稿》卷5《跋进马图》，徐永恩：《始丰稿校注》，浙江古籍出版社2008年版，第140页。

⑧ 镏绩：《霏雪录》卷上，《景印文渊阁四库全书》第866册，台湾"商务印书馆"1986年版，第671页。

⑨ 朱珪：《名迹录》卷3《元故希古道人朱公圹志》，《景印文渊阁四库全书》第683册，台湾"商务印书馆"1986年版，第59页。

焉"①。同时苏州人滕用亨，问学辨博，文词尔雅，尤精六书之学，其篆隶之妙，无人能匹。永乐三年（1405年）以将近七十高龄服侍内廷，专司鉴定书画。曾随皇帝赏阅画卷，众人皆定为赵千里，而用亨认为笔意类王晋卿。等到终卷，果有驸马都尉王诜名，用亨之见得到证实。②华亭人张观，字可观，元末徙嘉兴，洪武中寓长洲之周庄。尚古，工画山水，师法夏圭、马远，与吴仲圭游，故其笔力古劲，无俗弱之气。尤善鉴别古器物书画。③

进入明中期，经过近百年的经济和社会恢复，江南农业经营更加成功，社会财富迅速增加，以苏州为中心的文物收藏鉴赏开始成为风尚。

较早者，如业农起家的苏州王氏，王錡回忆："余家旧有万卷堂，藏书甚多，皆宋元馆阁校勘定本，诸名公手抄题志者居半。……又藏唐宋名人墨迹数十函，名画百数十卷，乃玉涧所掌。又有聚古轩，专藏古铜鼎彝、钟、卣、古玉环、玦、卮、斗、方响、浮磬之类，皆有款志。古琴数张，惟一天秋三世、雷霜天玉磬、夜鹤唳寒松为最。文房诸具，悉皆奇绝。他如刻丝、螺漆、官窑甓器，毕聚其中，乃长兄坦斋所掌。二公最能赏鉴，目力甚高，绝无赝假。客至，纵其展玩。天顺三年，从父仙游，兄亦继卒。不二年，为回禄所祸，一夕荡然。余弃而不视，或有得于煨烬之余者，皆以高价而售。虽石刻数通，煅毁逮尽，止存颜鲁公《乞米帖》、涪翁《墨竹赋》半篇而已。"④无论藏品数量，还是藏品档次，乃至鉴赏水平，王錡家均颇为瞩目。

此后的成化、弘治、正德和嘉靖四朝，江南各地收藏鉴赏大家迭出，收藏和赏鉴蔚成风尚。成、弘时期苏州的诗文和收藏大家吴宽说："近岁号能鉴赏书画者，吾苏有刘金宪廷美，华亭有徐正郎尚宾。二公皆既以博雅见称于人，而又力足以致奇玩，故人家断缣残墨皆归之，其得之既的，而益不足，为之废寝食汲汲走东西购求不已。岁久，大江之南称收蓄之富者，莫敢争雄焉。"⑤明末苏州人张应文，列举明代江南鉴赏家为：徐有贞、李应桢、沈周、吴宽、都穆、祝允明、陆完、史鉴、黄琳、王鏊、王延喆、马愈、陈鉴、朱存理、陆深、文徵明、文彭、文嘉、徐祯卿、王宠、陈淳、顾定芳、王延陵、黄姬水、王世贞、王世懋、项元汴、陆会一，共28人。⑥按张应文的说法，明代江南的书画鉴赏家，大部分是明中期人。于此一端，即可见明中期江南文物收藏鉴赏之盛。

刘廷美，名珏，字廷美，号完庵，长洲人。宣德中领应天乡试，正统中官至山西按察佥事，故人称刘金宪。三年，弃官归。工唐律，对偶清丽，时人称为"刘八句"；行草师李邕，画师黄鹤山人，"皆能得古人笔意"，"各极其妙"。有诗集《完庵集》。精于鉴古，访求甚富，"残缣断墨，靡不藏弄"，或谓"博古精鉴，晋宋以来法书名画多

①　徐有贞：《武功集》卷4《故中书舍人周君行状》，《景印文渊阁四库全书》第1245册，台湾"商务印书馆"1986年版，第179页。
②　《（正德）姑苏志》卷54《人物十四·文学》，第35页。
③　《（正德）松江府志》卷30《人物七·艺术》，第30页。
④　王錡：《寓圃杂记》卷6"余家书画"条，中华书局1997年版，第45页。
⑤　吴宽：《匏翁家藏集》卷48《跋元诸家墨迹》，《景印文渊阁四库全书》第1255册，台湾"商务印书馆"1986年版，第441页。
⑥　张应文：《清秘藏》卷下"叙赏鉴家"条，黄宾虹、邓实编：《美术丛书》初集第8辑，江苏古籍出版社1997年版，第491页。

能购藏"。家居累石为山，号"小洞庭"，构草堂图，厘为十景，图系以诗，与徐有贞、沈周等相唱和。① 都穆编《寓意编》，就记载其藏有僧巨然《赤壁》《雪屋会琴》二图，宋人黄岩叟、李乐庵、梁克家、赵令时、范石湖、李泰发诸贤手帖一册等珍品。徐尚宾，名观，字尚宾，华亭人。工翰墨，有才名，与沈粲、钱溥、叶盛等文人书家相交游。

此二位收藏鉴赏大家之外，明中期江南地区在收藏鉴赏方面的著名人物，主要有：

苏州府：吴县徐达左、杜琼、徐有贞、陆汝器、王鏊王延喆父子、唐寅、都穆，长洲邢量、沈周沈云鸿父子、李应桢、吴宽、朱存理、祝允明、陆完、钱同爱，吴江史鉴，昆山陆容、许珝鸿，嘉定韩瑄；松江府：曹泾杨氏，华亭徐观，上海陆深；常州府：宜兴徐溥尹氏，无锡华珵、华珏、华夏、安国、盛舜臣、邹氏，江阴薛尧卿、葛惟善；杭州府：钱塘戴进，董氏；南京：王徽，守备太监钱能、王赐及王赐之侄锦衣卫指挥王琳。

如长洲沈周（1427—1509年）沈云鸿父子。沈周善诗文，工行草，尤善绘山水。不但为吴门画派首领，而且沈氏五世收藏故物，将近百年。既多且珍。如郭忠恕《雪霁江行图》，有宋徽宗御书十字；苏文忠前后《赤壁赋》，李龙眠作图，隶字书；宋人李忠定书一、张忠献书一、赵忠简札子一，外小帖一，吕忠穆、李庄简书各一，共为一卷；蔡、苏、黄、米真迹一卷；李成画、商乙父尊、悦生《兰亭》，精妙不减定武；刘廷美收藏过的僧巨然《赤壁》《雪屋会琴》二图，高克明山水一卷，宋秘府物，均归其藏弄。② 别业名"有竹居"，耕读其间，"佳时胜日，必具酒肴，合近局，从容谈笑。出所蓄古图书器物，相与抚玩品题以为乐。晚岁名益盛，客至亦益多，户屦常满。先生既老，而聪明不衰，酬对终日不少厌怠。风流文物，照映一时。百年来东南文物之盛，盖莫有过之者"③。子云鸿，字维时。长于考订，工诗善用事。喜积书，校雠甚勤。"特好古遗器物书画，遇名品，摩拊谛玩，喜见颜色，往往倾橐购之。……缥囊缃帙，烂然充室。"推为东南书画赏鉴大家。④

吴江史鉴（1434—1496年），于书无所不读，尤熟于史。"为文章纪事有法，醇雅如汉人语，诗则不屑为近体"，"家居甚胜，水竹幽茂，亭馆相通，如入顾辟疆之园。客至，陈三代秦汉器物及唐宋以来书画名品，相与鉴赏"⑤。家藏历代稀世珍迹，如唐褚河南书《文皇哀册文》，欧阳询《梦奠帖行书》，颜鲁公《刘中使帖》四十一字，僧巨然山水大

---

① 《（正德）姑苏志》卷52《人物十·名臣》，第7～8页；张泉：《吴中人物志》卷7《文苑》，古吴轩出版社2013年版，第87页；钱谦益：《列朝诗集小传》乙集《刘金事廷》，上海古籍出版社1983年版，第204页。

② 吴宽：《家藏集》卷48《跋元诸家墨迹》，《景印文渊阁四库全书》第1255册，台湾"商务印书馆"1986年版，第441页；钱谦益：《石田先生事略》，沈周：《沈周集·石田先生诗钞》卷10，张修龄等点校，上海古籍出版社2013年版，第249～250页。

③ 文徵明：《文徵明集》卷25《沈先生行状》，周道振辑校，上海古籍出版社1987年版，595～596页。

④ 文徵明：《文徵明集》卷29《沈维时墓志铭》，周道振辑校，上海古籍出版社1987年版，第673页。

⑤ 吴宽：《家藏集》卷74《隐士史明古墓表》，《景印文渊阁四库全书》第1255册，台湾"商务印书馆"1986年版，第728页。

幅，韩熙载《夜宴图》，李龙眠《九歌图》一卷；赵子昂《人马图》《秋江烟霭图》，黄大痴《溪山图》，吴仲圭《拟范宽雪峰萧寺图》长幅，薛尚功摹钟鼎款识真迹二十卷等。① 按都穆的说法，史鉴还藏有唐赵模集晋字千文。

长洲吴宽（1435—1504年），成化八年（1472年）状元，官至礼部尚书，谥文定。言词雅淳，文翰清妙，成化、弘治间以文章德行负天下重望者三十年。② "平生最好苏学，字法亦酷肖东坡，缣素流传，收藏家珍如拱璧。"③ 怀素《自序帖》，天下奇迹，吴宽曾收藏。④ 北宋书家李建中所作帖，存世殊少，王鏊赞为"清丽圆熟，状态横生，可谓深得二王笔法者"，吴宽也有收藏。⑤ 宋人魏了鹤手书，世所罕见，吴宽从魏的通家之好吴江虞氏处获得。⑥ 世上出现的南宋理宗赐郑丞相书，吴宽鉴定为真迹，既详且审。⑦ 按都穆的说法，吴宽还藏有唐林藻《深慰帖》，宋秘府物；五代《胡瑰番族图》，南唐周文矩《诗意图》，宋许道宁《溪山风雨图》；宋人画《聚禽图》，后有宋绍兴小印；宋人画《德星图》，后有朱子门人胡泳跋，宋末藏周公谨家；钱舜举《秋岩行旅图》；元赵子俊《萧翼赠兰亭图》。按其《家藏集》所载，他还藏有南唐王齐翰的《勘书图》。

长洲朱存理（1444—1513年），博雅好古，闻人有异书，必访求，以必得为志。家富藏书。纂集《铁网珊瑚》《野航漫录》《吴郡献征录》《旌孝录》《鹤岑随笔》《名物寓言》等书。⑧《铁网珊瑚》所记皆元、明吴中文物秘玩、书画珍品，以为海中珊瑚官树尽辑其铁网之中。其中有米芾临黄庭经，后归沈周；虞丞相允文手帖，后归黄应龙；虞文靖公正书金刚经一卷。正德八年以布衣终。"万事不如杯在手，一年几见月当头"即其句。⑨

吴县王鏊（1450—1524年）王延喆父子。王鏊成化十一年探花，官至户部尚书、文渊阁大学士。立朝三十余年，廉正守道，恒如一日。喜文辞翰墨，工诗善书。平时留心收藏，颇具眼力。入内阁后，家书指示："如有古书古墨迹，看得真正，为我买些来"；"前寄赵松雪帖，不佳，盖赝作也"。⑩ 藏品有《古墨林》一卷、宋苏长公一帖。曾得古

① 《（道光）黄溪志》卷8《丛记》，第2~4页。

② 《（正德）姑苏志》卷52《人物十·名臣》，第47页。

③ 《四库全书》馆臣《家藏集》提要。

④ 王鏊：《震泽集》卷35《跋苏子美临怀素自叙帖》，《景印文渊阁四库全书》第1256册，台湾"商务印书馆"1986年版，第509页。

⑤ 王鏊：《震泽集》卷35《跋李西台书》，《景印文渊阁四库全书》第1256册，台湾"商务印书馆"1986年版，第510页。

⑥ 李东阳：《怀麓堂集》卷40《跋鹤山魏先生书真迹》，《景印文渊阁四库全书》第1250册，台湾"商务印书馆"1986年版，第437页。

⑦ 王鏊：《震泽集》卷35《跋宋理宗赐郑清之御笔诗 王唯颜家藏》，《景印文渊阁四库全书》第1256册，台湾"商务印书馆"1986年版，第514页。

⑧ 文徵明：《文徵明集》卷29《朱性甫先生墓志铭》，周道振辑校，上海古籍出版社1987年版，第679页。

⑨ 何良俊：《四友斋丛说》卷26《诗三》，中华书局1959年版，第236页。

⑩ 王鏊：《王鏊集》补遗，引宣统《太原家谱》卷28，吴建华点校，上海古籍出版社2013年版，第541、543页。

研二方，其一"形中规，有柄可提"①，系魏文靖公遗物，极为难得。迁居郡城南濠，筑室南隐楼，弄藏古书名画，与人切磋。② 王鏊长子延喆，席丰履厚，生活豪奢，性喜收藏，鉴赏具眼力。家藏"珠玉宝玩尊彝窑器法书名画，价值数十万"③。摹写老家洞庭东山风光，在苏州阊门内构筑怡老园，以养亲怡心；因思其父好藏书，仿刻宋本《史屏》，为世所珍。平时以宫室产业玩好声乐相尚，家藏"三代铜器万件，数倍于《宣和博古图》所载"④。张择端《清明上河图》，据说原在南京一质库，后入魏公家，王延喆可能也曾收藏。⑤

吴县都穆（1459—1525年），弘治十二年（1499年）进士，授工部主事，历官礼部郎中，加太仆寺少卿致仕。清修博学，为时所重，虽老而为学不倦。博雅好古，考订金石，富藏书，喜蓄书画，搜访金石遗文，授访金石遗文，作《金薤琳琅》《寓意编》《南濠诗略》等书。⑥《寓意编》即记其所见古玩珍品。都穆自记："余家自高祖南翁以来好蓄名画，闻之家君云：妙品有吴道子《鱼篮观音像》，王摩诘《辋川图》，范宽《袁安卧雪图》，惜今不存。今近所收有唐人画牛图，滕玉霄、白廷玉诗，李昇画《杨通老移居图》，马兴祖《胡人击球图》《胡人雪猎图》，马远《折枝榴花栀》小幅，龙眠画《君臣故实八事》，伯玉跋《李唐春江不老图》小幅，上有双龙瓢印，王珏芦雁，宋人画《福星图》，皆往往为好事者所得，不留意也。"⑦ 可见都氏收藏之富之精。

上海陆深（1477—1544年），弘治十八年进士，二甲第一，官至詹事府詹事。年轻时与徐祯卿相切磨，为文章有名，"工书，仿李邕、赵孟頫。赏鉴博雅，为词臣冠"⑧。平生无他嗜好，"唯古书名画商彝周鼎则时取鉴赏，为博古之助"。学问宏博，词赋精工，著述甚富。⑨

松江漕泾杨氏。按都穆的说法，杨氏藏有唐韩干《神骏图》；南唐王齐翰《勘书图》，上有李后主建业文房之印，宋徽宗御题及眉山、两苏、王晋卿跋；蔡苏米黄真迹一卷；宋徽宗《翎毛写画图横卷》，长几一丈；宋陆放翁自书诗一卷，宋夏圭《千岩竞秀图》，元钱舜举《竹溪六逸图》，元赵子昂《袁安卧雪图》等珍品。

常州府宜兴徐溥（1428—1499年），弘治朝为文渊阁大学士，弘治五年任首辅，前近

① 文徵明：《怀星堂集》卷26《二研志》，《景印文渊阁四库全书》第1260册，台湾"商务印书馆"1986年版，第725页。

② 李东阳：《怀麓堂集》卷32《南隐楼记》，《景印文渊阁四库全书》第1250册，台湾"商务印书馆"1986年版，第338~339页。

③ 李绍文：《皇明世说新语》卷8，《续修四库全书》第1173册，上海古籍出版社2002年版，第603页。

④ 黄省曾：《吴风录》，《五朝小说大观》，上海扫叶山房石印本1926年版，第2页。

⑤ 顾起元：《客座赘语》卷8"赏鉴"条，中华书局1987年版，第251~252页。

⑥ 胡缵宗：《太仆寺少卿都公穆墓志铭》，焦竑：《国朝献征录》卷72，上海书店1987年版，第3112~3113页。

⑦ 都穆：《寓意编》，黄宾虹、邓实编：《美术丛书》二集第1辑，江苏古籍出版社1997年版，第717页。

⑧ 《明史》卷286《文苑二》，中华书局1974年版，第7358页。

⑨ 夏言：《夏桂洲文集》卷16《通议大夫詹事府詹事兼翰林院学士赠礼部右侍郎谥文裕陆公墓志铭》，《四库全书存目丛书》集部第75册，齐鲁书社1997年版，第45、46页。

居内阁十二年。平时以好古货闻名，为吏部侍郎时，即"多藏古人墨迹"。苏东坡三帖，"用意精到，与真迹不差毫发"就是其藏品。① 曾收藏张择端《清明上河图》、怀素《自叙帖》及苏轼《阳羡帖》等。其中《自叙帖》后来就传给了吴俨。文徵明跋《自叙帖》曾记其事："成化间，此帖藏荆门守江阴徐泰家，后归徐文靖公。文靖没，归吴文肃，最后为陆冢宰（指陆完——引者）。陆被祸，遂失所。"② 范宽《下蜀图》，李东阳在其家欣赏。③ 相传弘治九年分拨进士修书，某进士以养病应外选，欲求内补，百谋未遂，"闻徐首相溥好古货，可通。其人素雄于货，乃购古琴古画并珍品投之，首相遂许，乃与太宰屠公谋，令各衙门纂修会典"④。事之有无难论，但徐溥好古货之特性跃然纸上。

无锡华珵（1438—1514年），与弟华珪为官学生，卒业国子监，选授光禄寺署丞，而不乐仕进，辞官归里。惟好名山胜境，性好古，家有尚古楼，"凡冠屦盘盂几榻，悉拟制古人"。又性"好古法书、名画、鼎彝之属，每并金悬购，不厌而益勤"。更"能推别真赝美恶，故所畜皆不下乙品"。黄伯思辨帖文，"精别毛发，理析毫厘"，尚古尝刊其所著行于时。又藏古名人文集，如古人理言遗事、古法帖之类多达数十，价值不菲。长洲沈周号能鉴古，尚古从其游，扁舟往来，互出所藏，相与评骘，二人被推尊为成化、弘治时期东南最为好古博雅之主。⑤

无锡华夏，端静喜学，有图史之癖，"尤喜古法书图画，古今石刻及鼎彝器物……精鉴博识，得之心而寓于目，每并金悬购，故所蓄咸不下乙品"。自少年至垂老，四十年间不懈。家有真赏斋，"室庐靓深，庋阁精好"，有钟繇《荐季直表》、王羲之《袁生帖》、虞世南《汝南公主墓铭起草》、王方庆《通天进帖》、颜真卿《刘中使帖》、徐季海绢书《道经》，以及魏、晋、唐诸名人剧迹，宋、元以下名迹更不胜枚举。金石则有周穆无《坛山古刻》、蔡邕《石经》残本，《淳化帖》初刻，《定武兰亭》，下至《黄庭》《乐毅》《洛神》诸帖，则其次者。图书器物也复不少。各种文物数量均不下百数。与文徵明等为至交，"谦谈之余，焚香设茗，手发所藏，玉轴锦幖，烂然溢目"⑥ 出其所藏，由文徵明父子钩摹上石，勒成《真赏斋帖》三卷，为有明一代刻帖第一。

无锡安国（1481—1534年），在其父祖辈的基业上，更加开拓，继续业农，从而起家。其富裕程度，"甲于江左，号安百万"⑦，正德、嘉靖时，与邹望、华麟祥同为无锡

① 吴宽：《家藏集》卷52《跋东坡三刻》，《景印文渊阁四库全书》第1255册，台湾"商务印书馆"1986年版，第474~475页。

② 吴升：《大观录》卷2《怀素自叙帖》，《续修四库全书》第1066册，上海古籍出版社2002年版，第286页。

③ 李东阳：《怀麓堂集》卷74《书范宽下蜀图卷后》，《景印文渊阁四库全书》第1250册，台湾"商务印书馆"1986年版，第785页。

④ 陈洪谟：《治世余闻》下篇卷2，中华书局1985年版，第48页。

⑤ 文徵明：《文徵明集》卷27《华尚古小传》，周道振辑校，上海古籍出版社1987年版，第642~644页；唐寅：《唐寅集》补辑卷6《跋华尚古藏王右军此事帖》，周道振等辑校，上海古籍出版社2013年版，第515页。

⑥ 文徵明：《文徵明集·补辑》卷21《真赏斋铭》，周道振辑校，上海古籍出版社1987年版，第1303~1305页。

⑦ 王应奎：《柳南随笔》卷3，中华书局1983年版，第52页。

的三巨富。安国富而有学，有一定的文化修养，以其富厚的财力，广泛搜罗书画珍本，大事收藏，不断椠刻书籍，从此桂坡馆刻本名扬海内。又富而好藏，大事收藏历代书画鼎彝，无锡人秦金说他"又嗜左书名画，商彝周鼎，一见辄辨真赝"。深通赏鉴之学的嘉靖时华亭乡绅何良俊说："世人家多资力，加以好事。闻好古之家亦曾蓄画，遂买数十幅于家，客至，悬之中堂，夸以为观美。今之所称好画者，皆此辈耳。"① 南京大学艺术与考古博物馆至今收藏有一幅南唐画家王齐翰的《勘书图》，俗称《挑耳图》，奉为镇馆之宝。画卷上方分别有宋徽宗赵佶瘦金书"勘书图"和"王齐翰妙笔"，左下侧钤有南唐后主李煜"建业文房之印"，卷后有宋人苏子由（苏辙）、苏东坡（苏轼）、王晋卿（王诜）宋代文臣名流的题识。此卷原为苏州吴宽和松江漕泾杨氏藏物。按王世贞考证，颜真卿《送裴将军诗》，多感慨踔厉，书兼正行体，"笔势雄强劲逸，有一掣万钧之力，拙古处几若不可识"，安氏也曾收藏。②

钱塘戴进（1389—1462 年），善画山水，得诸家之妙。神像人物、走兽、花果、翎毛，极其精致。喜作葡萄，以配以钩，勒竹虾爪草甚奇。名驰海内，人称其画明朝第一，是浙画第一流人物。尤善写真。宣宗喜绘事，进写秋江独钓图以进，一红衣人垂钓水次，独得古法。待诏谢廷循指红衣为品官服色，以钓鱼，失大体。宣宗额之，遂放归。③

黄琳，大约弘治、正德时人。受荫为南京锦衣卫指挥同知。家有富文堂，收藏书画古玩，冠于东南。苏州人都穆自负精于赏鉴，见多识广，曾与南京人顾璘一起到黄琳家看画。都穆对主人说，宋元之物先搁置一下，有唐人手笔吗？黄琳出示王维《著色山水》一卷，王维《伏生授书图》一卷，又出数轴，皆唐画也。都穆看毕，不禁感慨："生平无见，生平未见！"④

综述上述考察，明中期以前江南的书画古物收藏鉴赏，显示出四个特点。

一是就其热衷此道者而言，大要有三类人。第一类是素封地主土豪，如王錡、史鉴、安国、华夏、漕泾杨氏以及朱存理等人，都起自世代力农之家。这是随着江南农业生产恢复，田产经营致富，从传统农业经营中崛起了一批大富豪，他们富而好文，富而好学，将农业经营领域的利润，大量转移到所谓高雅的文化收藏领域。他们大多数还只是收藏，是"好事大姓家"，还算不上是赏鉴，迹近附庸风雅。就如深通赏鉴之学的嘉靖时华亭乡绅何良俊所说，"世人家多资力，加以好事。闻好古之家亦曾蓄画，遂买数十幅于家，客至，悬之中堂，夸以为观美。今之所称好画者，皆此辈耳"⑤。第二类是官僚士大夫，所谓刘金宪、徐正郎辈，如吴宽、王鏊、徐溥、陆深、陆完等，不少人还官至极品，贵为大学士。这是随着江南各地明中期科举成功崛起了一批又一批缙绅地主，这些人既有声势，又有财力，也有学力，不少人工诗善画，具有较高的文化素养，能够利用各

① 何良俊：《四友斋丛说》卷 28《画一》，中华书局 1959 年版，第 257~258 页。

② 王世贞：《弇州四部稿》卷 129《文部·杂文跋·颜鲁公书送裴将军诗》，《明代论著丛刊》本，台湾伟文图书出版公司 1976 年版，第 6035 页。

③ 李绍文：《皇明世说新语》卷 8，《续修四库全书》第 1173 册，上海古籍出版社 2002 年版，第 606 页；韩昂：《图绘宝鉴续编》，《景印文渊阁四库全书》第 814 册，台湾"商务印书馆"1986 年版，第 626 页。

④ 周晖：《金陵琐事》卷三"收藏"条，南京出版社 2007 年版，第 95 页。

⑤ 何良俊：《四友斋丛说》卷 28《画一》，中华书局 1959 年版，第 257~258 页。

种有利条件，收集赏鉴名迹重宝，如吴宽所说的，"既以博雅见称于人，而又力足以致奇玩"，又如黄省曾所说的"权豪家"，既能收藏，又多能鉴赏。所以张应文列举的赏鉴家，大多是缙绅士大夫。单就人数而言，这般类人占大多数。第三类是杜琼、戴进、沈周以及都穆等人，本身或是专业的书画家，深谙此道，或是有名的学者，学养深厚，别具只眼。这些人未必财力雄厚，所以他们重在鉴赏，而收藏未必丰赡，特别出名。至于因为南京先为都城后为留都，镇守太监王敬等也曾利用机会，凭借声势，搜刮收藏古玩书画，客观上使得江南收藏鉴赏领域更为混存，收藏竞争更加激烈。① 但此是特殊事例，暂时可置不论。

二是与收藏鉴赏家的身份相适应，就地域范围而言，明代早中期的文物收藏鉴赏，似乎还集中在农业经济较为发达经营较为丰厚和科举最为成功的苏州、松江、常州地区。

三是明中期，书画文物作为清玩，有益清赏，有裨身心，已经成为共识，在此共识之下，收藏赏鉴之风在盛平之世随即兴起。陆容在《菽园杂记》称，在明代前期，举凡蓄书画及诸玩器、盆景、花木之类的人，被称为"爱清"。弘治四年，画家、收藏赏鉴家沈周也在临倪瓒作品的诗跋中提道："吴人助清玩，重价争沽诸。"② 自中期以后，时人统将书画收藏鉴赏称为"清娱""清玩""清赏""清欢"，是文化生活和审美活动的高雅内容。以苏州为中心的江南，文士辈出，文风劲吹，史称"吴中自吴宽、王鏊以文章领袖馆阁，一时名士沈周、祝允明辈与并驰骋，文风极盛"③。

四是就收藏内容而言，将宋本等古籍善本视为文物，纳入收藏范围。明中期起，江南尤其是苏州地区的书画家、书画鉴定家与收藏家，将过往仅仅钤盖于法书名画的"宝玩""珍玩""秘玩""赏鉴""考藏""子孙永宝"之类印章也频频施之于庋藏的宋版等古籍善本上。如陆完在所藏宋本《史记》上钤"水邨陆氏珍玩"印，在宋本《隆平集》钤"水邨校藏清玩"印，在宋本《国朝诸臣奏议》上钤"水邨陆氏珍藏"印。吴县收藏家王献臣则在所藏宋本《国语补音》上钤"王氏图书子子孙孙永宝之"印。长洲收藏家顾仁效，在所藏宋本《礼部韵略》上钤"长洲顾仁效水东馆考藏图籍私印"，在宋本《资治通鉴》残帙上钤"顾仁效水东馆考藏图籍之印"。诸如此类，不胜枚举。④

五是重视前代珍品名迹的同时，当代人的作品已经引起时人的兴趣，开始走俏吃香。明期人华亭张弼擅长草书，名声在外，"乞其门者踵接无虚日，卷轴填委声名遍天下"⑤。长洲沈周，风流文翰，照映一时，时人以得其真迹为幸。吴宽诗颂："生绡丈许画者谁，

---

① 嘉靖初年俞弁记："成化辛丑，中贵人索取奇玩，骚扰东南，挟王瘸子为羽翼，东吴珍玩宝玉为之一空。吾乡沈某所藏米元章墨迹亦为取去。未几王瘸子坐诛，传首江浙，都宪徐公源题其临卷云：'赫赫威声振地雷，江南珍贝满车回。米家诗画真无价，直与王瘸购首来。'用以纪时事之实，而益见天道之好旋云。"（《山樵暇语》卷5，《涵芬楼秘笈》二集，上海商务印书馆1917年版。）

② 沈周：《沈周集·石田诗选》卷8，张修龄等点校，上海古籍出版社2013年版，第693页。

③ 《明史》卷287《文苑三·文徵明传》，中华书局1974年版，第7373页。

④ 此段看法，系上海图书馆研究馆员陈先行先生在其《版本想起源于明代中后期苏州地区说》（《第二届"长三角文化论坛"论文汇编》，2020年，第469页）一文中提出的看法，本文沿用。谨向陈先生深致谢意。

⑤ 李东阳：《怀麓堂集》卷23《送张君汝弼知南安诗序》，《景印文渊阁四库全书》第1250册，台湾"商务印书馆"1986年版，第245页。

石田老人今画师。年来都下家家有，此幅吾知出亲手。"① 王鏊描写："数年来，近自京师，远至闽、浙、川、广，无不购求其迹，以为珍玩。"② 史鉴等收藏鉴赏家，就非常看重沈周之作，尽量收藏。名人之作十分抢手，以至假冒伪作纷纷出笼，吴宽形容世上流传之石田画，"伪作纷纷到京国"③。明代收藏界重视当代人之作，似乎起自明中期。

二、晚明江南书画收藏赏鉴

嘉靖中后期起，随着商品生产的发展，书画等文化商品市场红火，江南盛行书画收藏之风，书画古物鉴赏甚为讲究，古董市场大为红火。有无书画古玩，成为"雅""俗"之分，身份、地位和素养的标志。

对其时的赏玩风气，嘉兴人沈德符概括道："嘉靖末年，海内宴安，士大夫富厚者，以治园亭、教歌舞之隙，间及古玩。如吴中吴文恪之孙，溧阳史尚宝之子，皆世藏珍秘，不假外索。延陵则嵇太史应科，云间则朱太史大韶，吾郡项太学，锡山安太学、华户部辈，不吝重赀收购，名播江南。南都则姚太守汝循，胡太史汝嘉，亦称好事。若辇下则此风稍逊，惟分宜相国父子，朱成公兄弟，并以将相当途，富贵盈溢，旁及雅道。于是严以势劫，朱以货取，所蓄几及天府。……今上初年，张江陵当国，亦有此嗜，但所入之途稍狭，而所收精好，盖人畏其焰，无敢欺之。亦不旋踵归大内，散人间。时韩太史世能在京，颇以廉直收之，吾郡项氏，以高价钩之，间及王弇州兄弟，而吴越间浮慕者，皆起而称大赏鉴矣。近年董太史其昌，最后起，名亦最重，人以法眼归之，箧笥之藏，为时所艳。山阴朱太常敬循，同时以好古知名，互购相轧，市贾又交搆其间，至以考功法中董外迁，而东壁西园，遂成战垒。比来则徽人为政，以临邛程卓之赀，高谈《宣和博古》，图书画谱，锺家兄弟之伪书，米海岳之假帖，《渑水燕谈》之唐琴，往往珍为异宝，吴门、新都诸市骨董者，如幻人之化黄龙，如板桥三娘子之变驴，又如宜君县夷民改换人肢体面目，其称贵公子大富人者，日饮蒙汗药而甘之如饴矣。"④ 清初太仓人吴伟业也概括地称颂道："江南好，博古旧家风。宣庙乳炉三代上，元人手卷四家中，厂盒斗鸡钟。"⑤

如前所述，沈德潜的概括除了时间倒置外，大致描摹了文物收藏鉴赏的基本情形。

吴文恪，即吴讷。朱太史大韶（1517—1577 年），字象玄，号文石，松江华亭人。嘉靖二十六年进士，历官南京国子监司业。未几解任归，饶于财，筑精舍藏书，构文园，以友朋文酒为事，有《经术堂集》。好藏古器，家有朝珍楼，或名熊祥阁，颇壮丽，商彝周

① 转引自钱谦益：《石田先生事略》，沈周：《沈周集·石田先生诗钞》卷 10，张修龄等点校，上海古籍出版社 2013 年版，第 244 页。

② 王鏊：《震泽集》卷 29《石田先生墓志铭》，《景印文渊阁四库全书》第 1256 册，台湾"商务印书馆"1986 年版，第 441 页。

③ 吴宽：《家藏集》卷 17《题石田画》，《景印文渊阁四库全书》第 1255 册，台湾"商务印书馆"1986 年版，第 126 页。

④ 沈德符：《万历野获编》卷 26《玩具·好事家》，中华书局 2004 年版，第 654 页。

⑤ 吴伟业：《吴梅村全集》卷 21《望江南十七首》，李学颖集评标校，上海古籍出版社 1990 年版，第 533 页。

鼎、名画法书宝玉充牣其中。有玉杯一，尤所宝贵。①

项太学，即项元汴（1525—1590年），浙江嘉兴人，号墨林山人，又号香严居士、退密斋主人。国子监生。工书善画，尤好收藏、鉴赏书画，筑"天籁阁"，临摹题咏其中。所藏法书名画，极一时之盛。刊有《天籁阁帖》。项元汴不惟好古，兼工绘事，画山水学元季黄公望、倪瓒，尤醉心于倪，得其胜趣，每作缣素，自为韵语题之；书法也出入智永、赵孟頫，"绝无俗笔，人争传购"，深通丹青尺素之道。当时，吴中好古之家浸寻疲于势要搜括，而项元汴以翰墨徜徉，"竟厥世不为他嗜，以故廉者不求，贪者不顾，人以是服远识"。又出身素封之家，家资雄厚，"尽以收金石遗文图绘名迹，凡断帧只行，悉输公门，虽米芾之书画船，李公麟之洗玉池，不啻也"，是晚明非常突出的收藏家。② 万历五年苏州鉴赏家文彭说："子京好古博雅，精于鉴赏，嗜古人法书如嗜饮食。每得奇书，不复论价，故东南名迹多归之。"如以重价购入的唐摹《兰亭》，"其摹拓之精，钩填之妙，信非褚遂良诸公不能也"。李日华回忆时，也认为"甚佳"。③ 清初赏鉴家姜绍书说他"购求法书名画及鼎彝奇器，三吴珍秘归之如流"，王世贞主盟风雅，搜罗名品不遗余力，"然所藏不及墨林远甚"。④ 毫无疑问，项元汴是其时东南最大的收藏家。

安太学为安如磐，安国次子如磐，为国子监生。华户部为华珵（1444—1504年），字汝和，号诚斋。华珵弟。成化二十年进士，授户部主事，升吏部郎中。

姚太守汝循（1535—1597年），江宁人。嘉靖三十五年进士，官至北直隶大名知府，谪四川嘉定州知州。擅长行、草书，宝爱可玩，"知章醉墨，落笔人多传之"。⑤ 所藏《淳化阁帖》，纸墨光黝如漆，而字肥，后为其姻家锺梈所得。又有黄庭坚书《法华经》七卷，纸用澄心堂，光滑如镜，价至银七百两，后为徽商以重价购去。⑥

胡太史汝嘉，江宁人。嘉靖三十二年进士，官编修。隶书师钟繇，草书师张芝、崔瑗，曾取三人书之在阁帖者从宋扬本手摹刻之。又师王献之，古雅中天趣溢发。其得意之笔，酷似祝允明。善画山水，脱去尘俗，但所画不多。⑦ 与司马泰等，同是南京有名的藏书家，牙签锦轴，最多责珍异。又多书画，曾藏王维《江天雪霁图》，其子死后以数十两银出让给了冯梦祯；宋拓《黄庭经》肥本最为墨帖之冠，《兰亭记》名迹，胡皆曾收藏。⑧ 精于赏鉴，被周晖列为"精于赏鉴者"。

---

① 焦竑：《国朝献征录》卷74，上海书店1987年版，第29页；毛祥麟：《墨余录》卷10"教子升天杯"条，上海古籍出版社1985年版，第158页；（明）佚名撰，陆烜订：《云间杂志》卷上，《奇晋斋丛书》，冰雪山房民国元年刊本，第2页。

② 董其昌：《容台文集》卷8《墨林项公墓志铭》，《四库禁毁书丛刊》集部第32册，北京出版社1999年版，第364~365页。

③ 李日华：《味水轩日记》卷2，万历三十八年四月初九日，上海远东出版社1996年版，第100页。

④ 姜绍书：《韵石斋笔谈》卷下"项墨林收藏"条，黄宾虹、邓实编：《美术丛书》二集第10辑，江苏古籍出版社1997年版，第1319页。

⑤ 焦竑：《澹园集》卷27《中宪大夫直隶大名府知府凤麓姚公墓表》，中华书局1999年版，第386~387页。

⑥ 顾起元：《客座赘语》卷8"赏鉴"条，中华书局1987年版，第252页。

⑦ 徐沁：《明画录》卷3《山水·胡汝循》，华东师范大学出版社2009年版，第66页。

⑧ 顾起元：《客座赘语》卷8"赏鉴"条，中华书局1987年版，第252页。

韩太史世能（1528—1598 年），长洲人。隆庆二年进士，授编修，官至礼部左侍郎，以疾归。① 子韩逢禧（1576—1655 年），也有收藏名声。

董太史其昌（1555—1637 年），万历十七年进士，官至南京礼部尚书。善诗文，书画集宋、元诸家之长，卓然成大家。"四方金石之刻，得其制作手书，以为二绝。造请无虚日，尺素短札，流布人间，争购宝之。精于品题，收藏家得片语只字以为重。"同时以善书有名者，临邑邢侗、顺天米万钟、晋江张瑞图，时人称邢、张、米、董，又称南董、北米，而《明史》认为另外三人，不及其昌远甚。②

沈德符所列上述各人，自是收藏或鉴赏名家，为时瞩目，但沈氏未曾提及而堪为收藏赏鉴界名流者在江南还有很多。

如长洲文徵明（1470—1559 年）、文彭（1498—1573 年）、文嘉（1501—1583 年）父子。徵明曾学文于吴宽，学书法于李应祯，学画于沈周，又与祝允明、唐寅、徐祯卿辈相切劘，声名日隆。正德末以岁贡山诣吏部试，授翰林院待诏，故人以"文待诏"称之。嘉靖五年弃官还乡，专事创作。能诗善绘工书，长于楷书、行书，山水、人物、花卉师法王维、赵孟頫，以气韵取胜。文彭字寿承，为徵明长子，国子生；文嘉字休承，徵明次子，和州学正。兄弟两人并能诗，工书画篆。直至彭孙震孟，世擅艺事。

长洲张凤翼之父。经营治生大获成功，因而斥资"治斋室场圃、竹木台沼，以第就理居。间蓄古金石刻彝鼎罍洗书画玩具甚夥，客至辄留之，辄觞咏出传玩之，竟日不告谷丸也"，逍遥享受，前后 30 年。③

吴县黄姬水（1509—1574 年），有文名，学书于祝允明，传其笔法。工诗，著述甚丰。④

太仓王世贞（1526—1590 年）、世懋（1536—1588 年）兄弟，右都御史王忬之子。世贞嘉靖二十六年年仅 22 岁中进士，官至南京刑部尚书。好古诗文，与李攀龙等结社，称"后七子"，为文坛盟主。攀龙死后，独主文坛 20 年。主张文必西汉，诗必盛唐，与"前七子"李梦阳等说相倡和。又与歙县汪道昆为至交，号称"天下二司马"。世懋字敬美，号麟洲，世贞弟。嘉靖三十八年进士，官至太常少卿。好学善诗文，名亚其兄。⑤ 王家是世代收藏大家，藏有张择端《清明上河图》珍迹。到其兄弟时，收藏鉴赏更大为恢扩。世贞以其声势，"蒐罗名品不遗余力"。弇州园有小酉馆，藏书三万余卷，典籍则贮藏经阁，尔雅楼则藏宋刻编，有宋本《两汉书》，所蓄画扇多达六十余，皆历代名笔。⑥

华亭何良俊（1506—1573 年），论者很少提及，其实也是个收藏和鉴赏大家，具有眼

---

① 申时行：《赐闲堂集》卷 24《通议大夫礼部左侍郎兼翰林院侍讲学士翰公墓志铭》，《四库全书存目丛书》集部第 134 册，齐鲁书社 1997 年版，第 496~497 页。

② 《明史》卷 288《文苑四·董其昌传》，中华书局 1974 年版，第 7396~7397 页。

③ 王世贞：《弇州四部稿》卷 84《张隐君小传》，《景印文渊阁四库全书》第 1280 册，台湾"商务印书馆"1986 年版，第 390 页。

④ 冯时可：《黄淳甫姬水传》，焦竑：《国朝献征录》卷 115，上海书店 1987 年版，第 5095 页。

⑤ 王世贞：《弇州续稿》卷 140《亡弟中顺大夫太常寺少卿敬美行状》，《景印文渊阁四库全书》第 1284 册，台湾"商务印书馆"1986 年版，第 47 页。

⑥ 王世贞：《弇州四部稿》卷 138《文部·画跋·画扇卷甲之七》，《景印文渊阁四库全书》第 1281 册，台湾"商务印书馆"1986 年版，第 278 页。

力。与弟良傅皆负俊才，时人以二陆方之。良俊贡入太学，授为南京翰林院孔目。其学无所不窥，"于金石古文书画词曲精于鉴赏"①。小时即好书画"一遇真迹辄厚货购之，虽倾产不惜，故家业日就贫薄，而所藏古人之迹亦已富矣"。又常与文徵明等相与评论，"故亦颇能鉴别"，颇为自负。家有青森阁，藏书四万卷，名画百签，古法帖彝鼎数十种，历代名法书，如杨少师、苏长公、黄山谷、陆放翁、范石湖、苏养直、元赵松雪之迹，不下数十卷。家有汉人画，"世之所未见"者。他自称，最爱颜真卿书"多方购之，后亦得其数种。如《元鲁山碑》，乃李华撰文，鲁公书丹，李阳冰篆额，世所称三绝者是也"。有王维摩《问疾》一小幅，定光佛一小卷，皆唐人笔，"观其开相之神妙，描法之精工，染渲之匀圆，着色之清脱，种种臻妙，虽宋初诸家，恐亦未必能到"。藏赵孟𫖯画《醉道图》是临范长寿者，上有诗题，"真可与唐人有驾"。赵孟𫖯小楷《大洞玉经》，字如蝇头，共 4895 字，"圆匀遒媚，真可与《黄庭》并观"，何良俊常呼为"墨皇"，每每移至文衡山斋中，竟日展玩。后在南京因囊中空乏，被人以重赏购去，"至今时在梦寐"。倪云林画，则有树石远轴。少师《韭花帖》墨迹，"亦神物也。今在朱司成家"。晚年又大喜法帖，搜集宋拓唐人碑不少。茅山碑，当时已毁于火，而他家所藏，有明初所拓《东方朔画像赞家庙碑》《中兴颂》《八关斋会记》《李抱玉与臧怀恪碑》《宋文贞公碑阴记》《多宝寺塔碑》数种。②

上海顾从德（1519—1587 年），字汝修，别号方壶山人。家境殷实，雅尚博综，游以词艺，"嗜古图史及古器物，往往并金悬购，得之，则摩抚谛玩，喜见颜色"③。

上海顾从义（1523—1588 年），嘉靖中诏选端行善书，授中书舍人。隆庆初以修国史擢大理评事。笃志摹古，好收藏，精赏鉴。有《阁帖释文考异》。家有玉泓馆。顾氏世代收藏金石名帖。顾定芳对法书、名画、金石、鼎彝，皆能赏识鉴定，并以多蓄古书名帖著称，人称"武库"。顾从义好收藏，"好购古帖善本"，"所蓄鼎彝尊甑甗敦璧刀剑盘匜，皆三代以上物"，在当时被推为吴越间"风雅之渊薮"，与华亭张双鹤、朱大韶为嘉靖间江南之收藏大家，时人称为"江南旧迹珍玩，收藏过半"。④ 家藏顾恺之《女史箴图》和唐玄宗手书《鹡鸰颂》等宝物，《女史箴图》确"是顾虎头笔，单是人物，女人有三寸许长，皆有生气，似欲行者"⑤。

上海潘允端（1526—1601 年），嘉靖四十一年进士，官至四川右布政使。性勤学好古。致仕后，作豫园乐寿堂以奉亲。⑥ 潘允端雅赏戏曲，家蓄戏班，时作新声演出。有书斋玉华堂。喜收藏，擅赏鉴。其《玉华堂日记》记其收购文物，前十年中每年在一千五

———————————

① 《南京翰林院孔目何公良俊传》，焦竑：《国朝献征录》卷 23，上海书店 1987 年版，第 973 页。

② 何良俊：《四友斋丛说》卷 27《书》、卷 28《画一》、卷 29《画二》，中华书局 1959 年版，第 249~264 页。

③ 文徵明：《文徵明集·补辑》卷 28《顾贤妇家传》，周道振辑校，上海古籍出版社 1987 年版，第 1493 页。

④ 吴履震：《五茸志逸》卷 1，《四库未收书辑刊》第 10 辑，第 12 册，北京出版社 2000 年版，第 13 页。

⑤ 何良俊：《四友斋丛说》卷 28《画一》，中华书局 1959 年版，第 259 页。

⑥ 申时行：《赐闲堂集》卷 31《中奉大夫四川布政司右布政使潘公墓志铭》，《四库全书存目丛书》集部第 134 册，齐鲁书社 1997 年版，第 646 页。

六百银，收购了宋版汉书，用银二百两；宋刻《通鉴》八十两，《兰亭》二十两；《文选》一部，三十五两；赵子昂画一幅，五十七两五钱；荆浩画四幅，十九两；宋画一轴，二十五两；盛子昭画一轴、水盂一个，二十两；文王鼎、哥窑、白定炉等物，二百四十两；文王鼎一，四十两。①

华亭陈继儒（1558—1639 年），字仲醇，号眉公。诸生。工诗善文，书法苏、米，兼能绘事，名重一时，三吴文士争欲得其为师友。② 有赏鉴之书《妮古录序》，自称："予寡嗜顾性，独嗜法书名画及三代秦汉彝器瑗璧之属，以为极乐国在是。"③

无锡华叔阳（1547—1575 年），字起龙，鸿山学士华察之季子，隆庆二年进士，官礼部主事。工诗善书，书学褚、虞。有《华吏部集》。④ 家有贻燕堂。好书画古玩，又因为王世贞之女婿，"耳目薰染，其癖益甚"，成进士后，"尽买故大珰袁祥家三代鼎彝书画，严分宜家所蓄亦尽收之。于是好古之名远四方"。馆列三巨架，一架古石刻；一架明朝名人书法，其中王宠、彭年、袁尊尼、徐有贞、吴宽、沈氏兄弟、祝允明、文氏父子为多；一架明朝名人画作，倪瓒、陈汝秩兄弟、顾阿瑛、王绂、沈周、唐寅、仇英为多。所收王维以下至五代三百卷轴，宋人不与也，秦汉器二百件。南京朱庭皋上门进谒，希望能看到宋人真迹。叔阳乃开启复壁，自杜祁公、范宽、萧照、钱舜举、赵千里兄弟、黄大痴、王叔明、吴仲圭、张可观、苏子美、王齐翰辈，整整二十轴，一一展示，朱并不称赏。又引入秘馆，抬出麋鹿竹长匣，见李龙眠《美人》，苏长公书《醉翁记》，王诜《春雪山谷十咏》，李北海《上林赋》，文与可众，赵松雪《蔡女归朝》，又书《楞严经》十小卷，周昉《琴阮山石》，赵魏公书《陶诗》二十二首，米南宫诗画卷。卷舒之间，朱庭皋才称赏，满意而别。但自始至终，叔阳未出示唐人妙墨。⑤

南京盛时泰（1529—1578 年），嘉靖贡生。才气横溢，博学多闻，在隆庆、万历年间名噪一时。与杨慎、王世贞为好友。家有苍润轩，喜藏书，间举古玩书画赠人不靳惜。善隶书，仿倪瓒笔法，画水墨山水竹石。⑥ 有《苍润轩碑跋》《牛首山志》《城山堂集》。精于鉴赏。⑦

嘉兴秀水冯梦祯（1546—1605 年），万历五年会试第一，官编修。累迁至南京国子监祭酒。在杭州孤山之麓筑室，家藏《快雪时晴帖》，名其堂曰"快雪"。⑧ 其《快雪堂日

① 张安奇：《明稿本〈玉华堂日记〉中的经济史资料研究》，《明史研究论丛》第 5 辑，江苏古籍出版社 1991 年版，第 304~310 页。
② 《明史》卷 298《隐逸·陈继儒传》，中华书局 1974 年版，第 7631 页。
③ 陈继儒：《妮古录序》，黄宾虹、邓实编：《美术丛书》初集第 10 辑，江苏古籍出版社 1997 年版，第 617 页。
④ 李维桢：《大泌山房集》卷 12《华礼部集序》，《四库全书存目丛书》集部第 150 册，齐鲁书社 1997 年版，第 551~552 页。
⑤ 黄印：《锡金识小录》卷 6《稽逸一·华礼部叔阳》引《梁溪杂事》，光绪二十二年刊本，第 19~20 页。
⑥ 顾起元：《客座赘语》卷 7 "盛仲交" 条，中华书局 1987 年版，第 236 页。
⑦ 顾起元：《客座赘语》卷 7 "盛仲交" 条，中华书局 1987 年版，第 236 页；《盛仲交时泰传》，焦竑：《国朝献征录》卷 115，上海书店 1987 年版，第 5079 页。
⑧ 钱谦益：《牧斋初学集》卷 51《南京国子监祭酒冯公墓志铭》，上海古籍出版社 1985 年版，第 1299~1301 页。

记》，记其鉴古经历相当多。王维《江山雪霁图》，就曾于万历二十二年收藏，见此神品后，冯梦祯极为兴奋，记道："至如粉缕曲折，毫腻浅深，皆有意致，信摩诘精神与水墨相和，蒸成至宝。得此数月以来，每一念及，辄狂走入丈室饱览，无声出户，见俗中纷纭，殊令人捉鼻也。"① 获得《江山雪霁图》的同时，冯梦祯寓目李昇《潇湘烟雨图》，品为"笔意潇洒，浓淡有无，含不尽之妙"，但无力购置，只得听从该卷流落。十年后，其儿囊致李昇二卷，其一即《烟雨图》，欣赏之时，"如临潇湘，如视故人。天下奇物无尽，愿与天下赏鉴好事之家共宝之，但得常常一见为快耳，何必为己有哉！"②

秀水的徽商汪继美（1546—1628年）、汪砢玉（1587年—？）父子。继美字世贤，号爱荆居士。祖父汪鉴，原籍徽州，寄籍嘉兴府秀水县。父汪显，字明夫，经商起家。万历初年，继美绝意科举，以娱亲为事。性喜披览传记，"遇异书精刻，辄厚直购之，与古名贤书画奇迹杂置满楼，风雨闲暇，即登楼手搰卷帙，咿哦自快"。筑凝霞阁以贮藏书画，收藏之富，甲于一时。又善鉴古物，"鼎彝环玦，陈列左右，居恒摩挲玩绎，若有深味"。先后与精于书画鉴赏的项元汴、张凤翼、王穉登、董其昌、陈继儒等图咏品题，鉴赏切磋。李日华称其风采就像元朝的倪瓒、顾仲瑛、曹云西等人。③ 砢玉字玉水，继美之长子，国子监生。崇祯中，官山东盐运使判官。玉水不卑小官，留心著述。善诗。李日华说他"文情侠谊，日益超胜"。承袭父业，收藏丰夥，精于鉴赏，与吴下张丑时时品题并驾。④ 家有东雅堂，有一密室，橱高四尺，阔五尺，以纱蒙隔。中贮乌斯藏佛大小百余尊，白定宣瓷佛数尊，玛瑙弥勒佛头腹俱莹白，白玉观音一尊，高八寸，手提蓝一，红鳞乃玛瑙所琢成。⑤ 所辑《珊瑚网》一编，搜罗荟萃齐备，"前列题跋，后附论说，纲领节目，秩然有条。至所载名画，则宋元诸家，铭心绝品，收录极详，赡素之富，诚为罕有"。后来卞永誉《式古堂书画考》、厉鹗《南宋院画录》，皆依藉是书以成。⑥

秀水徐弘泽（1551—1627年），人称"春门先生"。兼擅诗、画、书法，时称"春门三绝"。⑦ 李日华说他诗喜白香山、陆放翁，画出入子久、叔明、仲圭三家，昭代则石翁、徵仲、白阳、丹丘，一洒墨即在笔端，书法从吴兴取途，而晚爱张伯雨，遂与姚丹丘颉颃，看来徐弘泽能诗善画工于书法。李日华又说他"多材艺，饶韵致，与人交，浑泯无际，澹然无意取名"，"性嗜法书名画，评鉴临摹，日无虚晷，亦时损匕箸购藏一二佳者，

① 冯梦祯：《快雪堂集》卷30《跋王右丞霁雪卷》，《四库全书存目丛书》集部第164册，齐鲁书社1997年版，第441页。

② 冯梦祯：《快雪堂集》卷31《跋李昇潇湘烟雨图》，《四库全书存目丛书》集部第164册，齐鲁书社1997年版，第444页。

③ 李日华：《汪爱荆居士传》，《恬致堂集》卷25，赵杏根整理，上海古籍出版社2012年版，第935~937页。

④ 朱彝尊：《静志居诗话》卷19"汪砢玉"条，人民文学出版社2006年版，第597页。

⑤ 李日华：《味水轩日记》卷6，万历四十二年十二月十八日，上海远东出版社1996年版，第430页。

⑥ 张钧衡跋：《珊瑚网》，《中国书画全书》第5册，上海书画出版社2009年版，第1240页。

⑦ 《（康熙）嘉兴府志》卷17《人物一·艺林》，第77页。

务悦其意，不以夸客射赀也"。①可见他是深得李日华推许的著名鉴赏家。由李日华《恬致堂集》所记，两人常在一起鉴赏书画。《药草山房图卷》，李日华曾三见赝本，而徐弘泽所藏才是真物，也可见徐之眼力。②

苏州张丑（1577—1644年），字青父，长洲人。诸生。出生于收藏世家，祖上四代有画癖，喜收藏，与沈周、文徵明、文彭、文嘉等有交往。累世收藏极富，多历代名迹，如陆机《平复帖》、王羲之《二谢》帖、王献之《中秋帖》、展子虔《游春图》、张旭《春草帖》、李成《层峦萧寺图》、米芾《小楷宝章待访录》、赵之昂《胆巴碑》等，为张丑的书画鉴定提供了极为便利的条件和养分。张丑为诸生，乡试屡试不中，转而潜心于书画古器的收藏赏鉴，常与项元汴、董其昌等收藏鉴赏大家切磋交流，卓然成为一代藏鉴大家。万历四十四年，张丑将其先世所藏法书名画及故居兰香春草堂、不负碧山楼等藏品的历代鉴定见解，仿照书画史体例，撰成《清河书画舫》一书。全书收录自三国至明代的书画名家81人，帖49部，画115幅，包括家藏及所见闻的古书画名迹。以朝代为序，人物为纲，详细著录画家生平简介、前人评论、真迹题跋、鉴藏印记、递藏经过等，并一一注明出处，更时附张丑本人的按语，或记述流传源流，或辨正前人记载之失，或讲授鉴定心得，颇具真知卓见，操作性强。③

南京的福建莆田商人陈姓。在南京经商成功后，转向文事，"自六经以及百氏，无所不窥。凡金石古文，名家法帖，手摹指画，务得其真，无所不习。绘事则自皇唐以迄胡元，名品则自宗器以迄玩物，无论百金之价，什袭之珍，无所不购"。日常与金在衡、盛仲交，交游善朱子价、刘长钦、黎惟敬、欧阳伯以及汪道会等往来，"客至，辄出供具，尽客欢。酒数行，辄胠箧出诸珍藏，诸神品，诸重器，相与鉴赏，奚翅鸿宝天球"④。

嘉兴李日华（1565—1635年），万历二十年进士。官至太仆少卿。恬澹和易，与物无忤。工书画，精鉴赏，诗文自成一体，世称博物好古君子。在晚明画界，堪与董其昌齐名。先后家居三十余年，修洁澹荡，倾心收藏赏鉴钟鼎彝器法书名画。⑤ 其《紫桃轩杂缀》和《六研斋笔记》等书，后人"鉴古辨物，尤藉为指南"。早年与项元汴交往。"平时纵观书绘名迹、彝鼎法物，而孔彰翰染有祖风，旅次追话旧藏称快侣。"⑥ 其《恬致堂集》，为历代名迹题跋甚夥。而《味水轩日记》，详细记录其万历三十七年至四十四年间

① 李日华：《春门徐隐君传》，《恬致堂集》卷25，赵杏根整理，上海古籍出版社2012年版，第931~933页。

② 李日华：《题徐润卿藏药草山房图卷》，《恬致堂集》卷37，赵杏根整理，上海古籍出版社2012年版，第1365页。

③ 参见徐德明所作《清河书画舫》校点说明，上海古籍出版社2011年版；《（嘉庆）安亭志》卷17《人物二》，第3页。

④ 汪道昆：《太函集》卷59《明故徵仕郎莆田陈长者墓志铭》，《四库全书存目丛书》集部第118册，齐鲁书社1997年版，第6页。

⑤ 钱谦益：《恬致堂集序》，李日华：《恬致堂集》附，赵杏根整理，上海古籍出版社2012年版，第1~2页。

⑥ 谭默贞：《明中议大夫太仆寺少卿李九疑先生行状》，李日华：《恬致堂集》前，赵杏根整理，上海古籍出版社2012年版，第15~16页。

文物收藏鉴赏交易活动，及为人鉴定珍品名迹。万历四十二年十二月二十六日，沈伯元遣人持一卷求鉴，乃钱舜举《萧翼赚兰亭图》；次日，谭孟恂质得张择端《清明上河图》，前往求鉴，正是他四五年前所见"真品"。①

嘉兴盛龙升，与李日华为同时人。早年在杭州经商，数年后资尽，也不再经营。匏冠紫褐，以逸老自命，喜鉴赏文物，"往来诸好事家，所至皆倒屣迎之"。德潜"性简质而有奇思，见古文奇迹，宝玩尤物，辄能定其甲乙"。同人满座争论不决，德潜淡然出数语，极中窾要，人多服其善鉴。②由李日华的《味水轩日记》可知，德潜常常参与李日华等人的文物赏鉴活动。

杭州的徽商吴宪，字叔度，一字无愆，即大名鼎鼎的争取杭州商籍盐商。天启中，吴宪自歙县迁于杭州，为杭之始祖。杭州本无商籍，吴宪与同县汪文演上书当事，呼吁杭州应该设有商籍，为徽商子弟在当地入学提供名额，获得批准，"杭之有商籍，皆宪倡之"。吴宪后来在吴山之阳创建书院，崇祀朱熹。平时肆力于诗书及古鼎彝碑版、六代唐宋以来书画可珍玩者，广为存贮，又刻水晶径寸，以小篆法书名其楼为"虚白室"。吴宪读书，则必手书一卷，书成，必取虚白室印印卷首，而藏其刻本于楼中，不复读。徐徐出其所珍玩，摩挲考据，常至秉烛而罢。③

杭州的徽商汪然明（1577—1655年），名汝谦，号松溪，又号湖山主人，原籍歙县，出身歙县丛睦坊世家，明末寄寓钱塘，太学生。仗义任侠，轻财帛，啸傲湖山。工诗善文，编次金石，审度律吕。天启三年，以木兰为舟，名"不系园"，后二年，又造一画舫，名"随喜庵"，置湖上，与诗人仕女宴游。在杭州西湖建有三处宅院：一是城内的缸儿巷，二是西溪的横山别墅，三是湖边的"不系园"。陈继儒、董其昌、李渔、钱谦益、王修微等名流，都是"不系园"的常客。然明是个商人，不但工诗善文，懂得音律，颇有艺术素养，而且精于收藏，编次金石，是个颇具眼力的书画收藏家。自顺治八年至十一年（1651—1654年），歙县著名书画商人吴其贞前后至少四次在汪然明家杭州家中赏画。第一次观看赵千里《明皇幸蜀图》大绢画；第二次观看郑虔《山庄图》，该图"画法圆健，如锥画沙，绝无尘俗气，神品上画也"；第三次观看蔡卞《衢山帖》，该帖"书法秀健，逼似《淳化帖》上柳子厚书"，后有杨维桢、钱惟善等人题跋；第四次观看米元晖《杂诗五首》一卷，认为该卷"书法熟健，秀色奕奕，如此妙书，信乎宋之二米可继晋之二王"。④直到弥留之际，汪然明仍反复摩挲名迹，恋恋不舍。汪然明去世后，杭州的诗酒文会缺少了主盟之人和赞助之人。

秀水的徽商程季白，名梦庚，休宁榆村人，侨居秀水。有白苎草堂，与李日华为友，

① 李日华：《味水轩日记》卷6，上海远东出版社1996年版，第432页。
② 李日华：《草汀盛隐君传》，《恬致堂集》卷25，赵杏根整理，上海古籍出版社2012年版，第925页。
③ 朱筼：《笥河文集》卷15《钱塘吴氏家传》，《续修四库全书》第1440册，上海古籍出版社2002年版，第324~325页。
④ 吴其贞：《书画记》卷3"赵千里《明皇幸蜀图》大绢画一幅"条、"郑虔《山庄图》绢一卷"条、"蔡卞《衢山帖》"条、"米元晖《杂诗五首》一卷"条，辽宁教育出版社2000年版，第89、115、119、134页。

李称其为"名士"。富收藏，精鉴赏，"摩挲鼎彝，鼓吹群籍，与四方贤豪宾宾而无斁焉者"①。王维《江山雪霁卷》，程季白从多蓄精鉴的至交吴瑞生处获得，清时暇日，出而观之。② 文与可《晚霭横看卷》，黄庭坚跋；赵孟頫《水村图》等，均为程季白所藏，李日华、董其昌等人不时在白苎草堂欣赏。

常熟钱谦益（1582—1664 年），字受之，号牧斋，后自称牧翁、蒙叟、绛云老人，最后称东涧遗老。万历三十八年进士，官至礼部侍郎。明末清初诗文大家，文坛领袖。早岁科名，交游满天下，尽得刘子威、钱功父、杨五川、赵汝师四家书，更不惜重资购古本，书贾奔走捆载其门无虚日，敷所积充牣。中年构拂水山房，凿壁为架，庋藏丰夥。晚岁居红豆山庄，出所藏书，区分类聚，绛云楼中，"房栊窈窕，绮疏青琐，旁龛古金石文字宋刻书数万卷。列三代秦汉尊彝环璧之属，晋唐宋元以来法书名画，官哥定州宣成之瓷，端溪灵璧大理之石，宣德之铜，果园厂之髹器，充牣其中"③。

如前所述，明中期时兴"爱清""清玩""清赏"之说，收藏古玩视为时尚风雅。嘉、万时莫是龙就说："今富贵之家，亦多好古玩，亦多从众附会，而不知所以好也。"④ 万历中期大学士歙县人许国也说："夫太羹元酒，古人之所存者，古商彝鼎，时俗之所贵者。"⑤ 稍后的南京人顾起元有诗，反映其时士大夫追求"博古"的风气，诗云："摩挲古彝鼎，仿佛辨殷周。虎风葳蕤出，云雷潗浃流。"钱谦益说："士大夫闲居无事，相与轻衣绶带，留连文酒。而其子之佳者，往往荫藉高华，寄托旷达。居处则园林池，泉石花药，鉴赏则法书名画，钟鼎彝器。"⑥ 明末的徽州，按书画商人吴其贞的说法，"时里中竞以好古相尚"⑦。陈继儒说："胜客晴窗，出古人法书名画，焚香评赏。"⑧ 文人晴窗赏鉴法书名画，是高雅惬意的生活方式。晚明江南和徽州等地，收藏赏鉴书画文物，因而蔚然成风，远甚前代。富贵之家，大多好古玩，收藏商鼎周彝，相当于太羹元酒，上述列举的江南文物书画收藏赏鉴事例，实是具体形象的写照，若合符契。

以有无倪瓒画为"清""俗"之分，这种理念和风气，到了明后期更加甚嚣尘上。作为画坛领袖，董其昌完全接过沈周之说，概括当时风气，对于倪瓒之画，"江东人以有无论清俗"⑨。倪云林画，后世自然不易收集，退而求其次，与倪瓒同时的元画大家，以至明前中期类似或近似名家的作品，自然就成为人们收藏标榜的追求目标，书画收藏鉴赏之

---

① 李日华：《白苎草堂记》，《恬致堂集》卷 23，赵杏根整理，上海古籍出版社 2012 年版，第 887页。

② 李日华：《题王右丞江山雪霁卷》，《恬致堂集》卷 37，赵杏根整理，上海古籍出版社 2012 年版，第 1351 页。

③ 顾苓：《塔影园集》集一《河东君传》，《丛书集成续编》第 152 册，上海书店 1994 年版，第 372 页。

④ 莫是龙：《笔麈》，《丛书集成初编》第 2923 册，上海商务印书馆 1937 年排印本，第 15~16 页。

⑤ 许国：《良宦公六十序》，吴吉祐：《丰南志》卷 6《艺文志·寿序》，《中国地方志集成·乡镇志专辑》第 17 册，江苏古籍出版社 1992 年版，第 349 页。

⑥ 钱谦益：《牧斋初学集》卷 78《瞿少潜哀辞》，上海古籍出版社 1985 年版，第 1690 页。

⑦ 吴其贞：《书画记》卷 1 "杨无咎《雪竹梅花图》绢画一卷"条，辽宁教育出版社 2000 年版，第 26 页。

⑧ 陈继儒：《岩栖幽事》，《丛书集成新编》第 24 册，台湾新文丰出版公司 1989 年版，第 92 页。

⑨ 董其昌：《画禅室随笔》卷 2 "题倪云林画"条，上海远东出版社 1999 年版，第 159 页。

风潮规模因而远胜于前。江南书画领域，前后一脉相承，而又青出于蓝而胜于蓝，一代胜过一代，元四家较董巨更为恢扩，吴门派于元人全盘继承并有所创新，董其昌辈更集历代大成。收藏赏鉴亦复如此，不但收藏财力较之往昔更加雄厚，而且赏鉴能力更为精准，赏鉴队伍蔚然成群，赏鉴整体规范远胜于昔。嘉靖二十七年彭年就曾敏锐地注意到："吴故称画薮。迨我明兴，有文衡翁、陆叔平，并登神品，短笺尺幅，人藏为荣，顾每为好事者购去。非真有翰墨之癖者，不为所得珍矣。"①稍后的王世贞也说："明兴，善丹青者何啻数百家，然其最驰名者不过十之一耳。其山水人物花草禽鱼不过数种，而吾吴大约独踞其大半，即尽诸方之煜然者不敌也。"其中沈周，"迩来吴中名哲，益推重启南，争购之，佳者溢至，而其价遂与宋元诸名家等，识者不以为过"②。宁波人薛冈也说："本朝永乐宣成正嘉窑器与宣庙铜炉，数百年后，价视宋时诸磁、商周彝鼎必翔。宋磁色制虽古雅，而器之精工细泽，远逊今代。彝鼎出土者反易致，宣炉在今日已不多得矣。吴中名画如沈启南、文徵仲、唐伯虎、陈道复诸公，后世珍之，不在赵文敏、米襄阳、黄痴、倪迂之下，而吾乡金本清太仆画竹，亦必在文与可、苏长公之间，以其皆文人之笔，无一毫画工色相，更难在每画之中，诗与书法无一不佳。百世可知，推之以理。"③当代人的作品，已被当时人看好，即被好事者抢购收藏，无疑当时的收藏范围和规模是前代所未见的。所以王世贞描述其时的收藏情形说："画当重宋，而三十年来忽重元人，乃至倪元镇，以逮明沈周，价骤增十倍。窑器当重哥、汝，而十五年来忽重宣德，以至永乐、成化，价亦骤增十倍。"④沈德符说，江南收藏行业，不仅前代名迹重器，"以至沈、唐之画，上等荆、关、文、祝之书，进参苏、米"⑤。因追逐前代名迹珍品而下延到当时人的作品，是前此收藏鉴赏行业很少见到的。

崇尚古物，以古为雅，不仅使得前代鼎彝法书名画更加珍稀，而且促使当代艺术品生产迎合时尚，讲究雅致，使当代艺术品成为人们收集赏鉴的对象。万历中期时王士性说："姑苏人聪慧好古……其赏识品第本精，故物莫能违。又如斋头清玩、几案、床榻，近皆以紫檀、花梨为尚，尚古朴不尚雕镂，即物有雕镂，亦皆商周、秦、汉之式，海内僻远皆效尤之，此亦嘉、隆、万三朝为盛。"⑥不仅古器物，人们格外珍视，即或当代工艺品，也已纳入收藏鉴赏家的范围。王世贞说："大抵吴人滥觞，而徽人导之，俱可怪也。今吾吴中陆子刚之治玉，鲍天成之治犀，朱碧山之治银，赵良璧之治锡，马勋治扇，周治治商嵌，及歙吕爱山治金，王小溪治玛瑙，蒋抱云治铜，皆比常价再倍，而其人至有与缙绅坐

① 李日华：《味水轩日记》卷7，万历四十三年三月十三日，上海远东出版社1996年版，第436页。

② 王世贞：《弇州四部稿》卷155《说部·艺苑卮言附录四》，《景印文渊阁四库全书》第1281册，台湾"商务印书馆"1986年版，第495页。

③ 薛冈：《天爵堂笔余》卷1，王春瑜点校，《明史研究论丛》第5辑，江苏古籍出版社1991年版，第326~327页。

④ 王世贞：《觚不觚录》，《景印文渊阁四库全书》第1041册，台湾"商务印书馆"1986年版，第440页。

⑤ 沈德符：《万历野获编》卷26《玩具·时玩》，中华书局2004年版，第653页。

⑥ 王士性：《广志绎》卷2《两都》，中华书局1981年版，第33页。

者。近闻此好流入宫掖，其势尚未已也。"① 袁宏道在论述当时好尚风气后也说："古今好尚不同，薄技小器，皆得著名。铸铜如王吉、姜娘子，琢琴如雷文、张越，窑器如哥窑、董窑，漆器如张成、杨茂、彭君宝，经历几世，士大夫宝玩欣赏，与诗画并重。……近日小技著名者尤多，然皆吴人。瓦瓶如龚春、时大彬，价至二三千钱，龚春尤称难得，黄质而腻，光华若玉。铜炉称胡四，苏、松人有效铸者，皆不能及。扇面称何得之。锡器称赵良璧，一瓶可值千钱，敲之作金石声，一时好事家争购之，如恐不及。"② 沈德符说："玩好之物，以古为贵。惟本朝则不然，永乐之剔红，宣德之铜，成化之窑，其价遂与古敌。盖北宋以雕漆擅名，今已不可多得，而三代尊彝法物，又日少一日，五代迄宋所谓柴汝官哥定诸窑，尤脆薄易损，故以近出者当之。"③ 当代艺术品大为吃香，行情看涨，固然说明其时工艺品生产的发达技艺精湛，同时也说明收藏鉴赏领域的扩大和范围的延伸。

晚明文物古玩的收藏鉴赏之所以长期引人瞩目，不断置论，也因为其商品性和商业性色彩格外浓重。明前中期的文物收藏领域，收藏鉴赏者主要是富豪和缙绅士大夫，无论收藏还是赏鉴，主要还是着眼于文物赏玩或追求高雅，而晚明的文物收藏鉴赏领域，已经完全进入商业领域，很大程度上由交流变化为交易，收藏赏鉴不独是文玩雅事，而且是血腥的商业竞争。这一领域内的长袖善舞者，固然缙绅士大夫尚复不少，但加入了大量拥有巨资的商人，特别是商业资本最为雄厚的徽商，在此行业相当活跃，富而好藏，斌斌风雅，成为相当突出的社会现象。晚明时期，收藏鉴赏主体的主要有两类，一类是江南当地人，另一类是徽州歙县和休宁等地商人。上述考察，大体上反映了当地人的文物收藏赏鉴情形，而徽商的收藏赏鉴活动尚未涉及。徽州的不少收藏世家如歙县溪南吴氏、丛睦坊汪氏、临河程氏、休宁商山吴氏、居安黄氏、榆村程氏等，以江南为重要场所，长时期从事文物收藏，将巨量商业资本转移过来，不但收藏丰夥，而且藏品颇上档次，不少是千百年流传世人垂意的精品珍品。这些古董收藏者，不独以雄厚财力，兼且以鉴别书画藏品的专业知识，与社会名流，或鉴赏名家，或书画名家深相交往，赏玩历代名迹，切磋收藏经验，交往藏品信息。程季白、明诏父子与著名书画鉴赏家李日华、华亭派书画大师董其昌、收藏家汪砢玉等均有交往；吴江村与李日华、董其昌、冯梦祯、陈继儒、薛冈等人频繁交往；董其昌常与吴江村一起欣赏名迹；汪本湖与华亭朱大韶、苏州皇甫汸等人相往还；歙县吴桢与陈继儒往还；歙县汪道会与王世贞、冯梦祯等往还；吴江村与董其昌不时交换藏品。这些徽商，收藏书画鼎彝，自然不少人是出于浮慕心理和为了装点门面，其藏品也必然是真赝杂陈，优劣不分，但不少徽商因为财大气粗，出得起高价，从而能收藏一般人望而却步的珍品。收藏市场的成功实践证明，徽州商人的不少书画收藏者，既有好事家，也有赏鉴家，既有浮慕者，也有风雅人士，不少是可以比肩赏鉴家的。徽商活跃在收藏市场，收藏是为了投资，不少人练就了过硬的专业水准，其法眼就绝不能以等闲视之。晚明的收藏行情表明，鉴赏家视为精品至宝的书画鼎彝，有不少转辗到了徽商手里，后来

① 王世贞：《觚不觚录》，《景印文渊阁四库全书》第 1041 册，台湾"商务印书馆"1986 年版，第 440 页。

② 袁宏道：《袁宏道集》卷 20《瓶花斋集之八·杂录·时尚》，钱伯城笺校：《袁宏道集笺校》，上海古籍出版社 2008 年版，中华书局 2004 年版，第 730~731 页。

③ 沈德符：《万历野获编》卷 26《玩具·时玩》，中华书局 2004 年版，第 653 页。

又从徽商那里散出，不少也是业内人士长期访求的名品。历代流传的不少珍品名迹，有赖他们的精心赏鉴、珍藏呵护而得以传承至今。①

考察晚明江南的收藏赏鉴市场，其显然是由以苏州为中心的江南士大夫的爱好欣赏之风掀起来，而由徽商推波助澜走向红火的。王士性说，姑苏人聪慧好古，"又善操海内上下进退之权，苏人以为雅者，则四方随而雅之，俗者，则随而俗之"②。苏人树立标准，大力倡导，社会各界随而迎合，紧紧跟上，并随苏州人的好尚而转移。袁宏道也认为，江南的文玩收藏，"其事皆始于吴中，狯子转相售受，以欺富人公子，动得重赏，浸淫至士大夫间，遂以成风"③。沈德符也说，玩好之物，"始于一二雅人，赏识摩挲，滥觞于江南好事缙绅，波靡于新安耳食，诸大估曰百曰千，动辄倾囊相酬，真赝不可复辨"④。时人一致认为，徽商与江南士人一起造就了江南收藏品的丰富，藏品市场的发达。明末，歙县吴其贞家族和休宁王越石，以及方樵逸、胡雅竹等人，在江南的书画收藏市场极为活跃。他们在十数年以至数十年的书画经营过程中，不但积累起雄厚的家资，而且搜罗收藏了大量书画珍品瑰宝，还培养了其家族或邻近地域的不少书画经营人才。对于他们的书画眼力和在骨董行的专业素养，负有时誉的丹青高手鉴赏家董其昌、李日华、张丑等人，都予以高度肯定，并与他们频繁往来，一起交流藏品信息，鉴别书画真赝，赏析艺术珍品，甚至连袂外出访求藏品所在。收藏鉴赏家依赖书画商人的四出奔走、费心访求，开通了选购藏品的有效途径，源源不断地获取藏品信息，直至收藏大量传世珍品；书画商人则通过鉴赏家的鉴定，确认藏品的具体价格，把握收进或出手的最好时机，获取商业利润的同时，书画专业水平也不断得到提高。明末清初李日华、张丑等人的收藏鉴赏事业，有赖于广大徽州书画商人的商业经营，他们丰赡的收藏，体现着徽州书画商人的努力，一定程度上蕴含着徽州商人的书画素养。⑤ 毫无疑问，晚明的江南文物收藏市场，是江南士大夫、文人和徽商等地域商人共同营造的。较之以前，晚明的文物收藏，有进有出，社会各界包括书画创作者在内的社会各个阶层，很大程度上是在以投资的方式参与其间。李日华日记记载，其同乡朱殿，少时从文徵明之弟子王雅宾游，于鉴古颇具只眼，移易装潢更是高手，真能以假乱真。在收藏领域，"歙贾之浮慕者，尤受其欺。又有苏人为之搬运，三百里内外，皆其神通所及"⑥。沈德符也记，有些古董，其曾入严嵩府邸者，有"袁州府经历司"半印，入张居正相府者，有"荆州府经历司"半印，后世"伪作半印以欺耳食之徒，皆出苏人与徽人伎俩，赝迹百出，又不可问矣"⑦。这些当然不是偶尔事例。王世贞将此现象称为吴人"辄赝作款识觅生活"，而其时苏州的赝作水准，"汤裱褙"之类在业

---

① 参见拙文《斌斌风雅——明后期徽州商人的书画收藏》，《中国社会经济史研究》2013 年第 1 期。

② 王士性：《广志绎》卷 2《两都》，中华书局 1981 年版，第 33 页。

③ 袁宏道：《袁宏道集》卷 20《瓶花斋集之八·杂录·时尚》，钱伯城笺校：《袁宏道集笺校》，上海古籍出版社 2008 年版，第 731 页。

④ 沈德符：《万历野获编》卷 26《玩具·时玩》，中华书局 2004 年版，第 653 页。

⑤ 参见姚旸、范金民：《明末清初徽州书画商人的经营活动》，《安徽史学》2014 年第 1 期。

⑥ 李日华：《味水轩日记》卷 2，万历三十八年二月二十七日，上海远东出版社 1996 年版，第 85 页。

⑦ 沈德符：《万历野获编》卷 8《内阁·籍没古玩》，中华书局 2004 年版，第 211 页。

内的认可度，今人已耳熟能详，无须赘述。因此，既有研究只视徽商为艺术赞助人，而非投资人，又只讨论吴地与徽地地域之争或两地艺术水平高下之争，而殊少讨论其两地之人或徽商与吴地文人的专业合作，显然立论有所偏颇。

商人资本大量加入日益红火的江南书画古玩市场，不仅使得文玩行业更加光怪陆离，而且使得收藏主体和文玩的集聚地点发生了变化。前述参与收藏领域的徽商，又分为两类：一类是在江南等地收集，而后将藏品搬运回家乡，存贮在了老家，使明末的徽州成为堪与江南并重的文物重地；另一类是在江南经营的徽商，转而移籍或入籍江南，在江南当地形成收藏鉴赏家族，上述杭州徽商吴宪、汪然明，秀水程季白、汪继美等，考其祖籍，多半即歙县吴氏、榆村程氏、丛睦坊汪氏。生于嘉靖初年、殁于万历初期，原籍休宁，迁居苏州，在苏州编撰《天下水陆路程》一书的黄汴，曾经收藏过文徵明《补天如狮子林卷》画作，① 可见徽商黄汴也曾利用经商所得资财，从事过书画收藏。这些事例说明，晚明江南的收藏行业，原籍徽州的商人扮演了相当重要的角色。而这些商人的着籍地点，主要偏在杭州、嘉兴二府，也显示出晚明的文物收藏鉴赏，单就地域而论，有随着商品经济的发展和商业竞争的激烈，有逐渐向东偏移的趋势。

就收藏鉴赏的表现途径来说，晚明江南也有两点异于前代。一是共同交流切磋的程度断非前代可比。二是收藏鉴赏圈的繁密程度也非前代可比。前者如，张应文记：隆庆四年三月，吴中四大姓作"清玩会"，其前往观赏。会上各家竞作名迹重器，"一出文王方鼎，颜真卿《裴将军诗》；一出秦蟠螭小玺，顾恺之《女史箴》，祖母绿一枚重两许，淳化阁帖；一出王逸少《此事帖》，真迹，龙角簪一枝，官窑葱管脚鼎；一出郭忠恕《明皇避暑宫殿图》，白玉古琴，李廷珪墨二饼"。还有"王逸少帖，用亚鸟鹊青作轴头，各重一两外"。以至张应文大为感慨："不意一日见此奇特。"② 这样的清玩会，各家争奇斗稀，以前似未见到，自然具有震撼效果。后者则如董其昌与吴江村的频频相接，与程季白的切磋，与汪砢玉父子的互鉴，与王越石的交往，王世贞与汪道昆、詹景凤的竞争，李日华父子与鲁孔孙、项孔彰、方樵逸、吴雅竹、夏贾等人，李日华与王越石，张丑与王越石等，大大小小、形式不一、各存心机的收藏鉴赏圈，错综复杂，内容极为丰富，值得引起人们的重视。

三、清前期江南书画收藏赏鉴

既有研究探讨江南书画收藏鉴赏问题，基本局限在晚明，而殊少涉及清代前期。其实承袭晚明之风尚，清代江南书画收藏赏鉴持续火红，愈益兴盛。乾隆时人阮葵生形容当时实情道："王渔洋谓吴俗有三好，'马吊牌，吃河豚鱼，敬五通神，虽士大夫不免，恨不得上方斩马剑诛作俑者'。近日缙绅先生又有三好，曰穷烹饪，狎优伶，谈骨董。三者

---

① 王世贞：《弇州四部稿》续稿卷 171《书文徵仲补天如狮子林卷》，《景印文渊阁四库全书》第1284 册，台湾"商务印书馆"1986 年版，第 466 页。

② 张应文：《清秘藏》卷下，《景印文渊阁四库全书》第 872 册，台湾"商务印书馆"1986 年版，第 27 页。

精，可抵掌公卿间矣。"① "谈骨董"，是江南士大夫之一大爱好，总体而言，清前期的江南，社会物定，物力丰裕，丰亨豫大之世，古玩收藏赏鉴极为时尚。现举其突出者，胪列如下。

钱塘高士奇（1645—1704 年），字澹人，号江村、竹窗等。初以监生充书写序班。后入值南书房，特授翰林院额外侍讲，晋少詹事，殁后谥文恪。早年为权贵索额图收藏鉴定书画出力不少。进入翰林院后，结交了不少富于收藏的达官如梁清标、宋荦、徐乾学、王鸿绪、朱彝尊等，又有机会多次观赏内府藏品，眼界大开，鉴赏能力大增。休致回籍后，移居平湖，主要从事书画收藏鉴赏活动。他收藏名作不多，但展观旧藏，题跋颇多，鉴赏眼力很准。收藏鉴赏家、官至江苏巡抚的宋荦有"昭代鉴赏谁第一，棠村已殁推江村"的赞语，将其推许为继棠村梁清标后的第一巨眼。十分宠信他的康熙皇帝也说"得士奇，始知学问门径"。闲居平湖时，高士奇在江村草堂编著了《江村销夏录》一书，著录法书名画共 210 件。该书体例精详，作者、题目之下，详载作品本地、尺寸、书画内容、技法类型、作者款识印章、他人观款题跋、收藏印记等。且印章内容皆依原形描摹，内书楷书释文，为书画著录提供了操作性极强的范本。其家传书画底账《江村书画目》，记载书画518 件，分十类，题下大多注明真赝、优劣、价格，少数还注明用途，"进""送"者多为赝品和劣迹，价格低廉，而"永存秘玩"类自注全部为真迹，价格亦最为昂贵，高者达银五百两，从一个侧面自曝了高的丑恶行径。②

华亭王鸿绪（1645—1723 年），号横云山人。康熙十二年（1673 年）榜眼。鸿绪出身官宦人家，其父进士出身，官御史。长兄顼龄，康熙十五年进士，官至大学士；次子九龄，康熙二十一年进士，官至左都御史。鸿绪本人任《明史》总裁，官至左都御史，户、工部尚书。兄弟并跻极品，"门第之盛，甲于天下"。鸿绪精研书法，奄有魏晋以来诸家之长，挥毫落纸，人争藏弄。③ 精鉴定，"凡名人手迹，经审定者，经黍不爽"。家有书斋二莲居，曾得赵孟頫所书七卷，供于斋中。④

苏州顾氏家族，既有研究殊少提及。康熙三十一年尚在世的顾复，字来侯，有弟名维岳。五世祖资尹公，世居常熟，博学尚古，目击法书名画，必录其款识、诗跋以存之，积岁既久，辑成一编，名为"笔记"。后卜居府城朱雀桥南，而捆载书籍碑帖卷轴玩器以藏其中。文徵明颜其堂曰"憩闲"，更以"闇然"题其书室。父隐亮公，"世叨鉴赏之名，交游四方大人先生，遂得观其秘藏，又不惜余赀以购名物"，求董其昌复书"憩闲"堂额，以志不忘祖德。更与文震孟、张修羽、杨龙友、董其昌等达官名流往来。顾复承袭先人厚积，家学所自，喜收文籍，更延揽东南之收藏好事家，且与当代名流如王时敏、吴子敏、王翚、徐乾学辈游衍于吴地缙绅之家，渐窥宏大，鉴赏自精，兄弟均被推为吴中赏鉴家。顾复所撰《平生壮观》十卷，是其所见所藏名迹记录，前五卷纪法书，后五卷为绘

---

① 阮葵生：《茶余客话》卷 8 "吴俗三好"条，上海古籍出版社 2012 年版，第 165 页。

② 参见邵彦校点《江村销夏录》所作说明，辽宁教育出版社 2000 年版。惟邵彦将高士奇卒年系为 1703 年，高卒于康熙四十三年六月，应为 1704 年。

③ 张伯行：《皇清诰授光禄大夫经筵讲官户部尚书加七级王公鸿绪墓志铭》，钱仪吉：《碑传集》卷 21，中华书局 1993 年版，第 705~710 页。

④ 钱陈群：《香树斋文集》卷 18《跋王氏所藏松雪手札后》，《四库未收书辑刊》第 9 辑，第 19 册，北京出版社 2000 年版，第 200 页。

画。每件作品，详列纸素尺寸、书法、图画布景、水墨设色，以及诸家题跋、铨印图章等，不少还附有顾复的评骘。徐乾学称其人其书"考核良至，用心良勤其间诠量终绢之修短，笔墨之疏密，恍然于心目之中，盖能扩前人所未发，而别启生面，岂非快事，诚可谓真知赏鉴者"。徐乾学又称其弟维岳，"每遇一物，过目了然，所谓默契神会、悟入真趣者，殆其人与"，于其兄弟的赏鉴功力，极为推许。这是一个明后期到清康熙中期的收藏赏鉴世家。①

海宁查慎行（1650—1727 年），出身海宁望族，世代官宦。少受学于黄宗羲，熟于经学，长于诗文。康熙中以举人特赐进士，入值南书房，选为庶吉士，官编修，充武英殿校勘官。因弟嗣庭案牵连，全家被逮。雍正初放归，因更名。慎行学问浑厚，文章丽则，尤工于诗。寄情山水，喜蓄典籍。家有"得树楼"，收藏甚富。又有"敬业堂"，为藏书读书之所。著有《得树楼杂抄》《苏诗补注》《敬业堂诗集》《周易玩辞集解》等。②

海宁马思赞（1669—1722 年）监生，博览群书。其父马麟翔，性喜藏书，多宋元精椠，为东南藏书之冠。至思赞时，更广为搜罗，或辗转传抄，或多方购置，除宋元珍本外，还嗜好金石书画，拥书万卷，建藏书楼"道古楼""红药山房""小葫芦山书屋"庋藏书画。藏品多宋元精椠及金石秘玩。常与朱彝尊、查慎行等学者切磋学问。妻查淑英，诗人查慎行之妹，颇有文才，与他有同嗜，夫妇日相唱和。收藏规模不减元末明初倪云林"清秘阁"，清中期同地鉴赏家管廷芬将其与得树楼查氏列为清初海宁县最出名的两大藏家。思赞编有《道古楼藏书目》，著录 600 余种，收录法书名画甚多，如郭忠恕《春耕图》、李公麟《蛮王醋乐图》、刘松年《春山雨霁图》、夏圭《华山看瀑图》、黄子久《乱山古木图》、王蒙《山村图》、赵孟頫《春流放船图》、倪瓒《江渚蜗牛图》等数十幅；辑有《道古楼藏历代书画录》，辑录唐宋元明四代之书画，历代金石碑版法书名画。雍正初，所藏书、画归于吴骞，吴氏有跋云："所辑上自三代，下迄有明，凡金石碑版以至法书名画，真迹题跋，靡不甄录。"思赞工诗文，善绘画，善画虫、鱼、鸟、兽、山水、草木。又善治印，著有《衍斋印谱》行世。

太仓陆时化（1718—1779 年），字润之，号听松山人。未踏入仕途，却优游林泉，以收藏自娱。聚书逾万卷，不少是亲手抄写的罕籍秘本。尤以富藏历代法书名画著称于东南。能诗善画，故精鉴赏。三十余年间历游江浙，凡见书法、尺牍、诰敕、画迹，悉随记录，汇编成《吴越所见书画录》六卷。该书著录其所见书画 628 件，以明人所作为多，下迄清四王、吴、恽六家。记其纸绢，详其行款，交代作者生平。书前有《书画说铃》二十九则，后有《书画作伪日奇论》一篇，于赏鉴书画颇有助益。该书堪为孙承泽《庚子销夏录》、高士奇《江村销夏录》后又一著录书画的佳作。

钱塘梁同书（1723—1815 年），字元颖，号山舟，晚号新吾长翁。乾隆十七年（1752年）进士，官至翰林院侍讲。工诗擅书法。初法颜、柳，中年法米芾，七十后愈工，自成一家，享盛名六十余年，与刘墉、王文治齐名。书字愈大，结构愈严，魄力深厚，观者

① 徐乾学：《序》，顾复：《平生壮观引》，《平生壮观》，上海古籍出版社 2011 年版；参见林虞生为《平生壮观》所作校点说明。
② 沈廷芳：《翰林院编修查先生慎行行状》，钱仪吉：《碑传集》卷 47《翰詹中之中》，中华书局1993 年版，第 1320~1321 页。

叹绝。间亦作画，善作人物、花卉。同书生于官宦人家，博学多识，自称"自少喜收集国朝名人尺牍，凡得千余家"①，故精于鉴别，于前人书画，过眼辄别真伪。海宁吴生遇名迹，每潢写其副，曾对人说："他人皆可欺，惟山舟先生不可耳。"②

杭州汪启淑（1728—1799年），字秀峰，号讱庵，一字慎仪，自称"印癖先生"。安徽歙县人，父业盐起家，徙居娄县，启淑移居杭州。捐官为工部员外郎，迁兵部郎中。喜交友，与厉鹗、杭世骏、朱樟结"南屏诗社"。嗜古代印章，曾搜罗周、秦代以迄宋、元、明各朝印章数万钮，有《飞鸿堂印谱》传世。又富而好礼，所交皆知名士，凡金石书画无不笃好，喜聚书，陈古玩。家有开万卷楼，藏书数千种。四库馆开馆搜访遗书，启淑献书六百余种，钦赐《古今图书集成》全部、大小金川战图两分。著有《集古印存》《飞鸿堂印谱》《汉铜印丛》《汉铜印原》《退斋印类》《锦囊印林》，及其他各谱等27种，《续印人传》八卷。③

桐乡鲍廷博（1728—1814年），字以文，号渌饮，又号通介叟。祖籍安徽歙县，随父移居杭州，曾一度迁居桐乡县青镇。家世经商，殷富好文。廷博为诸生，好古绩学。父鲍思诩嗜读书，廷博也嗜书，乃不惜巨金搜求海内宋元书籍，并与江浙一带著名藏书家频繁交往，互相借抄，并广录先人后哲所遗手稿，筑室收藏，名其室为"知不足斋"，衮然为大藏书家。性复强记，每一过目，即能记其某卷某页某讹字。参校精审，有持书来问者，凡某书美恶所在，意旨所存，见于某代某家目录，历经几家收藏，几次钞刻，真伪若何，校误若何，无不脱口而出，按之历历不爽。乾隆四库开馆诏求天下遗书，廷博命子士恭进献家藏精本六百余种，大半皆宋元旧板或写本，又手自校雠，为全国献书之冠，蒙赐《古今图书集成》、伊犁得胜图、金川图等。廷博更将家藏孤本珍本，集为《知不足斋丛书》刻板。

镇洋毕沅（1730—1797年），字秋帆，号灵岩山人。乾隆二十二年状元。曾祖由休宁迁太仓，遂为吴人。历任内阁中书、陕西巡抚、河南巡抚、湖广总督。好读书，通经史，精小学、金石、地理之学。在南书房时，和诗备顾问，进古器物，御制诗文以纪。为各地封疆大吏时，仍嗜著述，聘用诸多名士为幕，搜罗善本，校录古籍，考订金石，时贤奉为秘籍。④

海宁吴骞（1733—1813年），字槎客，号兔床，别号愚谷、海槎等。祖籍休宁，长于海宁小桐溪。诸生。生负异禀，过目成诵。所为诗文，词旨浑厚，气韵萧远。笃嗜典籍，遇善本倾囊购之，校勘精审，所得不下五万卷。尤喜搜罗宋元刻本，而如陶渊明、谢元晖

① 梁同书：《秀野草堂图咏》，侯怡敏整理，《历史文献》第11辑，上海古籍出版社2007年版，第9页。

② 许宗彦：《学士梁公同书家传》，钱仪吉：《碑传集》卷48《翰詹中之下》，中华书局1993年版，第1376~1377页。

③ 沈德潜：《沈德潜诗文集·辑佚·飞鸿堂印谱序》，人民文学出版社2011年版，第2016、2017页；《（嘉庆）松江府志》卷83《拾遗志》，第20~21页；徐晋：《前尘梦影录》卷下，《续修四库全书》第1186册，上海古籍出版社2002年版，第747页；许承尧：《歙事闲谭》卷9"汪讱庵诗"条，黄山书社2001年版，第302页。

④ 王昶：《兵部尚书都察院右都御史湖广总督赠太子太保毕公沅神道碑》，钱仪吉：《碑传集》卷73，中华书局1993年版，第2098~2104页。

诸集，皆取而重刻之，学者珍为秘宝。因所藏千部元版，自号其居为"千元十驾"，以敌黄丕烈百部宋本。曾得宋本《咸淳临安志》，刻一印为"临安志百卷人家"，风致如此。筑拜经楼，庋藏各类书籍。雍正初，道古楼所藏书画，多归其所有。又与苏州、杭州等地藏书家互相钞校，并与当地藏家赏奇析疑，获一秘册，则共为题识，歌诗以记其事，拜经楼足与道古、得树二家后先鼎峙。论者以其与同时期的黄丕烈、陈鳣、鲍廷博等大藏书家并称。兼好金石，以所藏商鸟、篆戈、吴季子剑等，作《拜经楼十铜器诗》。① 其《吴兔床日记》，起乾隆四十五年，至嘉庆十七年，记其晚年藏书、读书、著述、交游诸事较多。

吴县黄丕烈（1763—1825 年），字绍武，一字承之，号荛圃、绍圃，又号佞宋主人、宋廛一翁等。乾隆五十三年举人，官主事，嘉庆六年发往直隶知县不就，专一治学和藏书。博学赡闻，寝食于古。好蓄书，尤好宋本，构专室藏宋刊书，名之曰"百宋一廛"，自称佞宋主人。有藏书室士礼居、百宋一廛、陶陶室等。尤精校勘之学，读书刻书于板本先后，篇第多寡，音训异同，字画增损，及其授受源流，翻摹本末，以至行幅疏密广狭，装帧精粗敝好，莫不心营目识，条分缕析。所校《周礼》郑氏注、《国语》、《国策》等书，皆有功来学。好刻古籍，每刻一书，行款点画，一仍旧本，如有舛讹，别为札记，缀于卷末。所著有《盲史精华》《百宋一廛赋注》《百宋一廛书录》《荛言》等。② 洪亮吉认为藏书家有数等，考订家、校雠家、收藏家、赏鉴家，吴门黄丕烈和乌镇鲍廷博名至实归。③

此外，嘉道时昭文人蒋宝龄《墨林今话》一书，④ 记录清代前期的画家，有不少是收藏鉴赏家，计有 58 人，其分布在苏州府 20 人，即长洲沈世勋、顾宪曾、许锦堂，吴县陆恭、顾纯熙、谢希曾、张培敦、毛叔美、陶赓，元和沈镇，常熟屈保钧、范玑，昆山孔继泰、徐大棻、夏翚、张皋、杨光耀，吴江殷立杏、沈烜、沈焯；太仓州 5 人，即陆愚卿，镇洋毕泷、顾王霖，嘉定钱东塾、瞿中溶；嘉兴府 12 人，即嘉兴钱载，嘉善王志熙，秀水叶芬、计光炘、文鼎、陈铣、姚鸿焘、张以铭，海盐吴修、僧达受，平湖钱天树、朱雷；杭州府 6 人，即金栻、江鉴，仁和倪稻孙、钱塘金农、姚之麟，海宁朱钧；松江府 6 人，即上海瞿应绍、徐渭人，娄县冯有光，南汇黄知彰，青浦许希冲、陆元珪；湖州府 4 人，即高铨，乌程陈经，归安陈焯、沈嘉林；常州府 3 人，即无锡秦炳文，金匮许廷坚，江阴陈式金；江宁府 1 人，即马士图；镇江府 1 人，丹徒潘恭寿。另有余姚张业，曾寓吴门，富于收藏，"善六法，尤工写生，苍秀古雅，兼有南田、忘庵风格，吴中诸家罕与之敌"⑤。

搜集地方文献，还有一些鉴藏家。如乾隆初年苏州汪某，在阊门外半里许有白松楼，性好聚书，多至万余卷，"中多宋元明人书画、金石碑刻、三代钟鼎敦匜樽盉、官哥瓷金

① 《清史列传》卷 72《吴骞传》，中华书局 1987 年版，第 5891～5892 页；管庭芬：《管庭芬日记》，第 3 册，张廷银整理，中华书局 2013 年版，第 1272 页。

② 《清史列传》卷 72《文苑传三·黄丕烈传》，中华书局 1987 年版，第 5931～5932 页。

③ 《清史列传》卷 72《文苑传三》，第 5930～5931 页；《(民国)歙县志》卷 10《人物志·士林》，第 21 页；洪亮吉：《北江诗话》卷 3，《洪亮吉集》中华书局 2001 年版，第 2271 页。

④ 蒋宝龄：《墨林今话》，程青岳批注，上海古籍出版社 2015 年版。

⑤ 蒋宝龄：《墨林今话》卷 6，程青岳批注，上海古籍出版社 2015 年版，第 115～116 页。

玉杂故物。行市上见旧画帖，或旧钞本书，不惜解衣付质库购之"。李果说他"中间又羁留钱塘、兰溪者两年"，恐怕也是个徽商。① 杭州人金芬，家饶于资，刻苦力学，"好金石篆隶文字，见古人遗迹，辄辨其真赝，真者装潢而题识之。尤盈倪云林、恽南田书画，以其书摹勒上石，跋尾至数十通，为清啸阁法帖。作诗仿晚唐及宋之姜白石范石湖诸人，见者莫不赏其清绝"②。阳湖人钱履坦，善画梅，工诗精篆刻，"尤善鉴别古书画器物伪真"，与兄鲁斯并有名公卿间，嘉庆十一年客死吴门。③ 无锡顾仲安，字开均，道光时人，"工诗画，富收藏，一门风雅"④。程洪博，歙县人，道光十六年前后，在杭州，收"藏三代彝器不下千种"⑤。很明显，其时的鉴藏家，集中在苏松嘉杭湖和苏州西邻无锡一带。

这些人，其收藏规模或鉴赏名望自然无法与上述著名的收藏或鉴赏大家相比，而大多集中在收藏或擅长鉴赏某类珍品。如孔继泰，"多蓄鼎彝图史，及宋明人真迹"；陆恭"收藏古帖名画极多"。杨光耀"家藏古人名迹甚夥"；谢希曾，"家藏碑帖，自晋迄明，悉以勒石"；瞿中溶"尤邃金石之学，藏弆甲于娄东"；许希冲"耽古人书画"；叶芬"于端溪佳石收贮尤夥，松陵、槜李藏砚家未能过焉"；江鉴"生平好藏王莽货布及宋大观、崇宁诸品，泉积至数百，而又未尝蓄他品"；钱天树，"所藏四朝名人书画，甲于邑中"；陈经"家藏三代尊彝，及秦汉以下古钱、私印、古砖极多"。钱载"善鉴别法书名画，望而审其真伪"；吴修"平生精于鉴别，手搜国朝名人尺牍，寿之贞珉，多至六百余家"；僧达受"精鉴别古器及碑版之属，阮太傅以'金石僧'呼之"；沈嘉林，"精鉴古砚，如东西洞以及水旱坑，入手即能辨之"。

上述胪列自然疏漏很多，最明显的缺陷是，至迟自明代中期起，很多书画家本身，凭其专业素养，就是文物收藏赏鉴高手，明中期的沈周、祝允明、文徵明、唐寅辈，明末的董其昌，清初的王鉴、王时敏、王翚、王原祁等，无不如此，有些人如常熟王翚，还出身于骨董世家。所有这些，因重心所在，本文均未涉及。除此之外，简述清前期江南书画文物收藏赏鉴，至少有四点值得注意。

一是就收藏赏玩主体的身份而言，主要是缙绅士夫，如高士奇、王鸿绪、查慎行、梁同书、毕沅、钱载辈，多是阮葵生所说的"缙绅先生"。官员特别是王鸿绪、梁同书、毕沅等达官贵人，无论是政治地位、社会身份，还是家资财产、知识学养，乃至宦游各地等条件，都较为优越，收藏赏鉴既有条件，又有力道，王鸿绪、梁同书、毕沅等人的藏品，其实不仅来自江南本地，而且广及全国各地。这一点，在清中后期常熟翁家、吴门潘家、吴云、顾文彬、吴大澂，太仓陆增祥，归安沈秉成等人的收藏中，更能显示出来。

二是收藏赏玩者的地域较前不同。明代前中期，收藏赏鉴者主要是当地人，而清前

① 李果：《在亭丛稿》卷9《别白松楼记》，《四库全书存目丛书补编》第9册，齐鲁书社2002年版，第279页。

② 吴德旋：《初月楼闻见录》卷7，《四库未收书辑刊》第1辑，第17册，北京出版社2000年版，第188页。

③ 吴德旋：《初月楼闻见录》卷8，《四库未收书辑刊》第1辑，第17册，北京出版社2000年版，第197页。

④ 邹弢：《三借庐笔谈》卷2"顾仲安"条，《笔记小说大观》第13册，广陵书社2007年版，第10179页。

⑤ 许承尧：《歙事闲谭》卷24"节录僧六舟游歙笔记"条，黄山书社2001年版，第834页。

期，承袭晚明流风余韵，在此领域长袖善舞者不少是家道殷实的徽商，如杭州汪启淑、桐乡鲍廷博，以及苏州汪某、杭州程洪博、余姚张业等人，在清中期，江南收藏赏鉴最出名最有地位的，恰是祖籍徽州的汪启淑、鲍廷博、毕沅等人。尤其值得注意者，晚明时期，徽商或徽籍人士与江南人交流竞争，开始分流、向江南转移、由商转向仕转向文的同时，徽州本地成为积贮丰厚的文物重地，但到清前中期，江南等地文物流向徽州者很少，而徽州文物实际上不断流入江南。徽州人文的转向和地域上的转移，在文物藏赏鉴方面表现得最为明显。随着南京地位的降落和徽商经济与文化力量向苏杭嘉地区的转移，江南文物收藏赏鉴的版图在清代前期更向东部转移。

三是文物收藏鉴赏有着向家族集中的趋势。文物收藏鉴赏，不仅需要雄厚的经济实力，更须具备深厚的学养和精准的眼光，皆有赖于长期积累，那些文化家族或簪缨望族就较有优势。上述苏州张氏、顾氏、海宁查氏、马氏以外，江南收藏鉴赏家以家族姻娅之合力从事者尚复不少。如镇洋毕氏，毕沅之弟毕泷，号竹痴，工诗，喜临池，精鉴赏，"所收宋、元、明人真迹，及国朝太常、廉州、南田、墨井、石谷、麓台诸家，靡不精粹，储藏之富，甲于吴中"，盛子履《卧游录》甚至称"太仓收藏家，推毕竹痴、陆息游两人"，颇负盛名。① 嘉定钱大昕家族姻亲从事收藏更为突出。钱大昕本人以外，其次子钱东塾，"家藏古迹甚夥，尤宝爱仲姬竹卷，因颜其室曰'赵管墨妙斋'"②。其婿同县人瞿中溶，曾官湖南布政司掾，是金石大家，当时嗜好金石的同道，无不愿与之订交，而且"平生珍赏诸品，若汉灯、铜象、古泉币、古镜、'富贵长乐'汉砖，皆葺室贮之，以颜其楣"。著有《湖南金石志》《泉志补政》《续泉志》《吴郡金石志》《唐石经考异》《奕载堂诗文集》等，达20多种。③ 钱大昕的另一婿青浦人许希冲，"于晋、唐、宋、元罔不搜讨，不专习一家。……平生鉴赏古迹，尤有别识"④。国子监博士秀水人计楠家族，本人以外，其次子叶芬，"性嗜古，善鉴别，凡吉金贞石、妙绘法书，以至文房清玩，靡不喜。于端溪佳石收贮尤夥，松陵、檇李藏砚家未能过焉"。藏砚不下三百方，最有名的是莲叶砚，专门葺室藏弄，昆山人王椒为书"莲叶砚室"额；后又得红丝石砚，尤为珍赏，人为之镌铭"天下第一名砚"。⑤ 计楠之侄计光炘"鉴藏书画，胸有别识，虽古今人迹，皆极宝爱。而尤所心仪者明之沈石田、国朝之恽南田，因以'二田'颜其斋，并摹两先生像悬斋中，以奉瓣香"⑥。常熟人屈保钧，系屈安明之侄，曾官肇庆府通判。精鉴别，富收藏，"一门翰墨，照映湖山"⑦。此类家族，不胜枚举。

四是文物藏鉴的客观条件似乎更优于前代。江南文物鉴赏在清前期之所以仍然火红，得益于江南最为重要的人文地位，江南还是全国最为重要的人文重地，不但底蕴深厚，而且因为是风雅策源地和倡率地，源源推出艺术珍品，仍然崇尚收藏赏鉴古玩，文物装潢仍然水准最高，社会各界皆将文物收藏眼光投在江南。吴三桂的女婿王永宁，原住苏州，后

① 蒋宝龄：《墨林今话》卷6，程青岳批注，上海古籍出版社2015年版，第104页。
② 蒋宝龄：《墨林今话》卷12，程青岳批注，上海古籍出版社2015年版，第256页。
③ 蒋宝龄：《墨林今话》卷12，程青岳批注，上海古籍出版社2015年版，第257页。
④ 蒋宝龄：《墨林今话》卷12，程青岳批注，上海古籍出版社2015年版，第258页。
⑤ 蒋宝龄：《墨林今话》卷14，程青岳批注，上海古籍出版社2015年版，第298~299页。
⑥ 蒋宝龄：《墨林今话》卷14，程青岳批注，上海古籍出版社2015年版，第300页。
⑦ 蒋宝龄：《墨林今话》卷12，程青岳批注，上海古籍出版社2015年版，第268~269页。

住扬州，请陈定为之物色，"广收书画，不惜重价，玉石亦未能鉴别。好事家以物往者，往往获利数倍，吴儿走之者如鹜"。有人就劝书画家、收藏鉴赏家王时敏，不可蹉此好机会，"决宜摒挡物价，过江与作交易"，而且愿意代而前往；在扬州的阊门人孟姓，寄信所言亦然。① 与此相类的是扬州通判王廷宾，原为山东按察使，闲住无事，见时俗皆尚古玩，也投资于此。有天突然对书画商人吴其贞说："我欲大收古玩，非尔不能为我争先。肯则望将近日所得诸物及畴昔宅中者先让于我，以后所见他处者仍浼图之，其值——如命，尊意如何？"不到一周，"所得之物皆为超等，遂成南北鉴赏大名"②。时俗崇尚古玩，好事家的不绝如缕，为江南文物收藏市场源源注入活力，也为江南工艺品生产者和经营者提供了不竭财力。康熙时期，李煦长期担任苏州织造，就常常为各地官员物色文物，作进贡或疏通关系之用。深受康熙帝信任的商丘人宋荦，较长时期出任江苏巡抚，有诗形容当时江南文物收藏行业，谓："秋亭嘉树气苍凉，小幅摩挲向雾窗。新寄云烟劳太守，旧分雅俗说吴邦"，并注明"江南以有无倪画分雅俗"。③ 宋荦本人，凭着精于赏鉴的手眼，在江南收集了丰夥的名迹珍品。清中期常辉论江南风尚道："近日士大夫最尚窑器，愈旧愈佳，取其形象古朴，火气尽除耳。其值几等于金玉，非大有力者不能得，且官哥汝定，非深有识者莫之辨。……人情凡厌故而喜新，至于字画玩器，反尚故。故江东风俗，凡赞赏物，莫不曰旧。"④ 江南之风，始终尚古，为古物收藏赏鉴提供了十分坚实的基地。

（作者单位：南京大学历史学院）

---

① 王时敏：《西庐家书》丙午七，《王时敏集》，毛小庆点校，浙江人民美术出版社 2016 年版，第 176～177 页。

② 吴其贞：《书画录》卷 5 "宋元人翰墨十二则为一卷"条，辽宁教育出版社 2000 年版，第 232～233 页。

③ 宋荦：《西陂类稿》卷 13《庐州张见阳太守以倪高士秋亭嘉树图见贻即用画上韵走笔答之》，《景印文渊阁四库全书》第 1323 册，台湾"商务印书馆"1986 年版，第 140 页。

④ 常辉：《兰舫笔记》，《吴中文献小丛书》，苏州图书馆 1943 年排印本。

家国同构：颜之推与《颜氏家训》述论*

□ 张艳国

【摘要】 颜之推出生于梁朝，经历了南北朝时期的梁、北齐和北周，在隋朝开皇年间平静去世。死里逃生、颠沛流离，是颜之推的人生轨迹和生活特征；在其人生历程中，家国情怀、"三不朽"是深蕴其中的情感和追求。《颜氏家训》既是颜之推之一生的代表性著作，又是居于中国家庭教育高峰之巅的名著，其家庭教育思想在后世产生了巨大影响，至今仍有重要价值。颜之推经过思考、总结和提炼，形成了一个以儒家思想为根本、包容道家佛家的思想综合体，深刻体现了儒、道、释合流汇聚、中和融通的新趋势，为后世提供了一个典范的思想史个案，并保留了宝贵的社会生活史、思想文化史资料。坚持坚守，是颜之推思想深处珍视历史、固守传统的底色；包容纳新，是颜之推思想扎根社会生活，与时偕行的亮点。

【关键词】 南北朝时期；颜之推；《颜氏家训》；思想价值

颜之推（531年—?），字介，出生于南朝时期的梁朝，其祖籍为琅邪临沂人，属于衣冠南渡的"百谱"士族后裔，① 他经历了南北朝时期的梁朝、北齐、北周，大约在隋朝开皇年间去世，活了六十多岁②。颜之推正史有传，列入《北齐书》《北史》的"文苑传"之中，可算是青史留名。颜之推在中国现代受到重视，很大程度源于著名历史学家范文澜先生的《中国通史简编》对他的评价与重视。范老在论述南北朝时期思想文化的成就时，将颜之推及其《颜氏家训》作为一个亮点，有着精当深刻的论述："在南方浮华北方粗野的气氛中，《颜氏家训》保持平实的作风，自成一家之言，所以被看作处事的良

＊ 本文为国家社会科学基金重点项目"新时代文化创新的内在逻辑和实践路径研究"（18AKS011）、中宣部文化名家暨"四个一批"人才资助项目"中国文化的现代魅力"阶段性成果。

① 《北齐书·颜之推传》。

② 在《颜氏家训·终制》中，颜之推还说自己"已六十余"；根据缪钺先生的考证，颜之推约终于隋开皇十年之后，"年六十余"。见缪钺：《颜之推年谱》，《缪钺全集》第一卷（下），河北教育出版社2004年版，第558页。

轨，广泛地流传在士人群中。"① 自从西汉史学家、文学家、思想家司马迁确定学者的成就范式和规格是"成一家之言"之后，② 后世历代学者的学术追求无不是"成一家之言"。在 20 世纪 90 年代的"文化热"中，周积明教授和笔者主编过一本《影响中国文化的一百人》，围绕"影响"拟定标准，选取新中国成立以前的 100 个历史文化巨人，就其思想传承性、影响性进行揭示，当时的依据是"历史上对中国文化的发展曾经产生过影响乃至继续产生影响的人物"③，而不是看他的"知名度"。显然，颜之推是符合这个标准的。在书中，我们对颜之推的历史贡献和影响给予高度评价："通过家庭教育对家庭成员及一代一代子孙进行伦理道德教育是中国文化传承不辍的重要途径，也是中国文化具有无与伦比延续性和顽强再生力的重要依据。从这个角度观看中国古代家庭教育，颜之推无疑是一位值得注意的人物"；《颜氏家训》在中国图书流传史上的强劲影响力，"不仅颇为有力地表明，在中国这样一个宗法伦理型的文化系统中家庭教育据有何等重要的地位，而且深刻地昭示着颜之推在中国文化史上的特异地位"。④ 较早地对颜之推及其《颜氏家训》进行了文化史视域的研究和阐述。

21 世纪以来，对于颜之推及其《颜氏家训》的研究更加深化、细化。这主要体现在以下三个方面：一是关于《颜氏家训》的版本及其流传研究。以往的代表性成果是王利器先生的《颜氏家训集解》，后出增补本，纳入中华书局"新编诸子集成"系列中。该书不仅从文字、音韵、训诂、名物、地理、版本等角度对《颜氏家训》进行了考订，还"把颜之推传和他流传下来的作品，统统收辑在一起，加以校注，以供研究者参考"⑤。以前人们研究的版本依据大体上是该书，学术界称为"王本"。世纪之交，北京大学汤一介先生主持"十一五"国家重点图书出版规划项目（重大工程出版规划）、国家社会科学基金重大项目"《儒藏》整理与研究"⑥，拟定了"子部儒学类礼部之属"⑦，由武汉大学中国传统文化研究中心冯天瑜教授和江西师范大学中国社会转型研究省级协同创新中心张艳国教授主持，将《颜氏家训》纳入其中，以已有校本、版本研究为基础，进行新的校订，形成新的高水准的善本，具有权威性。二是关于《颜氏家训》在家庭教育、社会文化传播的功能、效果、价值和意义研究。这是从传统的文献学研究转向文本功能的研究，从学术史的研究看，具有学术拓展性，其学术价值是显而易见的。三是关于颜之推思想的研究，从文字学思想、教育思想到政治、社会生活、处世哲学，甚至是文艺美学等方方面面，形成了多维度、多视角的立体研究，极大地丰富了从范文澜先生以来关于颜之推及其《颜氏家训》的评价内涵，完善和发展了原有的话语概念。

---

① 范文澜：《中国通史简编》（修订本）第二编，人民出版社 1979 年版，第 525 页。
② 《汉书·司马迁传》。
③ 周积明、张艳国主编：《影响中国文化的一百人》，武汉出版社 1992 年版，第 4 页。
④ 周积明、张艳国主编：《影响中国文化的一百人》，武汉出版社 1992 年版，第 198、201 页。
⑤ 王利器：《颜氏家训集解·叙录》（增补本），中华书局 1992 年版，第 13 页。
⑥ 参见王博：《汤一介与〈儒藏〉·序》，《汤一介与〈儒藏〉》，北京大学出版社 2017 年版。
⑦ 该项目结项成果为冯天瑜、张艳国主编《〈儒藏〉精华编》第 197 册，北京大学出版社 2014 年版。《颜氏家训》由张艳国教授、温乐平副教授点校，并有《校点说明》（第 17~19 页）。

一、一位饱经政权鼎革颠沛动荡之苦的士大夫

（一）颜氏家族与颜之推成长背景

颜之推出生在江南，但他的祖籍却是北方的齐鲁之地，是"衣冠南渡"的士族。他在自述诗篇《观我生赋》的自注中说道："中原冠带随晋渡江者百家，故江东有百谱。"①虽然在南迁的"百家"之中，琅邪颜氏不似琅邪王氏之家显赫，但也确是侨姓高门之家。他与当时很多南渡的士人一样，虽然出生在南方，但是，心怀拥有北方血统和文化的优越感，在言谈举止、字里行间，总是流露着对于父辈故乡、自己祖籍情不自禁的怀念。譬如，他在家训中说："颜氏之先，本乎邹、鲁，或分入齐，世以儒雅为业，遍在书记。仲尼门徒，升堂者七十有二，颜氏居八人焉。"②邹鲁之地，为我国古代儒家发源之地，产生了被后世誉为"圣人"孔子和"亚圣"孟子这样的历史人物，自是人文兴盛之地和学宗之域；受其影响，其先祖早就醉心儒学，以儒学为业，有八人进入孔门，直接受到儒家始祖教育，这当然是门楣之幸！据记载，其先祖有名有姓的八人是：颜回、颜无繇、颜幸、颜高、颜祖、颜之仆、颜哙和颜何。秦代以后，至于颜之推的祖辈，以及颜家世代人才辈出，史不绝书，颜之推自豪地称为"衣冠之家"。所以，颜之推总是对此念念不忘，要求子孙牢记家世，不要有辱先祖。他说："仰惟前代，故置心于此，子孙志之。"③回溯家世，颜之推对于从事"素业"，以读书博取功名是深信不疑的；另一方面，家史中先祖正反两方面的经验教训在颜之推人生中，留下了深厚的精神烙印，决定了他的人生准则和价值取向。颜之推对北方血统的悠悠牵挂，对家世的深情追怀，流露在家训中是随处可见的一种文化优越感，并不表明他对于南方之地有什么偏见，或者是有什么情感上的巨大不适，个中缘由则是那个时代南渡"衣冠之家"的文化失落，以及对"昨日辉煌"的本能眷顾。由此才能理解，经历衣冠南渡之后，像颜之推这样的社会阶层对过去与现实形成的反差，印记有多么深厚！④

颜之推的七世祖颜含随晋室南渡后，居住在建康城南的长干，巷名曰"颜家巷"。⑤在建康，颜家世居七代，一直到他的父亲颜协随南齐南康王萧宝融出镇荆州，由此举家迁入荆州城。这就是颜之推在家训中讲到不能将父母的灵柩安葬建康城的由来："先君先夫

---

① 颜之推：《观我生赋》，收入《北齐书·颜之推传》。谱，家谱的意思，一谱代表一家族。

② 《颜氏家训·诫兵》。

③ 《颜氏家训·诫兵》。

④ 参阅陈正祥：《中国文化中心的迁移》，《中国文化地理》，生活·读书·新知三联书店 1983 年版，第 1~22 页。陈正祥认为，"晋人尚未视南方为中国；南方的人民还是化外之民"。可见南北差异有多大！由北向南迁移之后，人们在实际生活中体验了南北经济、自然、文化和风土人情上的诸多差异，就会产生现实的强烈反差，再回头想想自己的身份认同，更加容易激活自己潜在的原有的文化优越性。另参张艳国：《整合多学科研究长江文化》，《中国社会科学报》，2019 年 9 月 6 日。

⑤ 由于世居于此，以致颜之推终生不能忘怀，培育了他的寻根意识（《观我生赋》自注）。他的这一记忆是准确的。颜氏墓葬群中的四座在 1958 年为江苏省南京市文物保管委员会所发掘，他的记忆在一千多年之后得到验证。见南京市文物保管委员会：《南京老虎山晋墓》，《考古》1959 年第 6 期。

人皆未还邺旧山，旅葬江陵东郭。……流离如此，数十年间，绝于还望。"① 南朝梁武帝大通三年（531年），颜之推出生在江陵城。其时，颜之推已有两个哥哥：大哥之仪，二哥之善。之仪在《周书》中有传，史称"幼聪颖"，"博涉群书，好为词赋"②；二哥之善史书无载。据颜之推在家训中所说："每从两兄，晓夕温清，规行矩步，安辞定色，锵锵翼翼，若朝严君焉。"③ 可见，家庭是和睦温暖的，兄弟是友爱欢愉的。颜之推的父亲喜读书，擅书法，史称"博涉群书，工于草隶"④，"胸襟夷坦，有士君子之操焉"⑤。梁武帝大同五年（539年）去世，时年四十二岁。这一年，颜之推只有九岁。颜之推出生时，他的家道尚算殷实之家，属于典型的"亦官亦学"官僚知识分子家庭，因为他的父亲担任朝廷的"正记室"，是皇帝的文秘近臣，受到梁武帝的信任；又是颇有声望、博闻强记的书法家，受人尊敬。出生在这样的家庭，颜之推尝到了家庭温馨，所以他在《颜氏家训·序致》篇中，以不无幸福的口吻回忆说："吾家风教，素为整密。昔在龆龀，便蒙诲诱。"一是家风正，二是家教严，幼年时就受到父母的关爱和教育。然而，颜之推幼年的幸福生活毕竟太短暂了！丧父之痛，挥之不去，伴随了颜之推的一生，以致他在《颜氏家训·序致》篇中回忆道："年始九岁，便丁荼蓼，家涂离散，百口索然。慈兄鞠养，苦辛备至；有仁无威，导示不切。虽读《礼》《传》，微爱属文，颇为凡人之所陶染，肆欲轻言，不备边幅。"靠慈兄支撑家庭生活的艰辛，可以想见。

（二）颜之推一生颠沛流离与《颜氏家训》之成书训

在颜之推一生中，最心酸、最痛苦的，恐怕莫过于政权变易，以及由此引发锥心刺骨的颠沛流离。据史载和《颜氏家训》，有如下几次：

第一次是在十九岁那年，颜之推刚刚出仕，担任湘东王萧绎的右常侍，就遇上了侯景之乱（梁武帝太清三年，548年），"值侯景陷郢州，频欲杀之，赖其行台郎中王则以获免。被囚送建业。景平，还江陵"⑥。这一次动乱时间不短，大约有两年的时间，令颜之推饱受煎熬。在侯景之乱中，颜之推不仅看见了惊心动魄的反叛、皇帝废立、政权变更，而且还深陷其中，几乎是与死神擦身而过，心底的波澜大约可以掀翻他的肺腑！所以，他用了"梁家丧乱"一词，⑦ 来痛惜国家的毁坏和民生的凋敝，也是在诉说自己的惊魂。

第二次是西魏攻陷荆州，梁元帝遇害，他成为俘虏，后奔北齐，涉水再遇险。可以说，先遇兵灾，后逢水险。这次历险前后经历了两年多的时间。承圣三年（554年）九月，西魏兴兵伐梁，十一月兵陷江陵，元帝被俘后遇害。随着都城被毁，皇帝被俘，一大批臣子成为瓮中之鳖，被敌国生擒，任由处置。颜之推作为梁元帝的"散骑侍郎，奏舍人事"，也集中在成堆的被押解人员之列。颜之推的哥哥之仪被解往西魏都城长安，他自己则被押往弘农，成为李远都督帐下的文书。这一年，颜之推二十四岁，距上一次遇险只

---

① 《颜氏家训·终制》。
② 《周书·颜之仪传》。
③ 《颜氏家训·序致》。
④ 《梁书·颜协传》。
⑤ 《南史·颜协传》。
⑥ 《北齐书·颜之推传》。
⑦ 《颜氏家训·序致》。

隔了五年。荆州破城之战以及一向欣赏自己的恩主梁元帝遇难，令颜之推痛伤心肺。尤其是在破城之日，梁元帝挥手一矩，火烧典册图书无数，这简直就烧残了颜之推的精神寄托啊！所以，他在《观我生赋》并自注里，对此作了血泪式的记叙："守金城之汤池，转绛宫之玉帐。徒有道而师直，翻无名之不抗。民百万而囚房，书千两而烟炀。溥天之下，斯文尽丧。"这里面充满了忧惧、伤感和痛惜，特别是对读书人深及骨里的自尊自信的撕裂，足以令人同情共感，为之肝肠寸断。所以，在家训里，对于这次破城导致的焚书，颜之推在多处流露出内心的难受和不舍。二十五岁时，颜之推从弘农奔北齐，奉朝请，侍文宣帝左右。但在北上的路上，过河遇惊天之险，几乎殒命。"值河水暴长，具船将妻子来奔，经砥柱之险，时人称其勇决。"① 颜之推又一次经历了生死考验，并又一次成功脱险！北齐文宣帝"阅之"，并"引于内馆中，侍从左右，颇被顾眄"。② 顾眄，就是被欣赏、受到重视。颜之推离开动乱的末世梁朝，免除了政治上是是非非的缠绕，虽然在投奔北齐的过程中，③ 依然阻隔重重，但结局还是圆满的，得到文宣帝的赏识和重视，这对于疲惫已久、流浪不定的身心来说，或许也是一点难得的补偿吧！

第三次虽不是兵灾战乱、皇帝废立之类的际遇，但颜之推卷入权力交锋的营垒之中，几乎丢了性命。情状的急迫程度，竟然令《北齐书》本传用了"方得免祸"这样的字眼。事件发生在北齐后主武平四年（573年）十月。这一年，颜之推四十三岁，距离上一次历险十九年。当时，在朝廷里形成了以祖珽为一方的汉族官僚地主集团和以穆提婆、韩凤为代表的鲜卑贵族、军事长官集团两个尖锐对立的政治势力派别，在国家一系列重大政治问题上势同水火、绝不相容。鲜卑贵族集团视汉族士人为"汉儿文官"，充满蔑视；有时甚至粗暴地直呼为"狗汉"，必欲"杀却"而后快。④ 矛盾的爆发点是：鲜卑贵族集团主张后主亲征晋阳，而汉族士人集团则联名谏止。最后，齐后主倒向鲜卑贵族集团，"即召已署表官人集含章殿，以季舒、张雕（虎）、刘逖、封孝琰、裴泽、郭遵等为首，并斩之殿庭"⑤。由于颜之推与祖珽一向交厚，"大为祖珽所重"，且"帝甚加恩接"，由此"为勋要者所嫉，常欲害之"。⑥ 颜之推被鲜卑贵族集团视为政敌集团的成员，可最后齐后主依照"谏止书"上的署名传唤时，却没有颜之推的大名。倒不是颜之推不签名上谏，而是因为一个随机的原因他错过了签名，由此逃过死劫。据载："崔季舒等将谏也，之推取急还宅，故不连署。"⑦ 虽然逃脱了一死，但是，颜之推却丢了官职，"寻除黄门侍郎"。当然，相对于生命而言，罢官只是很小的一件事。颜之推当时的心情一定是五味杂陈的，几

① 《北齐书·颜之推传》。

② 《北史·颜之推传》。

③ 说到投奔北齐，这不是颜之推主动的一种人生选择，而是一种"随波逐流、顺其自然"的情不得已。所谓"失节"之论，大约以偏概全，无视实情。缪钺先生的议论值得重视："之推北渡之后，不忘故国，触险奔齐，蓄志南归，至是绝望，遂留居北齐。"见缪钺：《颜之推年谱》，《缪钺全集》第一卷（下），河北教育出版社2004年版，第548页。颜之推"绝望"之由，是曾经的梁朝已经被陈霸先易帜为陈朝。"城头变幻大王旗"，颜之推自是有家难归啊，乔木之地，转眼已是故国！

④ 《北齐书·韩凤传》。

⑤ 《北齐书·崔季舒传》。

⑥ 《北史·颜之推传》。

⑦ 《北齐书·颜之推传》。

分惊悚、几分庆幸兼而有之，以至于他在日后的《观我生赋》自注中说："时武职疾文人，之推蒙礼遇，每构创痏。故侍中崔季舒等六人以谏诛，之推尔日邻祸。"

周武帝建德六年（577年），北周大军一举灭齐。颜之推与北齐亲贵、官僚被俘后，被押到首都长安，但他受到礼遇，被周宣帝任为"御史上士"。颜之推五十一岁时（隋文帝开皇元年，581年），隋代周，颜之推成为隋臣，担任过"太子学士"之类的文官。从短暂的北周生活，到隋朝开皇建年间，一共十多年的岁月，颜之推的晚景是平顺的，《北齐书》本传说他在隋朝"甚见礼重"，作为一代鸿儒，受到尊敬的晚年生活，其内心一定是愉快的。最后他得以寿终正寝，以一种圆满的人生方式走完了他惊魂起伏、颠沛流离的一生。① 惟其晚年平顺，我们才可以见到《颜氏家训》这本完整的大书。

《颜氏家训》的成书过程，史书没有记载。在《颜氏家训·终制》篇上，他自己说："心坦然，不以残年为念。"可见，他有足够的时间和精力，在他生前定稿成书。这种可能性很大；如若不然，他的长子思鲁在隋唐之际也为文人学士，曾编订过父亲的文集，思鲁最后在父亲过世后编订成书也未可知。但不管怎样推测，《颜氏家训》在颜之推生前是已经成型的书，这是可以断定的。

对于颜之推而言，磨难出思想。正是他历尽坎坷、多次体验生死的一生，才给予他厚重深沉的思想体会。颜之推的人生经历与《颜氏家训》是紧密联系在一起的；或者说，《颜氏家训》所体现的，就是颜之推来自人生经历的经验和智慧。百炼钢化为绕指柔，对于立于人生实践深处的思想来说，也是如此。

二、一本居于中国家庭教育巅峰之上的名篇力作

尽管颜之推一生大部分时间是在战乱动荡、供职朝廷中度过的，但观其一生，他始终把读书、思考、写作放在生活的重要位置，做到亦官亦学、亦述亦作，加之他"聪颖机悟，博识有才辩"，在学习、研究和写作上都有过人之处，因此，他一生著述甚丰。虽然《北齐书》《北史》本传上说，颜之推著述有"文集三十卷，《家训》二十篇，并行于世"，其实，他的著述还远远不止这些，综合历史文献记载，另有《训俗文字略》一卷、《集灵记》二十卷、《急就章注》一卷、《笔墨法》一卷、《稽圣赋》三卷、《正俗音字》五卷、《还冤志》（也写作《冤魂志》）三卷。② 现仅存《颜氏家训》《还冤志》和《诗五首》，③ 其余都已散佚不存。由此可见，颜之推的确是南北朝时期"最通博"的学者；透过流传至今的《颜氏家训》，结合其传奇的人生经历，又可见他是那时"最有思想"的学者。

《颜氏家训》是一本专门记录颜之推家教言论的著作，书名"家训"就已经鲜明地标

---

① 他在《观我生赋》并自注中说："予一生而三化，备荼苦而蓼辛"；"在扬都值侯景杀简文而篡位，于江陵逢孝元覆灭，至此而三为亡国之人"。经历数次朝代更替和皇帝更迭，在战乱、政治漩涡中多次死里逃生，一生"三为亡国之人"，这种悲惨的人生经历，在中国历史上的士大夫群体中，可能无人超越。反过来看，颜之推经历的人生磨难在他的思想深处，怎么也不会抹去！

② 见诸《隋书·经籍志》《旧唐书·经籍志》《新唐书·艺文志》《直斋书录解题》《颜氏家庙碑》《崇文书目》《文献通考》《四库提要》等。

③ 收录在逯钦立校辑《先秦汉魏晋南北朝诗·北齐诗》（中华书局1984年版）中。

志了该书的内容和特色。如果仅就家训而言，历史地看，已无新奇可言，因为从文献记载来看，先秦以来，家训篇章史不绝书，名篇名作代代相传，① 而《颜氏家训》只是中国文化中重视家教家训的一股新流，传承了中国家训文化和家庭教育、家风建设传统，顺应了自古以来将家教家训载于文字篇章的文化趋势；另一方面，它超越了前人，有创新光大的积极贡献。纵观此前家训，都只是单篇之作，一事一议，集中话题，聚焦问题；而《颜氏家训》则是一部体大精深、体裁固定的著作，具有思想的系统性、视野的宏观性、探讨问题的宽广性、说理的深刻性。颜之推通过《颜氏家训》，论述了家教家风的重要性，阐述了家庭教育、家风家庭环境对于人们教育、培养的价值意义。结合他自己丰富的人生经历和经验，颜之推论述家训所涉及、涵纳的人生观、价值观和世界观，从而把家庭教育作为一个社会重大问题提出来，并予关注和研究，使人的成长立足于家庭教育成为一门专门的学问。因此，《颜氏家训》也成为一本居于家庭教育巅峰之上的力作名篇，南宋藏书家、目录学家陈振孙在《直斋书录解题》中评价说"古今家训，以此为祖"，颜之推也因这本书成为对中国历史文化产生重大影响的著名历史人物。

（一）《颜氏家训》内容

《颜氏家训》归为七卷，分列二十篇。按照句读后分段，共有二百五十节（段）。每卷独立，篇篇相关。大致如下：

卷一由《序致》《教子》《兄弟》《后娶》《治家》五个篇章组成。《序致》篇分为两节，讲述作者概况、写作背景、成书经过、主题主旨、主要内容、意义旨趣。这篇序言短小精悍、情真意切、内涵饱满，读起来十分感人。《教子》篇分为七节，主要内容是着重讨论家庭教育的原则、方法与意义，围绕家庭伦理法则和"爱"的铁律，论述了严管严教、培养孩子成人立人的道理。通篇采取案例教学，道理深刻严谨，说理活泼温暖。《兄弟》篇分为六节，主要论述兄弟伦理，从兄弟出自父母血脉的宗法之理出发，从正反两个方面强调"兄弟同心，其利断金"的团结合力作用、价值和意义。《后娶》篇分为五节，论述后娶的合理性，指出后娶在处理家庭关系上存在的矛盾和弱点，既说理，又举例，使道理深沉厚重，使案例成为鉴镜。《治家》篇分为十六节，主要围绕家长看治家，治家成败考量家长的修身立德素质与水平，治家有其内涵要求、准则和方法，强调治家如治国，没有章法就万事不成。《治家》篇打通了个人修身、齐家到治国、平天下的人生轨迹和内在逻辑关系，尤其受到后世儒家重视。

第二卷由《风操》和《慕贤》两个篇章构成。《风操》篇分为四十一节，所论风操，是针对主流社会，或称上流社会的风操，对象是知识分子、士大夫，包括作者所处时代特有的士族贵族。风操，是风范、操守的合称，内涵风范、风度的意思，它起到社会风尚的引领作用。通篇围绕作为一名士大夫、读书人，家长及其家人应该具有什么样的风尚节操进行了论述。作者紧紧依据儒家经典《礼记》关于风操的礼仪规范，结合南方、北方的风俗民情差异，从人生修养、精神风貌、礼仪操守到家庭的门风门规、家庭风尚和礼仪规矩，引经据典，娓娓道来，是非正义的观点十分明确、毫不含糊。《慕贤》篇分为七节，

---

① 庄辉明、章义和《颜氏家训注译·前言》（上海古籍出版社 1999 年版，第 1 页），"见诸文字的家训，较早而集中地出现在社会动荡的魏晋南北朝时期"，这是另一种观点。

将做人与齐家、治国紧密结合起来，回答"治国之要，惟在得贤"等重大问题。作者强调认真总结历史的经验教训，从中汲取智慧的力量，树立知贤、尊贤、敬贤、追贤、成贤的思想很为重要，主张树立正确的人才观、敬贤观和交友观，具有重要的思想价值和启发意义。其中蕴含的警言名句，不断为后世所汲取。

第三卷由《勉学》独立成章，分为三十节。全篇所论，主题集中，论述学习的重要性、学习的方法和意义、学习内容的选择，特别是将学习与人生形成结合起来，赋予了学习的人生意义和价值。作者认为，学习，放大生命的意义；学习，催生人生的智慧；学习，提升人生的价值。他主张凡事学在先，学习是生命的一部分。文中准确运用古今求学、勤学、苦学、实学、博学、深学、精学、用学和知学典故、故事，寓意深刻，言辞恳切。该篇的论述，环环相扣，以理服人，直击求学者心灵深处，给人以强烈的思想震撼，意蕴悠长。作者对于历代名人名言、名篇名作和俚语谚语烂熟于心、信手拈来，对于一些成语如引锥刺股、挂斧远学等，以及一些掌故、典故等的引用借用，都恰到好处，为文章增色不少，增添了思想的生动性和感染力，也使这些深刻道理入脑入耳，易懂好记。

第四卷由《文章》《实名》和《涉务》三个篇章组成。《文章》篇分为二十二节，主要探讨文章的体裁、功用、文风、写作方法、欣赏旨趣和学术批评，强调文章表达作者的思想心声，形式与内容相统一，重视文章的内在思想、情操和价值取向，力戒言之无物的"空文"，这是继南朝齐梁之际学者刘勰《文心雕龙》之后的又一重要文论篇章；他主张文章要"易见事，易识字，易诵读"，平白晓畅，因文会意，这对于扭转当时文风时弊，产生了积极作用。《实名》篇分为七节，主要内容是探讨名、实关系。名与实，是一对高度抽象的哲学范畴，是指事物的名称和具体存在，一般适用于形式和内容的关系。颜之推讨论名实关系问题，从具体的问题讨论着手，而不是就哲学问题进行纯粹理论的分析。颜之推突出重视"实"，即内容，主张"实"高于、重于"名"，当他把人的名声和道德修养联系起来的时候，就将认识提升到很高的境界。《涉务》篇分为五节，主要探讨人如何处理实际事务问题。他主张做人要"食人间烟火"，实实在在地生活，善于处理实际事物。他提出的一些看法，如学贵实用、经世应务、关注民生疾苦，等等，是对中国知识分子忧国忧民、修养立身、积极入世优良传统的继承，又具有在当时激浊扬清、明辨是非的积极意义。

第五卷由《省事》《止足》《诫兵》《养生》和《归心》组成。《省事》篇分为七节，主要讨论做事的方法论问题。他针对青年人的急功近利、浮躁急切，提出欲速则不达的忠告、警醒，是有借鉴意义的。《止足》篇分为三节，主要内容是提醒人们重视对"知不足"与"知足"的关注，特别是要认识"足"，自觉做到"知足"。止足，止于满足，也就是知足的意思。止足也好，知足也罢，前者重行，后者重知，都是一个意思，就是要在思想上知满足，在行动上不作过分的企求。颜之推结合前人"知足常乐""知足自省"的思想，以及自己的人生体会，论述了"知足"在人生修养上的重要价值。《诫兵》篇分为三节，主要讨论对待军事战争的态度，一个"诫"字，已经十分鲜明准确地表达了该篇章的中心思想，切不可妄做武夫，也不可好武逞强，更不可耀武扬威。古人说："兵者，天下之大凶，不可不慎。"颜之推结合家族史展示他自己对于军事、战争的底线思维，重复古人的智慧。《养生》篇分为三节，主要论述了养生的意义和方法，强调珍爱生命，适度而正确地养生；在大是大非面前，绝不含糊，就算豁出生命也是值得的。他的看法，对于人们思考身体与生命的意义价值、生活的目标与意义、人生观与生死观，都是有积极意义的。《归心》篇分为十一节，主要讨论人的内心世界的归宿、灵魂的洁净和精神价值的意义。他主张扬善弃恶，强调善恶有因，善恶有报，即"善恶之行，祸福所归"，人要有善德，更要有善为，这些看法打上了南北朝时期文化开放的时代印记，也为我们保存了一份十分完整、鲜活、生动的思想文化资料个案。

第六卷由《书证》独立成章，分为四十七节。主要讨论在学习、研究中遇到的文献、文字、音韵、训诂、校勘、考据等专门的学术性问题。依次涉及《诗经》8 篇，《礼记》3 篇，《春秋左氏传》2 篇，《尚书》1 篇，《六韬》1 篇，《易经》1 篇，《汉书》5 篇，《史记》4 篇，《后汉书》4 篇，《三国志》1 篇，《三辅决录》1 篇，《晋中兴书》1 篇，《古乐府》2 篇，《通俗文》1 篇，《山海经》1 篇，《东宫旧事》2 篇，《尔雅》1 篇，其他不著书名者，为典故、名物。可见，文中所考证的字、词、音、意，以及人物称谓、名称、典故的由来，都算是比较常见的，一是出自经典，如《诗》《书》《礼》《易》等，这是儒家经典，既是统治阶级意识形态的基础，也是面向大众的文教资料，更是古代读书人的"日课"书目；二是出自文史书籍，属名著系列，如《左传》《史记》《汉书》《后汉书》《三国志》和《古乐府》等。文中讨论的问题，是对"或问"的回答，其实就是常见性问题。由于《书证》篇讨论的都是一些专门的学术问题，因此，具有较高的学术价值，历来为学术界所重视，至今都具有较高的学术价值。①

第七卷由《音辞》《杂艺》和《终制》三篇构成。《音辞》篇分为十节，主要讨论文字的读音、音韵与方言的关系问题，其研究价值是突出的。②《杂艺》篇分为十三节，主要是讨论传统认为主流学术以外的思想文化。在颜之推看来，那些属于杂流的书法、杂技、绘画、卜筮、算术、医术、骑术、博弈，等等，是社会生活的要素，会一些，甚至是精一些，都是有益的，只要它不冲击主业，不沉溺其中就好。颜之推的社会观、从业观、娱乐观是比较开放的。他的这些论述，对于我们认识南北朝时期的社会生活，是值得重视的。《终制》篇分为五节，主要是全文的收尾，重点是"交代后事"，在传统文化里也称作"遗令""遗言""遗嘱"。颜之推交代子孙的内容，要求薄葬、节简，如棺木板厚度不许超过两寸、选材只用松木，不许使用随葬品，不封不树，不许举行招魂仪式，不许用酒、肉作为祭品，等等，都十分具体，简则俭矣！他担心奢华铺张的葬礼以及陪葬，会让他的子孙不堪重负，影响他们的生计。这就是一种慈父的胸襟和爱怜。

总之，《颜氏家训》的"家训"内容，有广义和狭义之分。从广义上讲，将学习探讨、切磋纳入学习范围、家庭交流范围，从中得出学习的体会、经验，并进行学习方法的反思、总结，应该还是在家庭教育范畴之内的；从狭义上讲，就是家庭教育内容直接地、

---

① 缪钺先生对此较早就有十分中肯的评价，认为颜之推在文献学以及音韵学等方面的贡献（《书证》《音辞》），"对清人很有影响"，直接开启了清代"文字、训诂、声韵、校勘之学"的"许多方法与途径"，其"治学态度与方法"，在现代"都是很可贵的"。见缪钺：《颜之推的文字、训诂、声韵、校勘之学》，《文汇报》，1961 年 8 月 20 日。在当代，学者研究颜之推在这方面的贡献，依然给予高度评价，如刘冠才：《从〈颜氏家训〉看南北朝时期南北声母的一些差异》，《古籍整理学刊》2013 年第 1 期。

② 代表性的成果为现代学者周祖谟著《颜氏家训音辞篇注补》，收入氏著《问学集》（上、下册），中华书局 1966 年版。

直观地体现"家训"话题，紧密围绕家庭关系、家庭管理、人生成长、人的社会关系、人的精神生活等方面展开，这在《颜氏家训》中占了绝大部分内容，而且比较具体。

（二）《颜氏家训》体裁及思想特点

《颜氏家训》作为中国有史以来第一部系统论述家庭教育的宏大著作，建构了独特而开创性的"家训"学术体裁、话语体系、教育的方式方法和学术（教育）思想。

首先，颜之推家训体裁明确了教育者与被教育者在家庭，甚至是在家族这样特定的教育场域和教育环境下的教育形式。教育者是在家庭中具有生活经历、经验话语的长者，是具有家长权威的长辈；受教育者（教育对象）则是家庭全体成员，主要是家中晚辈。在《颜氏家训》中出现的第一人称"我"，就是《颜氏家训》的作者，也是颜家家庭教育的主角；出现的第二人称"你""你们"，甚至是直接出现颜之推儿子"颜思鲁"的名字等，他们都是受教育的对象。

其次，颜之推家训话语体系的建构与确立，突出的特征是体现教育者与受教育者的主从思想传导关系。由于教育者的家庭地位，特别是从身份、辈分和人生阅历、生活经验（智力、识力、魄力、定力、决断力）等方面具有的权威性，因此，在家庭教育中，他绝对处于"训导""训示""训教""训诫"的主导地位，即居于主动性、引导性的一面或一方，将自己的人生经历、经验、反思采取"灌输"的方式，传导给家庭成员，即受教育者。话语具有支配性、提示性、暗示性、警示性特征特点，话题围绕教育者人生经历的过程方方面面和经验总结，问题意识紧紧围绕如何实现人成长的人生观、善恶取向的价值观和与世界相处的世界观来展开。

再次，颜之推家训教育的方式和方法是与家庭的存在形式、家庭组织关系、家庭生活方式紧密结合在一起的。一是家长作为"训导者"担任了"主讲教师"角色。二是全体家庭成员，主要是晚辈充当"学生"角色，他们是听者、受教育者。三是教育者与被教育者既是教学关系，又是血亲伦理关系（长辈与下辈的长幼亲属关系）。四是家训的场域是家庭空间，可能是书房，可能是厅堂，可能是庭院，也可能是长辈的卧室等，并不固定。总之，家训的"课堂"是居家范围。五是家训的教育方式方法，因为听者的特定性，这就决定这种教育组织形式、教学方式只能是"小班教学"，就拿颜之推来说，他的经常性听众是长子颜思鲁，在书中提到的次数最多；后续补充的听众还有二子颜愍楚、三子颜游秦以及长孙颜师古。教学方法以灌输为主，以案例教学（讲故事）、讨论互动（发言发问交流）为辅，融入启发式教学理念（有些问题教育者不作结论，由被教育者思考或自找答案）。家训的开展也不像社会教育机构设置的课堂教学那样固定，它具有随机性、灵活性等特点。

最后，颜之推的家训教育思想是使每一个受教育者在亲验教学、情景教学、启发式教学、灌输式教育中树立成人立人的世界观、人生观和价值观，走正道，成事业，有担当，能作为，把家庭管理好，进而服务国家、社会。颜之推在开篇《序致》和收官篇《终制》中所阐述的写作目的，就揭示了他的教育思想和目的：一是要"教人诚孝，慎言检迹，立身扬名"，"以传业扬名为务"；二是要"轨物范世"，"整齐门内，提撕子孙"；三是要形成"整密"的"风教"（家风），代代相传。

（三）颜之推教育思想的价值意义

在颜之推的教育思想中，它有以下几点超拔前人，至今仍有重要价值和启发意义：

一是重视家庭建设和治理。颜之推把家庭看作家庭成员最温暖、最可靠的避风港、共同体，他的家庭观念很强。反过来看，一定要把家庭关系处理好，把家维护好、管理好，千万不能"堡垒从内部攻破"。他在《治家》篇中，提醒人们对待家庭和家人，治起家来"可不慎欤"！

二是重视家庭环境营造，重视积累和形成良好的家教家风。环境影响人，环境塑造人；家庭环境和家风对人的影响既是持续的，又是深刻的，还是润物细无声的。有什么样的家庭环境、家庭教育、家庭风气风尚，就有什么样的人。所以，他就用"蓬生麻中""入芝兰之室"等来比喻家庭环境、家教家风对人的重要影响和作用。他认为，树立良好家风，受到严格的家教，就能免遭"门户之祸"。

三是重视家庭教育，家庭教育比任何形式、任何内容的社会教育或者其他教育都重要。家庭教育是全过程、全体家庭成员、全方位的教育活动，教育的力度、强度和深度是相互关联、相互协同、共生激荡的。他在《序致》篇中揭示了家庭教育最本质的优势来自血亲伦理，这是社会上任何关系都不具备的特殊性和优势性，因此，家庭教育与生俱来就具有爱，具有严，具有规范的强制性；"圣人出自良家"，把家庭教育运用好了，就不担心子女的成长进步了！

四是父母在家庭教育中居于主导、主要、主动的地位，一定要突出家长的示范引领、言传身教作用。人出生于家庭，从家庭走向社会，家长是人生的第一个老师，幼教胜于成教，家教胜于社教，家长教育胜于教师教育。因此，家长首先要修身齐家，家长首先要正派正义和贤德贤能，要用自己的修养、情操、言行影响家庭成员，这是最好的家教，也是最有文化感召力、亲润力的教育方式。

五是家教要早要严。人的思想、理想、情操、人生取向、行为方式是自幼开始形成的，早教易成，晚教则难改。所以，颜之推一方面强调幼教，即早教；另一方面，把严教贯穿在家教的全过程。他相信一个朴素的道理："松是害，严是爱"，严父就是慈父，严教就是担负家庭责任和社会责任。只有从小就让子女明辨是非善恶、养成好的行为习惯，孩子的成长就顺当。

六是重视教育的内容和学习的方法。颜之推在《颜氏家训》中通篇以身说法，结合自己丰富的人生经历和经验，不断例举历史典故和身边人的事例，从正反两方面总结，把成功的经验和失败的教训作为最生动、最精彩的教材，把"士君子"的成长规格作为教育内容，突出了教育内容的正统性和主流性。颜之推十分重视学习方法，他认为，再好的教育内容、形式和方法，如果不变成受教育者的有效学习方式方法，一切都是枉然。

总之，颜之推透过《颜氏家训》阐发的教育思想十分精到精要，矗立了那个时代的一座教育丰碑，而且也在后世乃至当代都具有闪光的价值。①

---

① 现代学者认为，颜之推的教育思想理念，切合了教育的一般原理和规则，在今天仍有其积极意义，对今天的教育仍然有着启发和指导作用。参见汪双六：《古代家教的启示》，《光明日报》，2009年6月29日；洪卫中：《试论颜之推的教育思想理念》，《社会科学论坛》2010年第12期等。

三、一个以儒家思想为本、对道家佛家思想开放包容的综合思想体

颜之推去世后，颜家保持了书香之家、官宦之家的风范和门第，在隋唐之际，代有人出。《颜氏家训》得到了妥善保管，并从家庭流向社会，传扬开来。长子颜思鲁也像其父一样，仕学结合，在隋朝当过东宫学士，唐初为秦王府记室参军，并整理了颜之推文集；二子颜愍楚在隋朝做了通事舍人，后在战乱中举家遇害，著有《正俗音略》二卷；三子游秦，隋朝时任点校秘阁，唐初为廉州刺史、鄂州刺史，著有《汉书决疑》十二卷。①颜之推的孙子（思鲁之子）颜师古，更是卓然超群，为唐朝一代大儒，博览群书，精于训诂之学，官至唐朝秘书监、中书侍郎，著有文集六十卷、《汉书》注、《急就章》注和《匡谬正俗》八卷等。颜之推五世孙颜真卿、颜杲卿都是唐代有影响的人物。颜真卿是影响至今的书法家，以"颜体"流传于世；颜杲卿父子在安史之乱中壮怀忠义，以身殉国。他们在《旧唐书》《新唐书》中都有事迹可查。颜之推的人格魅力、学术思想，一代一代地传承下来，培育了子孙的操行、品格和能力；从后代子孙的学识、人格和作为上，清晰可见颜之推的家训背影以及文化力量。②

《颜氏家训》一经流传，就得到了读者的喜爱，特别是历代知识分子、士大夫的肯定和推崇，是因为该书的精神情感、价值弘扬和思想体系，击中他们的情怀，从而获得共鸣。

首先是《颜氏家训》所张扬的浓烈的家国情怀，这是自古以来中国士大夫的精神底蕴和人生情怀，最能打动人。家是人的起点，是人的出发地；国是人的归宿，是民族心理文化结构和个人精神深处最珍藏、最重要的价值；家与国紧密地连接在一起。修身齐家，致良知，成君子，"达则兼济天下"，积极站出来治国平天下，将个人、家庭和国家融为一体，将自己的生命意义同家庭、国家安危存亡紧密地联系在一起。这种家国情怀，既是稳定的、沉静的，又是火热的、浓烈的，知识分子的责任感、使命感、家国担当精神都来源于此。中国文化的典籍，谈及人生意义和目标，最本质地讲，就是家国情怀。颜之推在《观我生赋》里讲述的"鸟焚林而铩翮，鱼夺水而暴鳞。嗟宇宙之辽旷，愧无所而容身"，"尧舜不能荣其素朴，桀纣无以污其清尘。此穷何由而至，兹辱安所自臻"，是一种士大夫、读书人的家国情怀；他在《勉学》篇里讲的"务先王之道，绍家世之业"，是一种家国情怀；他在《古意诗》里抒发的"悯悯思旧都，恻恻怀君子"也是一种家国情怀。特别是在《颜氏家训》里，这种士大夫修身、爱家、护国的家国精神随处可见，十分感人。清代学者赵曦明在抱经堂刻本《跋》中说"谓当家置一编，奉为楷式"，就是对颜之推所推崇的家国情怀的准确回应。

其次是《颜氏家训》所展示的"三不朽"价值，是历代士大夫、读书人念兹在兹的精神人格和人生目标。从先秦时期就有人予以概括、提炼和表彰：立德、立功、立言，足以使人生名垂青史，至于不朽。唐代学者孔颖达解释，"立德谓创制垂法，博施济众"；

---

① 据《隋书·经籍志》《旧唐书·温大雅传》《旧唐书·颜师古传》《旧唐书·朱粲传》等。

② 清人王钺在《读书丛残》中说："北齐黄门颜之推《家训》二十篇，篇篇药石，言言龟鉴，凡为人子弟者，当家置一册，奉为明训，不独颜氏。"印证了家风育化人才的榜样力量和示范作用。

"立功谓拯厄除难，功济于时"；"立言谓言得其要，理足可传"。① 人生要同时做到"三不朽"确实很难；但是，做到"三选一"确是很多士大夫、读书人的追求和梦想，这还是可能实现的。颜之推通过《颜氏家训》实现了自己追求的人生价值和目标，做到了"不朽"；颜之推的子孙在《颜氏家训》的教育熏陶下，也实现了自己的人生价值和光荣梦想。颜之推在家训里反复说的"善名""扬名""立名"，等等，都是对"三不朽"价值观的宣扬和维护。隋唐以后，《颜氏家训》成为民间流传的教科书，以"用启蒙童"②。

当然，一本书成为名作名著，仅仅只有上述两条，还是很不够的；一定要有时代特色，有时代的内容，才能成为时代的记录和典范的思想资料。因此，思想既是时代的声音，又是时代的记录，还可以成为时代的思想标本。颜之推身处大变革、激烈碰撞的南北朝，他用眼看、用耳听、用心想、用嘴讲、用笔记，为人们提供了新视角、新概括和新思想，形成了一个立足于时代高度、潜入中国思想文化激烈整合深处，以儒家思想为本、对道家佛家思想开放包容的综合思想体。后世人们将《颜氏家训》称为"南北朝时期的三大奇书"之一，奇就奇在颜之推用思想的触角揭示了那个时代的社会面貌和思想动态，既坚持从汉代以来形成并被确立的以儒家文化为核心的根本价值本位，即已经形成的传统、主流；又能承认儒、道、释进一步汇流交融的新变化、接纳与新思想新信仰相伴生的新生活新事物，把思想、认识与时代变化同步一致地推向前进。固本不排斥纳新，纳新不忘记根本，才能新旧中和、促进思想创造。历史地看，颜之推对于自己国家的历史与文化的思想、情感和态度是炽烈的，浓厚的，坚定的，充满着自信，对此，仅从他对自己三个儿子的命名就可以一窥全豹；③ 现实地、前瞻地看，颜之推对于社会生活出现的信佛论道新元素和思想领域的多样化趋势，他的胸襟是开放的，眼光是敏锐的，观察是深沉的。将历史、传统与时代、现实变化发展趋势结合起来，在价值本位、主流文化、正统思想上开放兼容、包容纳新，就是整合融汇，激荡出新。如此，颜之推就及时表达了在他所处时代儒、道、释进一步融合的新趋势新特点，为我们提供了一个反映时代变革由旧向新的思想认识；他如实记录南北朝时期社会生活、思想文化领域的新变化、新样式、新特征，这就为我们保留了一个完整的、生动的时代、生活、思想、文化互动相生的真实样本。这一点，正是他同时代人、同时代著作、同时代思想很少具备的，恰恰是颜之推在中国历史上，特别是思想文化史上最了不起的地方！

颜之推所处的时代，是一个社会大动荡、大分化、大整合的巨变时代；时代巨变，本身就是社会思想的大熔炉。衣冠南渡之后，由北到南，国家、社会阶层、千家万户都卷入分裂、冲突、碰撞、争斗的漩涡之中。纵观颜之推一生，除了最后十多年身处隋朝安享局部安定之外，在长达半个世纪的时间里，他频繁经历朝代交替、政权易手，随着动荡的节奏，不断地死里逃生，过着颠沛流离的悲惨生活。除了政治、军事斗争交织在一起之外，

---

① 《左传·襄公二十四年》孔颖达注。

② 黄叔琳：《颜氏家训·序》（节钞本）。

③ 颜之推的长子名思鲁，带有一个"鲁"字，在《诫兵》篇中，颜之推回忆自己的祖籍，"颜氏之先，本乎邹、鲁"；次子名愍楚，带有一个"楚"字，出生在颜之推供职江陵期间，荆州城是历史上楚国的都城；三子名游秦，带有一个"秦"字，大约是出生在北齐之故，此地原是历史上秦国故地。参见缪钺：《颜之推年谱》，《缪钺全集》第一卷（下），河北教育出版社2004年版，第559页。如果将思、愍、游三个动词串起来，可见颜之推"不忘本"的历史感和"思故国"的文化情怀。

民族矛盾也广泛存在，那时的民族冲突、民族融合比历史上任何时候都要深刻得多、复杂得多。颜之推对动荡流离的感受，表现出惶恐、惊悚、无奈、疲倦、厌烦，甚至是无比痛恨，这种情绪在书中都随处可见。因为常年的战乱、动荡，甚至连自己父母的遗骨都不能在家乡入土为安。因此，他不禁在晚年发出灵魂深处的感慨："吾今羁旅，身若浮云，竟未知何乡是吾葬地。"①　这是多么的痛彻！虽然如此，自汉代确立起来的以儒家文化为核心的中国文化传统的正统性、主导性地位，②　并没有被摧毁，依然是社会主流所遵循、维护的价值规范。因此，《颜氏家训》的基本文化立场依然是自汉代以来业已形成的中华文化，特别是其思想主轴、核心价值还是比较牢固的，所以，在《颜氏家训》中，他大量引用儒家经典，动辄"子曰诗云"，常念"周孔之教"，着力宣扬成人立人、仁爱仁道、忠恕孝道。他所坚持的儒家文化立场③、精神、价值，可视为颜之推及其家训的基本面，或称之为"文化本位"。"士大夫子弟，数岁以上，莫不被教，多者或至《礼》、《传》，少者不失《诗》、《论》"④，颜之推以世学儒术，"以就素业""世以儒雅为业"⑤　为荣、骄傲，这就是他坚守、守望传统的家世背景和家学渊源的文化依据，也是他自幼受到儒学熏染形成的文化自信底气。正是有此文化坚守和自信，《颜氏家训》及其作者的思想为后世学者特别是后世儒家所肯定；如果没有这条原则、底线，是书恐怕就不会受到尊崇了。

但是，颜之推及其家训如果仅仅只是"坚守中国传统文化"，就会显得泥古不化、迂腐过时；因为时代在变，社会新要素、新热点和新问题正在萌生，这些新的社会因素、思想动态有它必备的社会基础，作为思想者、学者尤其不能漠视它。"人们是自己的观念、思想等等的生产者。"⑥　这种生产立足于人们的社会实践和社会生活。战乱、动荡、饥饿、疾病和死亡，在那时极其严峻沉重地拷问着人们的灵魂，传统的精神寄托、精神归宿、精神慰藉、精神需求等似乎无效，传统的精神价值也似乎失灵，新近由外而来的宗教——佛教，以及正在兴起的本土道家及其道教，似乎可以填补精神的空虚，起到"精神补位"的作用。⑦　正是在这样的时代背景下，新的精神要素满足了人们新的精神需求，⑧　这是不以任何人的意志为转移的客观实在。颜之推敏锐地观察到了，并积极进行了思考，从而如

① 《颜氏家训·终制》。
② 笔者对中国文化传统的理解是："以自给自足的农耕文明为依托，以家族血亲关系为纽带，以家族政治为模板的中华文化，定型于春秋战国之际，并在东亚暖温带逐渐发展、成熟、播扬开来。作为一种古典意义和历史形态的文化，其文化内涵表现为：大自然、小人事的宇宙图式，自我反省、积极入世的人生态度，重义轻利、重理节欲的道德规范，血亲融乳、爱国主义的伦理格律，中庸平和、外圆内方的处世准则，精神超越、深入意境的审美情趣，家族融合、等级有序的社会管理。"参见张艳国：《中华文化传播的方式及其途径》，《光明日报》，1996 年 8 月 6 日。
③ 洪卫中：《颜之推对儒家思想的坚守与世俗化传播——以〈颜氏家训〉为中心的考察》，《郑州大学学报》（哲学社会科学版）2015 年第 1 期。
④ 《颜氏家训·勉学》。
⑤ 《颜氏家训·勉学》《颜氏家训·诫兵》。
⑥ 马克思、恩格斯：《德意志意识形态》，《马克思恩格斯全集》第三卷，人民出版社 1960 年版，第 29 页。
⑦ 从社会根源的角度理解南北朝时期的思想变化，参见《中国哲学史》上册，人民出版社、高等教育出版社 2012 年版，第 310 页。
⑧ 张艳国：《论精神需求》，《天津社会科学》2000 年第 5 期。

实地记录下来，这就有了体现在家训中新的社会内容——人们信佛，人们谈道。颜之推承认新的社会事实，尊重人们的精神选择，不仅没有排斥它，而且自己也在一定程度上认同它、包容它、接纳它。① 于是，在《颜氏家训》中，就有《养生》篇推崇道家养生学说、在《归心》篇中认同佛家"因果轮回、善恶相报"学说的记载，在其他篇章中也还有一些宽容儒家以外思想学说的言论。对此，后世总有学者，如清代朱轼、孙星衍等人站在儒学道统的立场上加以批判，认为颜之推偏离了儒家立场和价值，成为"杂学"和"杂家"，这些观点也在一定程度上影响了现代学者的看法。其实，这大可不必。因为离开了社会生活，离开了具体的时代内容，就不能聚焦问题，也不能得出共识性意见。只有贴近时代、植根社会生活的思想，才能赢得人们的"同情和理解"②。

对于颜之推所构建的一个以儒家思想为本、对道家佛家思想开放包容的综合思想体，③ 我们也应该采取同情和理解的态度，透过《颜氏家训》的字里行间感悟作者所处的时代，深入作者的思想底层去体察产生思想的社会生活，看看作者的思想是否合乎产生思想的实际生活？看看作者的新思想是否存在在后世看来所具有的价值？看看作者的思想同前人比、与同时代人比新在哪、有没有新的启发？退一步讲，仅从历史研究的个案、思想史研究的案例来看，对于我们从社会生活史的角度研究南北朝时期的社会生活构成、内容格局、生活气象，等等，也是一份值得珍惜的历史资料。

总而言之，颜之推跌宕起伏的人生经历，经过思考、总结和提炼，渗透在他的思想中，其思想体系的建构，烙上了深重的人生印记和时代内涵。在颜之推思想中，形成了一个以儒家思想为根本、开放包容道家佛家的思想综合体，这既是他苦难人生经历的精神升华，也是对社会生活的观察、思考和记录，更是时代的思想声音，深刻体现了儒、道、释合流汇聚、中和融通的新趋势，为我们提供了一个典范的思想史个案，并保留了宝贵的社会生活史、思想文化史资料。颜之推用思想的触角揭示时代的社会面貌和思想动态，既坚持以儒家文化为核心的根本价值本位，即已经形成的传统、主流；又能承认儒、道、释进一步汇流交融的新变化、接纳与新思想、新信仰相伴生的新生活、新事物，把思想、认识与时代变化同步一致地推向前进。坚持坚守，是颜之推思想深处珍视历史、固守传统的底色；包容纳新，是颜之推思想扎根社会生活，与时偕行的亮色。这是其思想综合体的突出特点和特征。

（作者单位：南昌师范学院、江西师范大学中国社会转型研究省级协同创新中心）

---

① 《颜氏家训·归心》说："内外两教，本为一体，渐极为异，深浅不同。"这是思想两相包容的方法。

② 作为一种研究视角和方法，参阅业师章开沅：《实斋笔记》，东方出版中心 1998 年版，第 323~325 页。

③ 有学者认为，《颜氏家训》是将"儒释道"三家思想兼容并蓄，体用结合绘成其家庭教育的精神底色。参见雷传平、师衍辉：《由〈颜氏家训〉解读颜之推"儒释道"三教兼容思想》，《东岳论丛》2015 年第 11 期。

叩齿术考*

□ 姜 生 马 源

【摘要】叩齿术是中国传统的一种养生方术,具有坚固牙齿、养生疗疾等多种功用。叩齿术早期发展和演变的思想基础,是对牙齿与生命关系的相关认识和信仰,以及对"齿落更生"所反映出的生命力恢复的向往。从汉代医简所见的护齿之术,到东晋葛洪的"坚齿之道",再到六朝上清派存思道法中的应用,叩齿术经历了历史演变。六朝时期道教对叩齿术的改造,是一个关键性的转折,这种改造不仅发展了叩齿术原有的护齿功效,为其增添了丰富的养生功用,更赋予其仪式化的内涵和规范,深刻影响了叩齿术在后世的流布和发展。

【关键词】叩齿术;护齿;养生;长生;六朝道教

一、研究现状和问题

叩齿术是一种中国传统的养生方术,具有坚固牙齿、养生疗疾等多种功用,它的基本做法是牙齿上下叩打。此法极为简单易行,人人皆可实践,历代道经、医书等文献中都留存有大量相关记载。之前已有不少研究涉及叩齿术,但大多是点到即止:医学领域主要关注叩齿术在口腔健康和疾病防治等方面的应用,① 道教领域则是在论述养生方术、斋醮仪式时常有提及,如认为叩齿术是配合存思使用的众术之一②。

---

* 本文为国家社科重大招标项目"宋元明清道教与科学技术研究"(13&ZD078)、文化名家暨"四个一批"人才工程项目(2018-86-1)阶段性成果。

① 参见凤存安:《中医口腔科学概要》,人民卫生出版社 1990 年版,第 15 页;周大成:《中国口腔医学史考》,人民卫生出版社 1991 年版,第 70 页。

② [日]窪德忠:《道教史》,萧坤华译,上海译文出版社 1987 年版,第 20 页;[日]福井康顺等监修:《道教》(第一卷),朱越利译,上海古籍出版社 1990 年版,第 216~217 页;胡孚琛主编:《中华道教大辞典》,社会科学出版社 1995 年版,第 685、970、1045、1061 页;张泽洪:《道教斋醮科仪研究》,巴蜀书社 1999 年版,第 133~134、162 页;姜生、汤伟侠主编:《中国道教科学技术史·汉魏两晋卷》,科学出版社 2002 年版,第 652 页;萧登福:《试论道教内神名讳源起,兼论东晋上清派存思修炼法门》,《宗教学研究》2004 年第 3 期;魏燕利:《道教导引术之历史研究》,山东大学博士学位论文,2007 年,第 82 页。

目前所见针对叩齿术的专门研究最早始于 1979 年，日本学者西冈弘梳理相关文献（主要是中国古代道教文献和日本医籍）中对叩齿术的记载，注意到叩齿与演奏钟鼓磬之间的关联，指出道教使用的叩齿术是由养生观念出发、结合了相关牙齿观念的恶鬼被攘的仪式之一。① 但西冈弘的研究似未引起国内学者的注意。易宏重新考证了叩齿术的用法及来源，重点反驳了张泽洪关于宋代道教科仪中"叩齿"用法为"以八为节，上下三叩"的解释，认为叩齿之数应与其所代表的钟鼓磬的通数一致，"八齿三叩"之说当是部分道士的误解讹传，提出叩齿术"源于先民对牙齿同身体健康乃至寿命关系的基本认识"，受到以长生成仙为基本教义之一的道教的重视，经葛洪等转述、受上清派之推崇，最终成为道教法术之一。② 张崇富以隋唐之后的道、医文献为主，重新梳理总结了叩齿术的主要用法、内涵及其功效来源和理论基础，提出叩齿养生的主要依据是中医的肾齿关系理论和经络学说，并论述了道教叩齿术与中国传统钟鼓磬文化之间的关联，指出"世俗的叩齿主要关心具体的养生和疗病的功效，而道教叩齿则更强调其中的神学和仪式的内涵"③。

以上的研究，对叩齿术的来源、功用、内涵等各方面均有梳理总结，但因缺乏准确的历史视角，叩齿术在中国古代早期发展演变的线索尚不明晰。如易文对叩齿的次数进行了考辨，批判"宋代所出的'八齿三叩'说，与其说是发展，毋宁说脱离叩齿健身本意的一种纯粹形式化之流变，或为道教内部退化衰落之表现"，而未注意到叩齿术早在六朝时期已经分作健齿、养生和仪式三用，且使用已经多有舛误、规范不严，并非是宋代道教只重形式不重本意的衰落表现。又如张文虽然详细描述了道教吸收和改造传统叩齿养生术、融入钟鼓磬的传统文化和神学内涵将其发展为成仙之术的过程，但文中主要援引的道经多为晚出且时代跨度过大，无法说明隋唐之前叩齿术发展演变的历史。

实际上，牙齿和牙齿护理在中国传统生活中占有重要地位，对牙齿健康的关注反映的是中国古代社会对"长生不老"成仙理想的强烈渴慕，这是叩齿术发展演变的重要思想基础。从汉代医简中的护齿术，到东晋葛洪的"坚齿之道"，再到六朝上清派存思道法中的应用，叩齿术的功用演变明显，关键转折发生在六朝时期道教对叩齿术的改造——将其吸收为道教养生方术进而仪式化。由此，叩齿术不仅发展了原有的护齿功效，增添了丰富的养生功用，更被赋予了仪式化的内涵和规范，广泛应用于众多道法仪式之中。六朝以降，叩齿术的仪式性使其依旧为道门所重，而随着医道互融趋势进入民间应用的叩齿术，也仍然作为道门养生方术和宗教疗法，被盲目地信任和愈加随意地使用。叩齿术此种发展演变的路径，在中国早期道、医文献中多有体现，而不为学界所详知。

二、牙齿与生命的相关认识和信仰

中国境内发现了众多在新石器时期业已存在的、与牙齿相关的特殊习俗，如拔牙、涅

---

① ［日］西冈弘：《叩齿考》，《国学院杂志》1979 年第 80 卷第 7 号，第 1~13 页。

② 易宏：《叩齿略考》，《弘道》2012 年第 3 期。原附录于其博士学位论文（中国社会科学院，2009 年），略有删定。

③ 张崇富：《论道教叩齿的仪式内涵》，《四川大学学报》（哲学社会科学版）2013 年第 4 期；张崇富：《论道教叩齿养生的理论基础》，《宗教学研究》2015 年第 1 期。

齿（染齿）、磨牙等，其中以拔牙习俗考古发现最多、流传地域最广，借由相关的考古学和民俗学研究，我们得以了解史前的牙齿观念及信仰。

颜訚观察了大汶口墓葬的部分人骨，发现其中男性和女性都有人工拔牙的习俗，① 类似的情况也存在于山东曲阜县西夏侯遗址发掘出土的人骨中②。韩康信等人通过统计大量考古发掘的拔牙材料，并结合相关文献分析，发现从人骨上鉴别明确存在拔牙风俗的新石器时期遗址的文化性质来讲，"持有这种风俗的已经涉及大坟口（或青莲岗）、马家浜、屈家岭文化及华南的新石器时代晚期居民"，可见中国境内的拔牙风俗由来已久且分布广泛，是中华民族祖先大部分成员共享的传统，而根据对拔牙标本的具体观察，实施拔齿一般是在个体发育进入性成熟的转折时期，其最直接的意义很可能是承认个人的成年或婚媾资格的一种固定标志。③ 张碧波在比较了世界各地的类似成年礼后指出，跟发、须、爪在商汤和周公以剪发、磨手代身为牺牲等故事中的作用相同，"在成年礼仪式上凿齿拔牙也是有一种以齿为牺牲——齿所以代身——奉祭神灵与祖先的意思在"④。陶思炎同样注意到拔牙年龄与成年的关系，认为拔牙作为神秘的成丁仪式正是"基于牙齿是生命载体的原始信仰"⑤；又因牙齿的外形与葫芦籽、石榴籽相似，而这两种多籽植物曾经是女性生殖器崇拜的对象，外形的相似导致观念上的互通，"牙齿成了生命的载体，以至植物的萌发也以之相比拟，称作'发芽（牙）'。这样便形成了一种观念，齿含生命，齿生为健壮，齿落为衰朽"⑥。此外又有丧葬说、巫灵说等诸多解释拔牙习俗的论说，⑦ 但究其根本，都指向了牙齿与生命的特殊关联和隐喻，并且由拔牙习俗流传的长久性和地理分布的广泛性可知，此种牙齿观念和信仰不限于一时一地或少数族群，而是具有某种共性和普遍性，此后形成的一些"牙齿同身体健康乃至寿命关系的基本认识"，一方面固然源自古人的生理认知，但某种意义上也可以说是"齿含生命""牙齿是生命的载体"等古老观念和信仰的延续。

与牙齿相关的文字记载最早见于殷墟甲骨文，内容多为商王患龋齿等疾病，占卜问询是否为某位先祖灵魂作祟所致，祭祀可否痊愈，等等。⑧ 此时商人将牙齿的疾病归咎为祖灵作祟，并冀求通过祭祀的方式获得痊愈，这明显是一种巫术化的认识，也与整个商代神秘主义的认识倾向相符合。《史记》中记载了名医淳于意以苦参汤漱口为齐中大夫治疗龋

---

① 颜訚：《大汶口新石器时代人骨的研究报告》，《考古学报》1972 年第 1 期。
② 颜訚：《西夏侯新石器时代人骨的研究报告》，《考古学报》1973 年第 2 期。
③ 韩康信、潘其风：《我国拔牙风俗的源流及其意义》，《考古》1981 年第 1 期。
④ 张碧波：《关于大汶口文化三种习俗的文化思考》，《民俗研究》1998 年第 2 期。
⑤ 陶思炎：《存活风俗与成丁礼仪》，《民俗研究》1993 年第 3 期。
⑥ 陶思炎：《牙齿与生命》，《文史杂志》1988 年第 5 期。
⑦ 参见刘慧：《也说大汶口文化拔牙习俗的因由》，《民俗研究》1996 年第 4 期；王政：《大汶口文化"握牙"葬俗与拔牙古俗的巫术文化内涵》，《艺术考古》2008 年第 1 期；彭书琳：《岭南古代居民拔牙习俗的考古发现》，《南方文物》2009 年第 3 期；张溯、王绚：《论大汶口文化的拔牙和崇獐习俗》，《东南文化》2018 年第 1 期。
⑧ 殷墟甲骨文所见各类齿病的整理总结见周大成：《中国口腔医学史考》，人民卫生出版社 1991 年版，第 30~33 页。

齿的故事，此时已将致龋原因归于"食而不嗽"，① 东汉名医张仲景撰写了我国最早的一部口腔医学专著《口齿论》，②《黄帝内经》中已经明确认识到牙齿与经脉、脏腑以及诸种疾病之间的关系，并且记载了根据压痛部位诊断龋齿的方法③。由商至汉，人们对于牙齿的认识已经趋于理性客观，牙齿的生长、替换和坏落，伴随着人类的出生、成长和衰老，与人类的整个生命过程相始终，蕴含着重要的生命信息。

首先，牙齿是人类生长过程中不同时期生理变化的重要指标：

及大比，登民数，自生齿以上，登于天府。郑玄注曰："人生齿而体备。男八月而生齿，女七月而生齿。"④

女子七岁，肾气盛，齿更发长……三七，肾气平均，故真牙生而长极……丈夫八岁，肾气实，发长齿更……三八，肾气平均，筋骨劲强，故真牙生而长极……五八，肾气衰，发堕齿槁……八八，天癸竭，精少，肾脏衰，形体皆极，则齿发去。⑤

齿，始也，少长之别始乎此也，以齿食多者长也，食少者幼也。⑥

除了用来别长幼、判断成人与否，牙齿还可以表征年龄。《礼记·文王世子》："古者谓年龄，齿亦龄也。"郑玄注曰："年，天气也。齿，人寿之数也。"⑦ 故少年称幼齿，成年称壮齿，但随着年龄的增长，健康的牙齿会逐渐地衰坏、脱落，后用齿高和齿衰来比喻年老体衰，便是由于引起齿高（牙龈萎缩）和齿衰的牙周病多见于老年人。《文选·王文宪集序》有云"至若齿危发秀之老"，李善引"郑玄《礼记》注曰：'危，高也。'然齿危谓高年也"。⑧ 由中国古代的尊老传统，进一步发展出"尚齿"之观念。《礼记·祭义》："昔者有虞氏贵德而尚齿，夏后氏贵爵而尚齿，殷人贵富而尚齿，周人贵亲而尚齿。……年之贵乎天下久矣，次乎事亲也。是故朝廷同爵则尚齿。"郑玄注云："尚，谓有事尊之于其党也。……同爵尚齿，老者在上也。"⑨ 而随着观察的深入，人们发现牙齿状态还能够反映出某些人体深层的疾病。如现代医学专家分析《黄帝内经》中记载的一种名为"厥逆"的疾病，"帝曰：'人有病头痛以数岁不已，此安得之？名为何病？'岐伯曰：'当有所犯大寒，内至骨髓，髓者以脑为主，脑逆故令头痛，齿亦痛，病名曰厥

---

① 《史记·扁鹊仓公列传》，中华书局 1959 年版，第 2806 页。

② 此书现已不存，但《后汉书·艺文志》《补后汉书艺文志》《崇文总目辑释》《通志·艺文略》《宋史·艺文志》等历代书志中均有收录，见［日］冈西为人编：《宋以前医籍考》，人民卫生出版社 1958 年版，第 447 页。

③ 山东中医学院、河北医学院校释：《黄帝内经素问校释》，人民卫生出版社 2010 年版，第 465 页；河北医学院校释：《灵枢经校释》，人民卫生出版社 2013 年版，第 218、611、715 页。

④ 《周礼注疏》卷三十五，（清）阮元校刻：《十三经注疏》，中华书局 1980 年版，第 874 页。

⑤ 山东中医学院等校释：《黄帝内经素问校释》，人民卫生出版社 2010 年第 2 版，第 6~7 页。

⑥ （汉）刘熙撰，（清）毕沅疏证，王先谦补，祝敏彻、孙玉文点校：《释名疏证补》，中华书局 2008 年版，第 66 页。

⑦ 《礼记正义》卷二十，（清）阮元校刻：《十三经注疏》，中华书局 1980 年版，第 1404 页。

⑧ （梁）萧统编，（唐）李善等注：《六臣注文选》，中华书局 1987 年版，第 875 页。

⑨ 《礼记正义》卷四十八，（清）阮元校刻：《十三经注疏》，中华书局 1980 年版，第 1599 页。

逆'"，认为"厥逆很可能是现代的三叉神经痛"，其中"脑逆故令头痛齿亦痛"是诊断本症的重要依据。①

齿痛、齿衰、齿落与疾病、衰老、死亡密切相关，这就使得人们对牙齿的关注，进一步发展为对自身身体和生命状态的关心，"道教养生家认为眼、耳、齿的功能退化是人体衰落的标志，因此葛洪特别注意用导引术配合医药防治眼、耳、齿的衰老"②。

三、护齿、养生与长生

牙齿作为生命的载体和象征，人们自然极为重视其健康状况，"牙齿坚完""齿不落""齿不堕"成为"不病不伛"的标志。《养性延命录》载华佗弟子吴普因练习五禽戏享寿九十余年，且"耳目聪明，牙齿坚完，吃食如少壮也"③。《神仙传》载述卓元成、张子仁等众人，因服用李少君的仙药，"或得三百岁，或得五百岁，皆至死不病不伛，面不皱理，齿不落，发不白"④；赵瞿则因"长服松脂"，得"年百七十岁，齿不堕，发不白"⑤。与之相应，"齿落更生"便进一步意味着生命力的恢复，成为长寿乃至成仙的象征。《尔雅·释诂》："黄发、鲵齿、鲐背、耇老，寿也。"郭璞注曰："黄发，发落更生黄者；鲵齿，齿堕更生细者……皆寿、考之通称。"⑥《神仙传》中亦有"衰老垂死，头白齿落"的太山老父遇道士教其绝谷服术后"转老为少，黑发更生，齿堕复出"而得长寿的故事。⑦ 故而仅有"牙齿坚完"的健康状态并不够，"齿落更生"反映出的生命力的恢复和长久，才是古代社会真正渴慕的目标。

萧璠在细致整理和分析历代仙人传记中的相关形貌描写后指出，"仙人所以异于凡人的最重要的特质不只是永生不死，而更是永远青春不老"，"长生仙术就是使人永不衰老，特别是使人转老还少，发白再黑的方术"。⑧ 据前引《黄帝内经》的内容，肾与头发和牙齿均是本末关系，发、齿的变化都与"肾气"的盛衰有关，而按察萧璠整理的内容，"齿落更生"之类的描述也常与"发白再黑"一起用来刻画仙人的不老形貌，这就说明牙齿与头发实际上有着类似的象征意义——长生仙术亦是能够使人"齿落更生"的方术。这都促使着人们——特别是以长生求仙为终极宏旨的道教徒们——积极寻求护齿长生之道。

新石器时期以来牙齿疾病的长久困扰，⑨ 则直接推动了叩齿术作为护齿术的产生——

---

① 周大成：《中国口腔医学史考》，人民卫生出版社1991年版，第41页。
② 姜生、汤伟侠主编：《中国道教科学技术史·汉魏两晋卷》，科学出版社2002年版，第652页。
③ 《道藏》第18册，文物出版社、上海书店、天津古籍出版社1988年版，第483页。
④ 胡守为：《神仙传校释》，中华书局2010年版，第209页。
⑤ 胡守为：《神仙传校释》，中华书局2010年版，第253页。
⑥ 《尔雅注疏》卷一，（清）阮元校刻：《十三经注疏》，中华书局1980年版，第2569页。
⑦ 胡守为：《神仙传校释》，中华书局2010年版，第289页。
⑧ 萧璠：《长生思想和与头发相关的养生方术》，台湾《"中央研究院"历史语言所集刊》第69本第4分，1998年，第716页、第681页。
⑨ 相关考古发掘发现和历史文献记载中的牙齿疾病情况，参见周大成：《中国口腔医学史考》，人民卫生出版社1991年版，第8~11、30~33、41~45、47~49页。

在与疾病作斗争的过程中，人们逐渐摆脱巫术的影响，开始形成诸多理性认知和诊治方法①。目前最早有关叩齿术的文字记载见于汉代医简《引书》："学（觉）以涿（啄）齿，令人不龋。其龋也，益涿（啄）之。"② 叩齿术被用以防治龋齿，是一种简单易行的护齿之术。及至东汉《老子中经》载："兆欲除邪气，治百病，啄齿二七过，祝曰……"③ 此时的叩齿术显然已超越了单纯的护齿之术。东晋道士葛洪著《抱朴子内篇》中特别介绍了"坚齿之道"：

> 或问坚齿之道。抱朴子曰："能养以华池，浸以醴液，清晨建齿三百过者，永不摇动。其次则含地黄煎，或含玄胆汤，及蛇脂丸、矾石丸、九棘散。则已动者更牢，有虫者即愈。又服灵飞散者，则可令既脱者更生也。"④

其中，叩齿三百次仅是使牙齿"永不摇动"的第一步，还需服用诸种仙药才能达到"脱者更生"的效果。以上仙药，地黄和灵飞散的功用在《抱朴子内篇》中有着明确记载，"玄中蔓方、楚飞廉、泽泻、地黄、黄连之属，凡三百余种，皆能延年，可单服也。灵飞散、未央丸、制命丸、羊血丸，皆令人驻年却老也"⑤。可知"坚齿之道"的目标不仅是固齿，其指向的乃是一种由固齿向齿落更生层层递进的长生之道。《神仙传》中亦记载了由漱液、叩齿组成名曰"炼精"的长生之术，"朝来起早，漱液满口，乃吞之。琢齿二七过，如此者三乃止，名曰炼精，使人长生也"⑥。因此葛洪对牙齿及相关医术的关注，固然是出于治病疗疾的基本愿望，但长生成仙才是最根本的追求，"是故古之初为道者，莫不兼修医术，以救近祸焉"⑦，这也是道教积极吸收医术中本作护齿之用的叩齿术，进而将其发展为养生、长生之术的基本背景。

叩齿术被道教吸收，由护齿术发展为养生、长生之术的过程，在南朝名道陶弘景的著述中甚为清楚。《养性延命录》中载"朝夕啄齿齿不龋"，"常每旦啄齿三十六通，能至三百弥佳，令人齿坚不痛"⑧，尚为叩齿术单纯的护齿之用。《登真隐诀》引《仙方》云："常吞液叩齿，使人返少。叩齿即无外鬼之侵，而内神常守。吞液则和气常充，肌髓调

---

① 除前引传世文献之外，近些年出土的简帛文献中亦有相关记载，如马王堆帛书《足臂十一脉灸经》中介绍了以灸法治疗齿痛，而《阴阳十一脉灸经甲本》中还出现了有关齿脉的详细描述。马王堆帛书整理小组：《五十二病方》，文物出版社 1979 年版，第 9、15 页。

② 张家山二四七号汉墓竹简整理小组编著：《张家山汉墓竹简（二四七号墓）》（释文修订本），文物出版社 2006 年版，第 184 页。

③ 《云笈七签》卷十八，《道藏》第 22 册，文物出版社、上海书店、天津古籍出版社 1988 年版，第 137 页。关于《老子中经》成于汉代的断代，参见 ［荷兰］施舟人：《〈老子中经〉初探》，《道家文化研究》第 16 辑，生活·读书·新知三联书店 1999 年版；刘永明：《〈老子中经〉形成于汉代考》，《兰州大学学报》2006 年第 4 期；姜生、冯渝杰：《汉画所见存思术考——兼论〈老子中经〉对汉画的文本化继承》，《复旦学报》（社会科学版）2015 年第 2 期。

④ 王明：《抱朴子内篇校释》，中华书局 1985 年版，第 274 页。

⑤ 王明：《抱朴子内篇校释》，中华书局 1985 年版，第 205 页。

⑥ 胡守为：《神仙传校释》，中华书局 2010 年版，第 245 页。

⑦ 王明：《抱朴子内篇校释》，中华书局 1985 年第 2 版，第 271 页。

⑧ 《道藏》第 18 册，文物出版社、上海书店、天津古籍出版社 1988 年版，第 480、482 页。

润。故无病而不老矣。"① 这里叩齿术外驱鬼邪、内守身神，使人"返少""无病而不老"，起到养生之功用。《真诰》中陶弘景更是藉由鲍助的经历阐明，即便是不曾学道的普通人，无意间常叩齿亦可起到存神却鬼邪之功用而得延年，若真正的道徒日夜加以练习自然可得长生，叩齿术便是长生之术：

> 夜行常琢齿，琢齿亦无正限数也。煞鬼、邪鬼常畏琢齿声，是故不得犯人也。（陶弘景注曰："叩齿即神存，故鬼邪不得干。今修上道者，日夜既恒有此事，所以并得长生尔。"）
>
> 昔鲍助者，济北人也，都不学道，亦不知法术。年四十余，忽得面风气，口目不正，气入口而两齿上下恒相切拍，甚有声响。如此昼夜不止，得寿年百二十七岁。后乃遇寒过大冰，堕长寿河中死耳。
>
> 北帝中间亦比遣煞鬼及日游地陕使取之，而此数煞鬼终不敢近助。鬼官问其故，天煞答云："此人乃多方术以制于我，常行叩齿，鸣打天鼓，以惊身中诸神。神不敢散，鬼气不得入。是以无有缘趣得煞之耳。"以此论之，若助不行冰渡河，亦可出千岁寿不啻也。当是遇大寒冻，步行冰上，口噤不能复叩齿，是故鬼因溺着河中耳。患风病而齿自叩动者，犹尚辟死却煞鬼矣，何患道士真叩齿、鸣天鼓、具身神耶!②

刘宋时期的《三天内解经》中曾强烈批驳叩齿求仙之法，"头颊相叩，损伤身神……口则疲于所请之辞，形则弊于屈折之苦，心则困于多欲，神则劳于往来……叩齿冥而求灵应，此自是教化之道，使人修善除罪改过，非是治身延年益寿求飞升之法"③，恰从反面印证了此时确有不少道徒将其作为养生求仙的重要门径。故而早在六朝时期，之前形成的牙齿与生命关系的相关认识和信仰已经融入道教长生求仙的思想体系，本作护齿之用的叩齿术也自然被道教吸收，具有了"治百病"的养生功效，并最终发展为一种长生之术。

四、叩齿术的仪式化

叩齿能够却病养生乃至获致长生的关键在于其有辟邪、存神之效，如此之效缘何而来却一直未有解释，似皆以叩齿存神为不言自明之事实。西冈弘最早注意到演奏钟鼓磬与叩齿的关联，"奏鸣鼓、钟、磬打击乐器犹如叩齿，可以召唤众神，祛除凶恶不详，集中思念，享受天幸"，指出道教叩齿乃是"由养生观念出发的，又因牙齿坚固为精力之象征，'鬼常畏琢齿声'，遂变为恶鬼袚禳的仪式之一"。④ 张崇富重新梳理了叩齿与钟鼓磬在名称、功用等方面的相似之处，提出道教叩齿冠以"鸣天鼓""打天钟""击天磬"之名，则"必然继承并蕴涵了中国钟鼓磬礼乐传统所特有的文化内涵"，由此道教在叩齿原有的

---

① 王家葵辑校：《登真隐诀辑校》，中华书局 2011 年版，第 43 页。
② ［日］吉川忠夫、麦谷邦夫编：《真诰校注》，朱越利译，中国社会科学出版社 2006 年版，第 485 页。
③ 《道藏》第 28 册，文物出版社、上海书店、天津古籍出版社 1988 年版，第 417 页。
④ ［日］西冈弘：《叩齿考》，《国学院杂志》1979 年第 80 卷第 7 号，第 1~13 页。

固齿、疗病及养生功用上，将之发展为一种成仙之术，使之成为一种内化的简易修道和仪式模式，以替代外在的钟鼓磬仪式。① 这里，张文虽然进一步解释了叩齿的功用内涵确实承袭自传统钟鼓磬文化，但其用以对比分析的道教文本多采自《三洞珠囊》《要修科仪戒律钞》《云笈七签》《天皇至道太清玉册》等唐宋乃至明代的道经，② 而未发现这个关键的仪式化过程早在六朝时期业已完成。

陶弘景曾专门强调叩齿术有上下、左右之分，"凡存修上法，礼祝之时，皆先叩齿。上下相叩，勿左右也"③。一些东晋道经中也出现了"叩左齿"的记载，证实确有此种区分。

> 《洞真太上神虎玉经》："若之五岳，并在厄难之中、鬼魅之地，皆当作威神大呪，**叩左齿三十六通**，呪曰：……"④
>
> 《上清高上灭魔玉帝神慧玉清隐书·高上灭魔杀鬼上法》："北帝寒灵灭魔杀鬼玉文……欲杀甲乙日鬼，当……**叩左齿三十六通**……北帝丹台灭魔杀鬼玉文……欲杀丙丁日鬼，当……**叩齿三十六通**……北帝素灵灭魔杀鬼玉文……欲杀庚辛日鬼，当……**叩左齿三十六通**……北帝威灵灭魔杀鬼玉文……欲杀壬癸日鬼，当……**叩齿三十六通**……北帝洞灵灭魔杀鬼玉文……欲杀戊己日鬼，当……**叩左齿三十六通**……"⑤
>
> 《上清金真玉光八景飞经》："夫修《金真玉光八景飞经》……皆当先北向香炉，**叩左齿三十六通**……施行上道，修行求仙，摄魔御精，书符如法，北向**叩左齿三十六通**……"⑥

这种区分方法可谓非常直观平实，但在此后的六朝道经中，仅以左右、上下区分的叩齿术普遍被代以更富有象征性的"鸣天鼓""打天钟"和"击天磬"之称。南朝梁僧祐《弘明集》载释玄光《辩惑论》序批驳道经所载"方术秽浊不清"："乃扣齿为天鼓，咽唾为醴泉，马屎为灵薪，老鼠为芝药，资此求焉能得乎？"⑦ 恰从侧面说明此时道教内部以叩齿为"天鼓"的说法已然非常流行，六朝道经《上清紫精君皇初紫灵道君洞房上经》引《高上宝神明科经》对此有明确解释：

> 叩齿之法，左左相叩，名曰叩天钟。右右相叩，名曰椎天磬。中央上下对相叩，名曰鸣天鼓。若卒遇凶恶不详，当叩天钟三十过。若经山，辟邪威神大祝，当椎天

① 张崇富：《论道教叩齿的仪式内涵》，《四川大学学报》（哲学社会科学版）2013 年第 4 期。

② 断代参见任继愈主编：《道藏提要》，中国社会科学出版社 1991 年版，第 545、208、469、717 页。

③ ［日］吉川忠夫、麦谷邦夫编：《真诰校注》，朱越利译，中国社会科学出版社 2006 年版，第 337 页。

④ 《道藏》第 33 册，文物出版社、上海书店、天津古籍出版社 1988 年版，第 565 页。

⑤ 《道藏》第 33 册，文物出版社、上海书店、天津古籍出版社 1988 年版，第 765~767 页。

⑥ 《道藏》第 34 册，文物出版社、上海书店、天津古籍出版社 1988 年版，第 58~61 页。

⑦ （梁）僧祐：《弘明集》卷八，《大正新修大藏经》第 52 册，大正一切经刊行会 1924—1934 年版，第 48 页。

磬。若存思念道，致真招灵，当鸣天鼓。叩齿虽一，其实有左右上下也。故凶恶而畏天钟之响，山神而惮天磬之洞，招神而肃天鼓之震矣。宫商有节，希微内感，不可以一概求也，不可偶然而合也。千章万事，皆当如此，叩齿之道演矣，钟鼓之音别矣。①

由此可知，早在六朝时期道教就已在"取类譬喻"的思想指导下，通过借鉴、吸收中国传统的钟鼓磬文化完成了对叩齿术的改造，具体方式表现为：细致区分叩齿术的种类，冠以对应的钟鼓磬名称，从而赋予叩齿术以相应的文化、仪式内涵。当然，道教叩齿术的仪式化过程不止于此。六朝时期是道教发展的重要历史阶段，刘宋陆修静和北魏寇谦之改革道教，分别对道教的礼仪和组织进行了整备和重建，而六朝道教改革的基本内容是其道法的改革。近来学者在对上清派存思道法的研究中发现，"正是有了作为冥想术的存思道法的系统化才有了礼仪的整备"，而存思道法系统化的具体表现之一，便是对叩齿术使用的规范化——《上清经》对存思过程中叩齿的方法和次数有着严格的规定，叩齿作为存思节奏的标志之一，经其完成存思内容的转换，叩齿也由此"成为存思道法的有机组成部分，具备招真致灵的神学意义"②。

按察六朝道经，存思道法中叩齿次数与存思的"真灵"之间有着极为规律的对应感通。如《上清太上回元隐道除罪籍经》述存思"北斗七星"和"北斗九星"之法时，均需相应地"叩齿七通"和"叩齿九通"，③又《上清太上九真中经绛生神丹诀》述存思"五星""五帝"之法：

又存岁星、荧惑星、太白星、辰星、镇星，一合凡五星……存念良久，叩齿五通……微呼五帝名字……五帝都来，存服色，令仿佛。于是又叩齿五通。④

《紫文行事诀》述拘魂、制魄之法，注解里提到的感应关系已非常明确：

《太微灵书紫文》拘三魂之法。……拘留之法，当安眠向上，下枕申足，交手心上，冥目，闭气三息，叩齿三通。（注：一闭令如呼吸三过之久，乃徐通之而叩齿。叩齿各三者，是三魂意耳）……《太微灵书紫文》制七魄之法。……制检之法……又咽液七过，叩齿七通，呼七魄名。（注：叩咽各七，即是七魄竟）⑤

陶弘景亦致力于规整道教叩齿术的使用，对叩齿术的时机、顺序和次数等规范不断予

① 《道藏》第6册，文物出版社、上海书店、天津古籍出版社1988年版，第547~548页。
② 胡百涛：《六朝道教上清派存思道法研究——以〈上清大洞真经〉为中心》，中国社会科学院博士学位论文，2013年。
③ 《道藏》第33册，文物出版社、上海书店、天津古籍出版社1988年版，第792~793页。
④ 《道藏》第34册，文物出版社、上海书店、天津古籍出版社1988年版，第51~52页。
⑤ 李德范辑：《敦煌道藏》第5册，全国图书馆文献微缩复制中心1999年版，第2461~2465页。"抄本前半卷内容为《紫文行事诀》，后半卷为《九真八道行事诀》。其中大字经文约出于东晋，小字注诀疑系南朝顾欢或陶弘景撰。"见张继禹主编：《中华道藏》第2册，华夏出版社2004年版，第352页。

以解释说明。如《真诰》中即反复强调，叩齿与咽气、咽液不仅作用不同，还有着严格的顺序规定，不能错乱：

> 凡上清叩齿咽液法，皆各有方，先后有次，不得乱离，使真灵混错也。
> 夫叩齿以命神，咽气以和真，纳和因六液以运入，制神须鸣鼓而行列矣。
> 凡存修上法，礼祝之时，皆先叩齿。上下相叩，勿左右也。一呼一吸，令得三叩为善。须礼祝毕，更又叩齿，乃得咽诸气液耳。此名为呼神和真以求升仙者也。①

他批评《诵黄庭经法》为伪经，就特别点出其中叩齿术用法的混乱："前篇开目，后章临目，叩咽之法，又前后倒用。两法非异，而俯仰不同。统体而论，皆违真例。恐是后学浅才率意立此，不能诠简事义，故多致违舛，相承崇异，莫能证辩"；对"存神别法"中需"叩齿三十六通"更认为是不合情理的，"既非制邪大祝，乃复四九叩齿存神，如此经例所无也"②；强调叩齿次数要与所召神灵数量及仪式的级别相对应，不能随意施行，"制邪大祝"方可使用"四九叩齿"，如《真诰》载"北帝煞鬼之法"需"先叩齿三十六下"③，又如前文所引东晋《洞真太上神虎玉经》载"威神大祝"和《上清高上灭魔玉帝神慧玉清隐书》载"杀鬼玉文"都是"叩左齿三十六通"，当是符合陶弘景所言的"经例"。

由此可知，中国古代叩齿术之宗教功用和神学内涵的丰富性，以及施用过程中的种种规定性，应是六朝道教改造叩齿术并将之神圣化、仪式化的结果。然而陶弘景规整叩齿术用法的种种努力也从反面说明，不管是时机、顺序还是次数，叩齿术的使用在六朝时期已然舛误众多，因此才有重新规范化的迫切需要，正如他自己所感慨的那样，"吾屡见伪俗之人或误定经文，先后杂乱，无有次绪，良可悲也"④，而后世道门施用叩齿术时，既有对其使用规范及功用内涵的严格继承和发展，又有各种舛误混用，源头或许正在于此。

五、结　　语

叩齿术在护齿和养生等方面的功效，可从现代医学的角度予以解释：

1. 叩齿过程中，震动了牙周围的牙龈等组织，促进血液循环，有助于牙体的新陈代谢及牙体与牙周组织的紧密连结，能防止牙体被腐蚀和松动。
2. 叩齿过程中也震动了颌骨的牙槽，使其骨质得到增强，牙槽骨的骨细胞排列更加有序，牙槽骨强度更大，延缓脱牙时间。

---

① ［日］吉川忠夫、麦谷邦夫编：《真诰校注》，朱越利译，中国社会科学出版社2006年版，第337页。
② 王家葵辑校：《登真隐诀辑校》，中华书局2011年版，第60页。
③ ［日］吉川忠夫、麦谷邦夫编：《真诰校注》，朱越利译，中国社会科学出版社2006年版，第323页。
④ ［日］吉川忠夫、麦谷邦夫编：《真诰校注》，朱越利译，中国社会科学出版社2006年版，第337页。

3. 通过叩齿运动加强咀嚼肌的力量，可以提高咀嚼食物的效率，使食物在口腔上充分嚼碎，唾液中的淀粉酶更好地和"食团"搅拌，减轻胃肠负担，有利于营养吸收，充足的营养是人体健康的物质基础。①

实际上，叩齿过程是对咀嚼运动的模拟，而咀嚼可以调节胃肠道消化液分泌，基于此原理设计的相关临床试验，即证实了叩齿法在腹腔镜手术后患者胃肠功能恢复上的促进功用，② 显示出叩齿术在现代医学临床实践上的价值。追溯叩齿术的来源，发现围绕牙齿产生的相关生命观念和信仰，以及六朝时期道教对叩齿术的吸收和改造，都对叩齿术的发展和演变产生了至关重要的影响。经此演变，道教叩齿术不仅进一步发展了原有的护齿功效，更增添了丰富的养生功用，并通过吸收传统钟鼓磬的文化内涵而内化为一种仪式模式，同时受到了存思道法变革的重要影响。叩齿术经上清派的规整而频繁地出现在众多的道法仪式之中，具备了"招真致灵"的宗教神学功用。

六朝以降，仪式化和神圣化了的叩齿术依旧为道门所重。《上清修身要事经》《要修科仪戒律钞》《道门通教必用集》等重要道经中对叩齿术均有详细记载，③《太上黄箓斋仪》卷四十九的小字注解中专门提醒，"凡有祈禳，不先叩齿而呪者，为外魔所干，关启无感矣"④，《道法会元》"叩齿诀"中更是强调，"若夫思神存真，莫不以叩齿为急。叩齿者，乃集神除念，思正去邪。其理甚深，非徒以叩齿之谓"⑤。而在隋唐医道融合的趋势下，大量道教方术进入世俗生活，作为养生方术的叩齿术，也大量出现在后世医籍的记载中，使用愈发随意和简化。如隋代医籍《诸病源候论》中的叩齿术，除了有护齿和防治齿病之用，还可以杀鬼邪、除三虫、补虚劳、治百病等，作为一种明显带有宗教色彩的疗法广泛应用于各种疾病的防治；⑥《外台秘要》《普济方》等医籍中也有众多以叩齿术治病疗疾并以之养生延年的记载；⑦ 明代《痰火点雪》"叩齿牙无病法"中特别提到，叩齿术不仅可以固齿，更是养生修道的关键，"欲修大道，先去牙症，叩齿不绝，坚牢无病，此虽近易，亦修养中之至要也"⑧。

虽然普通民众对叩齿术的宗教功用和神学内涵不甚明了，其用法也因过于简便易行而愈发杂乱多端、甚至失其本意，但叩齿术依旧作为养生方术和宗教疗法，被盲目地信任和使用，或可归因于六朝时期道教改造的影响。正如学者指出的，"医学的宗教化是存思修

① 刘侠、牛卫国：《叩齿运动与健身》，《张家口医学院学报》1999 年第 6 期。

② 李甜甜：《叩齿法联合厚朴排气合剂对妇科腹腔镜术后胃肠恢复作用的临床观察》，北京中医药大学硕士学位论文，2017 年。

③ 具体梳理总结见张崇富：《论道教叩齿的仪式内涵》，《四川大学学报》（哲学社会科学版）2013 年第 4 期。

④ 《道藏》第 9 册，文物出版社、上海书店、天津古籍出版社 1988 年版，第 327 页。

⑤ 《道藏》第 30 册，文物出版社、上海书店、天津古籍出版社 1988 年版，第 508 页。

⑥ 南京中医学院：《诸病源候论校释》，人民卫生出版社 2009 年版，第 1079、1081 页。

⑦ 如《外台秘要》"蚰蜒入耳方"和《普济方》"辟谷金花方"中均使用了叩齿术。（唐）王焘：《外台秘要》，人民卫生出版社 1955 年版，第 593 页；（明）朱橚等编：《普济方》，人民卫生出版社 1983 年版，第 4521~4522 页。

⑧ （明）龚居中撰，傅国治、王庆文点校：《痰火点雪》，人民卫生出版社 1996 年版，第 108 页。

炼术形成的重要途径，存思修炼术从其形成之初，便具有两个层面的内容，一是以健身疗疾、延年益寿为主要目的的医学养生术，一是以追求长生不死、飞身成仙为主要目的的宗教神仙术"①。经六朝道教改造之后的叩齿术，具备了叩齿存神之效，得以实现却病养生乃至获致长生之目标，正是一种融医学养生术和宗教神仙术为一体的存思修炼术，因其功用显著却又极为简便易行，故而在后世得到了广泛的普及和应用。

（作者单位：四川大学文化科技协同创新研发中心、四川大学历史学院）

---

① 刘永明：《医学的宗教化：道教存思修炼术的创造机理与渊源》，《兰州大学学报》（社会科学版）2004 年第 5 期。

唐代竞技文化的军事特征及尚武精神探析

□ 余 艺 张映雪 刘礼堂

【摘要】唐代竞技文化繁荣，翘关、拔河、角抵、蹴鞠、马球、射猎等竞技体育项目都具有鲜明的军事特征。本文通过探究这些项目的流变、内涵、社会影响等问题，指出它们与军事训练、军队人才选拔乃至实战性质的军事活动紧密相关，可以称之为军事化或半军事化的竞技项目。唐代竞技文化表现出的这种军事特性，反映出唐人充沛的尚武精神，成为唐文化的有机组成部分。

【关键词】唐代；竞技文化；军事特征；尚武精神

唐代是中国古代历史上国力最强盛、疆域最辽阔、军事最发达的朝代之一，唐军曾攻灭东西突厥、吐谷浑、高昌、百济、高句丽等多个政权，与青藏高原历史上最强大的政权吐蕃王朝攻守上百年，战功赫赫，威名远播。在这样的时代背景下，人们尚武强健，热爱体育运动，加之唐文化开放包容、海纳百川，欧亚大陆上的各种文化元素都在此汇集、融合，唐代的竞技文化也由此迎来了发展的高峰期。在唐代，竞技体育活动项目繁多，常见的包括翘关、拔河、角抵、蹴鞠、马球、射猎、负重、秋千、赛龙舟等。这其中，一些古已有之的竞技项目如翘关、拔河、角抵等继续发展，它们有的获得了标准化、专业化的进步，有的由地方进入宫廷，有的染上了更浓重的军事色彩；一些起源较晚甚至有可能是由外国传入的项目如马球，也在唐代中国空前繁荣。

唐代多数竞技体育项目都带有鲜明的军事特征。本文将对其中的翘关、拔河、角抵、蹴鞠、马球、射猎六种项目进行考察，探究其起源与演变、器材形制与动作、竞技规则、流行情况、社会影响等问题，在唐代与前代的比较中分析这些项目的军事特征，进而探究唐代竞技文化所蕴含的唐人尚武精神。

一、体能训练项目：翘关与拔河

（一）翘关

中国古代很早就有了举重竞技项目，先秦秦汉时期多有武士举鼎的记载，"力能扛鼎"是常见的对于武士的称赞，秦武王甚至因举鼎丧命。然而到了唐代，有关举鼎的记载就几乎消失殆尽，这一方面是因为当时鼎已不再作为常见生活用具，另一方面也与举重竞技本身的历史发展演变有关。

唐代军伍中主要的举重竞技项目是翘关。翘关起源很早，《淮南子》记载孔子"力招城关"①，无论内容是否属实，至少可以证明晚至西汉时期就已经有了翘关这项运动。对于《淮南子》所言孔子翘关的具体动作，东汉人高诱注解为"招，举也。以一手招城门关端，能举之"②，即用一只手握住城门闩的一端，将它举起，这与唐代的翘关动作基本一致。

翘关不仅在唐代军队中流行，还是唐代武举考试项目之一，据说名将郭子仪就是以翘关、负米考中武举，还被人们称为"翘关老令公"③。关于翘关的器材形制及考核方法，《新唐书·选举志》中有明确的记载："翘关，长丈七尺，径三寸半，凡十举，后手持关，距出处无过一尺。"④ 前半句讲形制，能够看出当时的"关"是具有标准参数的竞技器材，这与唐以前以城门闩为器材的做法完全不同。高文清《翘关 扛鼎 举石——中国古代举重运动的发展》一文指出，唐代马枪长一丈八尺，径一寸五分，"关"的长度与马枪相近，直径则倍增，⑤ 可见翘关作为举重竞技项目，是充分考虑了军事训练需要并有意增加了难度的，因此进入武举也就理所当然。至于后半句，历来句读不一，有断为"凡十举后，手持关，距出处无过一尺"，高文断为"凡十举，后手持关距，出处无过一尺"，皆误。"凡十举后"不合古人句法；"关"即为举重器材，"关距"不知为何物。且高文将"后手"连读，认为指握住关末端的那只手，此解亦不确。手分先后，说明是双手持关。实际上从历史演变来看，汉代的翘关是单手，所谓"以一手招城门关端而举之"，那么唐代的翘关也应当是单手；从军事特征来看，持马枪是单手，翘关也应当是单手，这样才能体现翘关为军事人才选拔服务的功能；从实际动作来看，翘关器材极长，如果是双手持关一端并举起，不符合人体力学的对称性特征，也看不出这样训练的意义何在。因此翘关应当是"凡十举，后手持关，距出处无过一尺"，举十次，之后保持以单手持关的动作，且手与关端之间的距离不能超过一尺。

从举鼎到翘关，从原来的以城门闩为关到唐代"长丈七尺，径三寸半"的关，体现的是军队举重竞技项目的逐渐标准化、专业化。可以说，这种标准化、专业化是到唐代才最终完成的。

（二）拔河

除了举重，古代军队里还有其他与体能训练相关的竞技项目。在先秦秦汉，这种竞技项目主要是投石。《史记》曾载"王翦使人问军中戏乎？对曰：'方投石超距。'"⑥ 不过

---

① 何宁：《淮南子集释》卷九，中华书局1998年版，第695页。
② 何宁：《淮南子集释》卷九，中华书局1998年版，第695页。
③ 《鹤山全集》卷九十六，四部丛刊景宋本。
④ 《新唐书·选举志》，中华书局1975年版，第1170页。
⑤ 高文清：《翘关 扛鼎 举石——中国古代举重运动的发展》，《体育世界》（学术版）2008年第5期，第103~104页。
⑥ 《史记·白起王翦列传》，中华书局2013年版，第2828页。

到了唐代，基本已经见不到关于投石流行的记载，甚至唐人对《史记》相关内容的解读也含混不清，说明就连投石的竞技规则都已经失传。

虽然投石销声匿迹，但唐人发展了另一项体能项目，拔河。拔河又叫"施钩""牵钩"，也是一项相当古老的竞技体育运动。"拔河，古谓之牵钩"①，而牵钩可以追溯到春秋战国时期，"云从讲武所出，楚将伐吴，以为教战"②。不过，唐以前的拔河似乎仅流行于楚地，目前能够见到的较为详细的相关记录来自南朝的《荆楚岁时记》③，并且直到《隋书》中还说拔河是"襄阳、南阳"二郡的习俗④。

到了唐代，尽管《封氏闻见记》《唐语林》等史料仍然沿用了"襄汉风俗"的说法，但实际上拔河已经开始进入宫廷，并且规模盛大。拔河的流行得益于君主的提倡，与前代君主的排斥（如梁简文帝曾"禁之而不能绝"⑤）不同，唐代君主往往喜爱拔河一类竞技活动，如中宗"曾以清明日御梨园球场，召侍臣为拔河之戏"；玄宗"数御楼设此戏，挽者至千余人，喧呼动地，蕃客士庶观者莫不震骇"⑥。

与翘关不同，拔河在唐代止于宫廷游戏和表演，很少实际应用于军中比赛、选拔或训练。但拔河能够进入宫廷，终究还是因为其所蕴含的政治军事色彩。玄宗举行的大型拔河活动，是为了"大夸远人"，"名拔河于内，实耀武于外"，因此选用的"壮士千人"都是军中将士。比赛结束后，胜者皆曰："予王之爪牙，承王之宠光。"将曰："拔百城以贾勇，岂乃牵一队而为刚！"⑦ 以此来达到夸耀军力、"蕃客士庶观者莫不震骇"的政治效果。

二、近身格斗项目：角抵

角抵作为近身格斗竞技项目，形式上类似今天的摔跤。它起源于春秋战国时期，"春秋之后，灭弱吞小，并为战国，稍增讲武之礼，以为戏乐，用相夸视。而秦更名角抵，先王之礼没于淫乐中矣"⑧。虽说最初是"讲武之礼"，但终究"没于淫乐"，历代更是以"角抵戏"称之，军事特征并不强。

唐代角抵仍被目为百戏之一，但军事特征有所增强，表现在以下几个方面。第一，角抵风气遍及中央与地方军队。据史书记载，唐代宫中设置了专门的角抵组织"相扑朋"，禁军也多习角抵并屡为皇帝表演，如穆宗就曾"幸左神策军观角抵及杂戏"⑨，甚至有段

① （唐）封演撰，赵贞信校注：《封氏闻见记校注》，中华书局 2005 年版，第 54 页。
② 《隋书·地理志》，中华书局 1973 年版，第 897 页。
③ （梁）宗懔撰，（隋）杜公瞻注，姜彦稚辑校：《荆楚岁时记》，中华书局 2018 年，第 15~16 页。
④ 《隋书·地理志》，中华书局 1973 年版，第 897 页。
⑤ （唐）封演撰，赵贞信校注：《封氏闻见记校注》，中华书局 2005 年版，第 54 页。
⑥ （唐）封演撰，赵贞信校注：《封氏闻见记校注》，中华书局 2005 年版，第 54~55 页。
⑦ （唐）薛胜：《拔河赋》，《文苑英华》卷八十一，明刻本。
⑧ 《汉书·刑法志》，中华书局 2000 年版，第 921 页。
⑨ 《旧唐书·穆宗本纪》，中华书局 1975 年版，第 476 页。

时间"凡三日一幸左右军及御宸晖、九仙等门,观角抵、杂戏"①。地方藩军也同样喜好角抵,如平卢镇将领刘悟杀节度使归降朝廷,"既平贼,大张饮军中,凡三日,设角抵戏,引魏博使至廷以为欢,悟盱衡攘臂助其决,坐中皆惮悟勇"②。第二,角抵的举行有时与军政相关,比如从刘悟例中可以窥见,唐军在取得军事胜利后举行角抵庆祝乃是常事。并且藩镇除自设角抵外,有时也向朝廷推荐角抵人才,而朝廷也将角抵当作选拔人才的手段之一,如:

> 镇海军进健卒四人,一曰富仓龙,一曰沈万石,一曰冯五千,一曰钱子涛,悉能拔橛、角抵之戏……又令试觚戏,仓龙等亦不利,独五千胜之。十万之众,为之披靡。于是独留五千,仓龙等退还本营。语曰:"壮儿过大梁如上龙门也。"③

这里角抵成为军队之间人才交流的一个渠道,也是军事人才选拔的渠道,带有很强的军政属性。第三,唐时角抵比较野蛮,有时场面不逊于战斗,如敬宗宝历二年六月"上御三殿,观两军、教坊、内园分朋驴鞠、角抵。戏酣,有碎首折臂者,至一更二更方罢"④。

可以说,唐代角抵在娱乐表演属性之外,军事特征得到空前强化,这是其与前代角抵最大的不同点。

三、作战动作训练项目:从蹴鞠到马球

(一) 唐代蹴鞠的发展

蹴鞠作为我国源远流长的传统体育项目,起源于战国时期,其时被称为"蹋鞠",苏秦甚至说齐国都城临淄"民无不吹竽鼓瑟,弹琴击筑,斗鸡走狗,六博蹋鞠者"⑤,虽系夸张之言,但足以看出蹴鞠运动的兴盛。汉代蹴鞠有了较大的发展,《汉书》提到了皇宫中蹴鞠的专门场地"鞠域"⑥,三辅离宫也有蹴鞠之所,⑦ 蹴鞠和犬马、剑舞一起成为重要的贵族娱乐活动⑧。到了唐代,蹴鞠运动进一步发展,不但球的制作工艺实现飞跃,从实心变为空心充气,还演变出了单球门、双球门、踢高球等多种打法。并且唐代参与蹴鞠

---

① 《旧唐书·穆宗本纪》,中华书局 1975 年版,第 479 页。
② 《新唐书·田弘正列传》,中华书局 1975 年版,第 4783 页。
③ (唐) 王谠:《唐语林》卷四,上海古籍出版社 1978 年版,第 124 页。
④ 《旧唐书·敬宗本纪》,中华书局 1975 年版,第 520 页。
⑤ 《史记·苏秦列传》,中华书局 2013 年,第 2727 页。
⑥ 《汉书·高祖吕皇后传》,中华书局 2000 年版,第 2900 页。
⑦ 《汉书·贾邹枚路传》,中华书局 2000 年版,第 1809 页。
⑧ 董偃受宠,"郡国狗马蹴鞠剑客辐凑"。见《汉书·东方朔传》,中华书局 2000 年版,第 2155 页。

的社会群体更加广泛，表演性、民俗性的蹴鞠活动增多，蹴鞠还与寒食等节俗联系起来。① 总而言之，蹴鞠在唐代经历了平民化、生活化的演变，成为一项真正的大众运动。

不过，蹴鞠的平民化、生活化，也反映出其军事色彩的相对减弱，而这一变化与马球的兴盛互为表里，反映出唐代体育竞技文化的特性，关于这一点后文将予以详细论述。

（二）唐代马球的兴盛

马球，指古代人们骑于马上，以手持棍击球的一种竞技体育活动，也称"打球""击球""击鞠"等。马球"状小如拳"，"杖长数尺，其端如偃月"，打球时"分其众为两队，共争击一球"，以打入对方球门（门网）为胜②。关于中国马球的起源，历来众说纷纭，向达等人持外来说，认为可追溯至波斯③；阴法鲁等人认为源自吐蕃④。唐豪认为马球系中原自生的运动项目，不过论证较为牵强，后被学界广泛质疑，此说基本可以排除⑤。近来也有学者摒弃了单一起源说，认为马球运动"并非产生于某一准确时间和特定地点"，而是在广袤的欧亚草原上，经历漫长的传播过程而逐渐成型的，⑥ 体现的是一种复合文化特征⑦。

无论马球源于何时何地，其兴盛于唐代中国确是无可争议的事实。即便唐豪的中原起源说成立，如曹植《名都篇》这样的寥寥"证据"也只能说明马球运动在唐以前已经存在，而远无法称之为兴盛。然而到了唐代，马球骤然流行，相关信息屡见史载。

唐太宗李世民就曾大力倡导马球运动，还专门令人向球技高超的吐蕃人学艺，"闻西蕃人好为打球，比令亦习"⑧，马球因此风靡全国，盛极一时。仅以帝王而言，唐三百年间，除太宗外，中宗、玄宗、宣宗、僖宗等人也都是马球运动的大力倡导者和踊跃参与者，其中不乏竞技高手。据《封氏闻见记》载，中宗时吐蕃遣使迎娶金城公主，曾在宫中比赛马球，吐蕃连战连胜。于是中宗命时为临淄王的玄宗等人以四敌十，玄宗"东西驱突，风回电激，所向无前"，使吐蕃"功不获施"⑨，可见其击球技法之高绝。被视为中兴之主的唐宣宗也以球技著称，"每持鞠杖，乘势奔跃，运鞠于空中，连击至数百，而马驰不止，迅若流电。二军老手，咸服其能"⑩。由于历代皇亲贵族的鼎力支持、倡导和

---

① 杨立、吴建华：《唐代蹴鞠运动的发展与特点》，《体育世界》（学术版）2011 年第 4 期，第 94~95 页。

② 关于马球形制及打法，详见《金史·礼志》，中华书局 2000 年版，第 540 页"拜天"条。

③ 向达：《唐代长安与西域文明》，重庆出版社 2009 年版，第 60 页。

④ 阴法鲁：《唐代西藏马球戏传入长安》，《历史研究》1959 年第 6 期，第 41~43+87~88 页。

⑤ 唐豪：《试考我国隋唐以前的马球》，《中国体育史参考资料（第二辑）》，人民体育出版社 1957 年版，第 1~9 页。唐氏认为《名都篇》提的"击鞠壤"即是打马球，但该说法受到了一些学者的质疑。此外，唐氏还认为成书于南朝梁的《荆楚岁时记》所载"又为打球、秋千之戏"即为打马球，此说不成立，因为此处"打球"实指蹴鞠。

⑥ 赵迎山、臧留鸿：《马球起源考辨》，《体育文化导刊》2017 年第 7 期，第 162~165、206 页。

⑦ 王强、张锦莉：《马球文化与汉唐古画器物中的马球图像》，《东方论坛》2019 年第 2 期，第 43~50 页。

⑧ （唐）封演撰，赵贞信校注：《封氏闻见记校注》，中华书局 2005 年版，第 53 页。

⑨ （唐）封演撰，赵贞信校注：《封氏闻见记校注》，中华书局 2005 年版，第 53 页。

⑩ （唐）王谠：《唐语林》卷七，上海古籍出版社 1978 年版，第 240 页。

积极带头参与，马球运动迅速发展，马球场遍及宫苑、军营，并且推广到了地方和民间，甚至妇女也积极参与了进来①。马球这一传统体育运动项目由于具有较强的竞技性和观赏性，因此在这个社会经济政治文化都极为昌盛的时代，成为一项广为人知、极具影响力的体育竞技活动。

（三） 蹴鞠、马球的军事特征与唐人尚武精神

刘向《别录》云："蹋鞠，兵势也，所以练武士，知有材也"②，可见蹴鞠作为体育运动项目，一开始就有着浓厚的军事色彩。据《汉书》，骠骑将军霍去病便是狂热的蹴鞠爱好者，在军粮匮乏、士兵"不能自振"的时候，仍然"穿域蹋鞠"③。并且汉代蹴鞠也不仅仅是将领的个人爱好，刘歆曾记载"至今军士羽林无事，使得踏鞠"④，显然汉代军队是将蹴鞠当作一种相对轻松的军事训练活动。

然而到了唐代，蹴鞠的军事特征渐渐剥离，民俗性、表演性增强。"公子途中方蹴鞠，佳人马上戏秋千"⑤，"蹴鞠屡过飞鸟上，秋千竞出垂杨里"⑥，唐人诗中，蹴鞠不仅与寒食节俗牢牢绑定，而且是与打秋千并列的娱乐活动。至于《酉阳杂俎》记载的"常于福感寺跃鞠，高及半塔"⑦，就是所谓的踢高球，甚至已经没有竞技性可言，而是近于杂技了。

与蹴鞠军事色彩减弱相对应的，是军事特征更加鲜明的马球开始在营伍间兴起。阎宽《温汤御毬赋》记载唐玄宗诏曰："伊蹴鞠之戏者，盖用兵之技也，武由是存，义不可舍。"⑧ 此处沿用了刘向"蹋鞠，兵势也"的话语，然而偷换了"蹴鞠"的概念，从该文后面的"宛驹骥骏""月仗争击，并驱分镳""攒角而疑马身小"等内容来看，分明指的是马球而非蹴鞠。因为玄宗等历代皇帝的倡导，唐代军伍马球之风甚烈。上文提到所谓"二军老手，咸服其能"，可见当时禁军颇多马球高手，以至能够成为马球技艺之标杆。藩镇军队亦然，故《封氏闻见记》言"打球乃军中常戏"⑨。比如韩愈曾就打马球事向节度使张建封劝谏，张建封没有听从，反而写了一首《酬韩校书愈打球歌》来回应他：

> 仆本修文持笔者，今来帅领红旌下。不能无事习蛇矛，闲就平场学使马。……儒生疑我新发狂，武夫爱我生雄光。……韩生讶我为斯艺，劝我徐驱作安计。不知戎事

---

① 唐代女性广泛参与马球运动，并且为提高安全性，女性多骑驴击鞠，详见柯昕、赵亮：《唐宋妇女体育分析》，《体育文化导刊》2009 年第 4 期，第 124~127 页。

② 《史记·苏秦列传》，中华书局 2013 年版，第 2728 页集解。

③ 《汉书·卫青霍去病传》，中华书局 2000 年版，第 1893 页。

④ 《六臣注文选》卷十一，四部丛刊景宋本。

⑤ （唐）李隆基：《初入秦川路逢寒食》，《全唐诗》卷三，清《文渊阁四库全书》本。

⑥ （唐）王维：《寒食城东即事》，《全唐诗》卷一百二十五，清《文渊阁四库全书》本。

⑦ （唐）段成式撰，许逸民校笺：《酉阳杂俎校笺》前集卷五"诡习"条，中华书局 2015 年版，第 494 页。

⑧ 《文苑英华》卷五十九，明刻本。

⑨ （唐）封演撰，赵贞信校注：《封氏闻见记校注》，中华书局 2005 年版，第 54 页。该句一作"军州常戏"。

竟何成，且愧吾人一言惠。①

张建封此诗开首即称，自己被任命为藩帅，不得不通过打马球来学习马术；"武夫爱我生雄光"，可见军中将士热爱打马球，张建封参与其中颇有迎合之意；结尾更是直接将打马球与"戎事"联系起来。从此诗中能够窥见唐代马球运动极富军事色彩的一面。此外，唐代不仅内外将卒酷爱马球，选拔将领有时也将马球水平纳入考量，武宗时周宝"以毬见""擢金吾将军"②，就是明证。

蹴鞠、马球军事特征的此消彼长，反映出唐人尚武精神的张扬。马球与蹴鞠这两种体育运动关系密切，唐人甚至有意或无意混淆，上文提到的玄宗诏即是一例，《封氏闻见记》"打球，古之蹴鞠也"③、蔡孚《打球篇》"打毬者，往之蹴鞠古戏也"④ 亦然。可见在唐人眼中，同为球类运动的蹴鞠和马球之间存在一定的替代性。不过相比蹴鞠，打马球的身体对抗性更强，激烈程度和危险系数也更高，"有危堕之忧，有激射之虞，小者伤面目，大者残形躯"⑤。并且，马球的军事训练色彩也比蹴鞠更加浓厚。唐人用马球替代蹴鞠，当代也有学者认为蹴鞠利于训练步兵、马球利于训练骑兵，⑥ 不过细察之下就会发现，蹴鞠动作与步兵作战动作并不相像，其体能训练意义要大于作战训练意义。马球则不然，属于真正的作战动作训练项目。唐人对外作战，多依赖骑兵，太宗时便有"兵士唯习弓马"⑦ 的说法。而打马球一方面能够训练马术，所谓"闲就平场学使马"，另一方面骑马持杖挥击的动作也有利于训练马上砍杀技能，与骑兵作战动作相似度极高，有利于增强士兵的综合作战能力。可以说，唐代军队弃蹴鞠、习马球，更加适应军事需要，也充分体现了唐人的尚武精神。

四、作战模拟项目：射猎

如果说翘关与拔河是体能训练项目，角抵是近身格斗项目，马球是骑兵作战动作训练项目，那么射猎就是最接近实战模拟的竞技运动了。射猎不仅是以真正的杀伤为目的，而且讲究参与者的组织性，其与战争的区别仅仅在于作战对象不同而已。

(一) 射猎：从车到马

中国古代的射猎同样起源很早，不过，先秦秦汉时期的射猎主要是乘战车。尽管战国时期赵武灵王已经引入骑射技术，但似乎并未对社会上层的射猎活动产生太大影响。一直

---

① 《全唐诗》卷二百七十五，清《文渊阁四库全书》本。

② 《新唐书·周宝列传》，中华书局 1975 年版，第 5415 页。

③ (唐) 封演撰，赵贞信校注：《封氏闻见记校注》，中华书局 2005 年版，第 52 页。

④ 《全唐诗》卷七十五，清《文渊阁四库全书》本。

⑤ (唐) 韩愈：《上张仆射第二书》，《全唐文》卷五百五十三，清嘉庆内府刻本。

⑥ 暨远志：《论唐代打马球——张议潮出行图研究之三》，《敦煌研究》1993 年第 2 期，第 26~36 页。

⑦ 《旧唐书·太宗本纪》，中华书局 1975 年版，第 31 页。

到两汉时期，从司马相如的《上书谏猎》"犯属车之清尘，舆不及还辕"①，以及《后汉书》"得乘辎軿，持兵弩，行道射猎"② 等语句中还可以看出，当时的射猎仍是驾车而不是骑射。《汉官旧仪》说"上林苑中天子秋冬射猎，取禽兽无数实其中，离宫观十七所，皆容千乘万骑"③，可见贵族乘车射猎是两汉通例。

三国、西晋时期的射猎，因为年代较短，史料阙如，很难知道详细情况。到了东晋南北朝时期，胡人南下，也带来了游牧民族骑马射猎的习惯，当时无论南北，射猎已经由乘车转向了骑马。就北朝而言，因为是游牧民族建立的政权，采用骑射理所应当。北魏孝文帝太和五年，上邽镇守将领在郊外射猎，发现"玉车钏三枚，二青一赤"，遂作为祥瑞上报，④ 可见当时早已不再乘车射猎，故将古时遗落的战车配件视为罕物。南朝也受到骑射文化的影响，"永明中，宫内服用射猎锦文，为骑射兵戈之象"⑤，便是明证。其后，唐代继承、融合了南北朝文化，加之车战消失已久，骑兵日渐重要，自然也以骑射为猎。

射猎从车到马，体现的是游牧民族融入后，古代中国尚武精神的提升。乘车射猎虽也有"舆不及还辕"之危，但猎者终究是匿于威严赫赫的战车之内，有专门的车夫驾车、兵戈护卫，并非与野兽直接对抗。况且战国以后，车战消亡，两汉的乘车出猎只是延续古礼，与当时的战争实际早已脱节，而骑射则将射猎与战争再次紧密结合起来。从车到马的这一转变虽是在南北朝时期完成的，但唐代的射猎风气上自帝王下至卒伍，无论是其规模还是军事功用，都不是南北朝时期可以相比的。

（二）唐代射猎的军事特征与尚武精神

唐代的射猎有两种。一是礼仪性质的射猎，这种射猎属于军礼的一种，有着繁复的礼仪规定，"皇帝发，抗大绥，然后公、王发，抗小绥，驱逆之骑止，然后百姓猎"，"群兽相从不尽杀，已被射者不重射，不射其面，不翦其毛"。⑥ 另一种则是兼具军事和娱乐功能的射猎，这种射猎更为人们所喜爱。唐代射猎之风遍及朝野上下，高祖、太宗、武宗等人皆有善射猎、喜射猎之名。

唐代军中也多射猎高手，唐诗的很多狩猎篇章都描写了将士射猎场景，如王维的"风劲角弓鸣，将军猎渭城"⑦，李白的"江沙横猎骑，山火绕行围"⑧ 等，不胜枚举。更能体现唐人尚武精神的是，当时能够射猎的文臣也很多，如名相姚崇自称年少时"不知书，唯以射猎为事"⑨，可见社会上的射猎风气；再如中唐大臣樊泽，"每与诸将射猎，常出其右，人心服之"⑩，其技艺更在军队将领之上。

---

① （汉）司马相如：《上书谏猎》，《汉书·司马相如传》，中华书局 2000 年版，第 1967 页。
② 《后汉书·楚王英列传》，中华书局 1965 年版，第 1429 页。
③ 《汉官旧仪》卷下，清武英殿聚珍版丛书本。
④ 《魏书·灵征志》，中华书局 2018 年版，第 3218 页。
⑤ 《南齐书·五行志》，中华书局 2019 年版，第 415 页。
⑥ 《新唐书·礼乐志》，中华书局 1975 年版，第 389 页。
⑦ （唐）王维：《观猎》，《全唐诗》卷一百二十六，清《文渊阁四库全书》本。
⑧ （唐）李白：《观猎》，《全唐诗》卷一百八十四，清《文渊阁四库全书》本。
⑨ 《旧唐书逸文》卷九，清道光刻本。
⑩ 《旧唐书·樊泽列传》，中华书局 1975 年版，第 3506 页。

除帝王、将领热爱射猎这一社会因素外，射猎运动本身也表现出浓重的军事色彩。如高宗上元年间"校猎温泉，诸蕃酋长得持弓矢从"，大臣薛元超认为不安全，"夷狄野心，而使挟兵在围中，非所宜"，高宗采纳了他的建议，① 显然是考虑到了射猎的危险性，将其当作准军事行动来对待。唐人有时甚至还将射猎当成真正的军事作战的一部分。大业十一年，高祖李渊在担任山西河东慰抚大使时，曾"选精骑二千为游军，居处饮食随水草如突厥，而射猎驰骋示以闲暇，别选善射者伏为奇兵"②，射猎被用作疑兵之计。此外，射猎还被用于威慑敌军，相当于现代的军事演习，所谓"传道单于闻校猎，相期不敢过阴山"③。

五、结　语

以上考察了唐代几种主要的竞技体育运动项目，从中可以看出当时的竞技文化具有鲜明的军事特征。概而言之，这种军事特征表现为：（1）竞技运动是进行军事训练的重要手段。上文已经说到，翘关是主要的体能训练项目，角抵是近身格斗项目，马球是骑兵作战动作训练项目，射猎是作战模拟项目，这四者从基础到尖端、从微观到宏观，囊括了冷兵器时代军事训练的主要内容。因此可以说唐代的竞技文化与当时的军事训练紧密相关、牢不可分。（2）竞技运动是军事人才选拔的重要途径。翘关是唐代武举的考试项目之一；射猎本身带有组织性和团体性特征，因此不能够进入考察个人才能为主的武举考试，但其核心技能——骑射，也是武举考试项目之一；而角抵和马球作为非常规的人才选拔途径，在历史上也屡屡发挥作用。（3）一些竞技运动能够直接或间接地介入军事活动。在唐代，拔河被用于夸耀武力、威慑外蕃，射猎有时被用作军事迷惑手段、用作军事演习活动，它们都以竞技运动的身份介入了当时的军事活动，对军事走向产生一定影响。

竞技文化带有军事特征，与唐代社会的尚武精神有很大关系。这种军事化、半军事化的竞技文化，为后人勾勒出唐人的尚武面貌。其一，唐人对于竞技项目的选择，往往看重其强烈的身体对抗性乃至野蛮特性，唐人在竞技运动中甘愿冒"碎首折臂"的危险，他们酷爱角抵、马球和射猎，对于相对温和的拔河和蹴鞠，则将其置于娱乐表演的地位。其二，唐人对军事化、半军事化的竞技项目倾注了大量的时间和精力，并使之标准化、专业化，翘关器材的统一形制，相扑朋的设立，马球场的建设，都体现了这一点。其三，这些军事化和半军事化的竞技运动，实际上并不局限于军伍之内，上自宫廷、中及朝廷、州郡，下至闾里，大量贵族、百姓介入其中，唐代社会的尚武风气就在这种全民参与的竞技文化中激荡开来，筑造了武功赫赫的大唐盛世。

（作者单位：武汉大学文学院、湖北理工学院、武汉大学历史学院）

---

① 《新唐书·薛元超列传》，中华书局 1975 年版，第 3892 页。
② 《新唐书·高祖本纪》，中华书局 1975 年版，第 2 页。
③ （唐）刘商：《观猎三首》，《全唐诗》卷三百四，清《文渊阁四库全书》本。

经济社会与文化

天象与"天命"

——明代太祖、成祖、英宗、世宗四朝交食应对论析

□ 李 林

【摘要】在传统中国的宇宙观念和政治哲学中,日乃众阳之宗,人君之表,至尊之象。"天人感应"论认为,日食乃因君德衰微,以致阴道盛强,侵蔽阳明。皇帝自称"天子",受"天命"统驭天下,拥有与上天互动的专属权利。若天现异象,也必须有所应对,否则不符君道。因此,针对日月交食的诠释与应对,往往与现实政治和人事产生纠葛。明代的交食应对,从太祖、成祖宣谕罪己、修省慎对、下诏求言,并严斥臣属朝贺"当食不食"的请求;到英宗默认"当食不食"乃上天眷顾,婉拒朝贺请求;再到世宗欣然接受"当食不食"的朝贺,甚至惩处依礼救护而未朝贺的官员。日月交食与明代政治之间,在微妙的诠释与建构、不同的规谏与阿谀、两立的救护与朝贺中复杂纠葛。从坚持日月交食为"上天垂警",到承认当食不食乃"上天垂眷",明廷的诠释话语和应对仪节不断发生微妙变化,其政情大势及帝王气象,亦可从中窥见一斑。藉由交食应对,原本抽象的"天",成为其人间自命代言人"天子"根据需要而诠释的政治奥援。因此,即使对交食的科学成因已有清楚认识,也要维持对之所作哲学抽象性和伦常象征性诠释,以维护君权的合法与威严。

【关键词】天人感应;日食救护;明代政治;当食不食;朝贺

一、引 言

日、月作为肉眼可见的两大天体,各司昼夜,赐予光明。在远古先民的生产活动和精神世界中,其重要性不言而喻。因此之故,稍微翻检有关各地早期文明的记录,或考察延续至今的原始部落礼俗,都不难发现其中有不少关于日月异象的记录、诠释与演绎,而且往往由此衍生出各种神话传说、图腾崇拜和宗教信仰。古代中国的国家秩序中,尤其注重处理与"天"之间的关系。《诗·小雅·十月之交》云:"日月告凶,不用其行。四国无政,不用其良。彼月而食,则维其常。此日而食,于何不臧。"疏谓此乃"谴自上天,小人专恣,恶莫甚焉"①。借天象休咎讽喻现实人事,乃中国古代政治运作的一大特色。汉

① 《毛诗正义》卷九之一,北京大学出版社1999年版,第549页。

儒董仲舒以贤良对策，曰："《春秋》之中，视前世已行之事，以观天人相与之际，甚可畏也。国家将有失道之败，而天乃先出灾害以谴告之，不知自省，又出怪异以警惧之，尚不知变，而伤败乃至。"① 从而将"天人感应"的政治哲学和伦理体系作了系统阐发。

既然"唯天子受命于天，天下受命于天子"②，人间的君王自称"天子"，受"天命"而统驭天下，因此就拥有与上天互动的专属权利和义务。皇帝作为"天"在人间的代理，若天现异象，必须有所应对，否则也会被认为不符君道。臣属若不依礼应对，也被认为未能尽职尽分，甚至心怀异志。《左传》载昭公十七年六月甲戌朔日食，季平子未依礼救日，而被认为"将有异志，不君君矣"。《正义》阐释为日食乃阴侵阳、臣侵君之象，"救日食，所以助君抑臣也。平子不肯救日食，乃是不君事其事也"③。日月交食乃天变异象之显著者，尤以日食为最。所谓"日者，众阳之宗，人君之表，至尊之象。君德衰微，阴道盛强，侵蔽阳明，则日蚀之"④。因此历来最受重视。《尚书》对夏朝仲康日食的记载，可能是迄今人类历史上最早的日食记录。⑤ 其中甚至记载了日食之时，上自天子、下至庶人应作何应对。⑥ 针对日月交食的救护和应对，逐渐被形成国家典礼固定下来，历代相沿不辍。⑦ 每逢日食，皇帝必须有所回应，如下诏罪己、举才、斋戒、素服、避正殿、寝兵、去乐、不听事、省费、察狱、赦天下、弛力、振贷、免租等，并积极禳灾救护。⑧ 尤其是汉代以后，随着国家体制的完备、天文观测手段和历法编制技术的进步，日食预报逐步制度化和精确化。而且，"日食预报制度建立后，救日礼仪不但没有取消，而

① 《汉书·董仲舒传》，中华书局 1964 年版，第 2498 页。

② 董仲舒：《春秋繁露》卷 11《为人者天》，上海古籍出版社 1989 年版，第 65 页。

③ 参见《春秋左传注疏》卷 48 "昭公十七年"，北京大学出版社 1999 年版，第 1358~1360 页。

④ 《汉书·孔光传》，中华书局 1964 年版，第 3359 页。

⑤ 关于仲康日食的记载准确性及发生时间，学界尚有争议。详见吴守贤：《夏仲康日食年代确定的研究史略》，《自然科学史研究》2000 年第 2 期。

⑥ 《尚书·胤征》："乃季秋月朔，辰弗集于房，瞽奏鼓，啬夫驰，庶人走。"杜佑释曰："凡日蚀，天子鼓于社，责上公也。瞽，乐官。乐官进鼓则伐之。啬夫，主币之官。驰，取币礼天神也。庶人走，共救日蚀。庶人，百役之人也。"见杜佑：《通典》卷 78《礼典·军礼三》，中华书局 1984 年版，第 421 页。

⑦ 关于中国古代日食救护礼仪、制度及与之关联的天人关系问题，先行研究论述较详者如谷田孝之：《古代支那の日食儀禮》，（日本）《哲學》第 5 号，1955 年；大形徹：《救日儀礼と十日神話》，（日本）《アジア文化交流研究》第 4 号，2009 年；陈侃理：《天行有常与休咎之变——中国古代关于日食灾异的学术、礼仪与制度》，台湾《"中央研究院"历史语言研究所集刊》第 83 本第 3 分，2012 年。有关近世西方宗教与科学输入背景下，包括交食救护在内的中国传统天道信仰与灾异论诠释的困境、异动与变迁，详参张洪彬：《灾异论式微与天道信仰之现代困境——以晚清地震解释之转变为中心》，《史林》2015 年第 2 期；李林：《"救日"与救国——1901 年辛丑日食的政治史及文化史意蕴》，《清史论丛》第 33 辑，社会科学文献出版社 2017 年版；张洪彬：《天变可畏乎：晚清彗星认识的更新与天道信仰的困境》，《复旦学报》（社会科学版）2017 年第 6 期。此外，余焜近刊一文，考论明代官方日月食救护，涉及交食救护的思想、仪节，及其所折射的政治生态问题，详参余焜：《明代官方日月食救护考论》，《安徽史学》2019 年第 5 期。

⑧ 详参黄启书：《试探汉代灾变之礼——以日食为例》，台湾大学中国文学系主编：《孔德成先生学术与薪传研讨会论文集》，台湾大学中文系 2009 年版，第 395~432 页。中川绫子：《中国古代の日食：唐代までの日食に対する意識·对应の变化》，（日本）《お茶の水史学》第 41 号，1997 年。

且变得日益细致、隆重，接近儒家经典"①。隋唐以降，作为自然天象的交食，与天文历法和儒家政治哲学紧密结合，救日仪式与制度日益完善繁杂。此后虽然偶有变革，但一直延续到清末，对传统中国政治与文化影响甚深。

简而言之，中国古代对日月交食的记载和诠释，并不将之纯然视作天文现象，而是与现实政治与人事密切关联。本文即在此种语境之中，考察以日食为主的交食应对与明代政治的纠葛。② 明代政治运作中，君臣不仅时常借天言政，天象休咎更不时成为展开政治斗争的奥援，甚至屡次卷入帝系承传的风波之中。明初太祖建极立制，奠定明代国家及政制基础。③ 作为开国之君，朱元璋需要重新建构天命转移的合法性论述，并辅以相应的典礼和制度。而后有明一代，帝系承传出现较大波折者又有三次。一是藩王出身，靠发动"靖难之役"兴兵夺权的成祖；二是"土木之变"被瓦剌人俘虏，又以"夺门之变"复辟的英宗；三是以藩王入嗣大统，引发"大礼议"之争的世宗。④ 因帝位嬗递的特殊情形，他们都共同面临论述和维护政统合法性的问题。这几次事件均对明代政治产生深远影响，而且无一例外的是，交食这一特殊天象在这几朝都扮演了重要角色。有鉴于此，本文以洪武、永乐、正统、嘉靖四朝为中心，结合政情朝局，探讨各朝对交食的不同诠释和应对。如此立题论述，一则希望透过此一独特视角，管见明代政治运作之一斑；再则借此略探中国古代天象、历法、政治与礼仪之间的复杂纠葛。而日月交食作为规律发生的天象，可以根据现代天文科技作出精准推演和预测，因此可以协助确定历史事件发生的准确时间。⑤ 对于本文而言，现代天文科技则有助回溯检验史籍记载交食的准确性，尤其是"当食不食"的问题。对该问题的记录、阐释和应对，曾深刻影响明代中枢政治。

二、太祖建元、历法颁定与日食应对

朱元璋出身卑微，欲与群雄争立，除了依靠自身本领及臣将辅佐，更需引"天命"以为奥援。早在元至正十五年（1354年），朱元璋尚与元军鏖战，就祷于上天，曰：

---

① 陈侃理：《天行有常与休咎之变——中国古代关于日食灾异的学术、礼仪与制度》，台湾《"中央研究院"历史语言研究所集刊》第83本第3分，2012年，第428页。

② 依据刘次沅、庄威凤的统计，明代正史中有关日食的记录共有113条，包括了这一时期发生的绝大多数日食。113条记录中，有7条"阴云不见"，5条"当食不食"，另有1条回回历当食不食，因此实际日食报告共100条。关于这些记载及其准确性的探讨，详参刘次沅、庄威凤：《明代日食记录研究》，《自然科学史研究》1998年第1期。本文主要据其记录详实且与明代政治关联甚深者，展开论述。

③ 朱鸿林指出，明朝的国家面貌"很大程度上是其创业君主明太祖朱元璋的刻意模塑结果"。见朱鸿林主编：《明太祖及其时代论文汇编》，香港中文大学历史系中国历史研究中心2006年版，"前言"第i页。

④ 段玉裁作《明史十二论》，内有《三大案论》篇。段氏所谓"三大案"，并非通常所谓"红丸""梃击""移宫"三案，而是燕王"靖难"、英宗"夺门"及世宗"大礼议"。见段玉裁：《明史十二论》，上海书店出版社1994年版，收入《丛书集成续编》史部第27册，上海书店出版社1995年版，第973~976页。

⑤ 如利用天象记录推定武王伐纣及西周诸王年代，可为例证。详参李银姬：《西周天象和绝对年代》，《自然科学史研究》2000年第3期。

今天下纷纷，群雄并争，迭相胜负。生民皇皇，坠于涂炭，不有所属，物类尽矣。愿天早降大命，以靖祸乱。苟元祚未终，则群雄宜早息，某亦处群雄中，请自某始。若元祚已终，群雄之中当膺天命者，大命早归之，无使生民久贴危苦。①

既重天命所在，自然不能忽视天象。《太祖实录》记载，至正二十一年西征陈友谅之前，刘基称夜观天象，金星在前，火星在后，乃师胜之兆。请朱元璋顺天应人，早行吊伐。朱元璋说他亦夜观天象，正如刘基所言，遂令徐达、常遇春等率军伐陈。② 吴元年（1367 年）大局已定，"天命"归属几无悬念。朱元璋遂谓侍臣："吾自起兵以来，凡有所为，意象始萌，天必垂象示之。其兆先见，故常加儆省，不敢逸豫。……天垂象，所以警乎下。人君能体天之道，谨而无失，亦有变灾而为祥者。……灾祥之来，虽曰在天，实由人致也。"③ 顺天而应人，朱元璋不仅建立了政权，也建构起新政权合法性的基础，同时论述了人君行事与天象灾祥的关联与互动，为交食应对砥定哲理根基。洪武元年（1368 年），司天监进元主所制计时仪器水晶宫刻漏，备极机巧。朱元璋看后谓侍臣曰："废万几之务，而用心于此，所谓作无益害有益也。使移此心以治天下，岂至亡灭？"遂命左右碎之。④ 彼时正当立国之初，朱元璋此举除了彰显其崇俭禁奢的立场，也可窥见其核心关怀并不在具体的技术与机巧层面。

朱元璋对于具体技术层面的问题不大热衷，但高度重视与现实政治密切关联的天文历法。在传统中国，历法不单只是记录岁节时令、指引吉凶宜忌的文本，更是"确立政权合法性的必要手段。藉由颁布精确的年历，身为'天子'的中国皇帝展示他所秉承的天命"⑤。而且，历法的编订与颁赐，也是展现和维护前近代东亚朝贡秩序的重要手段。因此，明代开国之初，太史院院史刘基就上《大统历》，钦准颁赐全国及朝贡属国，令奉正朔。洪武元年，即遣符宝郎偰斯奉玺书赐高丽国王王颛，又遣汉阳知府易济颁诏于安南国王，宣示正统。⑥ 洪武二年，遣吴用、颜宗鲁、杨载等使占城、爪哇、日本等国。赐予玺书、《大统历》，令知正朔所在。⑦ 同年，再遣偰斯赍诏及金印、诰文往高丽，封王颛为恭愍王，并赐《大统历》。王颛停用元顺帝至正年号，并遣使赴南京朱元璋登极。⑧ 同年，安南国王陈日煃遣使来贡，朱元璋遣翰林侍读学士张以宁、典簿牛谅奉诏往安南，封

① 《明实录·太祖实录》卷 1 "甲午年冬十月"条，台湾"中央研究院"历史语言研究所 1962—1968 年影印本。本文以下引用不再标注版本信息。

② 《明实录·太祖实录》卷 9 "辛丑年八月庚寅"条。注：本文所引《明实录》日食资料，大多先参何丙郁、赵令扬所辑《明实录中之天文资料》（香港大学出版社 1986 年版），而后按图索骥，核对原典再行征引，释文断句亦多有参撷，谨此说明，并申谢悃。

③ 《明实录·太祖实录》卷 26 "吴元年十月丙午"条。

④ 《明实录·太祖实录》卷 35 "洪武元年十月甲午"条。

⑤ 祝平一：《西历东渐：晚明中西历法的初步接触与历法形式的冲突》，余晓岚译，《法国汉学》第 6 辑"科技史专号"，中华书局 2002 年版，第 336 页。

⑥ 详见《明实录·太祖实录》卷 35 "洪武元年十二月壬辰"条。

⑦ 详见《明实录·太祖实录》卷 39 "洪武二年二月辛未"条。

⑧ 详见《明实录·太祖实录》卷 44 "洪武二年八月丙子"条。亦参范永聪：《事大与保国：元明之际的中韩关系》，香港教育图书公司 2009 年版，第 107~108 页。

日煊为国王，赐金印及《大统历》。① 洪武四年，真腊、暹罗国王遣使来贡，均赐《大统历》。② 次年日本国王良怀遣臣僧祖来进表笺，贡马及方物，"仍赐良怀《大统历》及文绮纱罗"③。该年又遣杨载出使琉球国，中山王察度遣其弟入贡，诏赐《大统历》及织物。④

朱元璋不重天文科技，但立国之初就立即颁定新历，向海内外宣示正朔所在，足见其中利害。"颁布新历法乃中国每个新王朝膺任皇权的重要象征。……朝鲜国王作为中国皇帝的朝贡藩臣，每当新历颁示，除了接受奉行，别无选择。"⑤ 基于历法颁赐的日食预报以及救护安排，同样体现前近代东亚体系中的宗藩关系。中国钦天监发布交食预告和救护安排，朝鲜、安南乃是与内地省份一样，被晓谕安排该如何应对，其中体现的是作为宗主国"天朝""受命测天、代天宣命的权威和尊严"。⑥ 因此直至晚清，虽然越南、朝鲜先后不再奉中国正朔，但钦天监仍依旧例发文。⑦ 尤其是以"小中华"自居的朝鲜，此前不仅遵奉中国正朔，也完全继承"天人感应"的政治哲学，援照中国救日礼仪，并参照中国建立钦天机构书云观，建造观象仪器。⑧ 历法、交食应对之于古代中国乃至东亚政治，其要如是。⑨

历法厘定、颁赐之外，关涉历法权威及天文知识的专属性，亦作严厉规定。私习天文，私造历书，历代皆治以重罪，明代亦然。明初"学天文有厉禁。习历者遣戍，造历者殊死"⑩。洪武六年定，凡钦天监人员，"永远不许迁动，子孙只习学天文历算，不许习他业。其不习学者，发海南充军"⑪。明代《大统历》封面上，亦印文明谕："钦天监奏准印造大统历日，颁行天下。伪造者依律处斩，有能告捕者，官给赏银五十两。如无本

① 详见《明实录·太祖实录》卷 43 "洪武二年六月壬午"条。

② 详见《明实录·太祖实录》卷 69 "洪武四年十一月丙辰"条；卷 70 "洪武四年十二月庚辰"条。

③ 详见《明实录·太祖实录》卷 68 "洪武四年十月癸巳"条。

④ 详见《明实录·太祖实录》卷 77 "洪武五年十二月壬寅"条。

⑤ Joseph Needham, Lu Gwei-Djen, John H. Combridge, John S. Major, *The Hall of Heavenly Records：Korean Astronomical Instruments and Clocks*, 1380-1780, New York：Cambridge University Press, 1986.

⑥ 李林：《"救日"与救国——1901 年辛丑日食的政治史及文化史意蕴》，《清史论丛》第 33 辑，社会科学文献出版社 2017 年版，第 271 页。

⑦ 详细记录参考中国第一历史档案馆、北京天文馆古观象台编：《清代天文档案史料汇编》，大象出版社 1997 年版。

⑧ 朝鲜时代的救日仪式与安排，《李朝实录》记述甚多。关于朝鲜的"天人感应"政治哲学，详参庄吉发：《天象示警、禳之以德——从朝鲜君臣谈话分析天人感应的政治预言》，《清史论集》第 18 集，台湾文史哲出版社 2008 年版，第 193~205 页。对朝鲜书云观、天文仪器的详实研究，参南文铉：《对于朝鲜世宗朝创制的观天授时仪器的技术考察》，《自然科学史研究》1995 年第 1 期。Joseph Needham, Lu Gwei-Djen, John H. Combridge, John S. Major, *The Hall of Heavenly Records：Korean Astronomical Instruments and Clocks*, 1380-1780, New York：Cambridge University Press, 1986.

⑨ 王元崇新近通过考察清代时宪书的内容与颁行，讨论清代中央与直省、属国、边地的关系，进而论及中国现代统一多民族国家形成的议题，甚有创获。详参王元崇：《清代时宪书与中国现代统一多民族国家的形成》，《中国社会科学》2018 年第 5 期。

⑩ 沈德符：《万历野获编》卷 20《历法·历学》，中华书局 1959 年版，第 524 页。

⑪ 李东阳等撰，申时行等重修：《大明会典》卷 223《钦天监》，广陵书社 2007 年版，第 2959 页。

监历日印信，即同私历。"① 洪武二十六年，又定"进颁历日仪"，详述钦天监每年进呈《大统历》，皇帝批准而后赐予百官、颁行天下的复杂仪节，以昭庄重。②

对于历法精准与天文科技等技术层面的"细节"问题，朱元璋着意甚少，其后继者亦然。今之学者亦指摘"从明初到万历年间，天文学基本上处于停滞状态，历书编制的依据仍是《授时历》；仪器技术既少有创新，又没有充分地继承宋元的成就"③。但对于与天文历法密切关联的政治"大节"问题，则毫不松懈。在此基础上，定下明代交食预报、救护的制度和礼仪。洪武六年定交食救护仪，《太祖实录》记礼部所奏礼仪："皇帝常服，不御正殿。中书省设香案，百官朝服，序立行礼。鼓人伐鼓，复圆乃止。若月蚀，大都督府设香案，百官常服，序立行礼，不伐鼓。若遇雨雪云翳，则免行礼。"④ 此次更定，将汉唐帝王应对日食所著"素服"改为"常服"，照例避殿。百官救护日食与月食，有伐鼓与否之别，并规定何种情况不行救护礼。至于具体仪节，《会典》载之更详：

> 前期，结綵于礼部仪门及正堂。设香案于露台上向日。设金鼓于仪门内两傍，设乐人于露台下，设各官拜位于露台上下，俱向日立。至期，钦天监官报日初食，百官具朝服，典仪唱班齐，赞礼唱鞠躬。乐作，四拜，兴，平身。乐止，跪。执事捧鼓诣班首前，班首击鼓三声，众鼓齐鸣。候钦天监官报复圆，赞礼唱鞠躬。乐作，四拜，平身。乐止，礼毕。月食仪同前，但百官青衣角带，于中军都督府救护。⑤

地方藩王日食救护礼，也在明初议定。洪武十一年，秦相府奏请王府救护日月薄蚀，礼部依《周礼》《春秋》议曰："自古日月之灾，自天子至于庶人，皆不遑宁处，则亲王亦当救护。但王府崇严之地，百官会集而鼓，于理未宜。今议凡遇日月食，亲王止于露台行礼，不鼓。其大小官员，则鼓于布政、按察二司。"⑥ 上谕从之。日月交食的不同应对，同样被赋予序等级、别尊卑的礼制深意。

除了立则建制，朱元璋对日食的确也依礼应对，以求垂范天下。洪武九年七月癸丑（1376年7月17日）日食，是年星象紊乱。朱元璋下诏求言："迩来钦天监报，五星紊度，日月相刑。于是静居日省，古今乾道变化殃咎，在乎人君。思之至此，皇皇无措。惟冀臣民，许言朕过。"⑦ 直隶淮安府海州学正曾秉正抓住机会，上了一篇千余言长奏，自圣人则天象说起，历叙古今明君修德弭灾之事，将儒家一贯的日食政治哲学详述一番。又歌颂大统之君圣治日隆，若能应天修德则天心可回，国祚永昌。朱元璋阅后龙颜大悦，召

---

① 明代《大统历》样貌，可见北京图书馆古籍影印室编：《国家图书馆藏明代大统历日汇编》，北京图书馆2007年版。全套六册，收入明代历日凡105册。

② 详参李东阳等撰，申时行等重修：《大明会典》卷103《历日》，广陵书社2007年版，第1571~1572页。

③ 张柏春：《明清测天仪器之欧化：十七、十八世纪传入中国的欧洲天文仪器技术及其历史地位》，辽宁教育出版社2001年版，第40页。

④ 《明实录·太祖实录》卷79"洪武六年二月丙戌"条。

⑤ 李东阳等撰，申时行等重修：《大明会典》卷103《祥异》，广陵书社2007年版，第1572页。

⑥ 《明实录·太祖实录》卷119"洪武十一年七月庚寅"条。

⑦ 《明实录·太祖实录》卷109"洪武九年闰九月庚寅"条。

秉正赴京师,擢为思文监丞。① 朱元璋效法前代明君,下诏求臣下直言,并修省应对。此次天象异常,也为敢言、善言的海州学正带来荣升机遇。明代关于交食预报、救护和应对的制度规范,洪武一朝已完全建立。其后历朝或因或革,或从或易,大致不出太祖建制。

三、靖难之役、成祖与交食应对

建文元年(1399年),藩王朱棣以"清君侧"为借口,起兵"靖难"。四年夺权,改元永乐。为了维护成祖一系的正统,后修的《太宗实录》中,建文帝朱允炆的继位被描述成天怒人怨的灾难:

> 太祖崩。……皇太孙遂矫诏嗣位,改明年为建文元年。……虐害良善,纪纲坏乱,嗟怨盈路。灾异迭见,恬不自省。新宫初成,妖怪数出,起而索之,寂无所有,亦不介意。于是太阳无光,星辰紊度。彗扫军门,荧惑守心。飞蝗蔽天,山崩地震。水旱疾疫,在在有之。②

《太宗实录》不仅认定皇太孙朱允炆乃"矫诏嗣位",更描述出一幅纪纲崩坏、惨绝人寰的图景。连"荧惑守心"这一传统被视为大凶之兆的天象记录,也被搬了出来。③以此论证建文帝之逆天失德,进而表明朱棣即位乃顺天得道。而且,为了符合对建文帝"灾异迭见,恬不自省"的指控,《太宗实录》载建文朝天变异象甚多,但绝口不提建文帝是否如前代明君一样救护修省。问题在于,日月交食乃天行之常,无论人君有道无道,均会按时出现,永乐君臣并非不知此理。那么,若新君即位仍有蚀变,该如何应对?

其实,永乐改元的第一年正月十六(1403年2月7日),就发生了一次月食。依照今日天文测算可知,这是一次由初亏到复原长达三小时以上的典型月全食,而且在南京地区可见。④ 然而当晚因为阴雨,不见月食。次日,礼部尚书李至刚就上奏称,月当食不食,请率领百官朝贺。因为依照惯常论述,当食不食,就是皇帝修德敬天的回报。李至刚希望通过诠释天象,护主邀功,却遭成祖反诘训斥:"王者能修德行政,任贤去邪,然后日月当蚀不蚀。适以阴雨不见耳,岂果不蚀耶?"⑤ 成祖没有否认传统关于当食不食的论述,但认为因为阴雨遮盖而不见,不算真正的当食不食,因此不许朝贺。可见,其应对天象示警的态度还是较为务实审慎,也因为掌权伊始,需要对付、争取不少洪武、建文旧臣。若在此问题上太过骄矜张扬,恐怕只会适得其反。

---

① 参见《明实录·太祖实录》卷109"洪武九年闰九月丙午"条。

② 《明实录·太宗实录》卷1"洪武三十一年闰五月乙酉"条。

③ 有关该天象的诠释及记录的准确性问题,详参黄一农:《星占、事应与伪造天象——以"荧惑守心"为例》,《自然科学史研究》1991年第2期。

④ 本文所引日月食现代推算数据,若无特别注明,均来自美国太空总署日月食网站(NASA Eclipse Website),http://eclipse.gsfc.nasa.gov/JLEX/JLEX-AS.html,2014年12月5日。中西历换算均依台湾"中央研究院"之"两千年中西历转换"在线系统,http://sinocal.sinica.edu.tw/,2014年12月9日。下文不再逐一注出。

⑤ 《明实录·太宗实录》卷16"永乐元年正月乙未"条。

永乐四年六月己未（1406 年 6 月 16 日，实录作乙未），预报又有日食。礼部尚书郑赐等奏言，因日食为阴云覆盖不见，称是"圣德所感召，请明日率百官表贺"。又遭成祖反问："正朕恐惧修省之际，何可贺？"郑赐对曰："宋时，盛有行之也。"成祖反驳曰："于此一方，阴云不见。天下至大，他处见者多矣。且阴阳家言，日食而阴云不见者，水将将至。以此言之，可贺乎？"① 成祖不仅重申阴云遮蔽不算当食不食，还称此处不见他处可见，又援引阴阳家之言。总之要恐惧修省，不能朝贺。以今日推算，郑赐此次说日食不见，倒非虚言。此次南京地区可见的日食，虽然从初亏到复原持续了一个多小时，但仅仅是食分（Eclipse Magnitude）为 0.201 的日偏食，本身并不显著，而且天有阴云。不过，郑赐等打算藉此再做文章，称颂圣德，却被阻止。

永乐一朝对日月交食的诠释，以及应对制度与礼仪，均维持一贯。永乐十一年正月初一（1413 年 2 月 1 日），再逢日食，成祖下令罢新正朝贺、宴会。并称："古者日食，天子素服修政，用谨天戒。朕既乖于治理，上累三光。而众阳之宗，薄食于元旦，咎孰甚焉？尔文武群臣，尚思勉辅朕躬，调变阴阳，消弭灾变。"② 永乐二十年元旦（1422 年 1 月 23 日）日食，亦谕礼部："日食，天变之大者。况在正旦，永念厥咎，凛焉于心。卿等宜各修厥职，以匡辅不逮。"③ 这两次日食都发生在正旦之日，不仅不能另有特别朝贺，就连本应进行的正旦朝贺也免行，并罪己自省。成祖晚年，应对日食的原则依然未变。

永乐一朝群臣屡有庆贺当食不食、颂扬圣德之请，屡被申斥拒绝。表面看来，成祖屡拂臣意，不领臣请。不仅没有顺水推舟而行朝贺，反而以交食灾变罪己修省，晓谕群臣各修厥职。实际上，如此应对恰恰符合先秦以降圣君明主应对交食的"正格"，更能彰显圣德。永乐君臣可以借助天象灾变来否认建文政权的合法性，但却无法阻止日月交食在本朝继续发生，惟有如仪应对。从历次对日月交食的论辩、处理和应对中，也颇能显示成祖的清醒务实。同时，成祖以藩王出身，因建文削藩而兴兵夺权。他即位后，一方面要继续承认其他藩王的地位并取得其支持，同时又要防止他们效法自己再次"靖难"。因此，成祖对其他藩王规管甚严，天象休咎自然也可以援用于此。如永乐六年，钦天监两次奏报木星犯诸王星之象，成祖"遂悉赐诸王书，俾警醒"④。其中颇有既关怀又警告的深意，因为木犯诸王这一天象，曾在前代被占为"诸侯宗臣灾"⑤。

四、土木之变、英宗与钦天监劫难

宣德十年（1435 年），宣宗朱瞻基驾崩，长子朱祁镇即位，改元正统。正统六年正月初一（1441 年 1 月 23 日），钦天监预报日当食。于是英宗下令免朝贺，预敕群臣救护。明朝君臣一如既往，严阵以待天变。但到预定时刻，却是"天气晴明，太阳正中，无纤

① 《明实录·太宗实录》卷 55 "永乐四年六月乙未"条。
② 《明实录·太宗实录》卷 136 "永乐十一年正月辛巳"条。
③ 《明实录·太宗实录》卷 245 "永乐二十年正月己未"条。
④ 《明实录·太宗实录》卷 78 "永乐六年四月戊子"条。
⑤ 马端临：《文献通考》卷 290《象纬考十三·月犯五纬》，浙江古籍出版社 1988 年版，第 2299 页。

毫之亏"。此次天气晴朗,排除了阴云遮蔽的因素,众日睽睽之下,日食确实未现。因此,礼部奏称"此盖皇上至仁,大德上格于天,是以当食不食,礼宜庆贺"①。其实,这次日食在北京根本不可见。在南京可见,但也只是食分仅为 0. 018,遮掩面积比 (Eclipse Obstruction) 仅为 0. 003 的一次日偏食,在当时的条件下根本无法观测到。也就是说,这其实是一次失准的日食预报。当然,由于历法陈旧,预报失准的情况在明代多有发生。但是,英宗非但没有将此归咎于钦天监的预测失误,反而倾向于礼部的诠释。他并没有像成祖一样,以此处不蚀彼处蚀的理由驳斥臣属的庆贺请求,而是承认当食不食乃"上天垂眷",不过"君臣当益加敬慎,不可怠忽",故免行庆贺礼。② 从坚持日月交食为"上天垂警",到承认当食不食乃"上天垂眷",明廷针对交食的诠释话语和应对仪节,开始发生微妙而重要的变化。

论及英宗一朝政事,自然不能绕过"土木之变"。大明王朝和英宗本人的命运,都因此变故而大受影响。在这一事件中,钦天监官员也成了朝廷罹难的替罪羔羊,上演了中国古代天文官员所遭遇的惨烈一幕。

正统十四年 (1449 年),英宗在阉宦王振的怂恿下御驾亲征,率军迎击瓦剌也先部的进犯。随行文武官员百余人,其中包括钦天监监正彭德清及其他监官。八月十四日,明朝军队在土木堡遭遇伏击,几近全军覆没,英宗被俘,一时出现"銮舆北幸国无人"的危局。国君被俘,北京陷入迁都、抗击、另立新君等种种纷扰中,同时也要找出罪魁祸首,或者说是替罪羔羊,以息众愤。王振自然首当其冲,但他已死于战乱。于是以王振党羽的罪名,下令"籍没太监郭敬、内官陈玙、内使唐童、钦天监正彭德清等家",并将彭德清下狱。③ 同年十月,彭德清死于狱中。继任的新君景泰帝竟令"仍斩其首"。罪名是:"德清坐党王振,匿天变不奏。及从征,不择地利处驻师也。"④ 死于狱中之后还要被枭首,可谓骇人听闻的惨剧。其实这更是一起冤案,彭德清并非"匿天变不奏",他确曾提示"天象示警,若前,恐危乘舆",但被王振指斥:"尔何知! 若有此,亦天命也。"⑤ 而且,钦天监的职守只在于观天象,择"天时",行军打仗、择地驻师这类"地利"失误,以及文武、内外官员关系的"人和"问题,却一并算在彭德清的头上,可谓奇冤。

而且,"土木之变"后,明廷加重了关涉天文历法问题的管制、威慑和惩处。景泰元年 (1450 年) 因月食预测失准,将钦天监监正许惇下三法司议处,论罪当徒,后宥之。⑥ 次年从吏科给事中毛玉请,对私习天文禁书、收藏天文星象之图,指以天象垂戒、妄论气运兴衰者,均重罪之。⑦ 对"土木之变"中可能失落民间的天文禁书,则令都察院揭榜晓谕地方,令主动交公送京,免拾获者之罪。⑧ 景泰八年 (1457 年),英宗以"夺门之

---

① 《明实录·英宗实录》卷 75 "正统六年正月庚子"条。

② 参见《明实录·英宗实录》卷 75 "正统六年正月庚子"条。

③ 参见《明实录·英宗实录》卷 181 "正统十四年八月乙亥"条。

④ 《明实录·英宗实录》卷 184 "正统十四年十月己卯"条。

⑤ 《明史》卷 167 《曹鼐传》,中华书局 1974 年版,第 4502 页。此事详细考述,亦见陈学霖:《明代人物与史料》,香港中文大学出版社 2001 年版,第 394~395 页。

⑥ 参见《明实录·英宗实录》卷 187 "景泰元年正月辛卯"条。

⑦ 参见《明实录·英宗实录》卷 207 "景泰二年八月丙戌"条。

⑧ 参见《明实录·英宗实录》卷 212 "景泰三年正月庚申"条。

变"复辟，改元天顺。天顺四年（1460 年），月食四分有奇。但这次钦天监并未事先发布预告，以致失救。英宗为此勃然大怒，认为钦天监玩忽职守，或者讳言灾变，严惩负责此事的礼部侍郎、钦天监监正、监副等官。① 明代正统、景泰、天顺三朝，负责测天的钦天监官员，与天在世间的人格化代理——皇帝之间关系的紧张程度，前所未有。其实，钦天监官仅凭有限的天文知识、早已过时的历法和并不先进的仪器，既要准确预报、观测天象，安排应对，又要揣摩上意，提供顺遂诠释，还可能随时面临"天象难预"的无妄之灾，宜乎其难其苦！

五、大礼议、世宗与"当食不食"

正德十六年（1421 年），武宗朱厚照驾崩。武宗无嗣，遂以其堂弟兴王朱厚熜入嗣大统，改元嘉靖。其后数年间，围绕世宗生父兴献王朱祐杬的尊号问题，明朝君臣进行了激烈的论辩和斗争，史称"大礼议"。"大礼议"最终以嘉靖强权高压、反对者受罚削职告终。此事不仅极大影响明廷人事布局及政治文化，甚至深刻影响此后中国的地方社会礼制。在这场关乎皇位名分、秩礼与政治的政争中，嘉靖皇帝为了"重建宗统，获得皇权的正当性基础，不惜编纂《明伦大典》，钳制言路，改易国家礼制，使原有的权力分配原则遭到破坏，并引发明帝国政治的结构性矛盾"②。而他对象征天变的交食所作诠释与应对，更将其处境和心迹展露无遗。

嘉靖帝即位初期，应对灾变尚算谨小慎微。嘉靖四年（1525 年）十月，礼部奏四方灾异，计有天鼓鸣五，地震六十三，星陨八，冰雹十一，火六，气二，雪寒二，雷击三，山崩三，水溢八，产妖二，疫一。面对如此频繁的灾害，世宗下令："灾异非常，朕心忧惧。事关治体者，朕自图之。中外群臣，其同加修省，以回天变。"③ 同年闰十二月初一（1526 年 1 月 13 日），日有食。④ 六年五月初一（1527 年 5 月 30 日）日食，翰林院编修廖道南借疏《洪范》，称五月日食，阴长阳微，不可不慎，并建言皇帝应法天运、修君德、行王道、若人时、端治本、肃邦纪、定国是、感休祥、立世则，其核心是人君应修德应天，树立典范，而权不可下移，臣不可上僭，以"使嘉靖之治永垂万事"。对于这道看似诤谏、实则颂扬的奏疏，"上嘉纳之"⑤。

明代帝王中，嘉靖帝算是有所作为的中兴之君。《明史》亦承认"世宗御极之初，力除一切弊政，天下翕然称治"⑥。当然，嘉靖皇帝的权威日固，也体现在他越发敢于借天言政、严苛不顺己意的大臣之中。嘉靖八年日食，刑部员外郎邵经邦借此上书，认为此乃用人失察，直接批评皇帝不该以私凌公，重用"议礼"有功的张璁为内阁首辅，以致天怒人怨。邵经邦之言，对皇帝而言可谓句句刺耳：

---

① 参见《明实录·英宗实录》卷 322 "天顺四年正月庚申"条。

② 尤淑君：《名分礼秩与皇权重塑：大礼议与嘉靖政治文化》，台湾政治大学历史系 2006 年版，第 386 页。

③ 《明实录·世宗实录》卷 56 "嘉靖四年十月壬子"条。

④ 参见《明实录·世宗实录》卷 59 "嘉靖四年闰十二月乙卯"条。

⑤ 《明实录·世宗实录》卷 76 "嘉靖六年闰五月辛巳"条。

⑥ 《明史》卷 18《世宗本纪》，中华书局 1974 年版，第 250 页。

议礼与临政不同，议礼贵当，临政贵公。正皇考之徽称，以明父子之伦，礼之当也，故虽排众论、任独见，而不为偏；若夫用人立政，则须分辨忠邪，酌量材力，与天下之人共用之，然后乃为公尔。今陛下以璁议礼有功，乃不察其人、不揆其才而加之大任，是私议礼之臣也。私议礼之臣，是不以所议者为公礼也。夫礼惟当，乃可万世不易。使所议诚非公礼也，则固可守也，亦可变也；可成也，亦可毁也。①

此时，"大礼议"问题已经盖棺定论，邵经邦虽然不敢再对其结论提出质疑，但借批判嘉靖帝先"任独见"，而后因私废公，重用"议礼"有功的张璁，自然触了逆鳞。《世宗实录》载，皇帝览疏，大怒曰：

经邦谓朕私议礼诸臣。朕惟父子之伦，乃万世纲常，诸臣赞议，朕自裁决。今《大典》已定，未见异议。经邦乃敢肆为妄言，谓礼可守可变，可成可毁，扇惑人心，动摇国是。且自比秦茅焦之谏，其视朕为何如主？殊为讪上无理。锦衣卫其逮送镇抚司，严加拷讯以闻，毋得回护。②

而且，皇帝直接将邵经邦定为"非常犯"，不必送都察院论罪，直接令兵部发福建镇海卫充军，永远不宥。乃至八年之后，因皇子出生大赦天下，邵经邦也不在赦免之列，③足见嘉靖帝对此忌诉之深，此后益加骄矜擅独。嘉靖十九年三月初一（1540年4月7日）日食，钦天监奏日食不及三分，依例免救护。而后礼部奏报，未观测到日食。嘉靖帝喜不自禁，曰："上天示眷，朕知仰承。"④其实，若依NASA的数据，1540年至1541年间北京地区根本就没有可见日食。因此，这要么又是一次失准的日食预测，要么就是钦天监为了取悦于上而捏造"当食不食"的假象。之前如正统六年的日食预测失准，主要是食分、时刻及可见地点的误差，而当年确有日食。但此次，是在该年完全没有可见日食的情况下，钦天监作出"日食不及三分，依例免救护"的预测，误差之大，令人生疑。

对于不顺己意、借天言政的臣属，嘉靖帝也毫不手软。嘉靖三十二年正月初一（1553年1月14日）日食，御史赵锦借机奏劾严嵩擅权。赵谓正月之朔日食，是政权在臣下、臣子背君父之象，请"将嵩早赐罢黜，以应天变"⑤。疏入，严嵩乞请罢官。嘉靖帝"以供奉青词悦"，不仅慰留严嵩，而且手批赵锦奏疏，说赵锦明谤君上，情罪欺天，令锦衣卫捉拿下狱，杖四十，削籍为民。⑥在嘉靖皇帝这里，抽象的"天"再次成了被

① 《明实录·世宗实录》卷106"嘉靖八年十月丁卯"条。
② 《明实录·世宗实录》卷106"嘉靖八年十月丁卯"条。
③ 参见《明史》卷206《邵经邦传》，中华书局1974年版，第5451~5452页。谷应泰：《明史纪事本末》卷50《大礼仪》，上海古籍出版社1994年版，第196页。
④ 参见《明实录·世宗实录》卷235"嘉靖十九年三月癸巳"条。
⑤ 参见赵锦：《因变陈言以谨天戒疏》，陈子龙等辑：《皇明经世文编》卷340，中华书局1962年版，第3643~3647页。
⑥ 参见《明实录·世宗实录》卷395"嘉靖三十二年三月丁亥"条。谷应泰：《明史纪事本末》卷54《严嵩用事》，上海古籍出版社1994年版，第210页。

宣称其在人间的代言人——天子——根据需要而诠释的有效政治工具。

但无论是钦天监确实预报失准，还是有意杜撰，嘉靖帝对礼部"当食不食"乃君德感召的解释，表现出的都是从默然接受到公开提倡。到了晚年，甚至发展到责罚"当食不食"之时，依礼前往救护的官员。嘉靖四十年二月初一（1561 年 2 月 14 日）日食，天微阴，钦天监官说日食不见，即同不食。嘉靖皇帝大喜，认为此乃上天眷顾。但礼部尚书吴山独谓："明明薄蚀，吾谁欺？欺天乎！"① 依礼组织救护仪式。对于吴山的"忤旨"，皇帝虽然极为不满，但口头上仍称吴山此为守礼，不必引罪。但与此同时，又责问礼科为何不参劾吴山。都给事中李东华趁机落井下石，说："圣德当阳，祥云护日。当食不食，此诚至敬格天之所致也。山等不知题请恭谢玄恩，乃如常救护，罪不可逭。"于是，皇帝依据严嵩建议，判李东华罚俸两月，吴山等礼部官员记罪。② 而且二月初七丁酉日，"以日食不见，建谢典于大光明殿三日，群臣上表贺"③。对原本可疑的"当食不食"进行朝贺，这个被成祖严斥、英宗婉拒的虚伪仪式，在世宗这里竟堂而皇之地举行。其实，借助今日 NASA 的数据，完全可还吴山清白：这是一次在北京可见食分达 0.953，遮掩度达 0.908 的日环食！即便天气微阴，但食甚在 17 时 25 分 4 秒，太阳并未下山。在太阳几乎被完全遮蔽的 3 分 19 秒中，必然天地变色，晨昏莫辨，④ 明朝君臣竟然睁眼硬说日食未见。

结果可想而知，吴山很快被罢免礼部尚书之职。同样耐人寻味的是，嘉靖皇帝任命了不主张此次日食救护的袁炜为新尚书，并加太子少保衔。⑤ 更"巧合"的是，同年七月初一（1561 年 8 月 11 日），竟然又报当有日食，但仅食 1 分 5 秒，故免救护。袁炜乘机上表称贺，不仅说此乃德教所生，而且"皇上以父事天，以兄事日，群阴退伏，万象辉华。是以日位旺荣，阴氛销铄。食止一分，与不食同"⑥。袁炜的贺表，不仅重申了"当食不食"乃圣德所感的赞语，更提出了"以父事天，以兄事日"的论断，将嘉靖帝生父兴献王朱祐杬的地位（天），拔到高于其兄武宗朱厚照一系（日）。主管国家礼仪的最高官员在天象变化的高度，肯定了嘉靖"大礼议"的合法性。嘉靖皇帝对此论说，自是"以为然"。⑦ 但是，如果再次依照 NASA 的数据回溯，则发现该年北京可见日食只有吴山救护的二月初一那次，农历七月根本没有可见日食。⑧ 此次无论又是钦天监预测失误，还

---

① 参见沈德符：《万历野获编》卷 29《禨祥·元旦日食免贺》，中华书局 1959 年版，第 735 页。"吾谁欺？欺天乎！"语出《论语·子罕》。

② 参见《明实录·世宗实录》卷 493 "嘉靖四十年二月辛卯"条。

③ 《明实录·世宗实录》卷 493 "嘉靖四十年二月丁酉"条。

④ 刘次沅、庄威凤也指出，这次日食不但确实发生，而且环食带恰好通过北京，食分高达 0.97，几近全食。即使天气"微阴"，对这样大的食分也应该察觉。不过，两位学者对此的解释是，该次日食发生在日落时（带食而入），大约"庆幸"之余，无人去注意日食究竟是否发生。见刘次沅、庄威凤：《明代日食记录研究》，《自然科学史研究》1998 年第 1 期，第 41 页。

⑤ 参见《明实录·世宗实录》卷 545 "嘉靖四十四年四月壬午"条。

⑥ 《明实录·世宗实录》卷 499 "嘉靖四十年七月己丑"条。

⑦ 《明实录·世宗实录》卷 499 "嘉靖四十年七月己丑"条。

⑧ 刘次沅、庄威凤也指出，嘉靖四十年七月己丑（1561 年 8 月 11 日）日食，南京食分为 0.21，北京则不可见。详见刘次沅、庄威凤：《明代日食记录研究》，《自然科学史研究》1998 年第 1 期，第 40 页。

是袁炜为答谢皇恩,有意将北京本不可见的日食解释为"当食不食",甚至谎报伪造记录,[1] 事实本身反而显得不太重要。其实,钦天监仪器不准及失误,客观上限制其准确预测和记录天象,此乃实情。然而,"钦天监的任务,根本上还是使皇帝作为天子的地位合法化"[2]。正如袁炜此次对"当食不食"的诠释和发挥,就深符帝心。日月交食与明代政治之间,正是在这样微妙的诠释与建构、不同的规谏与阿谀、两立的救护与朝贺之中,复杂纠葛。

六、余　　论

在传统中国的宇宙观念和政治哲学中,日乃众阳之宗,人君之表,至尊之象。"天人感应"论认为,日食的产生乃君德衰微,以致阴道盛强,侵蔽阳明。皇帝以"天子"自命,乃抽象的"天"在世间的人格化代理,就必须对以交食为重要代表的天显异象作出诠释和应对。而此种诠释与应对,往往与现实政治和人事产生纠葛。明代太祖代元而立,成祖、英宗、世宗三朝帝系承传均有较大波折。因此,在各自建构政权合法性论述中,交食应对都曾扮演重要角色。传统政权合法性论述的建构,大致不出两种路径相反但殊途同归的方式。一为"正述式",主要策略为"诉诸天命"及"求诸正统",[3] 论证自身政权承天应运,民心所向;一为"反衬式",批判前代政权倒行逆施,天怒人怨。明代的交食诠释,对这两种路径都有所取法。从太祖、成祖为交食宣谕罪己、修省慎对、下诏求言,并严斥礼部对当食不食的朝贺请求;到英宗默认当食不食乃上天眷顾,婉拒朝贺请求;再到世宗欣然接受当食不食的朝贺,甚至惩处依礼前往救护而未朝贺的官员。从坚持日月交食为"上天垂警",到承认当食不食乃"上天垂眷",明朝中枢针对交食的诠释话语和应对仪节,不断发生微妙而重要的变化。

明代以神宗朱翊钧御极时间最长,但从《明实录》记载来看,几乎自万历二十年(1592年)以后,他就像对待其他政事一样,应对日食也是消极怠慢的。[4] 皇帝既不接受

---

[1]　关于中国古代天文官员可能出于政治目的而伪造天文预报或观测记录的问题,天文史家艾伯华(Wolfram Eberhard)和迪恩(Thatcher E. Deane)之间曾有激烈争辩。艾氏指出汉代天文观测多系政治操控,甚至编造。迪氏则批判艾氏结论有失谨严,认为明代钦天监的天文记录是忠实一贯的。但这场争辩其实语境相离太远,因为艾氏讨论的是汉代日食记录,而迪氏的主要引据则是明代钦天监对水星的记录。此外,黄一农曾逐一考察中国古代对"荧惑守心"这一大凶之兆的天象记录,发现历代文献所载23次记录,有17次未曾发生过;而自西汉以来实际应发生的40次"荧惑守心"天象,却多未记载。从而认为可能是官方天文家为了与皇帝驾崩等事相应,事后伪造此类天象记录。各见 Thatcher E. Deane, Instruments and Observation at the Imperial Astronomical Bureau during the Ming Dynasty, *Osiris*, 1994 (9), pp. 126-140. 黄一农:《星占、事应与伪造天象——以"荧惑守心"为例》,《自然科学史研究》1991年第2期,第120~132页。

[2]　Thatcher E. Deane, Instruments and Observation at the Imperial Astronomical Bureau during the Ming Dynasty, *Osiris*, 1994 (9), p. 140.

[3]　李林:《"救日"与救国——1901年辛丑日食的政治史及文化史意蕴》,《清史论丛》第33辑,社会科学文献出版社2017年版,第271页。

[4]　余煜的研究也指出,明代中后期交食救护"逐渐为统治者所怠慢",但认为"天谴"思想带来的心理和政治恐慌能在一定程度上约束皇权。详参余煜:《明代官方日月食救护考论》,《安徽史学》2019年第5期,第34页。

朝贺，也不为此修省。阁臣、言官屡屡上奏，称日为人君之象，日有食即君德有亏，应有所为而应天变。臣属亦以太阳至尊被隐，提醒神宗"宜照临宣布，不宜黯汶闭藏；宜发扬煦育，不宜收敛摧折"，但结果基本都是"不报"。① 明代的政情大势以及帝王的规模气象，也可以从各朝的交食应对中窥见一斑。沈德符在《万历野获编》中，藉比较成祖时首辅杨士奇、世宗时首辅严嵩关于元旦日食是否朝贺的不同言行，已明言"两朝前后一事，而阁臣之忠邪别矣"。并比较杨、严两人的下场，评曰："苍苍者岂堪矫诬哉？"② "天人感应"政治哲学的本意，应该是因敬天而测天，从而顺天而应天，但现实中却不乏用天，乃至"玩天"的吊诡现象。③ 藉由交食应对，原本抽象的"天"，成为其人间自命代言人天子根据需要而诠释的政治奥援。

　　明代天文历法和观测手段鲜少进步，已为时人后世所诟病。但很多情况下，天象预测与记录的绝对精准本身，其实不如对天象所作的诠释和应对重要。因此，即便难保预测精准，基于"天人感应"理论发展出的整套交食救护礼仪，照样年复一年在大明王朝上演，并不断为朝局政争所援用。明末耶稣会士东来，④ 中国的测天技术和天文历法乃有实质突破。但尽管对日月交食的成因早有科学解释，稍后编成的《崇祯历书》仍然维持灾变之说。其中虽然承认日月薄蚀其实是天象之常，有规律可循；但又依据抽象的宇宙观，以为日月相资相济，以生万有，重新将蚀变界定为"常中之变""无形之灾"。⑤ 在近代天文科技理性面前，仍然维持对交食作哲学抽象性和伦常象征性的诠释，以维护君权的绝对权威与合法。

────────────

① 参见《明实录·神宗实录》卷301"万历二十四年闰八月丁卯"条；卷383"万历三十一年正月癸巳"条；卷395"万历三十二年四月甲申"条；卷477"万历三十八年十一月癸卯"条。

② 参见沈德符：《万历野获编》卷29《機祥·元旦日食免贺》，中华书局1959年版，第735页。

③ 谢肇淛对交食诠释及救护安排的荒诞，有精彩讽喻："日月交蚀，既有躔度分数，可预测于十数年之前，逃之而不得，禳之而不能，而且无害于事，无损于岁也，指以为天之变，不亦矫诬乎？蚀而必复天体之常，管窥蠡测，莫知其故，而奔走驰骛，伐鼓陈兵，若仓卒疾病而巫救之者，不亦儿戏乎？……使日食不预占，令人主卒然遇之，犹有戒惧之心，今则时刻秒分已预定之矣，不独人主玩之，即天下亦共玩之矣。予观官府之救护者，既蚀而后往，一拜而退，栖酌相命，俟其复也，复一拜而讫事。夫百官若此，何以责人主之畏天哉？"见谢肇淛：《五杂俎》卷1《天部一》，上册，中华书局1959年版，第11~12页。

④ 初来的利玛窦见识过明代救日，但他自然未能理解其中的复杂仪节和政治意涵，因此记述道："北京的天文学家掌握向全国发布日月食消息的特权。当他们发布日月食声明时，行政官和那些拜偶像的和尚们都奉令聚集在一个特定地点，穿上表示他们职务的长袍，声援他们认为正在受难的行星。他们所做出的声援就是敲打无数的铙钹，有时是跪着，喧嚣一直继续到整个日月食历程结束。我听说他们害怕日月食时行星会被龙吞掉，究竟是什么样的龙，我却不知道。"见利玛窦、金尼阁：《利玛窦中国札记》，何高济、王遵仲、李申译，广西师范大学出版社2001年版，第25页。

⑤ 参见徐光启：《天文历指叙》，徐光启编纂，潘鼐汇编：《崇祯历书：附西洋新法历书增刊十种》，上册，上海古籍出版社2009年版，第213页。正如陈侃理所论，古人对"天行有常"（科学论）与"休咎之变"（灾异论）之间的矛盾，早有认识。而且自隋唐以后，日食已是基本可以准确预报、有规律可循的自然现象，与人事政教无涉。不过这主要限于经学学理层面的认识突破，在儒学意识形态层面，并未变化，因此"灾异论"及其关联仪式、制度仍然延续至清代。详见陈侃理：《天行有常与休咎之变——中国古代关于日食灾异的学术、礼仪与政治》，台湾《"中央研究院"历史语言研究所集刊》第83本第3分，2012年。

不过，无论明朝君臣对"天象"休咎如何诠释和应对，似乎都已无力回"天"。而在此时，关外后金政权正锐意振旅，虎视眈眈。努尔哈赤和皇太极已先后建号"天命"和"天聪"，异志已见。又逢关中地区连年"天灾"，李自成率众揭竿，厉兵秣马，推为"闯王"。此时已噤若寒蝉的大明王朝"钦天"官员，应该没能预占到不久之后的"天命"遽变：崇祯甲申，明失其鹿。

（作者单位：华东师范大学教育学系）

补记：本文初步构思于 2009 年，当年长江流域出现百年难遇的日全食，举国瞩目。古今时空悬隔，诠解异趣。笔者曾拟借鉴"全球史"的视野，对明清两代"交食应对"所牵涉的政治、思想、科技及中外交流诸议题稍作通贯考察。此后续有撰拟，不过由于教研工作重心的转移，这项研究计划迄今尚未完全展开。谨以这则迟交的拙稚习作致谢朱鸿林老师，衷心铭谢他在笔者赴港进学之初给予的教诲和提携。

武汉地区手工业的困局与救市（1920—1937）*

□ 常屏京

【摘要】晚清以降，武汉手工业已逐渐形成与周边省市联系密切的区域市场。自"一战"结束至全面抗战爆发前，武汉地区手工业在工业产品进一步冲击以及区域政局动荡及战争、灾荒等影响之下，区域市场环境恶化，交通阻塞、市场萎缩。为应对新形势下的手工业危机、延续行业发展，手工业者纷纷在生产技术、成品类型、合作分工方面进行改良。而政府则出于维护经济或政权的考虑，对手工业实行免税等扶助政策的同时，又增收棉纱统税等项，客观上加重手工业者负担。

【关键字】20 世纪二三十年代；武汉；手工业

在传统农业社会中，手工业是构成传统经济的一个重要组成部分，承担着补充农业生产不足的职责。① 武汉作为自清代以来华中地区重要的贸易城市，至 20 世纪 20 年代初，本地已逐步建立起依托周边省市原料与市场、以服务当地居民生活为主的较为完善的手工业体系；同时，伴随着国际贸易发展以及民众生活方式的改变，又兴起诸如针织业、蛋品加工等新式手工业。彼时，武汉地区传统手工业有绉纱、刺绣、纺织、制革、草帽编织、制缆、金属加工、木器、营造、手工制粉等；新兴手工业则以丝边业、针织业、猪鬃加工业、砖茶加工、蛋品加工业为代表。

"一战"后经短暂休整，西方列强对中国经济入侵更甚于前，而北洋政府统治愈发摇摇欲坠，国内政治与经济局势亦有新的变化。20 世纪 20 年代以来，经历过晚清民初社会变革的初次冲击之后，武汉地区手工业又要面临新的困难：除了持续发展工业化生产，政权更迭与局部战争频发及灾荒等问题亦接踵而来，为当地手工业带来更为复杂和艰巨的挑战。为应对困局、延续行业发展，手工业者与政府纷纷行动起来，在多领域进行改良、管理。全面抗战爆发后不久，武汉沦陷，又经历了长达七年的殖民统治，城市社会经济呈非常战时状态，手工业发展亦遭遇其他时期未有之打击，需另辟文章专门论述。

---

* 本文为 2016 年度教育部人文社会科学重点研究基地重大项目"明清社会结构与社会变迁研究"（16JJD770036）阶段性成果。

① 王翔：《中国近代手工业的经济学考察》，中国经济出版社 2002 年版，第 1 页。

学术界对于近代手工业的研究已有一定基础，尤其在手工业与机器化生产的相互联系方面有深入探讨，并将其作为考察区域经济近代化水平重要参照。① 同时，对武汉地区手工业在城市工业影响之下的衰落趋势亦有关注。② 然而，目前关于武汉地区手工业研究尚无专著，在区域史研究中相关论述亦较为分散，且对不同时期武汉地区手工业遭遇危机的诸多原因及手工业者、政府的应对之策尚可进一步探讨。在此，以"一战"结束后不久的 20 世纪 20 年代伊始至 1937 年全面抗战爆发前的武汉地区手工业发展状况为考察对象，结合本地以及周边地区政治、经济背景，探析该地区手工业所面临的困境与原因，观察手工业者及政府在挽救手工业危局之中的作为与成效。

一、武汉地区手工业的困难与挑战

首先，作为华中地区重要的交通枢纽及工业重镇，武汉地区手工业受到近代机器化工业生产的冲击。除了舶来工业制品迅速占据当地及周边市场以外，武汉本地逐渐完善的工业生产体系亦威胁到手工业的发展。

至民国初，在汉开办的机器化工场众多，其中诸多产业涉及居民日常生产、生活物资，分流了部分手工业市场。如，官营武昌织布、纺纱局、燮昌火柴制造厂、汉阳毛巾制造厂、福华烟草公司、福新第五面粉厂、元丰豆糟制造所、立兴棉花轧花厂，③ 其产品涵盖各类纺织品、食品及烟草加工、建材制造等领域，均与居民日常生产、生活物资息息相关。至 20 世纪 30 年代中期，武汉本地工业生产更加成熟，机器化生产对手工业的影响更甚，其中以本地轻工业中较为发达、且与市民生活密切相关的棉纺织与制粉业最为典型。

在棉纺织业领域，由于机制纱线优越性，土纱逐渐失去市场，武汉手工纺织、针织业原料多赖机器纺纱业供应。彼时，武汉机器纺纱业主要有官营织布与纺纱局，民营震寰、武昌第一、申新、裕华纱厂；加之进口以及上海生产的纱线，机制纱线基本垄断包括武汉在内的本省市场。机器织布业亦繁荣发展，20 世纪 20 年代中期，武汉已有周永顺、汤义兴、华升昌、楚裕、模范采用铁织机的民营工厂 65 家。其中织机数量在 100 台以上、资

① 相关著述有：彭雨新：《从清代前期苏州的踹布业看资本主义萌芽》，《理论战线》1959 年第 12 期；戴逸：《中国近代工业和旧式手工业的关系》，黄逸平编：《中国近代经济史论文选》上册，上海人民出版社 1985 年版；汪敬虞：《中国近代手工业及其在中国资本主义产生中的地位》，《中国经济史研究》1988 年第 1 期；吴承明：《论二元经济》，《历史研究》1994 年第 2 期；许涤新、吴承明主编：《中国资本主义发展史》，人民出版社 2004 年版；王翔：《中国近代手工业史稿》，上海人民出版社 2012 年版；彭南生：《传统工业的发展与中国近代工业化道路选择》，《华中师范大学学报》（人文社会科学版）2002 年第 2 期；彭南生：《半工业化——近代中国乡村手工业的发展与社会变迁》，中华书局 2007 年版。

② 相关著述有：陈钧、任放：《世纪末的兴衰——张之洞与晚清湖北经济》，中国文史出版社 1991 年版；冯天瑜、陈锋主编：《武汉现代化进程研究》，武汉大学出版社 2002 年版；陈锋、张笃勤：《张之洞与武汉早期现代化》，中国社会科学出版社 2004 年版；彭南生、徐凯希、马俊亚、严鹏：《固守与变迁：民国时期长江中下游农村手工业经济研究》，湖北人民出版社 2014 年版；任放主编：《中国近代经济地理》第三卷《华中近代经济地理》，华东师范大学出版社 2016 年版。

③ ［日］水野幸吉：《汉口》，武德庆译，武汉出版社 2014 年版，第 49 页。

本在 10000 两以上者有兴民、济卿、德昶、震丰等 9 个工厂，织机数量均为 100~200 台；规模最大者为国华织布厂，织机数量达 280 架之多。其他工厂资本多为 2000~5000 两，织布机数量为 30~50 架。① 各厂主要产品为"爱国布"（即：国产机制洋布），相较土布质地更加细腻、颜色更为光洁，市场反应良好。

手工制粉业同样面临机器生产的挑战。直至清代晚期，武汉地区面粉加工仍多以畜力为动力的传统手工制粉作坊为主。此类制粉作坊，均以家庭为生产单位，产品主要供给自家店铺制作面点之用，余出才在门市另售。② 然而，随着舶来机制面粉输入以及不断扩大的市场需求，传统手工制粉业的产品不论在质量还是产量上都难与机制面粉相媲美。为了与洋粉相抗衡，武汉本地逐渐开始发展机器面粉业，至 20 世纪 30 年代中期已有福新五厂、金龙、裕隆、胜新、五丰 5 个工厂，其年产量可达 500 余万包，在全国该行业之中占有一席之地。传统手工制粉业则相应衰落。清光绪年间，武汉地区有土粉磨坊数百家；至 20 世纪 20 年代初，汉口、武昌地区手工制粉作坊则不足百户；③ 1926 年时，汉口地区磨坊数量更是锐减至 20 余家。同时，来汉小麦亦优先供应机器粉厂，余下品质略逊者才为磨坊、糟坊所用，④ 可见手工制粉业发展式微。

其次，政局动荡与战争频发直接或间接的侵扰与破坏，于武汉地区手工业发展亦为不利。由于武汉地区自然条件的局限与地理位置的便利，当地手工业销场及原料供应多赖本省其他县市及豫、湘、赣等邻近省份。因此，周边省市的社会环境稳定与否对武汉手工业而言影响甚重；并且，武汉作为重要的军事、政治中心，亦无法避免被迫卷入政权纠纷，进而对本地包括手工业在内的各工业造成消极影响。一方面，20 世纪 20 年代，武汉地区政权更迭频繁。在此十年间，武汉政权流转于北洋直系军阀、汪精卫、桂系军阀及蒋氏之间。另一方面，区域战争持续不断。除了北洋军阀统治时期派系战争外，自 20 世纪 20 年代中期至 30 年代中期，鄂、豫、皖、湘诸省区域冲突频发，对武汉区域腹地经济破坏严重。诸多县市不仅饱受土匪侵扰，南京国民政府以"剿共"为由的武装活动更是频繁。例如，1930—1934 年，南京国民政府鄂豫皖"剿总"集中对黄陂、黄安、洪湖等县的中共实行军事"围剿"，鄂省全境仅有武昌、鄂城等 12 县未被波及。在战事滋扰之下，多地经济萧条，农村不能自给者"十居八九"。⑤ 例如，一向以手工制纸为土产大宗的通山县，因战事河运受阻而"日有衰落之势"⑥；云梦、黄陂、汉川等县渐至经济枯窘、"地方不靖"⑦。武汉虽无战事，但国民政府并未放松对当地中共活动的"督查"。如：1930 年 7—8 月，武昌区驻防军队及机关"加紧防范"以遏"乱萌"巡查时，于武昌小金龙巷口拾得"反动传单"四张，并在臬水巷抓捕"匪探"三人。1935 年 3—11 月，国民政府更是将南昌行营迁至武昌，将此地作为指挥"围剿"中共川、湘、鄂地区武装活

① 《经济：汉口各织布厂之调查》，《大陆银行月刊》1925 年第 3 卷第 3 期，第 63~68 页；《汉口武昌之织布业》，《工商新闻》，1926 年 4 月 17 日，第 2 张第 6 版。

② 武汉市粮食局、湖北大学合编：《武汉市资本主义机器面粉工业发展史》（未刊稿），1960 年。

③ 《汉口之小麦与面粉事业》，《中外经济周刊》1924 年第 84 期，第 10~14 页。

④ 黄既明：《汉口之小麦与面粉事业》，《银行杂志》1926 年第 3 卷第 15 期，第 71 页。

⑤ 湖北省政府民政厅编：《湖北县政概况》，汉口国华印务公司 1934 年版，第 266 页。

⑥ 湖北省政府民政厅编：《湖北县政概况》，汉口国华印务公司 1934 年版，第 278 页。

⑦ 湖北省政府民政厅编：《湖北县政概况》，汉口国华印务公司 1934 年版，第 534、700 页。

动的前线。

再者，长江流域水灾更是雪上加霜。特别是在 1931 年 6—8 月，河南、湖北、湖南、江西等长江中游地区发生"六十年来前所未有"之水灾，[1] 规模堪比"挪亚时代"[2]。除了邻近的豫、湘、赣省外，鄂省境内亦有三十余县受灾，其中沔阳、监利、咸宁等十三县最为严重，辖内或被淹没面积达三分之一，或堤坝被冲毁约五分之三。[3] 武汉本地亦未免洪水侵袭。自当年 7 月初起，武汉连续降雨近月余，加之襄河、沌沸水涨涌入，多处堤坝溃决；至 8 月底汉口、武昌、汉阳相继被淹，三镇已"无一干片土"。彼时，汉口除大夹街、黄陂街最高处以外均被淹没，武昌、汉阳城区则被淹过半，市民甚至"非舟楫不能行"；受灾人数多达约四十万人，财产损失更是"不可数计"。[4] 城内外交通亦多受损。当年 8 月，武昌南部武庆闸决口后，湘鄂路五号铁路线桥被冲毁；不久，汉阳门外徐家棚车站路轨被淹，不能通行；而城内公共交通同样瘫痪，多赖市民自家划子、简陋搁板方可出行。[5] 加之外地大量涌入的难民、水电系统崩坏及日用品供应紧张，城市经济形势愈发严峻。

如此天灾人患影响之下，不仅与手工业相关地区的原料生产及产品运销困难，区域市场消费能力亦大幅下降，武汉手工业市况随之低迷。在此，以棉纺织及针织业为例。湖北素盛产棉，在 20 世纪 30 年代初期，省内黄陂、黄冈、鄂城、天门等四十余县均有棉花经武汉转销，本地亦有汉阳之蔡甸、侏儒以及武昌油坊岭等区少量出产。[6] 这些棉花除大半销往海外，还有部分就地加工成纱线或织品，成就武汉市繁荣的棉纺织业。然而，1930 年 7 月、8 月时，因军事"扰攘"，汉市棉布"殆无移动"，市场交易停滞，本地纱厂亦停工过半。在 1931 年水灾中，鄂省棉作至少六成受灾，棉市紧张；汉口现棉更是极少、市价高涨，[7] 于各相关手工业甚为不利。至 1935 年中，武汉纱布业则因周边地区农村经济持续不景气，购买力"软弱"而销场"若断若续"。[8]

手工针织业亦受此影响颇多。在 20 世纪 20 年代后期，武汉地区从事针织业厂坊百余家，其生产资本不等，最多者高达两三千元、少者仅有数百或数十元。其中，手工丝边业一向经营"情形甚佳"；而在 1931 年水灾时，则"近地销场停滞"、出品日减，直到次年才略有回温。针织袜业损失更重。1927—1929 年，汉口有针织袜业作坊 100 家左右，产

---

① 李耐霜、季忠泽：《各省水灾纪实：湖北省》，《中国红十字会月刊》1931 年第 13 卷，第 38 页。

② 《世界最大的水灾》，《时兆月报》1931 年第 26 卷第 12 期，第 20 页。

③ 李耐霜、季忠泽：《各省水灾纪实：湖北省》，《中国红十字会月刊》1931 年第 13 卷，第 38 页。

④ 《调查及统计：湖北水灾一览表》，《振务月刊（南京）》1931 年第 2 卷第 8 期，第 8~11 页；《一片水灾声：三镇被淹》，《末世牧声》1931 年第 11 卷第 17 期，第 35 页；刘辉主编：《五十年各埠海关报告》第三册，中国海关出版社 2009 年版，第 701~729 页。

⑤ 李耐霜、季忠泽：《各省水灾纪实：湖北省》，《中国红十字会月刊》1931 年第 13 卷，第 39~41 页。

⑥ 《汉口之棉业调查》，《天津棉鉴》1932 年第 2 卷第 7/8 期，第 14~26 页。

⑦ 《鄂棉及通棉受水灾已难补救》，《纺织时报》1931 年第 819 期，第 7 页。

⑧ 《本埠金融及商品市况：（乙）商品：纱布》，《汉口商业月刊》1935 年第 2 卷第 3 期，第 157 页。

品销售畅旺、多可消罄；而在 1931 年灾后，作坊仅剩 50 余家，仍在经营的各厂之中，资本规模多为 100~500 元以及 500~1000 元；年生产能力最高者可达 12000 打，余者多在数千打之间。① 同时，灾后袜品销量减少了一半；且"九一八"事变后，东北大宗市场阻塞，销数再减，各厂大多折本求售，折损甚多。②

此外，手工业内部劳资矛盾日益凸显，双方纠纷频发。武汉地区产业与手工业工人众多，工人运动向来活跃。早在清代晚期，本地手工业工人已有通过罢工要求增加工资以及休息时长的先例，劳资矛盾早已深种。如，1895 年汉口踹布、染布坊工人因布店店东发给工资货币种类不通"相约停工"，最后以店东妥协而终；③ 1909 年，汉口染坊数百工人因对资方不满、聚众破坏染坊，被巡警劝退④。民国以来，手工业工人因待遇与工时问题与雇主冲突愈多。如，1922 年时，汉口纸坊、糕业工人要求增加薪资；1924 年，汉口铜货铺烟袋工人、染坊及织袜、梳鬃业工人亦因争取合理待遇与资方冲突；⑤ 1925 年，汉阳织巾工及汉口泥水工人均有类似要求。上述纠纷，多由相关行会、会馆出面调停，最终双方各有妥协。在第一次国内革命与"宁汉对峙"时期，金融紧张、工人失业愈多，劳资矛盾更深。如，1927 年时，染织纱布业工人因与店主"常有不和谐之意见"而罢工示威⑥，类似事件多有发生。

二、手工业者的探索与改良

面对以上诸多困难，手工业从业者既无法阻挡机器化生产的时代趋势，更无力左右政局，只得从行业内部着手，主动、或被动地进行反思与改进，以谋生存。主要体现在技术改良、行业合作以及劳资组织规范化方面。

其一，在生产领域，改进生产技术，采用新式材料。以棉纺织业、针织业最为典型，其逐渐引用人造丝、机织纱线等材质代替原本土纱。自清代晚期洋纱进入武汉市场以后，土纱在颜色、光泽与坚韧度上难与其相比，且价格优势较小。为了提高织品质量、降低成本，本地织户逐渐混用洋纱、土纱进行织布。1900 年时，汉口地区织布业经纬丝线均用洋纱；⑦ 武昌官纱局更是大力宣传该厂所制纱线品质优良、购买便捷，以推进机制纱线在手工与机器棉纺织业中的普及⑧。针织业亦尝试使用多种材质，不再单局限于棉线，还运

---

① 《武汉工厂最近状况》，《工商部月刊》1932 年第 4 卷第 10 期，第 11 页。

② 实业部国际贸易局：《武汉之工商业》，实业部国际贸易局 1932 年版，第 49~51 页。

③ 《申报》（上海版），1895 年 4 月 29 日、5 月 30 日。

④ 《支那经济报告书》第 26 号，1909 年 5 月 31 日，第 29 页，刘明逵编：《中国工人阶级历史状况（1840—1919）》第一卷第二册，中共中央党校出版社 1993 年版，第 118 页。

⑤ 彭泽益编：《中国近代手工业史资料》第三卷，生活·读书·新知三联书店 1957 年版，第 354 页。

⑥ 《工商业调查：武汉之工商业（十九）：（四十六）染织纱布业》，《汉口商业月刊》1936 年新 1 第 5 期，第 37 页。

⑦ 译《通商汇纂》东十月，《东西商报》，1900 年商 60，第 10 页。

⑧ 《湖北织布武昌纺纱官局劝买管纱织布歌》，《湘报》1898 年第 82 期，第 326~327 页。

用人造丝、丝光线等新式材料。①

其二，行业合作，增加产品附加值。彼时，尽管武汉机器纺纱、织布业逐渐发展起来，但是各厂主营织造坯布，少有配套的染色设备，多数只得购用进口的染色纱线。但是，进口色纱不仅"颜色不甚相宜"，且成本太昂，于小型织布厂而言并不经济。② 因此，鉴于织布业及针织业对质优价廉的染色纱线的大量需求，染织纱布业应运而生。该业最早以染纱为主业，后逐渐延伸至织造纱布；所用机器简单，仍以手工加工为主。尽管看起来染织纱布业系"舶来品畅销利润颇丰至刺激之下"新兴之产业，然而其实为传统棉纺织业的"升级"。1915—1916 年，武汉地区的纱布染色业渐兴；至 20 世纪 20 年代，已形成较完善的产业。其在创立之初有厂铺七八十家，营业颇为畅旺。③ 除了纺织业以外，手工针织业所用纱线亦需由染纱厂或丝光纱厂染色，染料多系德国拜耳公司所产。④

同时，由于武汉地区所产土布为未经染印的坯布，价格低廉；为增加产品附加值，各销售布行多委托布店、染坊对原布进行印染，以获取更高的利润。⑤ 换言之，不论是纺、织分离，还是织、染专业化，不仅体现了手工业内部分工细化，更反映了多行业间合作共赢的趋势。

此外，在生产设备更新方面，经民国初期尝试引进新式动力机器设备之后，⑥ 该时期相关记述却寥寥，或少有突破性革新；制品品类改良亦早已着手进行，如草帽编织业仿制日式草帽、布鞋匠人仿制西式皮鞋、缝纫业兼制西装，此后则继续根据市场需求不断完善。

除了在生产领域的探索，手工业从业者在组织管理方面亦有自我完善。自 1929 年起，在政府主导下、据同年颁布之《工商业同业公会法》规定，⑦ 手工业各业经营者或将其同业公所、行会或会馆改组，或成立新的工商业同业公会。之所以改组手工业行业经营组织，一方面，确因传统行会制度诸多积弊亟待改进。尤其在 20 世纪 20 年代中后期，随着国内近代工矿业、商业发展，传统行会制度中带有浓厚地域性、封建性，又颇具"气魄狭小、小手小脚"的传统积弊，越发束缚行业发展，⑧ 同业公会取而代之为适应时代潮流。另一方面，亦是政府对包括手工业在内的工商业进行统一管理的重要手段。相对传统行会制度行业内部的高度自治，同业公会均隶属于市商会管辖，使得政府在组织管理、征

① 《杂纂：武汉制袜业之概况》，《中外经济周刊》1927 年第 199 期，第 53 页。

② 《经济：汉口各织布厂之调查》，《大陆银行月刊》1925 年第 3 卷第 3 期，第 63~68 页。

③ 《工商业调查：武汉之工商业（十九）：（四十六）染织纱布业》，《汉口商业月刊》1936 年新 1 第 5 期，第 37 页。

④ 《杂纂：武汉制袜业之概况》，《中外经济周刊》1927 年第 199 期，第 53 页。

⑤ ［日］水野幸吉：《汉口》，武德庆译，武汉出版社 2014 年版，第 199 页。

⑥ 如，1862 年汉口私营磨坊主王天理所经营之"王福兴磨坊"，便在原本畜力磨坊基础上又引入电力机器，是为武汉地区传统磨采用新式动力机器生产的最早的代表。湖北省政府秘书处统计室编：《湖北省年鉴》，湖北省政府秘书处统计室编印 1937 年版，第 321 页。

⑦ 《工商业同业公会法》，《湖北省政府公报》1929 年第 57 卷，第 24~25 页，其中规定："凡在同一区域内经营各种正当之工业或者商业者均得依本法设立同业公会"，而原有"工商各业团体不问其用公所、行会、会馆或其他名称"；并要求合乎标准者需"依本法而设立之同业公会，并应于本法实行后一年内依照本法改组"。

⑧ 《行会制度：封建时代手工业业主业商人所结成的一种同业公会制度》，《生活知识（上海 1945）》1946 年第 37 期，第 10~11 页。

税监察领域干预更多；尤其在抗战胜利后，更加强调其"协助政府实行经济政策"①的责任。据统计，至 1935 年 11 月，武汉各业"由党政部重新指导成立"的工商业同业公会有 145 个，部分正在改组或筹备，组织健全者有 115 个。② 其中，尽管手工业相关同业公会的数量未有详细记述；但是笔者根据武汉市档案馆解放前各业概况统计，1949 年以前手工业同业公会约有 63 个，而武汉沦陷前数量大致与其相近。

与此同时，手工业工人亦逐渐组建职业工会，以便有效地捍卫合法权益。相较产业工会诞生于近代化工厂、矿山、运输等企业之中；职业工会土壤根植于手工业、商业、金融以及非盈利性组织工作人员之中。手工业职业工会成员，涵盖手工业厂铺及家庭作坊中的工人，其职责除了促进成员"增进知识技能、发达生产"③ 外，更在于保障、争取劳方合法权益。1927 年时，武汉已有店员工会 38 个、工人约 23500 名，其中，与手工业相关则有匹头业、布业、油业、中外纸业、墨业、茶业、丝线绉纱业、瓷业、衣业、铜业、棉业、五金、铁业、皮业、漆业等多个工会。④ 至 1930—1931 年时，武汉全市工会数量增至 72 个，与手工业相关的约 22 个，会员人数近 32000 人。⑤ 可以说，通过组织工会活动可以更有效地团结手工业工人的力量与资方相抗衡，并在一定程度上规范工人行为。

此外，中共提倡保障工人权益的思想进一步唤醒武汉本地手工业工人的自我维权意识。自 20 世纪 20 年代初期以来，武汉一直是中共活动的主要城市之一。1927 年 4—5 月中共第五次全国代表大会提议之《职工运动决议案》，提倡在工厂及手工作坊中发展红色工会；⑥"八七会议"通过《最近职工决议案》，则更加关注手工业工人，提出八小时工作制、同工同酬及保障劳动安全、卫生的要求，并肯定手工工人、店员经济斗争的重要作用⑦。以上思想，或为本地手工业工人活动提供借鉴。

三、政府于手工业的扶持与限制

对于政府而言，手工业不仅是税收来源之一，亦是解决民众就业以及保障市场多样性的重要产业。尤其在外货冲击及战时环境之下，难民、失业问题日益突出，财政收支失衡，手工业的发展存亡愈发不可忽视。也正如此，决定了政府在对手工业的态度上呈现相互矛盾的一面：既在政策上予以扶助，又在经营、课税上加以干预与盘剥。

────────────

① 《工商业同业公会法》，《湖北省政府公报》1929 年第 57 卷，第 24~25 页。

② 《国内劳工消息（11 月份）：汉口市同业公会总数》，《国际劳工通讯》1935 年第 15 期，第 135 页。

③ 《工会法（1929 年 10 月 21 日府令公布）》，《军政公报》1929 年第 18 期，第 6 页。

④ 《武汉店员工会之最近统计》，《中外经济周刊》1927 年第 208 期，第 45~47 页。

⑤ 《武汉警备区内各工会一览表（1931 年参谋处第二课调制）》，《警备专刊》1931 年第 2 期，第 772~777 页。

⑥ 中央档案馆编：《中共中央文件选集（1930）》第六册，中共中央党校出版社 1989 年版，第 321~328 页。

⑦ 中华全国总工会中国工人运动史研究室编：《中国工运史料》第二十一期，工人出版社 1982 年版，第 1~3 页。

　　谈及手工业的社会救济功能，一则，手工业可提供大量工作岗位，获得政府首肯与提倡。在彼时国内工业基础薄弱的环境之下，生产模式更为灵活的手工业可最大程度上将"生活需要的工作"分配给"需要职业的人们"①。二则，尤其是一些简单的手工业对劳动者素质门槛较低，经短期培训即可工作；且经营成本低廉，可作为安置难民、贫民的救济方式之一。在武汉地区，政府开办贫民工厂的先例早在清代便有。例如，创办于20世纪初、为收容安置贫民就业，汉口劝工院内便设有手工工场，经营纺织、木工、制革、缝纫等手工业；1915年时已收容贫民两千余人。1929年时，国民政府又开办贫民教养所，内设贫童职业传习班、习艺工场各一所，下辖纺织、织袜、竹木、制鞋、缝纫、理发等部门。该教养所初期收容安置300~500人，1934年时则增至一千余人②。政府还提倡民众多用国产手工制品。1928年时，内政部甚至有人曾提议各省学堂师生制服一律改由国产手工织布制成，以"培养风化、挽回人心"③。

　　除上述政策外，最能体现政府于手工业态度矛盾之处的则是在收税领域。

　　一方面，政府对部分手工业制品实行免税政策。1928年6月，经国民政府内政、工商及财政部提案、调差，中央政府决定对各省手工土布除应缴五十里内外常关税及附征内地税以外，其他内地应征税厘一律免征；其他生活必需之国货税费则由相关部门调查后酌情减免④。湖北省政府照此政策执行。

　　关于土布界定标准，仍延续北洋时期规定，然而随着技术的进步，若仍按原标准则免税范围过宽致税收受损。于是，在1932年鄂省政府再对减免税之土布规格加以明确，以防投机⑤。

　　除了手工织布业外，政府对其他行业亦有关照。同年8月，汉口丝线绉纱业商会呈请湖北省政府减免该业所用丝线的捐税。绉纱业为武汉本地手工纺织业之一种，其兴于清代、最盛时有大小工场百余家；至20世纪20年代中后期，则仅剩二十余家。商会呈称，此前数年因战事所累"国产凋敝、商业两病"，而"税捐重叠"则更加重行业衰颓。原来，该业商店多设在汉口，工场则设武昌乡间；北洋及汪氏统治时期，本地军阀"只知肥己、罔惜民艰"，频设关卡抽取税厘，工头运送丝线、线坯两次往返过江都会被重复征税。由此，再加上收购丝线时所征捐税，被征税计达三次之多，"恐世界各国无此税法，即中国各省亦无此税则"⑥。尽管当时税局多次从中调解，然因各关卡内部包庇环节，终

　　①　毕蔚如：《提倡手工业也和提倡国货》，《新汉口：汉市市政公报》1930年第2卷第5期，第27页。
　　②　武汉民政志编纂办公室编：《武汉民政志稿（1840—1985）》，武汉民政志编纂办公室1987年版，第240页。
　　③　《省政府令财政厅核办商联会所呈手工国货完全免税》，《湖北省政府公报》1928年第15期，第11~12页。
　　④　《财政部令（1928年6月21日）：令各关监督、省财政厅、内地税局：为手工土布酌予免税由》，《财政旬刊（汉口）》创刊号卷，第55页。
　　⑤　《财政：改定手工土布免税标准案》，《南京市政府公报》1932年第121期，第57~58页。
　　⑥　《湖北省政府关于将丝线绉纱业自制丝线胚往返武汉准免税的批文及湖北全省商会联合会的呈文》，1928年8月18日，LS1-6-0363-001；《湖北省政府关于财政厅办理汉口丝线绉纱业将自制的丝线胚往返武汉准予免税的指令、训令及湖北省政府财政厅的呈文》，1928年9月18日，LS1-6-0363-001，均为湖北省档案馆藏。

未能奏效。是时，适逢武汉市重归南京政府管辖，省府亦为振兴商业而"破除包办、改订税则"实行"政治刷新"，商会便借此时机提出破除陋习、见面税捐的建议。呈称，该业所产丝线为"缝纫必需之国货"①，均系手工制成，应在免税之范围；因此，请求省免去丝线、线坯往返两镇过江之税。之后，经省政府调查、准其免税请求，以示对武汉手工业之支持。

另一方面，政府加征"统税"，加重手工业负担。20世纪30年代以来，区域战争不断，政府为增加财政收入，税收项目愈繁。彼时，国内棉纱、棉布主要缴纳三项税费，即统税、出口税、转口税。其中，统税始征于1931年。据国民政府颁布《棉纱水泥火柴统税条例》规定，自同年2月起对国产及进口棉纱在内的几项产品征收统税。其适用区域，最初为苏、浙、皖、闽、赣五省；1933年时，又扩至湘、鄂、鲁、豫、粤、桂、晋、绥、冀等十五省。关于棉纱一项，其税率分为两级：第一级为23支以上粗纱，每包（370斤以内者）征收国币8元5角8分；第二级为23支以下者的细纱，每包征收11元6角2分5厘。棉纺织品，若棉纱税已征，则织物不再承担；若棉纱未经征税，则织品出厂时以棉纱税率为准，根据纱支及重量另定税额。

于武汉而言，自1931年3月至1932年7月，本地各大纱厂（民生纱厂除外）所产棉纱均已缴税，织品无需课。但是，在1932年8月以后，则改为一律征收布税，棉纱可以不征税。此谓之"统税"，将原来纱线税合并至织品之中征收，意为"一物纳税一次，即可通行全国"。其中，已经征收过统税的纱线或织品，运销至他处若被重征者，可在三个月内提出申请退还；若运销至为征收统税区域，则亦在三个月内呈请当地税关退还统税。②

该项规定意味着除了各大纱厂以外，从事棉纺相关手工业的作坊、工场需要交纳更高的税额。换言之，将原属于原料供应范畴的纱线税捐摊派到织造环节，一定程度上加重了手工业者的负担。尽管进出口时可退还统税，但是据1931年海关税则规定，出口棉纱税率为轴线缝纫棉纱每罗0.037两，其他棉线每担1.1两；若是转口国内口岸，须纳转口税，税率分为土布与洋布两种。土布又分为四类，税率按每公斤2元6角至3元9角不等；洋布则分为土染与印花两类，前者每百公斤缴3元2角，后者为1元9角，棉纱则统一为每百公斤1元8角。③因此，棉纱、棉布统税之于国产纱线、织品更为繁重；且手工纺织业多为生产土布以及染织纱布，其转口税的税率显然高于印花洋布，一定程度上反而增加了手工棉纺织业的负担。

其他税目亦较为繁复。以武汉染织业中的棉纱营业税为例。在染织纱业中，原料占据生产成本的绝大部分。即便在本地机器纱厂，棉纱仍占生产成本的67.5%~85%；④而设备、技术更加简陋的、以人工操作为主的手工染织业，原料占比或许更高。据政府相关税

① 张知本：《省政府命财政厅核办商联会所呈自制之丝线绉纱免厘》，《湖北省政府公报》1928年第14期，第37~38页。

② 李建昌：《武汉纱布之织造与销售》，《实业统计》1935年第3卷第4期，第68~70页。

③ 李建昌：《武汉纱布之织造与销售》，《实业统计》1935年第3卷第4期，第68~70页。

④ 《武汉纱厂纱布成本之比较（1934）》，李建昌：《武汉纱布之织造与销售》，《实业统计》1935年第3卷第4期，第68~70页。

则规定，每包棉纱出厂时需缴统税10元，加工完成出售时仍需另纳0.5%的营业税；且上述两种税费在每次交易时均要缴纳，其所承担之税费负担"当不能谓轻"①，徒增生产成本。

　　综上可知，政府减免或增收手工业相关税费，除了出于扶助产业以外，更重要的是根据当时政府财政收支水平而定。1928年时，南京国民政府大笔一挥大规模地减免土布税厘，除了经济考虑以外，更多的或是出于稳定政权初立之举；而在1931年以后，因国共冲突升级、财政吃紧，不论是缩小免税范围，还是增收统税，亦多出于政府增收的目的。

四、结　　语

　　"一战"结束后至全面抗战爆发前夕，武汉地区手工业发展面临诸多与前期所不同的困难与挑战。新式工业制品对市场蚕食愈多，传统手工业发展岌岌可危；与此同时，武汉及周边省市的政权动荡、区域冲突、自然灾害以及劳资纠纷更是加剧了区域市场的凋敝，为包括手工业在内的本地工商业发展蒙上阴影。在此局势之下，手工业从业者在生产及组织管理领域加以改进，以求在新的时代困境下维护行业延续与发展；而政府出于维护经济结构稳定或政府财政需求，又扮演了扶助发展与加重负担的双重角色。

　　可以说，作为近代华中地区近代化水平较高的城市，武汉地区手工业发展状态具有一定代表性。一方面，作为内陆港口城市之典型，当地手工业对外部原料、市场依赖度较高，产品以日常用品、外贸商品加工为主，具有一定外向性。因此，在城市日益完善的工业环境之下，该地区手工业所面临的困难及应对可作为观察手工业在近代转型社会中努力求生、挣扎自救的典型。另一方面，武汉地区手工业之境遇亦可侧面反映华中地区社会环境变迁。尤其是作为区域政治、经济中心的武汉，手工业作为城市经济的重要组成部分，其兴盛或衰颓均与本地及周边地区之政局息息相关，是城市命运在时代洪流中跌宕起伏的生动写照。

（作者单位：武汉大学历史学院）

---

　　①　《工商业调查：武汉之工商业（十九）：（四十六）染织纱布业》，《汉口商业月刊》1936年新1第5期，第38～39页。

文 史 考 证

戴维斯《陶渊明集》英译副文本的学术批评和问题意识[*]

□ 张 月

【摘要】戴维斯的《陶渊明集》翻译是陶渊明作品英译的典范之一。目前的研究大多从翻译的角度对它加以评论,本文则通过其副文本所蕴含的学术批评和问题意识来考察戴维斯英译本在陶渊明研究中的价值与意义。虽然戴维斯有时对陶渊明研究的评论主观色彩较重,但是他对陶渊明作品的政治解读、传记可靠性、作品系年、所受杂传影响、人物考证等方面的观点,仍然值得我们借鉴与研究。

【关键词】戴维斯(A. R. Davis);陶渊明;副文本;政治解读;系年;杂传;考证

海内外关于陶渊明的研究可谓硕果累累,汗牛充栋。[①] 戴维斯的《陶渊明集》英译是最为人所称道的翻译本之一。[②] 戴维斯的全名是 Albert Richard Davis(1924—1983 年),在出版作品时常简称为 A. R. Davis。他先后任教于英国剑桥大学和澳大利亚悉尼大学,并担任后者东方学系主任。他的学术兴趣包括中国、日本诗歌研究,代表作为《陶渊明:他的诗歌及其意义》(*T'ao Yüan-ming:His Works and Their Meaning*)和《杜甫》(*Tu Fu*),并编著《日本现代诗歌》(*Modern Japanese Poetry*),此外,他还热衷于苏轼研究。[③] 目前

---

　*　本文为国家社科基金重大项目招标课题"陶渊明文献集成与研究"(17ZDA252)、澳门大学科研资金 SRG 项目(SRG2019-00197-FAH)、MYRG 项目(MYRG2020-00018-FAH)阶段性成果。

　①　关于国内陶渊明研究的情况,参见吴云:《20 世纪中古文学研究》,天津古籍出版社 2004 年版,第 190~204 页。关于近期海外陶渊明研究的情况,参见张月:《欧美近期陶渊明研究综述、分析与展望》,《古典文献研究》2017 年第 2 期,第 286~301 页。该文的修订版,参见张月:《陶渊明的异域知音——论晚近英语学术圈的陶渊明研究》,卞东波编:《中国古典文学与文本的新阐释:海外汉学论文新集》,安徽教育出版社 2019 年版,第 393~413 页。

　②　钟书林:《学科视野下的百年陶渊明研究》,《九江学院学报》(社会科学版)2015 年第 3 期,第 1 页。

　③　A. D. Stefanowska, In Memoriam:A. R. Davis 1924 - 1983, *Japanese Studies*, 1984, 1 (4), p. 17; Benjamin Penny, Preface to A. R. Davis Reprints, *East Asian History*, 2014 (38), p. 125; A Tribute by John M. Ward, Vice-Chancellor, University of Sydney, *East Asian History*, 2014 (38), pp. 126-127. 最后一篇文章原载于 1984 年 1 月 24 日的《悉尼大学新闻》上(*University of Sydney News*, 24 January 1984)。

学者大多从翻译的角度探讨戴维斯英译的特点和翻译策略，少有学者关注其翻译的学术价值和意义。本文通过考察戴维斯英译的副文本，包括前言、序言、注释以及作者评论等方面，来探讨其呈现的学术批评和问题意识。戴维斯的学术批评意识表现在他对陶渊明诗歌的政治解读、传记和作品系年的可靠性等内容的阐述，而他的问题意识在于他注意到陶渊明作品所受杂传的影响，对其作品中鲜为人知的历史人物进行考证，以及将陶渊明置于文化史中探讨其作品与前代史传和文人创作之间的关系。戴维斯的探讨有合理之处，但因受新批评的影响而囿于文本内部，所以他的观点也有值得商榷之处。①

一、《陶渊明：他的诗歌及其意义》的成书背景与结构安排

戴维斯的代表作是两卷本《陶渊明：他的诗歌及其意义》，该书是对《陶渊明集》的英语翻译，并带有详细的注释和评语。② 该书于 1983 年由香港大学出版社出版，2009 年由剑桥大学出版社再版。他在书中提到撰写过程长达二十余年。时至今日，海内外学者对戴维斯的英语翻译仍然赞赏有加。犹他大学（University of Utah）的吴伏生提到该书时说道："迄今为止，这仍是英语世界中对陶渊明著作的最系统学术翻译。"③ 南京大学的卞东波评论道："戴维斯的译本《陶渊明：他的诗歌及其意义》（1983）是西方规模最大、也是最有学术性的一个译本。"④ 学者们对戴维斯的英译给予了很高的评价，盛赞其完整性和学术性。戴维斯为翻译《陶渊明集》查阅了许多资料，有自己研究陶渊明的心得和感触。此外，他的翻译和评论主要参考了明清、民国学者，当时台湾学者，以及日本学者的观点，如日本学者桥川时雄与中国台湾学者王叔岷。戴维斯吸收了不同地区学者的观点并加以内化，提炼出自己的观点。

戴维斯将陶渊明诗歌的翻译和笺注分为两册。第一册前有序言和引言，其后按不同主题和体裁将陶渊明诗歌分为四言诗、赠答诗、组诗、赋、历史题材作品等类别，再加以翻译、注释和评论。他先为每首诗进行英语翻译，后用脚注解释字词与典故。另外，在对历史题材的作品进行英译后，戴维斯会介绍作品所吟咏历史人物的背景，并翻译历史典籍中的相关记载，最后针对陶渊明的作品作整体评论和观照。在评论中，他常常参考东亚学者的观点，并在此基础上提出自己的见解。第二册中诗歌的排序与第一册相同，另外还包括陶渊明传记的英译，最后附参考文献和索引。在前言中，戴维斯提到第二册包含更多的评点和注释，且配有陶渊明诗歌的原文。在众多的版本中，他选择了较为通行的陶澍的《靖节先生集》作为底本，参考了王叔岷的《陶渊明诗笺征稿》。《陶渊明：他的诗歌及其意义》第二册先列诗歌的中文原文，后对特定诗句和语词加以注释，尤其侧重对历史典故和文物典章制度等知识的注解。他从学术研究的角度提出了一系列值得注意

① 关于中国经典英译所需注意的问题，参见杨华：《理雅各〈礼记〉翻译的局限——兼论中国经典外译问题》，《国际汉学》2020 年第 2 期，第 117~125 页。

② A. R. Davis, *T'ao Yüan-ming：His Works and Their Meaning*（2 vols），Cambridge：Cambridge University Press, 2009. 本文所引戴维斯观点均出自上书，下文不再出注。

③ 吴伏生：《英语世界的陶渊明研究》，学苑出版社 2013 年版，第 49 页。

④ 卞东波：《"走出去"的陶渊明》，《光明日报》，2017 年 10 月 30 日，第 13 版。

的问题和看法。

二、戴维斯的学术批评意识：陶渊明诗歌的政治解读、
传记和作品系年的可靠性问题

在《陶渊明：他的诗歌及其意义》一书序言中，戴维斯开宗明义，陈述其是从诗歌的抒情性角度阐释陶渊明的作品，而非政治层面。这一点在他对陶渊明咏史诗的解读上尤为明显：咏史诗的创作背景及其表达的思想感情较为隐晦，但戴维斯通过历史典故的运用巧妙地将其传达出来。很多学者倾向于从陶渊明的生平中寻找与诗歌相对应的蛛丝马迹，从而探寻陶渊明创作诗歌的政治意图和人生感悟；戴维斯则不同，他"就咏史诗论咏史诗"。下文以《咏二疏》《咏三良》《咏荆轲》这三首咏史诗为例，阐述戴维斯解读陶渊明咏史诗的方式和侧重点。三首诗全文如下：

大象转四时，功成者自去。借问衰周来，几人得其趣？游目汉廷中，二疏复此举。高啸返旧居，长揖储君傅。饯送倾皇朝，华轩盈道路。离别情所悲，余荣何足顾！事胜感行人，贤哉岂常誉？厌厌闾里欢，所营非近务。促席延故老，挥觞道平素。问金终寄心，清言晓未悟。放意乐余年，遑恤身后虑？谁云其人亡，久而道弥著！①

弹冠乘通津，但惧时我遗。服勤尽岁月，常恐功愈微。忠情谬获露，遂为君所私。出则陪文舆，入必侍丹帷。箴规响已从，计议初无亏。一朝长逝后，愿言同此归。厚恩固难忘，君命安可违？临穴罔惟疑，投义志攸希。荆棘笼高坟，黄鸟声正悲。良人不可赎，泫然沾我衣。②

燕丹善养士，志在报强嬴。招集百夫良，岁暮得荆卿。君子死知己，提剑出燕京。素骥鸣广陌，慷慨送我行。雄发指危冠，猛气冲长缨。饮饯易水上，四座列群英。渐离击悲筑，宋意唱高声。萧萧哀风逝，淡淡寒波生。商音更流涕，羽奏壮士惊。公知去不归，且有后世名。登车何时顾，飞盖入秦庭。凌厉越万里，逶迤过千城。图穷事自至，豪主正怔营。惜哉剑术疏，奇功遂不成。其人虽已没，千载有余情。③

宋代文人汤汉在注释《陶靖节先生诗》时，分析这三首咏史诗的意旨："二疏取其归，三良与主同死，荆卿为主报仇，皆托古以自见云。"④ 汤汉注重这些诗歌与陶渊明当

---

① 袁行霈：《陶渊明集笺注》，中华书局 2003 年版，第 379~380 页。
② 袁行霈：《陶渊明集笺注》，中华书局 2003 年版，第 383 页。
③ 袁行霈：《陶渊明集笺注》，中华书局 2003 年版，第 388 页。
④ 龚斌：《陶渊明集校笺》，台湾里仁书局 2007 年版，第 380 页。本文没有援引古代对陶渊明诗评论的最早出处，因为文中所引的这些评论在龚斌与袁行霈的笺注中都有提及，引用于此只是方便读者查阅，并不是将戴维斯英译副文本与晚出的两部笺注加以对比。

时社会政治的联系。明代何孟春认为《咏二疏》连同《咏三良》《咏荆轲》都受到阮瑀同主题诗歌的影响，戴维斯则认为《咏三良》《咏荆轲》有可能如此，然而现存的阮瑀诗歌中并没有吟咏二疏的，倒是西晋的张协有一首《咏二疏》。因此，戴维斯认为张协的诗歌很有可能影响了陶渊明的创作。陶渊明通过创作《咏贫士》组诗来寻找个人身份认同与慰藉，但是《咏二疏》与此不同，陶渊明很可能非常仰慕与赞赏二疏功成身退和与乡亲同乐的贤德人格。戴维斯并没有谈及这首诗歌的政治寓意。

关于《咏三良》，在陶渊明之前已经出现了记载三良事迹的历史典籍，如《左传》《史记》；也出现了咏三良的诗歌，如王粲、阮瑀、曹植的三良诗。清代陶澍对陶渊明《咏三良》评论道："'厚恩固难忘'，'投义志所希'，此悼念张袆之不忍进毒，而自饮先死也。"① 戴维斯认为后来的文学作品虽然都是以《诗经》为出发点，但是在关于三良忠诚问题上的观点有些差异。王粲和阮瑀批评了秦穆公的残暴行为，跟《诗经·黄鸟》所表现的思想一致，相比之下，曹植的诗歌并没有涉及秦穆公，而侧重于吟咏三良的忠贞。陶渊明诗歌的新变在于三良在诗中变成了积极于功名利禄的士人，并且在任官期间表现积极，他们总体上对功名看得很重。该诗很可能是陶渊明在阅读三良故事及其同主题诗歌的基础上创作而成的。与《咏二疏》类似，戴维斯没有做出任何与陶渊明当下政治相联系的解读。

在《咏荆轲》中，陶渊明讨论了战国时期的刺秦人物荆轲。元末明初的刘履在《选诗补注》中谈到陶渊明引用典故的用意："此靖节愤宋武弑夺之变，思欲为晋求得如荆轲者往报焉，故为是咏。观其首尾句意可见。"② 清代邱嘉穗在《东山草堂陶诗笺》中提及这首诗时，也提到刘裕："抑公尝报诛刘裕之志，而荆轲事迹太险，不便明言以自拟也欤？"③ 相比传统上对陶渊明诗歌的政治解读，戴维斯的分析同样侧重于诗歌与历史典籍之间的关系以及荆轲刺秦主题的演变。在陶渊明之前，阮瑀、左思写作了吟咏荆轲的诗歌，戴维斯认为陶渊明的《咏荆轲》受到了阮瑀的影响，因为阮瑀和陶渊明都是就荆轲刺秦的整体故事来谈论的。鉴于以上三首诗都是典型的咏史诗，戴维斯将它们放在一起翻译和讨论，在历史人物的文学接受史中去理解陶渊明诗歌的特点。

咏史诗常被认为具有借古讽今、借古喻今之意，因而学者会去探寻这些咏史诗的言外之意与诗中历史典故对当下社会的影射。《咏二疏》《咏三良》《咏荆轲》的传统解读常常与政治事件相关，特别是这些诗歌所表现出的奔放、热烈的情感与陶渊明其他诗歌的静穆、平淡、自然等特色不同。这些诗歌常被看作陶渊明对刘裕篡权以及谋杀晋朝末帝的回应，也表达了陶渊明不仕新朝的决心。戴维斯认为如果当时陶渊明在《咏荆轲》中对无人刺杀刘裕有所影射，那么他将很难逃脱政治高压和迫害。中国诗歌批评传统强调咏史诗的现实用意，但是诗人所拥有的知识和视野也可以让其写作自己亲身经历以外的事情，也就是说，陶渊明未必通过这些诗歌来表现自己的人生经历。这些诗歌也不会与此前的同主题诗歌存在竞争关系，它们只不过是反映了陶渊明对这些历史人物的赞赏。戴维斯的这些

① 袁行霈：《陶渊明集笺注》，中华书局 2003 年版，第 387 页。
② 袁行霈：《陶渊明集笺注》，中华书局 2003 年版，第 392 页。
③ 袁行霈：《陶渊明集笺注》，中华书局 2003 年版，第 392 页。

观点被晚近的陶渊明研究证明是很有见地的。袁行霈在笺注陶渊明的咏史诗时提道："此诗（《咏二疏》）赞颂二疏功成身退，知足不辱。渊明虽无挥金之事，但其道相通也"；"渊明此诗（《咏三良》）不过模拟旧题，未必影射现实。张祎之死，与三良殊不类，亦难比附也"；"观渊明《述酒》等诗，其态度不至于如是之激烈也。此（《咏荆轲》）乃读《史记·刺客列传》及王粲等人咏荆轲诗，有感而作，可见渊明豪放一面"。① 这些评点也建议读者在理解陶渊明咏史诗的时候应多从文本本身考虑，这些诗歌的创作未必与当时的政治现实紧密相连。戴维斯的一些观点值得我们学习和借鉴，但是他完全不顾政治环境对陶渊明的影响，有时也会失之偏颇，尤其考虑到陶渊明身处晋宋易代之际，其早年深受儒家思想影响，而后又多次入仕、出仕，想必政治对他创作的影响是存在的，也是无需回避的。戴维斯的这种游离于社会政治背景之外、关注文本本身的解读方式显然受到了当时风行的新批评思潮的影响。新批评理论侧重文本细读及对文本张力、反讽等内部风格和修辞的分析，反对通过外部的社会环境来解读文本的文学批评方法，但是新批评理论容易忽略环境和读者对理解文本所起的重要作用。

除了对陶渊明作品的政治解读展开学术批评以外，戴维斯也探讨了陶渊明传记的可靠性问题。从"知人论世"的文学批评传统来看，个人传记很重要，因此传记常常成为分析作品的重要依据。但是陶渊明传记中所记载的生平常常来源于其作品，这就形成了一种"诠释循环"（hermeneutic circle）：用陶渊明的传记来印证陶渊明作品中的思想、内容和创作背景，而其传记又来源于陶渊明的作品本身。在这种"诠释循环"中，陶渊明研究的起点和终点都是陶渊明的作品，因为文学作品有虚构、夸张等成分，所以据此描绘的陶渊明的传记也是不可靠的。六朝社会并没有将陶渊明看成杰出的诗人，而是把他当作隐士的代表。即使昭明太子萧统给他写传记、编文集，萧统所依据的材料也是非常有限的。对于陶渊明年谱的编撰，戴维斯认为陶渊明多数作品不涉及具体的政治事件，写的是他自己的生活原则和态度。陶渊明在文学作品中常常通过自谦、自嘲等方式积极努力地塑造自己的形象，这不仅深深影响了后人，而且也影响了同时期好友的观点，例如，颜延之的《陶征士诔》表现出陶渊明作为高尚隐士的特点。陶渊明通过质朴的语言呈现出一种诗学自我，引导读者钦慕其流露的个人情感与本真的性格。然而就是在这样的文学作品中，陶渊明非常巧妙地经营着自己的个人形象，通过貌似朴实的语言打动了读者。因此，后代的读者通过陶渊明诗文的蛛丝马迹来印证他高尚的理想和高蹈绝俗的人格。也正是在构建和理解真实与虚构的陶渊明形象的过程中，他的声名得以流传后世，为后代学者所探讨和研究。戴维斯是西方较早提出陶渊明作品与传记之间存在着"诠释循环"关系的。此点诚然重要，然而不可绝对化，并非所有作家的作品和传记之间都存在这样一种循环关系。此二者之间的关系较为复杂，有时可能是互补的，相得益彰。例如，西晋的左思现存作品不多，较著名的是《三都赋》和《咏史》八首。《晋书·文苑传》中有对左思生平、成长经历的介绍，左思传记中所记载的内容并非来自其作品，因二者的侧重点不同，在某种程度上形成了互补。左思的《三都赋》是京都大赋的代表，而传记谈到了《三都赋》的写

---

① 袁行霈：《陶渊明集笺注》，中华书局 2003 年版，第 383、387、392 页。

作过程及其早期的接受情况，将两者对读便可对《三都赋》的内容和创作有较为系统的了解。①

对于陶渊明作品的系年是陶渊明传记研究中的一个重要问题。陶渊明常常通过历史人物、事件或者典故来抒发情感和阐释观点，少数作品前有小序，可以推断出大致的写作时间，但大多数作品还是很难确定写作时间。例如，《咏贫士》组诗常常被看作陶渊明晚年之作，系于永初元年（420 年）前后。这一系年的主要依据便是第二首中"凄厉岁云暮"一句，暗示陶渊明的寿命已接近尾声。然而戴维斯认为这种解读是有问题的，因为这可以指诗人的寿命将尽，也可以指一年将入岁末。诗歌语言的简约性和多义性使得学者对诗歌的理解有不同的方式，这样对诗歌的内容就有了不同的解读。戴维斯认为这组诗的创作时间有可能更早，因为陶渊明辞官归隐需要前贤作为榜样来坚定决心，在此背景下陶渊明创作了这首诗。他的这种系年方法也是有些主观猜测的成分，与他所批评的学者的主观猜测从本质上来说是一致的。这一问题的解决并不容易，因为陶渊明生活的时代非常久远，许多材料现已不存，只能寄希望于以后有更多的证据出现，例如出土文物、文献或者海外早期汉籍等。在没有更新、更直接的证据出现以前，学者们的观点和系年只要言之成理，都可备一说。学术研究的多元化与包容性也是古代文学学科发展的特征之一。

三、戴维斯的问题意识：杂传的影响、历史人物考证、文化史中的陶渊明

陶渊明的诗歌看似平淡，但"质而实绮，癯而实腴"，在平淡、自然的表面下蕴藏的是丰富的情感、深邃的哲学思考和宽广的人文关怀。戴维斯对陶渊明作品的笺注充满了问题意识，尤其注重陶渊明引用的、现存材料记载很少的历史人物和典故。从陶渊明所赞颂的人物来看，陶渊明继承了司马迁记录历史人物的特点，提到了一些"岩穴之士"以及默默无闻但是道德高尚的历史人物。戴维斯的解释可以引起我们对陶渊明不为人重视的一些方面的阐发。例如他对《咏贫士》的注解可以看出杂传对陶渊明的影响。以往在列举对陶渊明产生影响的典籍之时，常常会提到《史记》《汉书》《后汉书》等史籍，或者《论语》《老子》《庄子》等哲学著作，这些典籍无疑对陶渊明思想及其创作有直接影响，但是学者们对杂传与陶渊明的关系的论述则较少。②《咏贫士》其五中的袁安形象便能看出杂传的影响：

> 袁安困积雪，邈然不可干。阮公见钱入，即日弃其官。刍槁有常温，采莒足朝餐。岂不实辛苦，所惧非饥寒。贫富常交战，道胜无戚颜。至德冠邦闾，清节映西关。

---

① 关于近期左思的研究，参见张月：《左思〈咏史〉中的诗与史》，《文学研究》2019 年第 2 期，第 85～99 页。Yue Zhang, The Reception of Zuo Si's "Poems on History" in Early Medieval China, *Frontiers of Literary Studies in China*，2020，14（1），pp. 48-75.

② 近期有些学者关注到了杂传对陶渊明文学创作的影响，如卞东波：《诗与杂传：陶渊明与魏晋〈高士传〉》，张月、陈引驰编：《中古文学中的诗与史》，复旦大学出版社 2020 年版，第 62～84 页。

关于袁安的记载不多，陶渊明的笺注本常常引用《后汉书》《汝南先贤传》的记载来叙述他的生平。

　　《后汉书·袁安传》：袁安字邵公，汝南汝阳人也。……安少传良学。为人严重有威，见敬于州里。初为县功曹，奉檄诣从事，从事因安致书于令。……在职十年，京师肃然，名重朝廷。建初八年，迁太仆。……章和元年，代桓虞为司徒。①

　　《汝南先贤传》：时大雪积地丈余，洛阳令身出案行，见人家皆除雪出，有乞食者。至袁安门，无有行路，谓安已死。令人除雪入户，见安僵卧。问："何以不出？"答曰："大雪，人皆饿，不宜干人。"令以为贤，举为孝廉也。②

对比《后汉书·袁安传》和《汝南先贤传》中的袁安事迹以后，戴维斯发现前者中的记载并没有透露出他的贫穷，相反展示出他成功的仕宦生涯。因此这首诗有可能反映的是袁安早年的生活，即是说，对陶渊明产生直接影响的是《汝南先贤传》而不是《后汉书》。这一方面说明了陶渊明阅读范围之广，另一方面也从侧面补足了正史记载的不足与缺陷。

戴维斯与其他学者的笺注追求相同：尽量将陶渊明所引用的文献注释全面。陶渊明所吟咏的历史人物并不一定都为世人所熟悉，有些人物是隐士，目前留存的资料已经不多。对这些难以确定的历史典故进行合理推测有助于我们全面理解陶渊明的诗文作品。在上述列举的《咏贫士》其五中，"阮公见钱入"中的"阮公"指的是谁？历史上的众多笺注本不知其人确切所指，事迹未详。戴维斯在第二册对该诗的注解中引用了日本学者铃木虎雄的观点，认为"阮公"指的是阮修，其根据是《晋书》所载："修居贫，年四十余未有室，王敦等敛钱为婚，皆名士也，时慕之者求入钱而不得。"③ 但是还不能就此认定这里提到的"阮公"就是阮修，因为阮修的传记并不能满足陶渊明所提到的全部内容，比如"即日弃其官"就没有在阮修的传记中得到体现。关于此问题，范子烨进行了更详细的探讨，认为"阮公"就是阮修。他推测陶渊明当时看到的记载有可能包含阮修"见钱弃官"一事，并通过考察地方县志、《四八目》、《世说新语》、《太仓稊米集》等文献来考证阮修的生平与陶渊明诗句的互文性关系。陶渊明诗歌的末句"清节映西关"也当指阮修。另外，范子烨考察了两汉和六朝时期文献中"西关"的运用，这些文献包括蔡文姬的《悲愤诗》、陈寿的《三国志》、班固的《西都赋》、谢灵运的《宋武帝诔》等。这些文献中"西关"指的是函谷关而非居庸关，这与阮修的生平相符，也可以从侧面帮助读者理解陶渊明诗歌中"西关"的含义。④ 这样，陶渊明《咏贫士》其五中"阮公"指的是阮修这一说法得到了更多的证据支持，可备一说。

————————

　　① 《后汉书·袁安传》，中华书局1965年版，第1517~1519页。
　　② 袁行霈：《陶渊明集笺注》，中华书局2003年版，第373~374页；王叔岷：《陶渊明诗笺证稿》，中华书局2007年版，第449页。
　　③ 《晋书》，中华书局1974年版，第1366页。
　　④ 范子烨：《"阮公"与"惠孙"：陶渊明〈咏贫士〉诗未明人物考实》，《九江学院学报》（社会科学版）2009年第1期，第1~5页。

戴维斯的问题意识不仅表现在注意到杂传对陶渊明诗歌创作的影响和人物考证方面，也表现在他能够将陶渊明的不同作品联系起来，置于中国文学史中去考察，从而产生了研究陶渊明的新视角。他对《饮酒·十八》的解读便是一例。全诗如下：

> 子云性嗜酒，家贫无由得。时赖好事人，载醪祛所惑。觞来为之尽，是谘无不塞。有时不肯言，岂不在伐国。仁者用其心，何尝失显默。

在谈到第十八首对扬雄的吟咏时，戴维斯通过文本细读和互文性的关联，认为诗歌的前两句与《汉书·扬雄传》的评论相似："家素贫，耆酒，人希至其门。时有好事者载酒肴从游学。"① 另外，《饮酒·十八》、《汉书·扬雄传》的结尾、陶渊明的《五柳先生传》无论在思想上还是在语言上都有很多相似性。据此，《五柳先生传》中的"五柳先生"可能不是陶渊明的"原创性"人物形象，而是从隐逸文学中寻找词语、意象等素材，用自己的语言和思想加以统一后塑造出的人物形象。这一形象影响深远，为后世文人树立了良好的典范。白居易的《醉吟先生传》、杜甫的《四松》皆从不同角度对其加以模仿。

在此基础上，戴维斯认为扬雄是"五柳先生"的原型。他通过文本细读考察了"汲汲"一词，进而增强了二者关联的文本证据。《五柳先生传》最后赞语：

> 赞曰：黔娄之妻有言："不戚戚于贫贱，不汲汲于富贵。"极其言，兹若人之俦乎？酣觞赋诗，以乐其志。无怀氏之民欤？葛天氏之民欤？②

《五柳先生传》赞语的第一句话是引用黔娄妻子的评论，而该评论来自刘向的《列女传》：

> 其妻曰："昔先生君尝欲授之政，以为国相，辞而不为，是有余贵也。君尝赐之粟三十钟，先生辞而不受，是有余富也。彼先生者，甘天下之淡味，安天下之卑位，不戚戚于贫贱，不忻忻于富贵，求仁而得仁，求义而得义，其谥为'康'，不亦宜乎？"③

在《列女传》的这段话中，"不戚戚于贫贱，不忻忻于富贵"用了"忻忻"一词，而《五柳先生传》用"汲汲"替换了"忻忻"。另外，"汲汲"一词出现在《汉书·扬雄传》中用以描述扬雄的性格："为人简易佚荡，口吃不能剧谈，默而好深湛之思，清静亡为，少耆欲，不汲汲于富贵，不戚戚于贫贱，不修廉隅以徼名当世。"④ 综合以上材料，《五柳先生传》里用的"汲汲"很可能受到《汉书·扬雄传》的影响，而没有采用《列女传》中的"忻忻"。通过互文性的细节比对可以得知，五柳先生的人物原型很可能是扬

---

① 《汉书·扬雄传》，中华书局 1962 年版，第 3585 页。
② 袁行霈：《陶渊明集笺注》，中华书局 2003 年版，第 502 页。
③ 刘向：《列女传》，刘晓东校点，辽宁教育出版社 1998 年版，第 21 页。
④ 《汉书·扬雄传》，中华书局 1962 年版，第 3514 页。

雄。戴维斯的学术问题意识将扬雄与陶渊明及其相关作品联系起来。无独有偶，近些年对陶渊明的研究也逐渐印证了戴维斯的这一观点。例如，范子烨讨论了《五柳先生传》的原型很有可能是扬雄。① 他通过对比《五柳先生传》与《汉书·扬雄传》的相同或相近的词语和句子，如"闲静少言""不慕荣利""好读书，不求甚解，每有会意，欣然忘食""性嗜酒，而家贫不能常得。亲旧知其如此，或置酒招之，造饮辄尽，期在必醉，既醉而退，曾不吝情去留"等来讨论二者的相似性，从中可以看出《五柳先生传》的传主是以扬雄为原型的。另外，范氏认为当时杨、柳两字互通，这给《五柳先生传》的传主是扬雄提供了更多的证据。钟书林在其《隐士的深度：陶渊明新探》一书中通过互文性方法对比了《汉书·扬雄传》和《五柳先生传》中自叙成分的相似性以及后者对前者的接受和沿袭。② 于溯也认为《五柳先生传》与《汉书·扬雄传》相似度很高，但是她认为《汉书·扬雄传》的内容可能源自嵇康《高士传》中的《扬雄传》，而嵇康也可能"从旧史中并抄出作传的部分"③。戴维斯、范子烨、钟书林、于溯等学者通过对陶渊明《饮酒》《五柳先生传》《汉书·扬雄传》等作品的互文性研究探讨了扬雄与陶渊明之间的微妙关系。

四、结　语

戴维斯的译著《陶渊明：他的诗歌及其意义》不仅是英译陶渊明作品的经典，而且是英译中国文学的经典。我们在 21 世纪用历史回溯的眼光来考察戴维斯的陶渊明英译及注释情况，仍然可以感觉到其英译副文本的学术性。在序言中，戴维斯开宗明义，阐述了他在翻译《陶渊明集》时的核心思想，即将陶渊明的诗歌看作其个人情感的抒情性表达，而不对诗歌进行政治层面的猜测与解读。他认为有些学者过于关注陶渊明的生平、年谱和作品系年以及诗歌背后或显或隐的政治寓意，这种政治解读和诠释循环有时是较为牵强的。戴维斯这种学术批评意识贯穿其英译本的始终。陶渊明作为饱读诗书的文人，吸收了不同类型典籍的精华，正史、杂传、哲学著作等都对他的创作产生了深远的影响。不同学者和先贤的观点不时在陶渊明的脑海中浮现，他能够触类旁通，将各种典籍融会贯通、游刃有余地运用到自己的文学创作中。

陶渊明的时代距今已久，他笔下的一些历史人物对今人理解他的诗歌构成了挑战，因为记载这些历史人物的典籍相对较少。另外，陶渊明内化、改造典故也给诗歌的理解带来了多样性，如徐艳所言："渊明用典即不同于传统的援古证今，而是使原典与自己的生活经验进行对话，按照自己主观需要构建、改造典故内容，此类用典方式也使诗歌获得了多义性阐释空间。"④ 戴维斯正是透过一些微小的细节以及陶渊明诗歌与此前同主题作品的

---

① 范子烨：《五柳先生是谁?》，《中华读书报》，2017 年 9 月 13 日，第 5 版。
② 钟书林：《隐士的深度：陶渊明新探》，中国社会科学出版社 2015 年版，第 278~279 页。
③ 于溯：《互文的历史：重读〈五柳先生传〉》，《古典文献研究》第十五辑，凤凰出版社 2012 年版，第 229~230 页。
④ 徐艳：《文本与声音：中古诗歌问题研究的新路径》，《社会科学报》，2019 年 5 月 2 日，第 5 版。

互文性，来考察陶渊明所提到的、但并不为世人熟知的历史人物。① 另外，他也将陶渊明置于广阔的文学史中，探讨他的作品与其他典籍之间的关系。从这些对陶渊明诗歌的具体解读中，读者可以看到戴维斯的问题意识，同时也可看出他认真精细的注释。他的努力是值得称道的，但有时他的想法过于偏激，有矫枉过正之嫌。另外，戴维斯的一些解读比较新奇，需要更多的证据来支撑。不过总体来说，他的很多观点时至今日都没有过时。戴维斯英译副文本所展现出来的学术思想对陶渊明研究者来说有很强的借鉴意义，一些学术观点更是与后代学者的观点不谋而合，更印证了他扎实的学术基础与具有前瞻性的学术视野。

（作者单位：澳门大学中国语言文学系、人文社科高等研究院）

---

① 时至今日，互文性的研究方法仍被广泛应用于中国古代诗歌分析中。参见张月：《论宇文所安咏史怀古诗研究的方法与视角》，《长江学术》2020 年第 3 期。

科学与传说的争辩及孟姜女故事演进*

□ 肖 波

【摘要】传说杞梁妻（后演变为孟姜女）的哭声使城墙崩坍，崩坍的地方由杞城而莒城而梁山而长城。哭倒城墙的事是不科学的，汉朝时就有学者明确质疑和反驳。但是传说继续朝崩城的方向发展，进而探究崩城的具体位置，经过多元指向而最终归结到长城。孟姜女哭崩了天下最宏伟的城墙，不仅成全了贞妇的美名，还惩罚了作恶的最高统治者。传说不排斥科学，又不受科学所限；传说利用科学，又突破科学的范围；传说最终服从于民众的心理。

【关键词】孟姜女；哭长城；传说；科学；争辩

　　孟姜女传说的高潮是哭长城。为了渲染杞梁妻（后演变为孟姜女）的悲伤，人们不断扩张想象力，将精神的力量与物质的力量相联系，将"精诚所至、金石为开"的思维传统与崩城崩山的历史事件相联系，在典籍记载的基础上添枝加叶，产生了孟姜女之哭导致崩城的说法，继而有崩山之说，最后定格为哭崩长城。这是对孟姜女故事的升华，也是故事最震撼人心的地方。

　　从科学的角度看，哭倒城墙事件本身是不可能的，汉朝时就有学者明确提出质疑和反驳。为什么传说不理会科学，反而继续朝崩城的方向发展，经过多元指向而最终归结到哭倒长城？科学在传说的演进过程中发挥了什么作用？这是本文探讨的焦点。

一、崩城：传闻及对其科学性的质疑

　　最早讲述崩城情节的，是西汉的刘向，他在不同的著述中一共提到四次。其中两处见于《说苑》，一是："杞梁华舟进斗，杀二十七人而死。其妻闻之而哭，城为之阤，而隅为之崩。"（《说苑·立节》）二是："昔华舟杞梁战而死，其妻悲之，向城而哭，隅为之

――――――――――――

　　* 国家社科基金后期资助项目"中国古代经典传说之文学阐释与多元整合"（16FZW001）阶段性成果。

崩，城为之阤。君子诚能刑于内，则物应于外也。"（《说苑·善说》）两处记载虽然不在同一章节，但内容基本一致，都说杞梁战死后，其妻对着城墙悲哭，结果城墙为之崩塌；情节比较简单，没有细说杞梁妻如何哭，如何感人，只强调了哭的效果导致城崩，有"精诚所致"的类似评论。另两处见于《列女传》，进一步描述故事的细节："杞梁之妻无子，内外无五属之亲。既无所归，乃枕其夫之尸于城下而哭之。内诚感人，道路过者莫不为之挥涕。十日而城为之崩。"在结尾处有一个总结性的颂，再一次突出杞梁妻"哭夫于城，城为之崩"（《列女传》卷四《贞顺传》）。这里交代了杞梁妻悲哭的原因：无夫无子、无所归依；哭的方式：枕着丈夫的尸体而痛哭；哭的时间：哭了整整十天；哭的效果：她的歌哭感动了路人，让无数旁观者流下同情之泪，最终，感动了面前的城墙，城为之崩。这个故事比较完整，听起来似乎合情合理。

比刘向略晚的王充也听到了崩城传说，但他对此持怀疑态度。他不相信悲哭能让城墙崩塌，并拿雍门子的故事作对比，证明"精诚所至、金石为开"的不合理性：

夫人哭悲莫过雍门子。雍门子哭对孟尝君，孟尝君为之于邑。盖哭之精诚，故对向之者凄怆感恸也。夫雍门子能动孟尝之心，不能感孟尝衣者，衣不知恻怛，不以人心相关通也。今城，土也。土犹衣也，无心腹之藏，安能为悲哭感恸而崩？使至诚之声能动城土，则其对林木哭，能折草破木乎？向水火而泣，能涌水灭火乎？夫草木水火与土无异，然杞梁之妻不能崩城，明矣。或时城适自崩，杞梁妻适哭。下世好虚，不原其实，故崩城之名，至今不灭。①

王充认为：哭可以感动人，但不能感动物。草木水火土等皆为物质，与精神无涉，更不通人心；所以，垒土而成的城墙不可能有喜怒哀乐，也就不可能被哭声所动，哭倒城墙之说没有科学依据。没有依据的事情，为什么人们会到处传说呢？很可能当时发生了城墙崩塌的事情，人们就把杞梁妻的哀哭与之联系起来；或许城墙因为别的原因崩坍，碰巧那几天杞梁妻在城边歌哭，总之，这应该是巧合，而没有因果关系。

王充的辨解富有科学精神，其质疑击中要害。曹植部分接受了王充的观点："犬马之诚不能动人，譬人之诚不能动天。崩城陨霜，臣初信之，以臣心况，徒虚语耳！若葵藿之倾叶太阳，虽不为之回光，然终向之者诚也。臣窃自比葵藿。若降天地之施，垂三光之明者，实在陛下。"②对于崩城之说，曹植既信又疑：信，是由于他看到葵藿等植物始终向着太阳而动，是"诚"的结果；疑，是因为他知道犬马之诚不能动人，人之诚不能动天。曹植的矛盾心态是出于自身的经历和处境，他在内心里希望诚意能够打动天子，能够改变自己的命运；不幸的是，他的想法没有实现，落得郁郁而终、英年早逝。

后世之人并没有彻底信服王充的结论，他的理性质疑没有妨碍崩城传说的蔓延。《后汉书》载："邹衍匹夫，杞氏匹妇，尚有城崩霜陨之异。况乃群辈咨怨，能无感乎！"③

---

① （东汉）王充：《论衡·感虚篇》，上海人民出版社1974年版，第77页。

② （三国）曹植：《求通亲亲表》，赵幼文校注《曹植集校注》，人民文学出版社1984年版，第521页。

③ 《后汉书·杜栾刘李刘谢列传》，中华书局1965年版，第1856页。

刘瑜在上书中举杞梁妻的例子，说明民心、民意的重要性，希望引起执政者的重视。

人们不仅传播崩城传说，还开始争论崩的是哪座城。即如王充这般，虽然不相信崩城传说的真实性，并不断质疑，但在他多次提及此事的叙述中，可以窥见崩城传说流传之广，并旁证传说的诸多细节：

> 或时杞国且圯，而杞梁之妻适哭城下，犹燕国适寒而邹衍偶呼也。事以类而时相因，闻见之者或而然之。又城老墙朽，犹有崩坏。一妇之哭，崩五丈之城，是城则一指摧三仞之楹也。春秋之时山多变。山、城，一类也。哭能崩城，复能坏山乎？女然素缟而哭河，河流通。信哭城崩，固其宜也。案杞梁从军，死不归。其妇迎之，鲁君吊于途，妻不受吊，棺归于家，鲁君就吊，不言哭于城下。本从军死，从军死不在城中，妻向城哭，非其处也。然则杞梁之妻哭而崩城，复虚言也。①

王充以批判的眼光看待崩城传说，进一步证实其不科学性。但他同时透露了当时流传的故事的几个重要细节：一是杞梁妻哭崩的城是杞城，乃杞国都城；二是崩城的长度是五丈；三是杞梁是鲁国人，到家中吊唁的是鲁君。对这些细节的探究，某种程度上体现了刨根问底、严谨求实的科学精神。

为什么杞梁妻哭崩的是杞城呢？杞国是夏代到战国初年的一个诸侯国，国祚延绵1500多年，国君为姒姓，是禹的后裔。其国势弱小，在雍丘（今河南杞县）一带，远离齐鲁之地。后来，杞国在周围强国的挤压下，被迫屡次迁徙，从河南迁到山东，先后在新泰、昌乐、安丘一带。据顾颉刚先生考证：

> 杞国在春秋前迁到山东，到桓五年（前707年）灭了州国而迁入安邱，到僖十四年（前646年）迁到昌乐，到襄二十七年（前545年）又迁到安邱。杞梁战死的一年（前549年），他们还在昌乐。昌乐到临淄非常近，不过一百里左右。从莒县到临淄，是可以经过的。
>
> 假使这件故事是说，杞梁死了，载尸回国，其妻迎上前去，在杞城碰见了；她就枕尸而哭，把杞城哭坍了（不管齐侯吊诸其室），那末，这件事是很讲得通的。②

考虑到杞国的迁徙情况与杞梁战死的时间，杞梁妻哭崩杞城的说法是可以解释的。诸多学人认可这种可能性。东汉的邯郸淳写道："是以哀姜哭市，杞崩城隅。"（邯郸淳《曹娥碑》）西晋的崔豹亦云："（杞梁妻）抗声长哭，杞都城感之而颓，遂投水而死。"③ 杞国在列强夹击中东奔西走，其都城在战火、离乱中崩坍之事或有发生；杞梁或许就是杞国人，以国为姓，其家室或许就在杞城。这也许是杞城说产生的重要原因，如果这一推测成立，那么许多疑问就迎刃而解了：杞梁战死后回归故乡是很自然的；其妻也未必从齐都来

① （东汉）王充：《论衡·变动篇》，上海人民出版社1974年版，第232~233页。

② 顾颉刚：《孟姜女故事研究集》，上海古籍出版社1984年版，第103页。

③ （晋）崔豹：《古今注》卷中"音乐第三"，《传世藏书·子部·文史笔记1》，海南国际新闻出版中心1996年版，第4页。

迎，只是出城而已；齐侯吊唁也未必是在齐都，在杞城更合理；或者说，来吊唁的是杞君。结合《左传》的记载，再来看崩城传说，则杞城说似乎是很有道理的。

关于崩城之地，杞城说之外，另有莒城说，以郦道元为代表。《水经注》"沭水"条记载：

> 《列女传》曰：齐人杞梁殖袭莒，战死。其妻将赴之，道逢齐庄公，公将吊之。杞梁妻曰：如殖死有罪，君何辱命焉？如殖无罪，有先人之敝庐在下，妾不敢与郊吊。公旋车吊诸室。妻乃哭于城下，七日而城崩。故《琴操》云：殖死，妻援琴作歌曰："乐莫乐兮新相知，悲莫悲兮生别离！"哀感皇天，城为之堕，即是城也。其城三重，并悉崇峻，惟南开一门。内城方十二里，郭周四十许里。①

莒城是杞梁战死之地。杞梁死后，其妻伏尸而哭数日，城为之崩。莒城地势险要，三面环山，只朝南有一座城门；莒城是一处福佑之地，公元前686年夏，齐公子小白在鲍叔牙的保护下奔莒避乱，次年回齐，是为齐桓公；莒城是一座坚固的城，公元前284年，燕将乐毅伐齐，攻克齐都临淄，连克70余城，唯莒与即墨不下，齐襄王守莒而终于复国。莒城这么险要，城墙这么坚固，都能被哭倒，该是非常不易、非常轰动的事件。

杞城是杞梁的生地，莒城是杞梁的死地，哭崩这两座城，都是合乎社会风俗的。在这两说之外，还有第三种说法：崩山说。此说最早见于曹植的作品：

> 信心足以贯于神明也。昔熊渠、李广，武发石开；邹子囚燕，中夏霜下；杞妻哭梁，山为之崩：固精神可以动天地金石，何况于人乎。②

精诚感动天地，信心贯于神明，杞梁妻哭夫，哀伤至诚，山为之崩。崩山比崩城更难，更显示其精诚。曹植将杞梁妻的故事当作"精诚所至、金石为开"的典型例证之一。曹丕死后，曹植为之作诔，开篇即引用杞梁妻哭崩山的典故："惟黄初七年五月七日，大行皇帝崩。呜呼哀哉！于时天震地骇，崩山殒霜，阳精薄景，五纬错行。百姓吁嗟，万国悲悼。"③ 崩山故事体现着至情至性的亲情表达，代表着感天动地的极度悲伤，用来形容帝王去世后家人和国人的悲伤，恰到好处。

曹植在诗中也提到崩山故事："精微烂金石，至心动神明。杞妻哭死夫，梁山为之倾。"④ 这里进一步写明杞梁妻哭倒的山是梁山。梁山崩实有其事，是一件大异事，《春秋》记载了"梁山崩"。对这件事，《公羊传》和《左传》分别作了解释：

———————————

① （北魏）郦道元：《水经注》卷二十六，杨守敬、熊会贞疏：《水经注疏》中册，江苏古籍出版社1989年版，第2193~2194页。

② （三国）曹植：《黄初六年令》，赵幼文校注：《曹植集校注》，人民文学出版社1984年版，第338页。

③ （三国）曹植：《文帝诔·序》，赵幼文校注：《曹植集校注》，人民文学出版社1984年版，第341页。

④ （三国）曹植：《精微篇》，赵幼文校注：《曹植集校注》，人民文学出版社1984年版，第332页。

梁山者何？河上之山也。梁山崩何以书？记异也。何异尔？大也。何大尔？梁山崩，壅河三日不流。外异不书，此何以书？为天下记异也。①

梁山崩。晋侯以传如伯宗。伯宗辟重，曰："辟传！"重人曰："待我，不如捷之速也。"问其所，曰："绛人也。"问绛事焉，曰："梁山崩，将召伯宗谋之。"问："将若之何？"曰："山有朽壤而崩，可若何？国主山川。故山崩川竭，君为之不举，降服，乘缦，彻乐，出次，祝币，史辞，以礼焉。其如此而已，虽伯宗若之何？"伯宗请见之，不可。遂以告而从之。②

公元前 586 年夏天，梁山崩塌，堵住黄河河道，导致河水三日不流。晋景公为此专门召见宗伯，路上有重人讲了一番道理，强调山崩川竭，国君应为之采取类似祭祀的措施，他的建议被景公采纳。

据考证，梁山在黄河龙门两岸，今陕西韩城与山西河津交界处。远在山东的杞梁妻为何哭崩了山西陕西交界处的梁山？"很明显，是由杞梁的名字上化出来的。因为杞梁的'氏'是'杞'，所以他的妻哭崩了'杞城'。因为杞梁的'字'是'梁'，所以他的妻哭崩了'梁山'。"③ 梁山崩比杞梁战死要早三十七年，不仅空间上不可能，时间上也无法实现。不可能的事成了可能，这是民间传说的典型构造方式，有一点相关的影子就将之联系在一起，传得有鼻子有眼。哭崩梁山的故事，后来还被李白引用："梁山感杞妻，恸哭为之倾。金石忽暂开，都由激深情。"（李白《东海有勇妇》）这和曹植的《精微篇》非常相似，李白把这几句放在诗的开头，用的是比兴手法，以引出东海勇妇，强调其贞烈。

崩城也好，崩山也罢，都意在突出杞梁妻的极度悲伤。晚唐以后，杞梁妻与孟姜女合一，其所哭崩的就不仅是城，不仅是山，而是变成了更为坚固、体量更为庞大的长城。

二、崩长城：筑怨兴徭与细节探究

在文人记载中，成书于盛唐时期的日本写本《珊玉集》所引的《同贤记》是一大转折点，它成为后世孟姜女传说的框架，不仅给了杞良妻一个私名"孟仲姿"，还有了逃役、窥浴、成亲、寻夫、哭倒长城、滴血认亲等经典情节，更将崩城、崩山发展为崩长城，使孟姜女传说形成悲剧的高潮。

杞良，秦始皇时北筑长城，避役逃走，因入孟起后园树上，起女仲姿浴于池中，仰见杞良而唤之，问曰："君是何人，因何在此？"对曰："吾姓杞名良，是燕人也。但以从役而筑长城，不堪辛苦，遂逃于此。"仲姿曰："请为君妻。"良曰："娘子生

---

① 《春秋公羊传·成公五年》，王维堤、唐书文：《春秋公羊传译注》，上海古籍出版社 2004 年版，第 353 页。

② 《左传·成公五年》，（春秋）左丘明撰，（晋）杜预集解，李梦生整理：《春秋左传集解》上册，凤凰出版社 2010 年版，第 345 页。

③ 顾颉刚：《孟姜女故事研究集》，上海古籍出版社 1984 年版，第 114 页。

于长者，处在深宫，容貌艳丽，焉为役人之匹！"仲姿曰："女人之体不得再见丈夫，君勿辞！"遂以状陈父，而父许之。夫妇礼毕，良往作所，主典怒其逃走，乃打杀之，并筑城内。起不知死，遣仆欲往代之；闻良已死，并筑城中。仲姿既知，悲哽而往，向城号哭。其城当面一时崩倒；死人白骨交横，莫知孰是。仲姿乃刺指血以滴白骨，云："若是杞良骨者，血可流入。"即沥血，果至良骸，血径流入。使得归葬之也。①

杞梁的名字可以根据字形或读音异化为杞良、犯梁、范杞良、范喜良、万喜良，杞梁妻的名字可以明确为私名孟仲姿或通名孟姜女。这样一来，他们夫妻俩就不必被局限在齐鲁之地，而可以成为任何一个地方的人，故事发生的空间就可以无限扩大；时间也有了弹性，不必局限在春秋时期，而可以在历史背景更清晰的时代。

孟姜女传说从杞梁妻的故事而来，杞梁妻最动人的地方在于其悲伤的歌哭，最震撼的效果是哭崩城墙。如果打破时空的限制，歌哭可以具体为各地的民歌；城墙可以不必是杞城或莒城，历史上规模最大、最有影响的城墙是长城，哭倒长城，更能体现孟姜女的极度痛苦与悲伤，更能引起各地民众的认同与共鸣，更易于形成相对稳定的故事情节。

长城最早出现在春秋战国时期，当时各国之间互相征战，于是筑长城以防御。特别是秦、赵、燕三国，不仅要面对中原各国的挑战，还经常受到漠北匈奴、东胡等游牧民族的侵扰。游牧民族以骑兵为主，来去飘忽，不易防范。为了有效防御，秦昭王在陇西、北地、上郡等北部边境修筑长城，赵武灵王在代郡、阴山、大河一线筑长城，燕昭王在造阳至襄平一线筑长城。为防备邻国，楚、齐、魏、韩、中山等国也筑有长城。秦始皇统一六国后，为抵御匈奴的侵扰，派大将蒙恬修筑长城，动用全国二十分之一的人口，利用秦、赵、燕三国长城的基础，在西起临洮、东至辽东的北方边境建起一道绵延万里的宏伟城墙。

万里长城是农耕文明与游牧文明的分隔线，它较为有效地阻挡了游牧民族骑兵的南下袭扰，保护了长城以南的农业生产，起到了保境安民的作用。长城也是人类历史上最宏伟的人工工程之一，直到今天，它仍是中华民族引以为傲的一项奇迹。

同样不可否认的是，长城耗费了难以计数的人力、物力和财力，客观上给当时的老百姓带来了非常沉重的负担，无数人服徭役或兵役，为修建长城和戍守长城付出了生命，可以说，长城的光荣是百姓的血泪铸就的。三国时陈琳的《饮马长城窟行》道出了其间的辛酸和凄凉：

> 饮马长城窟，水寒伤马骨。
> 往谓长城吏，慎莫稽留太原卒！
> 官作自有程，举筑谐汝声！
> 男儿宁当格斗死，何能怫郁筑长城。
> 长城何连连，连连三千里。

---

① 《琱玉集》卷十二"杞良妻泣崩城"条引唐人《同贤记》，王云五主编：《丛书集成初编》，商务印书馆 1936 年版，第 52~53 页。

边城多健少，内舍多寡妇。

作书与内舍，便嫁莫留住。

善待新姑嫜，时时念我故夫子！

报书往边地，君今出语一何鄙？

身在祸难中，何为稽留他家子？

生男慎莫举，生女哺用脯。

君独不见长城下，死人骸骨相撑拄。

结发行事君，慊慊心意关。

明知边地苦，贱妾何能久自全？①

　　修筑长城的，不仅有服徭役的壮丁，还有服刑者、商人等，更有士兵戍卒。北方边境气候苦寒，地形险峻，修长城的工程量非常浩大、难度极高、环境极恶劣，无数人为这一工程而献身，所以长城之下，"死人骸骨相撑拄"！这对当时的家庭而言是一幕幕人间惨剧，一旦男子被征往长城，就意味着生还的几率极低，要与家人生离死别了，甚至普通百姓都不愿意生男孩，因为男孩们几乎逃脱不掉筑长城的祸难。这种祸难不仅仅发生在秦朝，在整个中国古代，外敌侵扰不断，边境战事连连，就算国力强盛的汉唐时期，对北方也频频用兵，征夫戍卒丧身长城者不计其数。唐代王翰《饮马长城窟行》云：

长安少年无远图，一生惟羡执金吾。

骐骥前殿拜天子，走马为君西击胡。

胡沙猎猎吹人面，汉虏相逢不相见。

遥闻鼙鼓动地来，传道单于夜犹战。

此时顾恩宁顾身，为君一行摧万人。

壮士挥戈回白日，单于溅血染朱轮。

回来饮马长城窟，长安道傍多白骨。

问之耆老何代人，云是秦王筑城卒。

黄昏塞北无人烟，鬼哭啾啾声沸天。

无罪见诛功不赏，孤魂流落此城边。

当昔秦王按剑起，诸侯膝行不敢视。

富国强兵二十年，筑怨兴徭九千里。

秦王筑城何太愚，天实亡秦非北胡。

一朝祸起萧墙内，渭水咸阳不复都。②

　　阅历较多的老人说，长城边的累累白骨，都是秦朝修筑长城的戍卒。富国强兵的过

————————————

　　① （三国）陈琳：《饮马长城窟行》，（陈）徐陵编：《玉台新咏笺注》（上），中华书局1985年版，第35~36页。

　　② （唐）王翰：《饮马长城窟行》，（宋）郭茂倩编：《乐府诗集》，中华书局1979年版，第555页。

程，也是"筑怨兴徭"的过程，所谓一将功成万骨枯，帝国的强盛是民众用苦难和生命
铸就的，这一矛盾的典型案例就是秦长城的修筑。

《饮马长城窟行》成为一种经典，诸多诗人不断重复这一诗题，反复描述长城边的白
骨，控诉暴政、悲悯生命；诗人们不仅是怀古，更多的是讽今。王建诗云："长城窟，长
城窟边多马骨。古来此地无井泉，赖得秦家筑城卒。征人饮马愁不回，长城变作望乡堆。
蹄迹未干人去近，续后马来泥污尽。枕弓睡著待水生，不见阴山在前阵。马蹄足脱装马
头，健儿战死谁封侯。"（王建《饮马长城窟行》）僧子兰诗云："游客长城下，饮马长
城窟。马嘶闻水腥，为浸征人骨。岂不是流泉，终不成潺湲。洗尽骨上土，不洗骨中冤。
骨若比流水，四海有还魂。空流呜咽声，声中疑是言。"（僧子兰《饮马长城窟行》）长
城窟成为一种意象，是修筑秦长城的戍卒血泪与苦难的汇集，是内地守空闺、望夫归的少
妇们诅咒与控诉的对象。

唐人的多种文献将筑长城与杞梁妻故事结合起来，明确了杞良筑长城、孟姜女寻夫哭
诉的情节。"古诗的乐府，原即现在的歌剧，流传既广，自然容易变迁。《饮马长城窟行》
本无指实的人，恰好杞梁之妻有崩城的传说，所以就使她做了'贱妾何能久自全'的寡
妇，来一吐'鬼哭啾啾声沸天'的怨气。于是这两种歌曲中的故事就合流而成一系
了。"① 哭长城的核心情节就这样在民间形成了，尽管修筑长城是在《左传》记载的杞梁
战死时间之后很久，但传说往往忽略具体的历史细节，而仅仅取其意，并借以表达叙述者
的心情与期待，倾泻民间大众的情感。

围绕着哭长城这个中心，孟姜女传说形成了新的故事情节，更为集中地突出她的苦痛
与哀怨，主要体现在四个方面。

一是杞良逃役被抓。筑长城异常劳苦且凶多吉少，若有可能，逃役成为部分人冒险的
选项。杞良（在民间传说中，孟姜女的丈夫又名犯梁、范杞良、万喜良等，此处且称为
杞良）因逃役而躲入孟家后园，有机会偶遇孟姜女，进而与之结为夫妻，孟姜女寻夫有
了前提和基础。然而，自商鞅变法以来，秦国素以法制森严而著称，杞良不可能逃避太
久，所以他在新婚之后立即被发现并被带走。婚姻是人生大事，新婚之夜被抓走，民间是
非常难以接受的，这种行为会引起宗族乡邻的强烈痛恨。

二是杞良葬身长城。杞良被押解到长城修筑工地后，被活埋进长城之下，据说当时主
事者听信人言，认为埋杞良一人抵一万人，可保长城坚固如钢。这是一种古老的厌胜信
仰，古人相信以人为牺牲可以带来神秘的超人力量。比如：西安半坡村仰韶文化时期，建
房奠基的仪式是用人头举行的；河南登封的龙山文化王城岗遗址、郑州商城宫殿遗址、洛
阳北窑村西周遗址的房基下，都发现了完整的人骨架或人头骨。② 1910 年，上海推广马
路，开至老北门城脚，得一石棺，中卧三尺余石像，当胸镌篆书"万杞梁"三字。上海
的城是 1553 年筑的，这像当是筑城时所凿。③ 杞良不幸成为厌胜物，葬身长城之下。这
件事非常值得同情，也让其家人万分悲痛。

三是孟姜女千里寻夫。杞良一去不返，音讯杳无，其妻孟姜女自然很是惦念、着急，

———————————

① 顾颉刚：《孟姜女故事研究集》，上海古籍出版社 1984 年版，第 16 页。
② 陶思炎：《孟姜女研究三题》，《民间文艺季刊》1986 年第 4 期。
③ 顾颉刚：《孟姜女故事研究集》，上海古籍出版社 1984 年版，第 34 页。

四处托人打听仍然没有消息，于是远行千里去寻找。孟姜女越过千山万水，前往长城的路途充满艰辛，她一路走一路问，一路哭一路唱，把身世经历、把满腔悲痛向人倾诉，形成了《孟姜女四季歌》《孟姜女十二月调》等民歌。人们还为孟姜女寻夫找了个更温暖的理由：送寒衣。"北方民间曾把农历十月初一称为'寒衣节'。每年这一天，妇女们都要亲手缝制新寒衣，送给远方的亲人……孟姜女送寒衣的情节，很可能就是从民间寒衣节习俗生发而来的。"① 千里送寒衣体现亲情之深厚，展示凡夫俗子对亲人的关怀，其行程之艰辛更能渲染悲情。

四是孟姜女哭崩长城。孟姜女风餐露宿辗转到了长城，却遍寻不到夫君。听说杞良已被埋在长城之下。她千辛万苦地寻来这么一个结果，当然会哀天怆地、伤心欲绝。经过极为短暂的婚姻生活、漫长的思念、辛酸的寻找，其悲痛已经累积到临界点，杞良的死讯引爆了孟姜女的悲伤。从这个贞烈的女子心中喷涌而出的，是郁积已久、无以复加的痛感，是排山倒海、感动上苍的力量，结果，长城崩塌了。长城之下，出现累累白骨，哪一具才是杞良的？滴血认亲解决了这个问题。这又是一个可歌可泣的情节，坚强的孟姜女一边流泪、一边流血，一具又一具的尸骨滴过，终于，血渗进了骨骸，她找到了杞良。

"筑怨兴徭"的宏伟长城崩塌在孟姜女的哭声和泪水中。孟姜女是古代征夫旷妇类型人物的典型代表，集中感受了长城带给百姓的苦难，她代表了普通民众，对长城提出控诉，其哭诉引起了民众的强烈共鸣，也可以说，长城是崩塌于沸腾的民怨。

三、秦始皇：暴政民怨与故事演进

杞良的尸骨找到了，下一步恐怕会有人追问：是谁造成了这出悲剧？谁该为杞良之死负责？最直接的联想是长城的主事者。各国各朝修长城的君主甚多，但修筑规模最大、征用民力最多、管理手段最严、民间怨气最重的，当属秦始皇。"杞梁妻哭崩的城或枕其夫尸于城下的城，原是不知其名的城，后来根据'赴淄水而死'被说成是齐郊之城（淄水在齐地）。又由'杞崩城隅'之说，被认为是齐鲁的边城。而齐城又叫长城，所以又和万里长城挂上了钩。一到'万里长城'便和秦始皇发生了关系。不仅秦始皇筑万里长城，而且孟姜女哭倒的长城，也就成了秦始皇所筑的万里长城了。"② 这是从城的名称考证角度来讲的，由城而长城而万里长城，最终追究到秦始皇。

为什么会指向秦始皇呢？最初说杞梁夫妇是齐国人，杞城、莒城都在齐国，齐鲁边境也修有长城，为什么不去怪罪齐国统治者？这里还有另一个重要的因素，那就是民间情绪。"哭崩秦长城之说是怎样来的？是唐朝的征夫旷妇的一段怨别之情所结集。他们因自己的夫妻离散而想到秦筑长城时的夫妻离散，因自己的崩城的怨愤而想到杞梁妻崩城的怨愤，二者联结而成了这段故事。"③ 孟姜女传说的定型是在唐朝，而唐朝边功极盛、战事不断，征夫戍卒不绝于缕，边塞诗、闺怨诗便因此而生。在这样的背景下，非常容易将当

---

① 贺学君：《〈孟姜女〉和寒衣节》，《名家谈孟姜女哭长城》，文化艺术出版社 2006 年版，第293~294 页。

② 张紫晨：《孟姜女与秦始皇》，《名家谈孟姜女哭长城》，文化艺术出版社 2006 年版，第66 页。

③ 顾颉刚：《孟姜女故事研究集》，上海古籍出版社 1984 年版，第106 页。

时的生活情状与秦始皇修长城之事联系起来。

将孟姜女哭长城与秦始皇联系起来，还有一些扑朔迷离的线索。

第一，古籍中确有秦时筑城而崩的记载。《搜神记》中就有两则，其一在北方边境马邑："秦时筑城于武周塞内以备胡，城将成而崩者数焉。有马驰走，周旋反复，父老异之，因依马迹而筑城，城乃不崩。遂名马邑。其故城今在朔州。"① 马邑是北方边境重镇，其筑城时居然多次崩塌，依马迹而筑才成，也算是奇事。其二在西南重镇成都："秦惠王二十七年，使张仪筑成都城，屡颓，忽有大龟浮于江，至东子城东南隅而毙。仪以问巫，巫曰：'依龟筑之。'便就。故名龟化城。"② 成都城也多次颓倒，后来依龟迹才建成。马迹、龟迹，都是借助神力或自然力，才避免了崩城的命运，最终筑成坚固的城池。既然马邑、成都等名城可能崩塌，那么长城发生崩塌事件也就不太离奇了。

第二，厌胜与筑人筑土。厌胜是古代的一种巫术，颇有一些人相信，秦始皇就是其中之一。兵马俑中就有镇墓厌胜的神物，虽然当时没有发掘，但秦始皇相信神仙方士是出了名的，相关的事迹恐怕还是会流传出来。古人筑城有严苛残酷者，以筑人筑土为最。"赫连勃勃筑统万城，铁锥刺入一寸，即杀作人而并筑之，此大概是贯休所谓'筑人筑土'，与孟姜女故事不无关系。"③ 秦始皇是出了名的残暴，民间很可能会把筑人筑土这种事情算到他的头上。

第三，捕捉赘婿以服徭役。秦始皇派大将蒙恬率领三十万人守护北方边境，又征发五十万人开发岭南，还征调大量民夫修建阿房宫。由于对劳力的需求量太大，抽调不出足够的壮丁，其派往南北边境的人中，有相当一部分是逃犯、赘婿和商人。

> 三十三年，发诸尝逋亡人、赘婿、贾人略取陆梁地，为桂林、象郡、南海，以适遣戍。西北斥逐匈奴。自榆中并河以东，属之阴山，以为［四］十四县，城河上为塞。又使蒙恬渡河取高阙、（陶）［阳］山、北假中，筑亭障以逐戎人。徙谪，实之初县。禁不得祠。明星出西方。三十四年，适治狱吏不直者，筑长城及南越地。④

这当中，特别值得注意的是赘婿。尝逋亡人、治狱吏不直者皆是有过错的人，派往边疆是一种惩罚；贾人地位最低，受重农抑商传统思想的影响，征发商人不影响农业生产这一立国根本。可是赘婿何罪？这是难以为人理解的一点。而杞良就是赘婿。联系到齐国长女不出嫁的习俗，"孟姜"多是巫儿，其诅咒当更有能量。

第四，秦始皇多次东巡，到过海边和长城。据《史记》记载，秦始皇统一天下后，曾屡次出巡，到过山东泰山、琅邪、之罘和河北碣石等地。山东是杞良夫妇的故乡，碣石

① （晋）干宝：《搜神记》卷十三《马邑》，马银琴、周广荣译注：《搜神记》，中华书局 2009 年版，第 242 页。
② （晋）干宝：《搜神记》卷十三《龟化城》，马银琴、周广荣译注：《搜神记》，中华书局 2009 年版，第 241 页。
③ 顾颉刚：《孟姜女故事研究集》，上海古籍出版社 1984 年版，第 290 页。
④ 《史记·秦始皇本纪》，中华书局 1959 年版，第 253 页。

在长城东端附近，秦始皇踪迹至此，很容易让人与孟姜女传说联系起来。孟姜女与秦始皇的会面于是有了可能。

孟姜女的悲剧若是秦始皇一手造成的，会有哪些原因呢？一是秦始皇劳民伤财、大兴土木，让百姓承受沉重的徭役负担，杞良就是其中的受害者之一；二是强征逃夫、赘婿经营边境，把新婚燕尔的小夫妻无情分开；三是残暴地把杞良作为"厌胜"活埋在长城下。

这些似乎还不够，这些暴行都是秦始皇统治下的官吏兵士做的，并非他本人直接所为。为了渲染孟姜女的悲情，人们还增加了一些想象，最有代表性的就是秦始皇迷恋孟姜女的美色而逼婚，孟姜女提出几个条件，对丈夫尽节后自尽。比如1917年上海文艺书局编印的孟姜女弹词底本，其最后一回如是描绘：

> 赵高押着孟姜女回到咸阳，向秦始皇奏报，说被孟姜女哭倒长城八百里。秦始皇怒不可遏，当天就要审理。
>
> 但是，秦始皇一见孟姜女花容月貌，马上就眼勾勾掉了魂儿似的。心想，孟姜女才貌双全，死了老公，正好可以把她纳为自己的后宫。于是，把孟姜女的节义夸了一遍，叫王贯前去说媒，要把她收为己有。
>
> 那孟姜女听了王贯的说辞，气得柳眉倒竖，恨不得把王贯一口咬死。不过，她想将计就计，骗一骗秦始皇，于是，佯装应承下来，但要秦始皇答应她三个条件：一是在鸭绿江上造一座十里长桥，二是为万喜良造一座方圆十里的坟墓，三是要秦始皇亲自祭坟。
>
> 秦始皇非常高兴，满口就答应了。很快，工程就完成了。
>
> 于是，秦始皇带领文武百官浩浩荡荡来到万喜良的墓地上，全都换上白衣素服，行礼哭拜。那孟姜女更是哭得死去活来。
>
> 礼毕之后，王贯来劝孟姜女脱孝服成亲。孟姜女不仅不换衣服，反而把秦始皇和赵高等人痛骂一番，飞跑到长桥上。秦始皇见了，不知她想干什么，急急追到桥上，离着七八步远的时候，孟姜女突然大叫三声"丈夫"，举身一跃，跳进江中。
>
> 几天之后，有人见孟姜女的尸体浮上岸来，就报与那守城官。大家念她苦节，就暗暗地把她埋入万喜良的墓中。①

很显然，这是出自民间的想象，有诸多不合情理之处，比如：孟姜女若真的美若天仙，怎么会跋涉千里而平安无事，怎么会直到面见秦始皇才被发现；秦始皇如何会为一个哭得死去活来的民女而动心，如何会通过说媒将之纳入后宫；秦始皇怎么会同意为一个逃夫赘婿造墓，怎么会因一个凡夫俗子而否定自己制定的政策；皇帝如何会为一个平民戴孝，如何会在祭礼之后马上举办婚礼？

明显不可能的事，但仍这样传说，只能说这体现了民众的想法与愿望。或许他们希望给孟姜女一个安慰，千里寻夫不能只对着尸骨痛哭，至少应该让他入土为安，体面地安葬；或许他们希望对暴君有所惩罚，哪怕不能为其恶行全部负责，至少也要受到嘲弄和戏

---

① 上海文益书局编印：《绘图孟姜女万里寻夫全传》，路工：《孟姜女万里寻夫全集》，上海出版公司1955年版，第35页。

要；或许他们希望孟姜女有一个完美的名声，不仅才貌双全、忠贞刚烈，还有智慧和勇气、坚韧与决绝，成为"节妇""义妇"的典范。

人或神的力量导致城墙崩塌的事，西方也有。《圣经》中记载，在攻打耶利哥城时，耶和华对约书亚说："你们的一切兵丁要围绕这城，一日围绕一次，六日都要这样行。七个祭司要拿七个羊角走在约柜前。到第七日，你们要绕城七次，祭司也要吹角。他们吹的角声拖长，你们听见角声，众百姓要大声呼喊，城墙就必塌陷，各人都要往前直上。"①终于，耶利哥城在祭司的号角和百姓的呼喊声中塌陷。相比之下，西方强调的是神的力量，中国突出的是人的力量。以一个弱女子而哭倒世界上最宏伟的防御工程，其力量大到让人惊叹、让人敬重。

哭声崩坍城墙，即使是最整齐、最高音的共鸣，恐怕也没有这种力量。从科学的角度讲，哭倒长城的事是不成立的。这个道理并非没人懂得，汉朝时就有著名学者明确质疑和反驳。但是，传说没有理会科学，继续朝崩城的方向发展，并将之推到极致：不但哭崩一座城池的城墙，而且哭崩了天下最长的城墙；不仅成全了贞妇的美名，还惩罚了作恶的最高统治者。

传说有虚构的成分，有民众的想象因素，但它又有一定的合理性，它吸纳了部分科学要素，不全是空穴来风、无稽之谈。由杞城而莒城而长城，有一些历史的线索在其中，传说在此基础上做了一些未必靠得住的推断和联想。由长城而秦始皇而祭夫，是基于历史碎片的大胆想象，是民众心理的集中释放。

传说不排斥科学，又不受科学所限；传说利用科学，又突破科学的范围。传说中时常可见科学的影子，但细看时又似是而非。最终，传说服从于民众的心理，由此而展开联想和想象，使之迭宕多姿，扣人心弦。

（作者单位：武汉大学国家文化发展研究院）

---

① 《旧约全书·约书亚记》，中国基督教协会《圣经》（中英对照和合本），南京爱德印刷有限公司，2001年，第336~337页。

马宗霍迻写章太炎佚文一则考释

□ 刘 青

【摘要】荆州市图书馆藏王闿运《王志》二卷，为章太炎弟子马宗霍旧藏，卷首有马宗霍迻写章太炎论王闿运之佚文一则，未见于世。章太炎的这则佚文对王闿运之学以批评为主，与其平素有关见解一贯。由于马宗霍于青年时曾受业于王闿运，平生于王氏之学始终颇为推重，故于章太炎之文有一定主观性的曲解，然其迻写应可信从。

【关键词】章太炎；王闿运；马宗霍；《王志》

荆州市图书馆藏王闿运《王志》二卷，光绪乙未（1895 年）刊本，为章太炎弟子马宗霍（1897—1976 年）之旧藏，卷首有马宗霍迻写章太炎论王闿运之文一则，经查此文迄今未刊于世，当为章氏之佚文，其文如次：

> 文人虽才思发越，未能跻于诸子，能之者唯徐干、仲长统，而蔡邕、孔融不能也。儒家虽称述六经，罕能兼为经师，能之者唯荀卿、贾谊，而陆贾、娄敬不能也。壬翁之才，自不肖以文人自画，竭其智力自可与伟长、公理雁行，惜其不为而好笺注经传，义或自陷，真所谓因于葛藟者也。按其学术所至，在世乱心治一言，此仍老氏之术，于新建门下王汝止说亦有似者。若援引经训，则取《易系》可也，必以《公羊》据乱、升平、太平之说相附，则貌同而心异矣。因是又谓《庄子》合于春秋，此亦壬翁所谓《春秋》，非庄生所谓《春秋》也。章炳麟识。

马宗霍于文后记其由来曰：

> 往岁在沪，邑人蔡人龙渔春以手抄《王志》介余，请余杭章先生为题辞，所抄视此刊本为多，盖在此刊后续有所得，择集之欲为《王志》补编也。今蔡君已逝，《补志》未见，而此题辞《太炎文录续编》亦未收入。兹从余所藏章师手稿迻写于此。王、章学术虽不同，然章于并世作者，独推绷绮之文，为能尽雅。此题辞又称可与伟长、公理雁行，则固持平之论也。癸巳清明宗霍识。

由此可见，此文为马宗霍迻写于 1953 年（癸巳），原系太炎应蔡人龙（湖南耒阳人，字渔春，曾师从王闿运）之邀为其手抄本《王志》题辞。马宗霍于青年时亦曾受业于王闿运，平生于王氏之学始终颇为推重。——可能是由于马宗霍的这种主观倾向所致，其谓"王、章学术虽不同，然章于并世作者，独推缃绮之文"，恐未尽合实情，章太炎平生向以"文人"视王闿运，如其在《汉学论下》中谓：

> 清儒以汉学植名，薄魏晋经说不道。及湘潭王闿运，与陈澧谈经大屈。归，发箧读注疏略上口，宣言清儒说经不逮注疏甚远。然闿运本文人，以旧注文义渊雅过于时人，以是定是非，殊不能慊人志。①

章氏在其《国故论衡·小学略说》中又有所谓"三王不识字"之说，"三王"指王安石、王夫之、王闿运，其谓"此三王者，异世同术，后虽愈前，乃其刻削文字，不求声音，譬瘖聋者之视书，其揆一也"②。章氏之评固然颇为苛刻，却也并不是没有道理的，王闿运著述于小学的粗率，在后世学林颇有共识。诚如有论者所言，章氏的评价"虽含学派歧见，但实本于三王文字学之研究实绩而言。以今日之后见之明来看，三王之文字学若纯从学理角度而言，实多有不足"，即使"在湘学后劲杨树达看来，亦目为'遗笑通方''喜标新义'"。③

章太炎平生学宗清儒，其所谓"文人"一语，由清代朴学的语境看，实有贬抑之意存焉。顾炎武《日知录·卷十九》"文人之多"条谓："唐宋以下，何文人之多也！固有不识经术，不通古今，而自命为文人者矣。……宋刘挚之训子孙，每曰：'士当以器识为先，一号为文人，无足观矣。'然则以文人名于世，焉足重哉！"④ 顾炎武之文，可与章氏论王闿运之言相印证。故太炎言"壬翁之才，自不肎（肯）以文人自画，竭其智力自可与伟长、公理雁行，惜其不为而好笺注经传，义或自陷，真所谓困于葛藟（藤）者也"之意，实谓王闿运本为文人之才具，充其量或可达到徐干（伟长）、仲长统（公理）的境界，可惜不甘于此，却自居经师而笺注经传，所解之义多陷于自说自话而夹缠不清。这显非马宗霍所理解的正面的"持平之论"。

王闿运治经宗今文，笃好《公羊传》。《近代名人小传·王闿运》说："（闿运）二十八而达《春秋》微言，张《公羊》，申何学。时则学者习注疏，文章皆法郑、孔，有解释，无纪述；重考证，略辩论。读者竟十行辄引几卧，慨然曰：'文者，圣人之所托，礼之所寄，史赖之以信后世，人赖之以为语言。词不修则意不达，意不达则艺文废，俗且反乎混沌。况乎孳乳所积，皆仰观俯察之所以得，字曰文言，其若在天之星象，在地鸟兽蹏迹之迹，其比灿然者也。今若此文之道，几乎息矣！'遂溯庄、列，探贾、董，发为文章。"⑤ 可见王闿运自青年时起，主修何休《公羊》之义，然于清儒考据学风不满，遂入辞章文士之途。

王闿运平生更钟情于《庄子》，傅宇斌在《〈湘绮楼日记〉与王闿运的性格和人格》

① 章太炎：《汉学论下》，《章太炎全集》第 5 册，上海人民出版社 1985 年版，第 21 页。

② 章太炎：《国故论衡》，上海古籍出版社 2011 年版，第 10 页。

③ 刘晓亮：《"三王不识字"说考论》，《暨南史学》第 13 辑，广西师范大学出版社 2017 年版。

④ （清）顾炎武：《日知录》，甘肃民族出版社 1997 年版，第 844 页。

⑤ 沃丘仲子：《近代名人小传》，中国书店 1988 年版，第 2 页。

一文中于此所论颇中肯綮：

> 王闿运性格中有放旷优游的一面，这与崇尚庄子有关。王闿运一生以庄子为其理想人格，三十五岁开始治《庄子》，以《庄子》为入道之阶，在日记中也多处表达了对庄子的向慕，尤其折服庄子的"逍遥""齐物"之义，同治八年的日记中他表明注《庄子》的意图在于明圣人不言性与天道之意，同治十年的日记中认为荀、墨、孟皆务诋人以自申，由此知庄子之道大，光绪五年的日记中则认为庄子的境界为不可及，其文如下："……唯说孟子'天爵、人爵'之说，苦与世俗较贵贱与良贵，及'得志勿为'意，同是鄙见。又曾引曾子语，以仁义敌富贵。其书多为下等人说法，墨子亦慑于十金，当时贤士如此，况其下乎。荀子似高一层，而专欲尊时王，甘为其用，又不及墨、孟，然后知庄子之不可及也。"要之，王闿运接受庄子实以逍遥世外，智者莫辩为高，这无疑对他的性格形成一定的影响。光绪八年，王闿运时满五十岁，他与友人论事时谈及自己的性格："锡九来……与论可与共学。谓略通九流，知天下道术无不在，则无不用无不学。曾涤生庶乎近之，然心眼太小，有时不自克，故未可与适道也。余则从容优游，无所不窥，视无下是非厉害不得至乎前，可与适道也。然结习多，意气重，心口快，言行相违，身心不相顾，故未可与立。"诚然斯言！然而王闿运解庄多以儒入庄，他认为庄子是孔子真正的继承者，正因为这种认识，他的性格依违于"放"与"执"之间。①

故太炎谓王闿运"其学术所至，在世乱心治一言，此仍老氏之术，于新建门下王汝止说亦有似者"，盖言王氏身心气质，所近者实为道家佯狂玩世之行，以乱世唯有治心之一途，于儒家则近于阳明后学王艮（字汝止）一脉的狂禅路数。

显然，太炎于王闿运平素好将儒家经义比附于道家思想的做法是很不以为然的，故谓其"若援引经训，则取《易系》可也。必以《公羊》据乱、升平、太平之说相附，则貌同而心异矣"。盖王闿运以庄子为《春秋》经世之统的传人，对此他在《王志·论经学辞章人品之异》文有一语道及："老出史官，专论治术；庄传《春秋》，但在自治。"② 然其说并无所本，故太炎认为，若非要以道家思想比附儒家经典，以之解读《周易·系辞》或者还可以说得通（太炎此说确有所见，当代学者以《周易·系辞》与道家有关之论不少③），但以之通于《春秋》，则显然太过牵强附会了，故谓"此亦壬翁所谓《春秋》，非庄生所谓《春秋》也"。

由此可见，章太炎的这一则佚文，其对王闿运之学仍然以批评为主，这与其平素相关所论的基本立场全然相符，马宗霍虽对之有主观性的曲解，然其迻写应可信从。

（作者单位：荆州市图书馆）

---

① 傅宇斌：《〈湘绮楼日记〉与王闿运的性格和人格》，《古典文学知识》2007 年第 1 期。

② （清）王闿运：《湘绮楼诗文集》（二），岳麓书社 2008 年版，第 23 页。

③ 陈鼓应撰有《〈易传·系辞〉所受老子思想的影响》《〈易传·系辞〉所受庄子思想的影响》《论〈系辞传〉是稷下道家之作》诸文，收入氏著《易传与道家思想》，商务印书馆 2007 年版。

附：

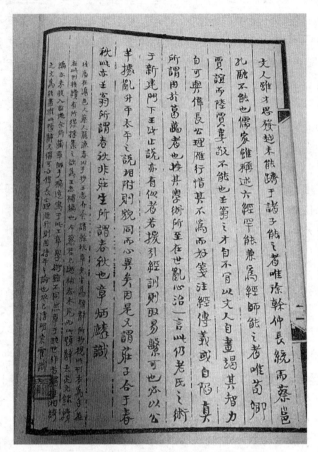

马宗霍迻写章太炎论王闿运之文及其文后记

20 世纪文学史与学术史

过时的"儒林佳话"*

——论民国重游泮水唱和

□ 姚 蓉 尚 鹏

【摘要】民国重游泮水唱和,是清代科举礼仪在民国的遗响。从清朝到民国,重游泮水唱和在三个方面发生转变:参与者由受人尊敬的文人学子沦为饱受批判的清遗民;参与的人数增多,往往具有"一唱百和"的规模,且更注重唱和诗词的整理与保存;创作的主题由享高年、颂科名变为叹世变、慨兴衰。民国重游泮水唱和,反映出清遗民以及传统文人立足于中国文化传承的立场,对当时社会欧化、西学流行的现状提出批判,流露出对中国传统礼乐文化失落的忧虑。它不仅是中国一千三百余年科举史的一部分,呈现了清遗民视角下科举废除的社会、文化影响;而且是民国时期旧式文人的另类诗史,展现了清遗民在社会转型、文化变迁下的真实心声。

【关键词】重游泮水唱和;科举;清遗民;文化

唱和是文人间重要的情感交流方式,"人生之乐,莫如友朋;友朋之乐,莫如唱和"①。自唐以来,科举成为文人实现家国理想的主要途径,其间亦衍生出不少唱和活动,目前除宋代的《同文馆唱和诗》《礼部唱和诗》外,鲜有研究者关注到科举唱和这一领域。② 重游泮水,是清代特有的科举礼仪,即获得生员资格的考生在一甲子后重举当时的

---

* 本文为国家社科基金重大项目"明清唱和诗词集整理与研究"(项目批准号:17ZDA258)阶段性成果。

① 董含撰,致之校点:《三冈识略》,辽宁教育出版社 2000 年版,第 121 页。

② 目前的研究主要集中在宋代,关注的焦点也是《同文馆唱和诗》《礼部唱和诗》等考试官的闱场唱和。主要的成果有:钱建状、杨唐衍:《考官的雅集:〈同文馆唱和诗〉》,《教育与考试》2009 年第 4 期;诸葛忆兵:《论宋人锁院诗》,《文学评论》2009 年第 6 期;吕肖奂:《元祐更化初同文馆中的品鉴联谊式唱和——〈同文馆唱和诗〉研究系列三》,《阅江学刊》2013 年第 3 期;吕肖奂:《元祐更化初〈同文馆唱和诗〉考论》,《四川大学学报》(哲学社会科学版) 2013 年第 3 期;吕肖奂:《试官们的生活与视界——〈同文馆唱和诗〉研究系列四》《广州大学学报》(社会科学版) 2013 年第 11 期;吕肖奂:《〈同文馆唱和诗〉诗人事迹考补——〈同文馆唱和诗〉研究系列二》,《新国学》第十卷,四川大学出版社 2014 年版;方健:《〈同文馆唱和诗〉考释》,《新宋学》第三辑,上海人民出版社 2014 年版;曾枣庄:《文星璀璨 北宋嘉祐二年贡举考论》,复旦大学出版社 2010 年版;周兴禄:《宋代科举诗词研究》,齐鲁书社 2011 年版。裴兴荣、冯喜梅:《论金代的贡院唱和诗》,《山西大同大学学报》(社会科学版) 2016 年第 1 期。

入学仪式，它"始于清代乾嘉之交，风行于道光以后"①。尽管光绪三十一年（1905 年）科举制度废除，它从此正式退出历史舞台，但是重游泮水的甲子周期性特征，让它在中华民国乃至步入中华人民共和国②仍时有发生。就目前存世的 25 部民国重游泮水唱和专集与散见于《虞社》《兰言晶报》《浙江同乡会周年纪念刊》等民国报纸杂志的重游泮水唱和诗词来说，重游泮水唱和在民国期间颇为兴盛，是一个重要的社会文化现象，但是现当代文学史的叙述关注于白话文学的发展，无意中遮蔽了旧体诗词创作的事实，因此民国重游泮水唱和的研究还是一块尚待开发的新大陆。

一、世殊时异：重游泮水唱和在民国的转变

重游泮水是清代特有的科举礼仪，有"重视科名、尊崇耆旧之意"③。因其六十年的周期性，这种文化现象并未随时代更迭而中断，虽先后经历光绪三十一年（1905 年）科举制度的废除与 1911 年辛亥革命的浪潮，但进入民国后依然时有发生。"重游泮水者，辛亥革命以后，亦恒有，大抵岁友赋诗贺之"④，文本性的诗词唱和逐渐取代仪式的举办，成为纪念重游泮水的主流形式。

参与民国重游泮水唱和的文人，多身负清朝的科举功名，是对清朝深怀眷恋的清遗民。由受人尊敬的文人学子沦为饱受批判的清遗民，身份的转变带给他们不同往日的感受。尽管时至民国，社会已从封建专制走向民主共和，"不事二姓"的遗民准则也失去了现实的基础，但是他们依然效仿历代遗民的行为，不顾外界的负面评价，试图来保存心中的节义观。这些清遗民深受清朝社会文化的影响，在价值观念、情感表达与行为方式上与旧时代有着千丝万缕的联系。进入民国，不免如秦锡田所言"吾辈酸丁已成不合时宜之废物矣"⑤，与新时代相左，沉浸在往日时光中。就目前已知的 51 位重游泮水文人而言，他们与世龃龉的行为方式，具有鲜明的遗民属性。辛亥革命后，陈夔龙避居沪上，筑花近楼，与沪上遗民雅集酬唱；张其淦专心著述，编有《元代八百遗民诗咏》《明代千遗民诗咏》，以全历代遗民之志；朱家驹"与江南北遗老相唱和"⑥；喻长霖以终身不事二君谢绝袁世凯、孙传芳等人的聘任；姚文栋"奉母避世于南翔之别墅，闭户寂处，不改正朔，不弃发，不废衣冠"⑦；孙雄"自经陵谷，辑影旧都，粥文糊口"⑧。民国重游泮水在这些

① 庄庆祥：《蓉江耆老重游泮水唱和集》启，民国二十一年（1932 年）铅印本，卷首。

② 目前存《张伯初先生丙申重游泮水唱和原稿》（1956 年），《陈甲林先生重游泮水唱和集》（1965 年）两种重游泮水唱和集。

③ 云若：《任孝廷鹿鸣重赋 章一山泮水重游》，《新天津画报》，1939 年 12 月 15 日，第 1 版。

④ 徐珂：《康居笔记汇函》，山西古籍出版社 1997 年版，第 190 页。

⑤ 秦锡田：《享帚续录》卷三，民国十九年（1930 年）铅印本，第 113 页。

⑥ 秦锡田：《享帚续录》卷一，民国十九年（1930 年）铅印本，第 31 页。

⑦ 许汝芬：《景宪先生传》，卞孝萱、唐文权编《辛亥人物碑传集》，凤凰出版社 2014 年版，第 639 页。

⑧ 俞寿沧：《孙吏部传》，卞孝萱、唐文权编：《辛亥人物碑传集》，凤凰出版社 2014 年版，第 628 页。

清遗民眼中依然是文化上的盛事，《福尔摩斯》，1934 年 9 月 14 日《如皋重游泮水》报道："全县进士举人秀才现存者，共一百余人，什九耄耋，其中有年跻耄耋，须发如银者，有寿逾古稀，精神矍铄者，聚首一堂，厥状至趣，盖年皆在八十以上，最稚者亦年近五十，令人一见，几忘处身于民国也。"① 全县身负清朝功名的文人几乎全部聚集在一起，共同庆贺重游泮水的盛典，呈现出与"外界"民国的疏离。这种内在的遗民属性，不因社会变迁、文化转型而改变。顾忠宣光绪年间即推广新学，创办新式学堂，并在知天命之年赴上海科学仪器馆理化专科深造，虽然他"当逊清之末造为科学之先知"②，不为传统的思想观念所囿，力图与世界接轨，谋新求变；但他身上仍带有遗民的文化色彩，其《重泮唱和集序》言"夫早岁科举停止以来，迎送入庠之举久不闻矣。然地老天荒，犹溯阿房故址，星移物换，共谈天宝旧闻"③，言语中流露出深沉的缅怀之感，这是生长环境、文化传统与价值观念上呈现的一种历史惯性。

民国重游泮水唱和往往具有"一唱百和"的规模，相较于清代重游泮水唱和而言，更加注重此类文献的保存与整理。夏勇指出"清代唱和总集数量虽多，其个体规模却往往偏小，普遍在一卷至数卷之间，十卷以上者便不多见"④，民国重游泮水唱和诗集大多仅有一卷，但是参与的人数往往达百人之多，唱和的规模也往往超过清代的同类唱和集。清代重游泮水唱和集，目前仅见潘世恩《重游泮水诗》、况祥麟《重游泮水诗钞》、李文荣《含饴堂重游璧水诗集》、徐菼《泮璧垂庆》、况洵《重游泮水诗钞》、方汝绍《重游泮水重谐花烛唱和集》、徐琪《芹池叠喜诗》、刘烺《泮藻垂馨集》八部，其他诗作多见于文人别集中，未单独刊刻。其中李文荣《含饴堂重游璧水诗集》的规模最大，有 121人参与。但与民国一比，就未免相形见绌。朱家驹重游泮水"有长句如干首记事，三百余人和之"⑤；于树滋"以重游述怀诗寄是海内，和者已多至百余家"⑥；翻检其余民国重游泮水诗集，如刘增禄《庚申重游泮水唱和集》有 143 人参与，李维翰《重游泮水唱和诗集》有 80 余人参与，张廷升《张选甫先生重游泮水唱和集》有 204 人参与，张其淦《邵存重游泮水诗集》有 120 人参与，陈夔龙《璧水春长集》有 111 人参与，林葆恒《讱庵重游泮水唱和诗录》有 106 人参与。民国重游泮水唱和的规模如此之大，与报刊等近代传媒的兴盛有着直接的联系。报刊登载相关征文启事与唱和诗词，有效地打破人际地域关系的限制，让更多的志同道合者参与进来。前者如《三水梁太公重游泮水征诗文启》《吴兴倪洪璇先生重游泮水征诗公文启》《陈慎庵重游泮水征文启》等，其中成功的典范

① 山岳：《如皋举行重游泮宫》，《福尔摩斯》，1934 年 9 月 14 日，第 1 版。

② 秦锡田：《重泮唱和集序》，顾忠宣、徐守清辑：《重泮唱和集》，民国十六年（1927 年）铅印本，卷首。

③ 顾忠宣：《重泮唱和集序》，顾忠宣、徐守清辑：《重泮唱和集》，民国十六年（1927 年）铅印本，卷首。

④ 夏勇：《论清代唱和诗总集的基本形态》，《晋中学院学报》2014 年第 2 期，第 106~110 页。

⑤ 吴鸣麒：《重游泮水唱和诗序》，朱家驹辑：《重游泮水唱和诗》，民国十九年（1930 年）铅印本，卷首。

⑥ 渐逖：《瓜渚于氏遁叟璧水重游唱和集序》，于树滋：《瓜渚于氏遁叟璧水重游唱和集》，民国二十四年（1935 年）铅印本，卷首。

即为朱家驹，"丙寅孟夏以公重游泮之年撰启征诗，名作如林，汇程巨帙"①。值得注意的是还有些文人将自己的重游泮水诗词刊刻出来，投赠亲友，于封面上言及如有题赠邮寄至某地，如《唐思岘先生重游泮水诗稿》就以此方式征稿，封面题写"拙稿征和如蒙宠锡诗文字画名著奇珍请即惠寄镇江城内梳儿巷十九号本宅为荷"②。后者如吴存甫、杨云泉《重游泮水唱和诗》卷中载化名老朽之作，其言"顷见三月十三日《茸报》载吴杨二君重游泮水诗，慨喟苍凉，若有不胜身世之感者，老朽意有所触，因亦效颦和七律一章云……"③ 方佛生在《虞社》第一百五十一号载"己巳年重游泮水率赋一章敬乞同人赐和"④。辛亥革命后，旧体诗词在主流刊物的文艺副刊中式微，更多是《虞社》《兰言晶报》《江苏同乡会周年纪念刊》《嘉定秋霞诗社月刊》《船山学刊》等带有地域性社团主办的刊物，刊载同人的重游泮水唱和诗词。孙雄、蔡竹泉、方佛生、季际清、黄凤岐、吴承炬等未存重游泮水唱和集者，多赖此以存同人唱和之作。

重游泮水唱和经辛亥革命后，明显由颂扬的高唱转为沉潜的低吟，主题遂由享高年、颂科名变为叹世变、慨兴衰。清朝自袁枚戏仿重赴鹿鸣故事作《重赴泮宫诗》，遂开重游泮水唱和之始，文人幸逢重游泮水之期，往往标举为儒林盛事、耄耋佳话，况澄《杨玉生重游泮水诗序》言："士重科名，首基黉序。游泮非难也，重游为难。盖士人入庠多在志学，前后此事成于人。若再值入庠之岁，躬逢盛典，则必年逾古稀。此其权归于天，人立其名。天予其受，必名与寿兼，泮宫乃得重赴，可不难乎？"⑤ 将重游泮水归结于上天的恩赐，感慨机会之难得。重游泮水唱和诗作更是一派颂扬之音，如潘世恩、李文荣、卢文弨、韩崶等人的唱和诗作，"何必人间推北斗，门闾通德是康成"⑥，"文章经术冠群儒，棣萼齐名拟骆卢"⑦，"耆年掌故高纶阁，秀句琳琅压笔床"⑧，"径接羊求招隐士，学兼汉宋作调人"⑨，大多是称赞其品行卓绝，叙述其功业著述，堪为士林表率。进入民国，"当今共和肇造，科举停止，既永无入泮之时，又何有重游之典"⑩，时事变迁的沧桑感慨取代颂扬之声，成为重游泮水唱和创作的主要基调。这种基调是文人受外在的环境

① 吴鸣麒：《重游泮水唱和诗序》，朱家驹辑：《重游泮水唱和诗》，民国十九年（1930 年）铅印本，卷首。
② 唐邦治：《唐思岘先生重游泮水诗稿》封面，民国铅印本，卷首。
③ 吴存甫、杨云泉辑：《重游泮水唱和诗》，民国松江成章印刷所铅印本，第 1 页。
④ 方佛生：《己巳重游泮水率赋一章敬乞同人赐和》，《虞社》第一百五十一号，第六张第四页。
⑤ 况澄：《西舍文遗编》，《清代诗文集汇编》第 601 册，上海古籍出版社 2010 年版，第 754 页。
⑥ 钱维乔：《卢学士抱经以壬子岁重游泮宫诗索酬为赋二律》，《竹初诗文钞》诗钞卷十五，《清代诗文集汇编》第 396 册，上海古籍出版社 2010 年版，第 180 页。
⑦ 严敦钟：《和重游泮水述怀原韵》，《含饴堂重游璧水诗集》，《清代诗文集珍本丛刊》第 379 册，国家图书馆出版社 2018 年版，第 105 页。
⑧ 邓廷桢：《奉和芝轩相国重游泮宫寄赠吴鉴莽同案原韵》，《双砚斋诗钞》卷十六，《清代诗文集汇编》第 520 册，上海古籍出版社 2010 年版，第 120 页。
⑨ 汪兆澐：《和韩听秋师重游泮宫韵》，《织帘书屋诗钞》卷五，《清代诗文集汇编》第 546 册，上海古籍出版社 2010 年版，第 36 页。
⑩ 胡思睿：《毕景岩先生重游泮水题咏集序》，民国十三年（1924 年）刻本，卷首。

影响下自我营造的产物，这是社会转型阶段下传统文人的共同感受，正如刘大鹏所言，"积愤积恨，无处发泄，惟藉吟咏以泻一时之感慨，然虽笔之以册，不敢为外人道也"①。相对于文人的独咏，唱和更能表达出群体的真实感受。民国重游泮水唱和是以主人翁为中心的情感交流，受限于主人翁的社会交往网络，呈现出一定的封闭性，此中人难与"外人"沟通，他们登报征诗的举措是想获得"同道"的鼓励，感慨世事变迁的沧桑、文化转型的失落，如"漫道沧桑多世变，青灯有味似儿时"②，"九儒下与十丐若，咿唔为文益轻薄"③，"凄凉故国沉春梦，检点残书露笑容"④，"野老静观新世界，周京彼黍咏离离"⑤。他们沉浸在故国的旧梦里，较少参与民国的社会生活中，悲戚、惋惜、伤感的色彩浸润在他们的唱和诗词作品里，让原本值得纪念的特殊活动转变为引发回忆的伤口。何刚德，曾于辛亥前后分别和方汝绍、陈夔龙两人重游泮水诗作，光绪二十二年（1896年）方汝绍重游泮水，何刚德和作"五朝耆旧名卿传，一笑婆娑老子身"，"梅花仙眷住罗浮，颍上风流胜子由"⑥，还是清闲喜乐之语；而民国二十一年（1932年）陈夔龙重游泮水，何刚德和作"等是八龄孤露感，机声和泪北堂幽"，"自完初服成遗老，重饰儒巾笑故吾"⑦，就明显带有感伤悲戚的色彩，这前后的转变是时代变迁、身份变化所赋予的，诗人只是真实地表现出来而已。

外在的评价亦随社会的转型而变，儒林盛事、耄耋佳话沦为"前清科举时代之滑稽剧"⑧。在民国社会中，负面性评价始终笼罩在重游泮水唱和之上，毕竟它是清朝科举时代典制在民国的遗存，在新时代很容易被贴上"守旧"的标签。

二、礼乐存续：民国重游泮水唱和中的焦虑

辛亥革命，不仅改变了中国的政治制度，由封建专制转向民主共和，而且加速了西学东渐的进程，冲击着中国传统文化的固有地位。在社会变迁、文化转型的双重变局下，古与今、中与西、传统与现代等问题深刻地影响着清遗民以及传统文人的生存境遇与文化心态。他们逐渐从社会政治、文化的中心走向边缘，特别是新文化运动后，白话取代文言成为文学创作的主流，他们逐渐被社会所忽视，以致消失在如今现当代文学史的叙述中。"诸公之唱和，亦孔子饩羊之意也"⑨，民国重游泮水唱和以群体的面貌展现出他们"文

---

① 刘大鹏：《退想斋日记》，山西人民出版社1990年版，第431页。

② 陆积昌等：《朱履客重游泮水征诗集》，民国十一年（1922年）铅印本，第1页。

③ 赵光荣辑：《丹徒赵子枚先生八十寿辰重游泮水唱和集》，民国十三年（1924年）铅印本，第12页。

④ 张廷升辑：《张选甫先生重游泮水唱和集》，民国二十三（1934年）甲戌排印本，第3页。

⑤ 张其淦辑：《邵村重游泮水诗集》，民国二十三年（1934年）铅印本，第21页。

⑥ 方汝绍辑：《重游泮水重谐花烛唱和集》，美国哈佛图书馆藏抄本。

⑦ 陈夔龙：《璧水春长集》，《陈夔龙全集》下，贵州民族出版社2014年版，第936页。

⑧ 《一周间》（自三月十三日至三月十九日），《人言周刊》1934年第6期，第131页。

⑨ 潘梓彝：《邵村重游泮水诗集跋》，民国二十三年（1934年）铅印本，卷首。

化遗民"的历史身份，表现了他们对于中华礼乐文化能否存续的忧虑。

民国重游泮水唱和，反映出清遗民以及传统文人立足于中国文化传承的立场上，对当时社会欧化、西学流行的现状提出批判，特别是对民国教育制度中对于儒家经典学习的淡化感到担忧。清代科举以"四书五经"为考试内容，"科举题目所在，不得不记诵经文，又因词章敷佐之需，不得不掇拾经字"①，国家制度性保障使得文士需潜心研读经典，探讨儒学知识。自晚清以来，西方列强的侵略，迫使清朝寻求从器物到制度的改革，其中科举亦经历了废八股、改策论的谋新之变，但考试内容始终局限在人文领域，缺乏对科技人才的选拔，不符合当时社会发展的需要。光绪三十一年（1905年）废除科举制，对中国社会造成巨大的影响，尔伯特·罗兹曼甚至称"1905年是新旧中国的分水岭；它标志着一个时代的结束和另一个时代的开始，必须把它看作是比辛亥革命更加重要的转折点"②。这个转变几乎从根本上改变中国传统文人的社会地位，甚至直接导致中国传统文化的衰落。刘大鹏在日记中直接描摹出当时文士的反应，"科考一停，士皆驱入学堂从事西学，而词章之学无人讲求，再十年后恐无操笔为文之人矣"③。其实早在废除科举之前，张之洞就已表现出这种忧虑，"始则无人肯读，三十年以后则宿儒已尽，后学茫然，必致无人能解，从此经书废绝，古史亦随之"④，于是他在学校章程中设置读经课程，试图挽救科举废除后儒家传统经典的阅读危机。民国肇始，蔡元培颁布条例，废除读经，彻底扫清晚清学制留下的影子，打破儒家经典对于国民教育的束缚。袁立春《论废科举与社会现代化》一文中曾统计"在清末的普通学校里，传统知识的读经课程只占比重27.1%，数理化外语等新知识类课程已占72.9%，到民国初年，传统的读经课程已减少为8.4%，而新知识类课程竟达到91.6%"⑤，数据的变化展现出现代教育对于儒家经典的摒弃，儒家经典面临着失传的威胁。面对如此严峻的形势，在重游泮水唱和中，清遗民们痛心疾首，反复提及儒家经典束之高阁的现象，"五经扫地无人顾，独抱春秋礼素王"⑥，"丽日六经同束阁，失时八股绝传衣"⑦，"二十年来时事异，六经谁诵道谁尊"⑧，儒家经典作为传承中国礼乐文化的重要载体，无人阅读的尴尬境遇促使清遗民乃至传统文人重新对中西、新旧文化进行反思。他们将此归结于西方文化"异学""欧风"对于中国传统礼乐文化"中学""旧学"的侵蚀，民国十二年（1923年）毕永冈重游泮水，毕毓文为其作《重游泮水题咏集序》言："欧风东渐，文尚斜行，改革以来，人轻旧学。"⑨而更多的则是以诗笔直言其事，对西学、欧化提出严厉的批评，如"墨雨欧风渐染遍，何时重见旧衣

---

① 张之洞：《张之洞全集》，河北人民出版社1998年版，第1661页。
② ［美］罗兹曼主编：《中国的现代化》，陶骅等译，上海人民出版社1989年版，第338页。
③ 刘大鹏：《退想斋日记》，山西人民出版社1990年版，第147页。
④ 张之洞：《张之洞全集》，河北人民出版社1998年版，第1501页。
⑤ 袁立春：《论废科举与社会现代化》，《广东社会科学》1990年第1期，第81~88页。
⑥ 陆积昌等：《朱履客重游泮水征诗集》，民国十一年（1922年）铅印本，第18页。
⑦ 张其淦辑：《邵村重游泮水诗集》，民国二十三年（1934年）铅印本，第12页。
⑧ 张其淦辑：《邵村重游泮水诗集》，民国二十三年（1934年）铅印本，第4页。
⑨ 毕蔺辑：《毕景岩先生重游泮水题咏集》，民国十三年（1924年）刻本，卷首。

冠"①，"异学争鸣正恐惶，白头犹恋泮芹香"②，"而今欧化皆东渐，讲席何人主授经"③，"易辙改弦鸣异学，用夷变夏感今时"④，"触目欧风新学子，感怀殿撰旧宗师"⑤，"美雨欧风论国是，黉宫又见汉威仪"⑥。尽管这些传统文人的文化观念有顽固守旧之嫌，但是也道出他们对现实中经典阅读缺失造成的文化断层的深深忧虑，张永祚《和朱家驹重游泮水》句下小注就言："现在经书废弃，国语盛行，恐十年后读书种子绝矣。"⑦

民国重游泮水唱和，是清代特有的科举礼仪的延续，被视为中国礼乐文化的一部分。他们借重游泮水唱和表现出对礼乐文化存续的担忧，对世道人心凋敝的惶恐。民国重游泮水唱和中出现频率最高的就是"告朔饩羊"这个典故，在清遗民乃至传统文人眼中，"诸公之唱和，亦孔子饩羊之意也"⑧。"告朔饩羊"典出自《论语·八佾》，"子贡欲去告朔之饩羊。子曰：'尔爱其羊，我爱其礼。'"鲁国自文公起已经不赴祖庙行告朔之礼，通常仅献祭一只羊来敷衍形式，子贡认为这仅是虚应差事而无意义，想要将这徒具形式的献祭之羊都省略，孔子之语"尔爱其羊，我爱其礼"，表现出他对礼乐仪式的重视。重游泮水，起自清乾嘉年间，与中国传统的礼乐制度缺乏紧密的联系，但在清遗民乃至传统文人眼中，它已经被扩大泛化，正如冯天瑜所言："由于辛亥革命推翻的不单是清王朝，而且了结沿袭两千多年的宗法帝制，故在继清而起的民国生活的前清遗老遗少，追怀的不仅是一个特定的前朝，还包括整个宗法帝制，以及与之相表里的传统文化。"⑨ 以清遗民为主的传统文人甚至将重游泮水唱和上升到关系中国礼乐文化的高度。民国二十年（1931年）朱敦昇为张廷升作《重游泮水唱和集序》，他指出："泮池之芹鞠为茂草，谁有顾复而问者，重游咏诗胡为乎？虽然，告朔饩羊，我爱其礼，圣人言之矣。既遭遇世变，而回想太平修养之天，此中国文化不绝如缕者，而可等闲视之乎？"⑩ 在重游泮水之礼难以举行的背景下，重游泮水唱和是延续重游泮水之礼的重要象征，它甚至已经成为中国文化不绝的象征。爬梳民国重游泮水唱和诗词，诸如"饩羊此日征同爱，绣虎当年让独先"⑪，"为存告朔饩羊意，特纪成童舞象年"⑫，"国敝犹争秦失鹿，礼亡奚忘鲁存羊"⑬，"鲁马不

---

① 许湘祥辑：《诸吟坛赐和重游泮水诗》，民国六年（1917年）铅印本，第33页
② 陆积昌等：《朱履客重游泮水征诗集》，民国十一年（1922年）铅印本，第18页。
③ 李德星：《重游泮水征和诗存》，民国二十年（1931年）铅印本，第4页。
④ 张其淦辑：《邵村重游泮水诗集》，民国二十三年（1934年）铅印本，第6页。
⑤ 张其淦辑：《邵村重游泮水诗集》，民国二十三年（1934年）铅印本，第7页。
⑥ 毛显麟辑：《武林毛子云先生重游泮水唱和集》，民国二十八年（1939年）铅印本，第45页。
⑦ 朱家驹：《重游泮水唱和诗》，民国十九年（1930年）铅印本，第23页。
⑧ 潘梓彝：《邵村重游泮水诗集跋》，民国二十三年（1934年）铅印本，卷首。
⑨ 冯天瑜：《民初"文化遗民"研究序》，罗惠缙：《民初"文化遗民"研究》，武汉大学出版社2011年版，第2页。
⑩ 朱敦昇：《张选甫先生重游泮水唱和集序》，民国二十三（1934年）甲戌排印本，卷首。
⑪ 许湘祥辑：《诸吟坛赐和重游泮水诗》，民国六年（1917年）铅印本，第2页。
⑫ 陆积昌等：《朱履客重游泮水征诗集》，民国十一年（1922年）铅印本，第6页。
⑬ 赵光荣辑：《丹徒赵子枚先生八十寿辰重游泮水唱和集》，民国十三年（1924年）铅印本，第9页。

来先失实，饩羊未去尚存名"①，"告朔饩羊存古礼，士林重咏泮宫诗"② 等，频繁出现在清遗民的笔下。蒋寅说"当一种价值需要刻意强调的时候，通常意味着它正在丧失自己的身份及地位"③，清遗民将重游泮水唱和视为斯文不坠的标志，将重游泮水唱和的主人翁视为鲁殿灵光、传承文化薪火的伏生，刻意强调重游泮水主人翁与重游泮水唱和在民国的特殊价值。因为在他们眼中，重游泮水唱和已经并非清朝时期简单的科举纪念礼仪，而是在社会、文化转型下保存文化薪火的重要象征行为，"泮水之重游与否，于斯人声价无足轻重，而丕变文风，挽回颓局，作中流之砥柱，寄吾道于干城，其裨益于天下后世人心者，实非浅鲜，区区唱酬之集，何足以尽之哉"④，重游泮水唱和，不再是个人的荣誉，而是有关于世道人心、文风丕变的关键。民国重游泮水唱和，因这些"文化遗民"的身份，突出唱和本身"告朔饩羊"之意，恰如他们自己所意识到的"不在形式在精神"⑤，在自己有限的影响范围内呼吁重视中国传统的礼乐文化。

新文化运动以来，陈独秀等人提倡民主与科学，反对旧道德、旧礼教，这是顺应时代发展趋势之举，但以清遗民为主的传统文人因自身的教育背景、成长环境、文化观念，强调对中国传统礼乐文化的存续，现在看来亦有一定的道理，不能以"守旧""复古"的标签而全盘否定。

三、重新定位：民国重游泮水唱和在科举史、文学史的意义

民国重游泮水唱和，作为特殊的社会文化现象，涉及科举的历史发展与遗民的文学创作，而当今学界并未关注到它的重要意义。它是清朝科举制度在辛亥革命后的遗响，以群体性的文字交流侧面地呈现了"旧人物入新时代"⑥ 的隐微心理。

民国重游泮水唱和，是清代科举礼仪在民国的另类延续，它是中国一千三百余年科举发展史的一部分，不能因光绪三十一年（1905 年）废科举就否定它存在的价值，特别是它呈现出以清遗民为主的传统文人对于科举制度的反思与眷恋，可以丰富当前学界对于科举制度的相关研究。重游泮水与重赴鹿鸣、重宴琼林是清代科举制度特有的产物，它们以表彰士林宿儒为初衷，通过对科名与高寿的称颂，展现出国家对于宿学耆老的重视。自清代重游泮水、重赴鹿鸣、重宴琼林以来，往往都伴随着唱和活动，"昔贤重宴琼林、鹿鸣往往自赋其事，一时酬和甚多，如黄昆圃、熊涤斋诸君是也。袁子才重游泮宫，亦多和作，近人每有征诗成集者，今里三继志述事，冀当代之流传并垂不朽，行见琳琅满幅，永播清芬"⑦。重游泮水唱和相对比重赴鹿鸣、重宴琼林的要求较低，是以发生的几率较高、

① 李天柱：《步苏履吉重游泮水七律二首》，于水源主编：《临桂诗词系列丛书（民国卷）》，线装书局 2016 年版，第 143 页。
② 毛显麟辑：《武林毛子云先生重游泮水唱和集》，民国二十八年（1939 年）铅印本，第 16 页。
③ 蒋寅：《清代诗学史》第二卷，中国社会科学出版社 2019 年版，第 216 页。
④ 杨蔚：《重游泮水唱和诗序》，民国十九年（1930 年）铅印本，卷首。
⑤ 陆志青：《许月旦项涵公二老先生重游泮水》，《江浙同乡会三周年纪念刊》，1942 年，第 39 页。
⑥ 樊增祥：《樊樊山诗集》，上海古籍出版社 2004 年版，第 1966 页。
⑦ 况澄：《西舍文遗编》，《清代诗文集汇编》第 601 册，上海古籍出版社 2010 年版，第 754 页。

次数较多，科举功名集中在生员层次，在这六十年中或继续向上中举人、进士，或退出科举，另谋出路，社会身份更加趋于多元化。发起民国重游泮水唱和的主人翁，从前清官员、乡村塾师、贩运商贾到新学教师，更加全面地呈现出科举制度变迁对社会的影响。近年来对于科举文献的整理与汇编成为学术界的热点，《清代朱卷集成》（1992 年）、《中国科举文化通志》（2015 年）、《宋代科举资料长编》（2017 年）、《稀见明清科举文献十五种》（2019 年）、《贾江溶藏稀见清代科举史料汇编》（2020 年）等文献的出版、刊刻，推动了科举制度相关的研究。遗憾的是，目前所见经整理的相关清代文献均未涉及重游泮水唱和集。重游泮水唱和集，作为一种以文学形式存在的科举文献资料，不仅可以推测出主人翁的入泮时间与入泮年龄，还能记录下他们对于科举的细腻感受。特别是民国重游泮水唱和，身在民国的清遗民们回溯六十年的历史时光，重温当年入泮的喜悦，慨叹科举制度的废除，诸如 "诏罢科举岂得已，时艰所迫非偶然"①，"科举裁停学界新，黉宫不复旧时春"②，"无端科举文章废，学堂代兴千万费"③，"自从科举消停后，文士于今罢选抡"④，"科举学校等是出人才，尊今贱古亦怪哉"⑤，在他们的话语表述中明显对于科举的废除还耿耿于怀。在他们眼中，科举考试与学堂教育都是人才选拔的一种方式，这与唐文治《邵村重游泮水诗集序》中提及的 "科举不足累人，人自累科举"⑥ 的观点一致，这是对清末 "科举一日不停，士人皆有侥幸得第之心，以分其砥砺实修之志"⑦ 的反拨，体现民国时期清遗民对废科举后的反思。对民国重游泮水唱和的整理与研究，将会有效地丰富清朝科举研究的资料，提供清遗民的独特视角，揭示废科举的社会、文化影响，完善科举制度从建立到废除的整个过程的研究。

民国重游泮水唱和，本质上还是文人的群体性活动，清遗民藉诗词文本的交流反映出他们的情感世界，因时代剧变赋予他们独特的生命感受，具有别样的文学价值。在现当代文学史的叙述中，白话文学的发展成为时代的主流，遮蔽了当时旧体诗词的创作现实。民国时期旧体诗词创作实则并未陡然直降，以清遗民为主的传统文人依然保持着旺盛的创作欲望，结社、雅集活动不断，用他们的方式记录时代变迁，真实地反映他们在社会、文化转型下的文人心态。民国重游泮水唱和，延续了历代遗民结社的传统，是带有清遗民标签的独特产物。与历代备受推崇的遗民不同，"不事二姓" 的道义准则已不复存在，清遗民的守贞行为并未得到民国社会的认可，反而饱受外界批判，被贴上顽固守旧的标签。"民国以来，各地老秀才逢此盛典，依旧举行"⑧，他们在重游泮水唱和中喜用 "黄花晚节""岁寒松柏" 来自喻，虽未如郑孝胥直接宣称 "民国乃敌国

① 许湘祥辑：《诸吟坛赐和重游泮水诗》，民国六年（1917 年）铅印本，第 36 页。
② 李廷俊：《步苏履吉重游泮水七律二首》，于水源主编：《临桂诗词系列丛书（民国卷）》，线装书局 2016 年版，第 154 页。
③ 朱家驹辑：《重游泮水唱和诗》，民国十九年（1930 年）铅印本，第 1 页。
④ 朱家驹辑：《重游泮水唱和诗》，民国十九年（1930 年）铅印本，第 2 页。
⑤ 万文焕辑：《万星州先生八秩重游唱和集》，民国二十八（1939 年）铅印本，第 70 页。
⑥ 唐文治：《邵村重游泮水诗集序》，民国二十三年（1934 年）铅印本，卷首。
⑦ 张之洞：《张之洞全集》，河北人民出版社 1998 年版，第 1662 页。
⑧ 《沈其泉重游泮宫》，《晶报》，1937 年 5 月 20 日，第 2 版。

也"①，但还是与民国社会存在着鲜明的隔阂，他们唱和的对象限制于他们的交际圈，唱和的内容沉浸于过去的生活，呈现着相对封闭的状态。民国重游泮水唱和，因是重游泮水事件而发生的唱和，带有类型化的特征，从前清高官到乡村塾师、从沪上租界至广西乡县，遍及当时社会，所存大量诗词文本较为全面地呈现以清遗民为主的传统文人的真实心声。陈夔龙是晚清督抚一级的高官，避居沪上租界，筑花近楼与清遗民唱和流连，其民国二十一年（1932 年）重游泮水引起东南地区文士的积极响应，其中除赞颂之音外，亦多是感慨沧桑之声，如"封疆领袖存遗老，黉序英髦感故吾"②，"国破遗黎孰拊循，危巢累卵尚相亲"③，"世变沧桑剩此身，衣冠文物已成尘。相期海上终遗老，又到黉中再到人"④；而苏履吉为广西义宁县人，科举功名仅为生员，民国十五年（1926 年）重游泮水时亦赢得乡人的广泛支持，其中诸如"衣冠有意留遗老，芹藻多情恋旧人"⑤，"华疆学界尽翻新，无复当年泮水香"⑥，"衣冠不改前朝士，鬓发知殊往日人"⑦ 等，都共同表现出以清遗民为主的传统文人对于社会变迁的敏锐感受。新人言新，旧人言旧，他们与白话文学创作泾渭分明，这都是民国时期文学的真实表现，不能因其观念上的守旧而对之报以偏见。值得注意的是，民国重游泮水唱和承袭清代重游泮水唱和，虽亦不免带有对主人翁的颂扬，但大多书写自己的真实感受，其中不乏佳作。如刘源震和毕永刚重游泮水之作："黉宫后进费疑猜，少见每多说怪哉。月窟早无攀桂念，泮池何又掇芹来。家天下变民天下，旧秀才为新秀才。我亦膠庠身溷迹，青衫检点乐相陪。"⑧ 其时乃民国十二年（1923 年），诗人结合当时国家政体、教育体系的转变，因重游泮水难逢与入泮之礼断绝，表现出惋惜的心态。民国重游泮水唱和，给予了以清遗民为主的传统文人创作的契机，保存了民国时期大量的旧体诗词文献，由此窥见"诸遗老之诗歌及同门中人之扬风拈雅"⑨。

民国重游泮水唱和在当时社会评价中呈现着两极化的趋势，以清遗民为主的传统文人认为重游泮水唱和是振风雅、存礼义的行为，而外界的民国社会对他们提出激烈的批评，称其"不过这种专制政体下的遗物，在革命旗帜下的重演，似乎有些不伦不类"⑩。两者都受个人立场限制，不免有所偏颇。民国重游泮水唱和，与清朝的重游泮水唱和相比，它反映出文化转型下人们的一种新旧选择，反映思想观念、价值体系的历史变化，对于研究清遗民这一特殊群体具有管中窥豹的重要作用。

---

① 郑孝胥：《郑孝胥日记》（第三卷），中华书局 1993 年版，第 1705 页。
② 陈夔龙：《璧水春长集》，《陈夔龙全集》下，贵州民族出版社 2014 年版，第 938 页。
③ 陈夔龙：《璧水春长集》，《陈夔龙全集》下，贵州民族出版社 2014 年版，第 963 页。
④ 陈夔龙：《璧水春长集》，《陈夔龙全集》下，贵州民族出版社 2014 年版，第 978 页。
⑤ 唐建甲：《步苏履吉重游泮水七律二首》，于水源主编：《临桂诗词系列丛书（民国卷）》，线装书局 2016 年版，第 373 页。
⑥ 苏国荣：《步苏履吉重游泮水七律二首》，于水源主编：《临桂诗词系列丛书（民国卷）》，线装书局 2016 年版，第 336 页。
⑦ 秦锡光：《步苏履吉重游泮水七律二首》，于水源主编：《临桂诗词系列丛书（民国卷）》，线装书局 2016 年版，第 289 页。
⑧ 毕蔺辑：《毕景岩先生重游泮水题咏集》，民国十三年（1924 年）刻本，第 5 页。
⑨ 潘梓彝：《邵村重游泮水诗集跋》，民国二十三年（1934 年）铅印本，卷首。
⑩ 固安：《重游泮水》，《时代日报》，1935 年 3 月 15 日，第 1 版。

四、结　语

　　民国重游泮水唱和，是以清遗民为主的传统文人在社会转型、文化变迁的历史背景下的吟咏。不同于自我封闭型的独吟，这种群体性的唱和活动反映出"旧人物入新时代"的独特感受，展现出他们面对中国传统礼乐文化失落的忧虑，是民国时期旧式文人的另类诗史。不仅如此，民国重游泮水唱和还是一千三百余年科举制度在民国的遗响，它承载着最后一批参加科举考试，获取科举功名文人的回忆，渗透了他们对于科举制度的眷恋，表现出他们在中西、新旧教育变革下的真实心声。尽管以清遗民为主的传统文人思想观念腐旧，与时代相左，但是从客观再现民国文学发展面貌，梳理科举发展始末的角度上，民国重游泮水唱和还是具有进一步研究的可能性与必要性的。

　　　　　　　　　　　　　　　　　　　（作者单位：上海大学文学院）

近代以降中日文学环流中的鲁迅*

□ 李圣杰 程一骄

【摘要】鲁迅文学在日本的流播已逾百年，即使在中日命运多舛的历史时期，也不曾间断。迄今鲁迅的作品仍被日本初高中教材收录，无论在日本三大报纸《读卖新闻》《朝日新闻》《每日新闻》里，还是在两大搜索引擎谷歌、雅虎中，鲁迅的检索信息多于获诺贝尔文学奖的美国作家海明威；而在搜索引擎中，鲁迅的检索信息甚至超过了获诺贝尔文学奖的日本作家川端康成。鲁迅文学的强大的生命力和世界性价值要素，是亟待发掘研究的课题。鲁迅作品所扬播的是一种民族精神，是精神品格和风骨。对比今昔，追溯本源，反观历史，对于今天向世界讲好中国故事，加深理解鲁迅文学的真正意义和价值大有裨益。对鲁迅文学在日本的传播和接受现象的历时性简要梳理，会给文化归属和精神栖息的疆界问题提供更多思索。

【关键词】鲁迅；日本；译介；流播；接受

19 世纪洋务运动失败后，日本明治维新倡导文明开化，与西方接轨，政治形态、社会结构发生变革，带来科技、经济的发展和文化进步，日本由此成为亚洲强国。在这样的背景下，中国的大批仁人志士，如李大钊、陈独秀、廖仲恺、廖承志、周恩来、郭沫若、秋瑾、王国维、陈寅恪、郁达夫、周作人等纷纷留学日本，寻找救国之道。鲁迅是其中的一员，而且在文化上影响最大，后成为中国新文化旗手。

纵观 20 世纪日本的中国文学研究，鲁迅具有举足轻重的地位。如其作品《阿 Q 正传》是最先被翻译成外国文字的，并被翻译成十几国文字。1925 年被苏联人鲍里斯·亚历山德罗维奇·瓦西里耶夫（БорисАлександровичВасильев，中文名王希礼）翻译成俄文，而且在 1929 年一年之内就出版了两种译本。1925 年美国人梁社乾（George Kin Leung，新泽西州华侨）与鲁迅书信联系，探讨翻译这部中篇小说，于 1926 年由商务印书馆在上海出版。1928 年，中国民俗研究学者井上红梅首次将它翻译成日文，之后有增田

* 本文为武汉大学人文社会科学青年学术团队发展计划"近现代东亚的作家流徙、文学越境与文化触变研究"（1102—413100047）、武汉大学研究生精品课程建设项目"日本文学研究方法"、武汉大学学位与研究生教育教学改革研究项目"基于提升学术创新能力的中日研究生培养模式对比研究"、湖北省思想库项目"中国外国文学话语体系建设研究"阶段性成果。

涉、小田岳夫、田中清一郎、中泽信三、竹内好、丸山升、驹田信二等十多位汉学家翻译过。毋庸置疑，鲁迅在日本的热度明显高于西方。日本著名的中国文学研究者、东京大学教授藤井省三指出，鲁迅"虽然是外国的文学家，但在现代日本是作为国民文学来对待，被人们接受的"①，由此可见一斑。在中日文学的对话和互鉴中，鲁迅文学无疑是重要的中国声音。日本对鲁迅文学的研究逾百年的现象，极富特性，颇为鲜见，值得探讨。鲁迅文学在日本流播经久不衰的现象，给鲁迅文学研究提供了异域坐标和价值借鉴，对探寻文学跨境交流的规律、重新认识鲁迅文学的世界性、建构鲁迅为代表的中国文学研究的世界谱系，有着非凡的意义。

国内学界对鲁迅文学在日本流播的关注从未间断，并将日本对鲁迅的研究成果翻译介绍到国内。如近期在国内问世的主要专著和论文有：《鲁迅的都市漫游：东亚视域下的鲁迅言说》（藤井省三著，潘世圣译，新星出版社 2020 年版）、《日本鲁迅研究史论》（靳丛林、李明晖等著，社会科学文献出版社 2019 年版）、《日本鲁迅研究的历史与现状——藤井省三教授访谈》（吕周聚、藤井省三著，《社会科学辑刊》2017 年第 3 辑）、《寻找"文学家"鲁迅的起点——北冈正子〈日本异文化中的鲁迅〉片论》（鲍国华著，《文艺理论与批评》2020 年第 3 期）、博士学位论文《藤井省三的鲁迅研究》（于珊珊著，吉林大学，2016 年）等。

从学术前史看，鲁迅文学在日本的流播大致有两种途径：一是由日本的翻译家、评论家、文学家等文化人进行翻译介绍、评论研究、刊载出版；二是主流报刊媒体、学校教材、戏剧形式等媒介。前者是鲁迅文学在日本流播伊始至今的重要方式，后者是在前者扩大影响后，由媒体、教育、艺术形式传播。中国作家的文学作品走出国门，通常离不开国外汉学家的翻译介绍，然后进入学术研究，随之出现各种形式的多元传播。中国古典名著如此，现当代文学作品亦然。近代以降，鲁迅文学尤为突出，在日本提起鲁迅，可谓无人不晓，有一种天然亲和力，甚至成为中日友好交流、文化使者的代表。

一、鲁迅文学在日本的译介

（一）"二战"之前

据现有可考资料，日本对鲁迅的介绍先于对其作品的翻译。藤井省三认为，日本第一次介绍鲁迅的时间可追溯至 1909 年，也就是鲁迅 5 年留日的最后一年。当年 5 月 1 日所发行的半月刊杂志《日本及日本人》（政教社）的"文艺杂事"栏目中介绍了中国的同乡两兄弟出版的《域外小说集》的消息，但尚未出现鲁迅的笔名。《域外小说集》第一册（7 篇）1909 年 3 月出版，第二册（9 篇）同年 7 月出版，兄弟二人大约翻译于 1908 年至 1909 年，文言色彩颇浓，难免佶屈聱牙，故销售不佳。青木正儿于 1920 年创立了杂志《支那学》（弘文堂书房），并在前 3 期的《以胡适为中心涡旋浪涌着的文学革命》文章中

---

① 周令飞主编：《鲁迅社会影响调查报告》，人民日报出版社 2011 年版，第 222 页。

介绍了中国的文学革命，并对"唐俟"的白话诗、小说做了较客观的评价，这可谓是"把鲁迅的笔名介绍到日本的最早记录"①。1922 年，日本新闻记者藤原镰兄在北京创办了周刊《北京周报》（极东新信社）②，次年登载了日文版《孔乙己》。这是鲁迅作品首次被翻译成日文登载，译者署名"仲密"，即周作人的笔名。也有学者认为"这篇小说其实是鲁迅亲自译成日文的"③。1924 年 1 月，《北京周报》开始连载丸山昏迷所翻译的专著《中国小说史略》，"可以说丸山昏迷是日译鲁迅著作的第一人，也是世界译介鲁迅著作的第一人"④。然而，《北京周报》是在北京出版发行的杂志，并非日本国内的杂志。1927 年 10 月，由日本白桦派作家武者小路实笃主编的杂志《大调和》（第 1 卷第 7 号，春秋社）上刊登了日文翻译的小说《故乡》，但无译者署名。这是鲁迅文学作品首次出现在日本国内杂志上。

在日本对鲁迅作品译介之初，丸山昏迷和清水安三于《北京周报》，对鲁迅作品进行了翻译和评介，有力推动了鲁迅文学在中日两国的传播。井上红梅也是积极译介鲁迅作品者之一，1926 年在大连的日文杂志《满蒙》（大连日中文化协会）上发表了翻译的《狂人日记》，后又翻译了鲁迅的多部作品。尽管其翻译存在一些误译，受到鲁迅本人的诟病，但不可否认的是，他对鲁迅作品进入日本读者的视野有着积极贡献。1931 年 10 月，四六书院出版了《支那小说集·阿 Q 正传》（国际无产阶级丛书），署名为"鲁迅著、林守仁译"，而"林守仁"是山上正义的笔名。1932 年 1 月，佐藤春夫翻译的《故乡》在《中央公论》（新年特辑号，中央公论新社）杂志上发表，1933 年改造社出版的《世界幽默全集》第 12 卷"支那篇"收录了增田涉翻译的《阿 Q 正传》。佐藤春夫、增田涉后来成为译介鲁迅的中坚人物。佐藤春夫对鲁迅译介的出发点耐人寻味，他曾被称为"右翼之雄"，与鲁迅的立场和创作倾向相左，却对鲁迅给予了很高的评价，并与鲁迅结下了深厚的友谊。这或许源于佐藤春夫一向喜爱中国古典文学之故。他不同于其他译者，留意到鲁迅文学与中国传统文化相关联。与之齐名的另一位译者增田涉，曾亲赴中国，得鲁迅亲授，回国后与鲁迅保持长期书信往来。后来，增田涉与竹内好等人成立"中国文学研究会"，致力于中国文学研究。

日本由零星翻译到对鲁迅作品集的系统翻译。1932 年，井上红梅翻译的《鲁迅全集》（改造社）出版，收录了《呐喊》和《彷徨》。1935 年，佐藤春夫与增田涉合译的《鲁迅选集》（岩波书店）出版，译本得到鲁迅的认可，并在日本流传甚广。1937 年，由井上红梅、鹿地亘、增田涉、松枝茂夫、小田岳夫等翻译的《大鲁迅全集》（东京改造社），是日本第一部真正意义上的鲁迅全集，较为详尽地收录了鲁迅著作的日译本。

（二）"二战"期间和"二战"之后

1937 年后，日本全国笼罩在帝国主义浓厚的阴影中，文艺界的一切活动都受到限制，

---

① ［日］藤井省三：《日本介绍鲁迅文学活动最早的文字》，《复旦学报》（社会科学版）1980 年第 2 期，第 91~92 页。

② 韩一德：《李大钊与〈北京周报〉》，《历史教学》1985 年第 7 期，第 12 页。

③ 陈漱渝：《关于日文〈北京周报〉》，《中国现代文学研究丛刊》1980 年第 1 期，第 318 页。

④ 沈俊、林敏洁：《鲁迅在日本的译介传播》，《文学研究》2017 年第 2 期，第 43 页。

鲁迅作品的译介活动几乎停滞，聊有小田岳夫撰写的评传——《鲁迅传》（筑摩书房，1941 年）以及太宰治以青年鲁迅为原型创作的长篇小说《惜别》（朝日新闻社，1945 年）等。在这一特殊时期里，已属相当不易了。

第二次世界大战结束后，1946 年至 1969 年间，日本的鲁迅作品日译本达 57 部，鲁迅评论和传记类书籍达 47 部，鲁迅相关的杂志文章 249 篇。①

竹内好、增田涉、松枝茂夫、鹿地亘、小田岳夫、冈崎俊夫、小野忍等多位翻译家在这一时期的鲁迅译介活动中较为活跃，发挥了重要作用。竹内好既是鲁迅的译介者，也是鲁迅的研究者，在日本鲁迅传播和接受过程中扮演着举足轻重的角色，他的译本在日本传播范围广、影响深，但其译介和研究的出发点在于借由鲁迅来反观日本，因此其翻译风格具有较强的本土化倾向。这一时期，鲁迅作品在日本的译介如火如荼，不仅涌现出了大批优秀译者，而且出版活动也更具系统性和规模性。既有单本作品，如 1955 年发行的竹内好翻译的《野草》（岩波文库，岩波书店）；也有多卷本的翻译集，如岩波书店 1953 年发行的竹内好翻译的《鲁迅评论集》（岩波新书）等。

20 世纪 70 年代，日本国民生产总值首次跃居世界第二，创造了经济奇迹，日本社会发展进入全新时期。中日关系也迎来了崭新局面，1972 年中日邦交正常化，文化交流率先热了起来。因两国的历史和地缘关系，文化交流有先天的优势，日本对鲁迅文学仍保持高度热情。1970—1989 年，日本的鲁迅作品译本达 61 部、鲁迅评论和传记类书籍达 64 部、有关鲁迅的杂志文章达 298 篇。② 尤其引人注目的是《鲁迅全集》全 20 卷（学习研究社，1984 年 11 月—1986 年 12 月）的出版。这套全集以我国人民文学出版社 1981 年出版的鲁迅全集为原本，集结日本鲁迅研究的中坚力量翻译，增加了大量译注，并补充了日本方面的资料，便于日本读者阅读理解。这部译著也得到了中国学者的好评。

90 年代后，日本对鲁迅的研究日趋成熟，然而也迎来了对鲁迅作品日译本的探讨和思考。例如，藤井省三对竹内好译本的本土化问题提出了批评，他指出，竹内好在翻译时将原文长句拆成短句的译法，虽符合日文表达习惯，有利于日本读者理解，但也丢失了原文的本色。为此，藤井省三重译了《故乡·阿Q正传》（光文社，2009 年）和《在酒楼上·非攻》（光文社，2010 年）。

二、日本的鲁迅文学研究

日本关于鲁迅文学的研究大致分为三个时期，其代表学者分别为：第一时期以增田涉、小田岳夫、竹内好为代表；第二时期以丸山升、伊藤虎丸、丸尾常喜为代表；第三时期以藤井省三和长堀祐造为代表。③ 增田涉主要侧重对鲁迅作品的翻译和介绍，促进了鲁迅文学在日本的传播。1941 年由筑摩书房出版的小田岳夫的《鲁迅传》，以评传形式介绍

---

① 周令飞主编：《鲁迅社会影响调查报告》，人民日报出版社 2011 年版，第 225 页。
② 周令飞主编：《鲁迅社会影响调查报告》，人民日报出版社 2011 年版，第 225 页。
③ 吕周聚、[日]藤井省三：《日本鲁迅研究的历史与现状——藤井省三教授访谈》，《社会科学辑刊》2017 年第 3 期。

了鲁迅，可算作专著之肇始。该著作问世前的 1934 年，竹内好、武田泰淳、冈崎俊夫等人成立了中国文学研究会，在 1935 年至 1943 年的会刊《中国文学月报》（1940 年改名为"中国文学"）上做了一些译介。竹内好是鲁迅研究方面有影响力的人物，著有评论《鲁迅》（日本评论社，1944 年）、《鲁迅杂记》（世界评论社，1949 年）、《鲁迅入门》（东洋书馆，1953 年）等，其代表作《鲁迅》成为中日两国学者在研究上不可或缺的资料之一。藤井省三认为，"竹内直到 70 年代都是日本鲁迅研究的第一人"①。竹内好建构了"文学者"鲁迅的形象，被称为"竹内鲁迅"，竹内认为"个人"、"集团"（即日本国家）、"鲁迅"三个维度之间要有动态平衡。② 即以自己的人生体验去阅读鲁迅作品，用鲁迅精神反省、批判日本近代化的问题，理解鲁迅与鲁迅作品的真实性。实质上是文化人对作品的阅读态度，跨越时空的时代问题并不鲜见，个人与社会不可能剥离，鲁迅的作品不是虚构的，而是直面社会的真实，直击人的内心。

战后，日本形成了"以鲁迅为方法"的研究传统，③具有鲜明的学术思想特色。1952年，鲁迅研究会在日本创立，涌现了丸山昇、伊藤虎丸等一批优秀研究者。其中，丸山昇凭借撰写的《鲁迅：他的文学与革命》·（东洋文库，平凡社，1965 年）、《鲁迅与革命文学》（纪伊国屋新书，纪伊国屋书店，1972 年）等专著，确立了自己的学术地位，故日本学界在"竹内鲁迅"之后，又出现了"丸山鲁迅"的说法。"丸山昇是继竹内好之后，第二位获得中日学界以其姓氏加于'鲁迅'二字上来代称其鲁迅研究成果这一殊荣的人。"④丸山昇强调客观，注重实证，建立了"革命人"鲁迅的形象，与竹内好的"文学者"鲁迅，既有殊异又相互映衬。之后，伊藤虎丸在继承"竹内鲁迅"和"丸山鲁迅"研究的基础上，提出了"科学者"鲁迅的观点，确立了"伊藤鲁迅"的学术地位。中国学者李明晖在《百年日本鲁迅研究的生机与偏至》一文中，将竹内好、丸山昇、伊藤虎丸等人的研究，统称为"鲁迅像"研究。这批在日本鲁迅研究史上富有影响的研究者，都有各自的"鲁迅形象论"，而这种独自的鲁迅形象论正是他们研究的基调色。按李明晖的观点，这种"鲁迅像"的内核凸现的是文化反省意识，鲁迅是反观日本的一面镜子。⑤ 丸尾常喜曾师从增田涉，他的研究也被冠以"丸尾鲁迅"之名，但多以"耻辱"意识和"鬼"意向做细致考证和深入阐释，力图"还原鲁迅文学的语境"。⑥

进入 90 年代后，日本的鲁迅研究步入一个崭新的阶段。新一代的研究者在文本研究方面取得更大进展，一些研究者开始援用西方新的文学研究方法，是日本鲁迅研究的转型期。这一时期的领军人物藤井省三运用现象学、美学和比较方法，细考文本，阐释鲁迅文学发展经纬和阅读的真实感，"其目的在于探讨鲁迅文学与民族国家形成的历史阶段之间

---

① 周令飞主编：《鲁迅社会影响调查报告》，人民日报出版社 2011 年版，第 225 页。
② 靳丛林、李明晖等：《日本鲁迅研究史论》，社会科学文献出版社 2019 年版，第 67~68 页。
③ 吴述桥：《伊藤虎丸与战后日本的鲁迅研究传统》，《浙江海洋大学学报》（人文科学版）2017年第 5 期，第 48 页。
④ 靳丛林、李明晖等：《日本鲁迅研究史论》，社会科学文献出版社 2019 年版，第 95 页。
⑤ 李明晖：《百年日本鲁迅研究的生机与偏至》，《文学评论》2016 年第 5 期，第 154~163 页。
⑥ 靳丛林、李明晖等：《日本鲁迅研究史论》，社会科学文献出版社 2019 年版，第 288 页。

的关系，进而使鲁迅精神命题的价值明显地彰显出来"①。藤井省三著的《鲁迅〈故乡〉阅读史：近代中国的文学空间》（中国学艺丛书 4，创文社，1997 年）、《鲁迅：活在东亚的文学》（岩波新书，岩波书店，2011 年）等专著，将研究视野扩展到"鲁迅文学在东亚"，延伸了学术研究命题。长堀祐造的《鲁迅与托洛茨基——〈文学与革命〉在中国》（平凡社，2011 年）一书，梳理和分析了鲁迅对托洛茨基的接受问题，"是日本鲁迅研究界整体格局中的一个拓进"②。

日本的鲁迅研究形成了自己的研究风格，对我国学者有启发性意义。实证研究是日本学者的强项，也是鲁迅研究普遍采用的方法，尤其对鲁迅留日期间的活动情况的实证，令人折服。如仙台的鲁迅文学爱好者们成立了调查协会，搜集整理了大量资料，出版了《鲁迅在仙台的记录》（平凡社，1978 年），还原了鲁迅仙台留学时期的活动情况，为后续的研究提供了重要的第一手资料。对日本的学者而言，鲁迅毕竟是一位外国作家，自然纳入国别比较的视野。以竹内好为代表的"鲁迅像"研究也好，以藤井省三为代表的比较文学研究也罢，都体现了日本学者独有的思考，这种邻国视野下的"以鲁迅为方法"的研究，无疑给国内的鲁迅研究提供了丰富的域外资料和新的思考。

日本的鲁迅研究历史达一个多世纪，已形成相当规模和特色。除上述研究者外，还有新岛淳良、北冈正子、桧山久雄、今村与志雄、竹内实、片山智行、木山英雄、山田敬三、吉田富夫、代田智明等学者的丰厚成果，异彩纷呈，各具千秋，给鲁迅研究提供了更宽的视阈。

三、鲁迅文学在日本的多元流播

网络、电视、电信等现代化手段改变了人类的生活样式，也改变了文学创作的书写方式，更改变了文化交流的传统模式和途径，使文化传播更加便捷、更加直观、更加广阔。

在主流报纸方面，笔者仅通过中国武汉大学图书馆"闻藏Ⅱ Visual"数据库、日本名古屋大学"YOMIDASU 历史馆（ヨミダス歴史館）"和"每索"数据库，进行了数据检索和整理。日本发行量最大的三家报纸《读卖新闻》《朝日新闻》《每日新闻》从 1909 年到 2020 年 8 月的 110 余年间，除日本诺贝尔文学奖作家川端康成有本土优势，信息达 4 位数之外，外国文学作家中，有关鲁迅的报道分别为 713 条、923 条、516 条消息，而美国知名作家海明威的相关报道分别是 292 条、336 条、287 条消息。海明威比鲁迅小 18 岁，1961 年自杀身亡，而鲁迅是 1936 年逝世的。海明威是 20 世纪最著名的小说家之一，小说《老人与海》1954 年获诺贝尔文学奖。日本三大家报纸平均每年分别有 6.48 条、8.39 条、4.69 条关于鲁迅的消息，平均每年近 20 条消息出现，不能不让人为之惊叹。

以《读卖新闻》为例，自 1978 年改革开放以来，《读卖新闻》登载的鲁迅相关报道

---

① 靳丛林、李明晖等：《日本鲁迅研究史论》，社会科学文献出版社 2019 年版，第 310 页。

② 杨姿：《"同路人"的定义域有多大？——论长堀祐造近作〈鲁迅与托洛茨基——《文学与革命》在中国〉》，《鲁迅研究月刊》2016 年第 7 期，第 45 页。

大凡有这样一些内容：①中国友好团体访日，瞻仰鲁迅的日本故居；②中国留学生与鲁迅留学的相关事宜；③举行纪念鲁迅的活动；④对鲁迅其人其作改编的电影、戏剧的评介和研究；⑤读鲁迅作品后的文章；⑥他人文章对鲁迅作品的引用；⑦对中国有关鲁迅活动的报道，等等。① 报纸通常关注时事，可见鲁迅的名字每年都会见诸报端。当然，鲁迅的信息在日本报纸出现的频率，取决于中日关系的热度以及对鲁迅的认知度。奇怪的是日本对鲁迅的亲近感，似乎并未受到两国关系冷热度的影响。

在日本戏剧方面，大抵有四种类型：①由中国人改编的鲁迅作品的日译版（含剧本出版、剧目公演）；②中国人以鲁迅生平为内容创作的戏剧的日译版；③日本人以鲁迅生平为内容创作的戏剧；④日本人根据鲁迅作品改编创作的戏剧等。其中，对鲁迅作品改编较成功、影响力较大的，是日本剧作家霜川远志、宫本研、中岛谅人等人，改编较多的作品有《阿Q正传》《孔乙己》《药》《藤野先生》《铸剑》等。② 以戏剧、影视等艺术形式再现作者的文学作品，对日本本土作家而言，也是一件令人羡慕的奢侈之事。

在教科书方面，根据日本庆应义塾大学博士学位论文《日本鲁迅文学的源流与传承——以"师弟"关系为中心》（林敏洁著，2017年）的第8章所述，日本摆脱美军占领、恢复独立的当年（1953年），便有初中"国语"教材选用了鲁迅作品，次年高中"国语"教材也选用了鲁迅作品。③ 中日邦交正常化的1972年后，所有的初中"国语"教材都收录了《故乡》。④ 根据佐藤明久2006年发表的文章，当时日本高中"现代文"教材中，有三家出版社选用了《藤野先生》一文。⑤ 笔者在网上查询的结果表明：日本现有教科书制度规定，小学、初中、高中、特殊学校原则上必须使用文部科学省审定的教科书。日本文部科学省官网于2020年4月公布了审定合格的教科书（2021年使用），其中初三"国语"教科书4种，由4家出版社出版；⑥ 高中"现代文"教科书分"现代文A"和"现代文B"两类，"现代文A"4种，由5家出版社出版；"现代文B"20种，由9家出版社出版⑦。享有授权出版的各家出版社在官网上发布了教科书收录篇目，详情参

---

① 林敏洁：《日本主流媒体关于鲁迅的报道与传播——以世界发行量首位的报纸为中心》，《当代作家评论》2018年第5期，第159~166页。

② 林敏洁：《日本对鲁迅作品戏剧形式的接受及传播——以日本剧作家改编作品为中心》，《扬子江评论》2017年第2期，第44~54页。

③ 林敏洁：《日本における鲁迅文学の源流と伝承：その"師弟"関係をめぐる研究（要約）》，庆应义塾大学大学院文学研究科博士论文乙第4878号论文概要，2016年，第10~11页。

④ 范文玲：《鲁迅『故郷』と中学国語教育—日本と中国の教科書を比較して—》，《東京学芸大学国語教育学会研究紀要》2018年14卷，第1页。

⑤ ［日］佐藤明久：《在日本中等教育方面鲁迅研究的回顾和发展》，瞿斌译，《上海鲁迅研究》2006年第2期。

⑥ 日本文部科学省：《中学校用教科書目録（令和3年度使用）》，2020年4月，第1页。下载地址：https://www.mext.go.jp/content/20200430_mxt_kouhou02_.mext_00001_02.pdf，最后访问时间：2020年8月8日。

⑦ 日本文部科学省：《高等学校用教科書目録（令和3年度使用）》，2020年4月，第3~4页。下载地址：https://www.mext.go.jp/content/20200430_mxt_kouhou02_.mext_00001_03.pdf，最后访问时间：2020年8月8日。

看笔者所制的表 1、表 2（未收录鲁迅作品的教材不列入表内）：

表 1 **2021 年日本初中三年级"国语"教材鲁迅《故乡》收录情况**

出版社	书名	《故乡》收录情况
东京书籍株式会社	新国语 3	第 6 单元第 1 篇①
株式会社三省堂	现代国语 3	第 7 单元第 2 篇②
教育出版株式会社	语言交流 中学国语 3	第 6 单元第 3 篇③
光村图书出版株式会社	国语 3	第 4 单元第 2 篇④

表 2 **2021 年日本高中"现代文"教材鲁迅《藤野先生》收录情况**

出版社	书名	《藤野先生》收录情况
东京书籍株式会社	精选现代文 B	Ⅱ部第 8 单元第 2 篇⑤
株式会社筑摩书房	精选现代文 B 改订版	附录"小说三"第 2 篇⑥
株式会社筑摩书房	现代文 B 改订版	附录"小说三"第 2 篇⑦

上述情况还表明，1972 年后接受过初中教育的日本人都阅读过鲁迅作品，而升学至高中的日本人也有机会再次阅读到鲁迅的作品。世界的作家如云，作品无数，但其作品长期被国外初高中教材所收录，是极为罕见的现象。鲁迅普遍受到日本国民的青睐也是极为鲜见的事情。收入日本初高中教科书的《故乡》和《藤野先生》，均为竹内好所译，而所选的作品和翻译风格无疑对日本青少年有着积极的意义和影响。因为初高中教材的内容关乎到青少年的思想发育和人格成长，所以教材受到文部科学省严格审定。这实际上是一项

---

① 参见东京书籍株式会社网站公布的教材介绍信息。下载地址：https：//ten. tokyo-shoseki. co. jp/ text/chu/kokugo/documents/kokugo_keitouichiran. pdf，最后访问时间：2020 年 8 月 8 日。

② 参见株式会社三省堂网站公布的教材介绍信息。下载地址：https：//tb. sanseido-publ. co. jp/ 03gkpr/documents/document_pdf/03gk_mokujikatudou. pdf，最后访问时间：2020 年 8 月 8 日。

③ 参见教育出版株式会社网站公布的教材介绍信息。下载地址：https：//www. kyoiku-shuppan. co. jp/r3chuu/kokugo/files/DL07_kokugo. pdf，最后访问时间：2020 年 8 月 8 日。

④ 参见光村图书出版株式会社网站公布的教材介绍信息。下载地址：https：//www. mitsumura-tosho. co. jp/2021c_kyokasho/img/kokugo/dl/2021k_nenkei0_04. pdf，最后访问时间：2020 年 7 月 17 日。

⑤ 参见东京书籍株式会社网站公布的教材介绍信息。下载地址：https：//ten. tokyo-shoseki. co. jp/ text/hs/digi-book/kokugo-pamph/pdf/all. pdf，最后访问时间：2020 年 8 月 8 日。

⑥ 参见株式会社筑摩书房网站公布的教材介绍信息。下载地址：http：//www. chikumashobo. co. jp/kyoukasho/textbook/list/seisen-genbun-b-h30/digest-seisengendaibunB_2021s. pdf#page = 4，最后访问时间：2020 年 8 月 8 日。

⑦ 参见株式会社筑摩书房网站公布的教材介绍信息。下载地址：http：//www. chikumashobo. co. jp/kyoukasho/textbook/list/genbun-b-h30/digest-gendaibunB_2021s. pdf#page = 4，最后访问时间：2020 年 8 月 8 日。

关系国家未来的重要工程。还可以从日本中学教师的教学论文中①，得知日本中学的国语课程，将《故乡》和《阿Q正传》的不同译文做比较，讲解各种译文的语言和文体特点、翻译的优劣对作品理解的影响、译者的理解与译文、原文·译文与读者，等等，讲授得非常细致，对鲁迅作品做深度读解和鉴赏，还要求学生写说明文和感想文，等等。相比之下，无不"珠玉在侧，觉我形秽"。

除了上述三种传统方式之外，还通过其他手段传播。如藤井省三曾以其著作《鲁迅事典》（三省堂，2002 年）为基础，制作了"每集 30 分钟共 9 集的电视节目'NHK 人间讲座 新·鲁迅的推介'，以其脚本出版了《新·鲁迅的推介》（藤井省三著，日本放送出版协会，2003）"②。另外，鲁迅相关信息在日本网络上飞快地广泛传播。以日本市场占有率最大的两家搜索引擎——谷歌（Google）、雅虎（Yahoo）为例，2020 年 9 月 28 日在两家搜索引擎中，用日语输入"鲁迅"关键词，设置查询语言为"日语"，分别检索到339 万条和 177 万条信息。在同样条件下，输入日本诺贝尔文学奖作家"川端康成"关键词，有 251 万条和 170 万条信息；"海明威"则有 135 万条和 139 万条消息。川端康成与海明威同年出生（1899 年），1972 年 73 岁自杀身亡。从 1909 年到 2020 年 8 月的 110 余年间，《朝日新闻》和《每日新闻》有关川端康成的报道，分别是 2927 条和 2177 条消息，明显占有本土优势，但在谷歌、雅虎两家非日本品牌的搜索引擎中，却逊色于鲁迅。美国诺贝尔文学奖获奖作家海明威在日本三大报刊和网络搜索引擎这样的新兴传媒中，远不逮鲁迅。这样的现象耐人寻味，有待做专题深入探究。此外，截至 2020 年 8 月，日本最大的文学作品专网"青空文库"公开了井上红梅所译的鲁迅作品 17 篇。在日本亚马逊网站的 kindle 商店，输入"鲁迅"便可查询到 376 条电子书籍书目。笔者相信：互联网时代势必会更快更广地将鲁迅文学推送给更多的日本和世界的读者。

四、日本作家对鲁迅文学的接受

鲁迅文学对日本的深广影响使众多日本作家自幼熟读鲁迅，其创作不乏受鲁迅文学的陶染。近年来，两国学者聚焦日本作家对鲁迅文学的接受问题，对当代作家太宰治、松本清张、大江健三郎、村上春树等受鲁迅影响的研究，已出了一些成果。其中，藤井省三的研究尤为突出。

太宰治与村上春树、夏目漱石并称"日本三大青春小说家"③，享有盛名，且日益受到中国读者的关注。太宰治的《惜别》，是以仙台留学时期的鲁迅为原型创作的长篇小说，在日本文学报国会的资助下完成。从创作背景看，是一部具有直接政治目的（宣扬《大东亚共同宣言》）的"御用之作"。但是，太宰治本人在《惜别》"后记"的开头写道："这本《惜别》确实是应内阁情报局和日本文学报国会的请求创作的小说。但是，即

① ［日］田中绫子：《翻訳文学における新たな授業づくりの方法と実践—『故郷』（鲁迅）の訳文比較をとおして—》，《教育実践研究 第 29 集》2019 年，第 13~18 页。

② 周令飞主编：《鲁迅社会影响调查报告》，人民日报出版社 2011 年版，第 229 页。

③ ［日］藤井省三：《青春文学名著中的鲁迅》，董炳月译。该文系《惜别》（［日］太宰治著，于小植译，新星出版社 2006 年版）的序一。

使没有来自这两方面的请求，总有一天我也会试着写一写，搜集材料和构思早就进行了。"① 由此看来，《惜别》的创作不乏客观和主观两层因素。奥野健男曾在新潮文库版《惜别》的"解说"中指出，"我认为热爱普希金、契诃夫的太宰对鲁迅这位中国先驱性的文学家、隐含着知识分子的孤独和自我意识的含羞的文学家抱有特别的亲近感"②。董炳月则指出，"《惜别》因过多注入了作者的个人因素而成为太宰治的自画像——这种观点作为战后日本学术界的共识长期存在着"③。竹内好和尾崎秀树等人对《惜别》提出批评也是源于作者借鲁迅写了自己，并非真实的鲁迅。从主观因素看，太宰治之所以借《惜别》中的青年鲁迅来进行自我表达，可能其精神世界与鲁迅有某些共鸣。

松本清张是战后日本著名作家，一生笔耕不辍，创作了大量不同类型的作品，其中以推理小说最为知名。他的小说受到日本民众的广泛喜爱，在中国也曾产生"松本清张热"。松本清张的纪念馆书库中收藏有两册与鲁迅相关的书籍，"一册是 1958 年发行的《世界文学大系 62 鲁迅茅盾》（竹内好等译、筑摩书房），该书收录了鲁迅的《狂人日记》《孔乙己》《故乡》《阿Q正传》等主要作品；另外一册是由岩波书店于 1956 年 10 月发行的杂志《文学》的鲁迅特刊"④。这无疑证明他对鲁迅有所关注，阅读过鲁迅作品。藤井省三将松本清张的《父系之手指》和鲁迅的《故乡》进行了比较研究，认为松本清张的《父系之手指》受到了鲁迅《故乡》的影响。两部作品有着相似的情节走向，都描写了主人公从"归乡"到"再度离乡"的过程，虽都属"私小说"类型，却立场相悖。《故乡》中的"我"是没落地主的后代，尽管移居城市，但在家乡父老眼中仍算是富贵者，而《父系之手指》中的主人公则是贫苦人，与家乡那些过着优渥生活的亲族形成鲜明对比。此外，藤井还认为，松本清张后来创作的推理小说《跟踪》，既受鲁迅《故乡》中盗窃事件的启发，也承袭了《父系之手指》的观点，"精彩地描写了与法律和道德背道而驰的贫困者的逻辑和情感"⑤。藤井省三比较研究的角度，独辟蹊径，新颖有趣，为"松本清张对鲁迅的接受"这一问题，开启了新的研究思路。

大江健三郎是日本第二位获诺贝尔文学奖的作家，1935 年出生在日本四国爱媛县。鲁迅对他的影响是非常深刻的。2006 年 9 月，大江在中国社会科学院讲演时说："从少年时代开始，六十多年来一直崇敬着一位中国的文学家，那就是思维最敏锐、民族危机感最强烈的鲁迅。我最先接触到的是鲁迅的短篇小说，在不断接触和阅读鲁迅作品的全部过程中，我从来没有间断做读书笔记。""在我的读书笔记上记录了那本书是由佐藤春夫、增田涉翻译、岩波书店出版，后来又通过书店得知那个版本是 1935 年出版的。……那年我 12 岁，已经可以读《孔乙己》《故乡》，我还专门把《故乡》的最后一段抄写在了学校发给

① ［日］太宰治：《惜别》，于小植译，新星出版社 2006 年版，第 128 页。

② ［日］川村湊《〈惜别〉论——"大东亚之和睦"的幻影》，董炳月译，《鲁迅研究月刊》2004 年第 7 期，第 62 页。

③ 董炳月：《自画像中的他者——太宰治〈惜别〉研究》，《鲁迅研究月刊》2004 年第 12 期，第 65 页。

④ ［日］藤井省三：《松本清张的初期小说〈父系之手指〉与鲁迅作品〈故乡〉——从贫困者"弃"乡的"私小说"到推理小说的展开》，林敏洁译，《鲁迅研究月刊》2014 年第 3 期，第 24 页。

⑤ ［日］藤井省三：《松本清张的初期小说〈父系之手指〉与鲁迅作品〈故乡〉——从贫困者"弃"乡的"私小说"到推理小说的展开》，林敏洁译，《鲁迅研究月刊》2014 年第 3 期，第 32 页。

学生的粗糙的写字纸上。""阅读鲁迅已经伴随了我一生。"① 大江健三郎自幼阅读鲁迅作品，连版本、译者、出版时间都记忆犹新，甚至连《始自于绝望的希望》的讲演题目都是受鲁迅《故乡》中经典语句的影响，并直接引用译本的"希望本是无所谓有，无所谓无的。这正如地上的路；其实地上本没有路，走的人多了，也便成了路"。

大江健三郎写《杀狗歌》时，曾引用鲁迅《白光》中的话，即"发出饱含巨大希望的恐惧的悲鸣"②。2007 年 5 月 18 日，大江健三郎在东京大学演讲时，面对听众提出的"从鲁迅那里受了怎样的影响"这一问题，他坦率地表示："鲁迅自由地写作小说，创造了属于自己的小说形式。……我在写作短篇小说的时候，每每会想起这样的鲁迅。"③

村上春树多次获得诺贝尔文学家提名，作品畅销世界，蜚声海外。村上春树在高中时代就喜爱鲁迅作品，曾提出鲁迅"通过对与自己完全相反的阿 Q 这种人物进行精当的描写，鲁迅自身的痛苦与悲哀浮现出来。这种二重性赋予作品以纵深感"④。他对鲁迅的接受，突出体现在对"阿 Q"形象的承袭上。1982 年村上春树写了短篇小说《没落的王国》，主人公是"Q 氏"，《舞·舞·舞》中的电影明星五反田身上投射着"阿 Q"的影子。《1Q84》中的深田保，其原型可能是自命"阿 Q"的鲁迅研究者新岛淳良；《1Q84》中的青豆身上能够窥见《阿 Q 正传》里遭受阿 Q 性骚扰的小尼姑和吴妈的痕迹；《1Q84》中牛河的名字或许与"阿 Q"的日语罗马字表记有关，村上春树试图通过这种文字转换来暗示牛河也是阿 Q 的亡灵。⑤ 村上春树在系列作品里描写了"Q 氏的兄弟们"，他笔下的 Q 氏形象是未能实现自我反省、并在现代社会继续"被安静平和地抹杀着"的日本人的表征。⑥

五、结　语

文学作为文化的一个重要部分，在文化交流和文明互鉴中，比政府间的往来更直接、更普及、更有效、更有生命力。文学是语言文字的艺术，既反映时代又表现人的心灵世界，聚集了民族的艺术和智慧，属于人类的精神食粮。从古至今，各国人民通过优秀的文学作品以及由文学作品转换成其他的艺术形式，加深了异文化交流，促进了相互了解，唤起人性的共鸣，达到跨越时空的对话。因此，文学的思想性、时代性以及跨越地域、种

---

① ［日］大江健三郎：《始自于绝望的希望》，李薇译，《鲁迅研究月刊》2006 年第 9 期，第 73 页。

② 王新新：《大江健三郎早期文学的战后启蒙与文化批评》，《社会科学战线》2003 年第 6 期，第 122 页。

③ ［日］藤井省三：《鲁迅的都市漫游：东亚视域下的鲁迅言说》，潘世圣译，新星出版社 2020 年版，第 183~185 页。

④ ［日］藤井省三：《村上春树〈1Q84〉中〈阿 Q 正传〉的亡灵们》，董炳月译，《绍兴文理学院学报》（哲学社会科学）2011 年第 5 期，第 8 页。

⑤ ［日］藤井省三：《村上春树〈1Q84〉中〈阿 Q 正传〉的亡灵们》，董炳月译，《绍兴文理学院学报》（哲学社会科学）2011 年第 5 期，第 12 页。

⑥ ［日］藤井省三：《鲁迅的都市漫游：东亚视域下的鲁迅言说》，潘世圣译，新星出版社 2020 年版，第 273~282 页。

族、时空的特性，使它具有很强的社会功能。在构建人类命运共同体的过程中，文学交流是不可或缺的重要一环。

文学研究，无论哪个国家，已离不开传播、接受、思想文化价值的视阈。笔者写这篇文字的原动力，来自对鲁迅文学在日本传播百余年现象的浓厚兴趣。于是，笔者对鲁迅文学在日本的传播和接受的现象做了一个历时性简要梳理，思索文化归属和精神栖息的疆界问题。

近代以来，中日两国命运多舛，但历史的灾难和伤痛丝毫没有影响鲁迅文学被日本文化人和民众所接受，而且迄今仍写进日本初高中教材。无论在日本的传统媒体，还是在现代网络新媒体，鲁迅被关注的信息多于获诺贝尔文学奖的海明威，在现代网络新媒体上也多于川端康成。日本第二位获诺贝尔文学奖的大江健三郎坦陈："阅读鲁迅已经伴随了我一生。"我们还有什么理由不好好地阅读鲁迅呢？鲁迅文学是中华民族的文化象征性符号之一，不仅受到我国多民族的文化认同，也被邻国日本"作为国民文学来对待"，并长达一个多世纪。这个现象已然成为我们亟待发掘、研究的新课题。为何鲁迅文学仍保持着强大的生命力？鲁迅文学的世界性价值要素是什么？鲁迅作品所扬播的是一种民族精神，是精神品格和风骨。正如大江健三郎所言，鲁迅"思维最敏锐、民族危机感最强烈"，"鲁迅面对现实危机，站在犹如一堵高墙的黑暗前，把希望解释得那么透彻"。① 这是一种精神的契合，而精神财富是人类共享的。

鲁迅离开我们已经八十余载，然而他的作品精神仍熠熠生辉。鲁迅是向世界传达中国声音最好的文学家，是国际文化交流的典范。对比今昔，追溯本源，反观历史，会更加懂得鲁迅文学的真正意义和价值。承载民族未来的优秀文化才是我们精神文明和物质文明的滋养。

（作者单位：武汉大学外国语言文学学院）

---

① ［日］大江健三郎：《始自于绝望的希望》，李薇译，《鲁迅研究月刊》2006 年第 9 期，第 74 页。

民初"共和国教科书"的文学史书写[*]

□　张　奕　陈文新

【摘要】王梦曾的《中国文学史》是中华民国成立后的第一部中国文学史,隶属于商务印书馆的"共和国教科书"系列,由教育部审定,用于中学国文教学。这部写于民元之后、五四文学革命之前的文学史,将清代文学视为文学典范,但吸纳了中华民国的民族观念和实用主义教育观;以文为重,兼述经史,虽持杂文学史观,却也显露出纯文学意识;叙述文学变迁时,尽管缺乏对文体间互动关系以及作为进化动力的民间文学的观照,但循流溯源,并不崇古卑今。其蓄势待发的转型姿态已粗具轮廓,只待文学革命的"新雷"响起,便可引发更大规模的转变。

【关键词】中国文学史;中华民国共和国;教科书;转型

晚清时期,尚未开设"中国文学史"的专门课程,所出的《中国文学史》大多为"历代文章流别"或"中国文学"课的讲义。1912 年民国建立后,大学设立了"中国文学史"科目,中学、师范学校亦要求讲授"文学史之大概"[①],规定"中学第四学年国文科,兼授中国文学史"[②],"本科师范生修业第三、第四年国文科,兼授中国文学史"[③]。学制的变化使中国文学史教材的需求激增,商务印书馆抢占先机,出版发行了中华民国的第一部中国文学史——王梦曾《中国文学史》。

有关王梦曾(1873—1959 年)的史料留存不多,难以详尽地勾勒出他的生平经历和生存状态,只知他字肖岩,东阳人,是清末增廪生。历任杭州安定中学、宗文中学、杭州府中学堂(1912 年后改称浙江省第一中学)、盐务中学、女子师范、惠兴女中、行素女中、浙江大学工学院、法政专门学校、雁荡中学等校教员。1953 年受聘为浙江省文史馆

---

　　*　本文为国家社科基金重大招标项目"中国文学史著作整理、研究及数据库建设"(17ZDA243)阶段性成果。

　　①　陈元晖主编,璩鑫圭、唐良炎编:《中国近代教育史资料汇编·学制演变》,上海教育出版社 2007 年版,第 680、689 页。

　　②　王梦曾:《中国文学史》,商务印书馆 1916 年版,编辑大意第 1 页。

　　③　张之纯:《中国文学史·卷上》,商务印书馆 1915 年版,编辑大意第 1 页。

馆员。著有《文法要略修辞篇》《中国文学史》《中国历史》。① 据其学生记载，他在学界拥有不错的声誉。②

民国二年3月19日教育部令16号《中学校课程标准令》颁布，规定中学第四学年国文课程讲授中国文学史。③ 同年夏天，王梦曾开始编写中学使用的《中国文学史》及供教师使用的《中国文学史参考书》。民国三年夏天完稿，由商务印书馆报教育部审定，八月即出版发售。这部文学史，封面标注"教育部审定""共和国教科书"字样。教育部审定意见认为："教科书简括得要，参考书引证得宜，于学者、教者皆足资研究。兹经复审，准作为中学校教科书用及教员参考书用可也。"④

王梦曾《中国文学史》一经推出，就迅速占领了图书市场，1914年8月初版面世，到1916年11月已印制第6版，其使用量可见一斑。文学革命后，新著的中国文学史层出不穷，部分中学也仍在使用王梦曾的《中国文学史》，⑤ 至1928年10月，已印至21版。此书还曾流传至日本。1918年，大学毕业后回乡隐居的青木正儿与汇文堂书店合作，采用日本传统的训点方法，发行了王梦曾《中国文学史》的点注本。自1897年始，从古城贞吉到藤田丰八、笹川种郎、高濑武次郎等，日本学者编著的中国文学史已不少见，但青木正儿仍对王梦曾之作赞赏有加，称此书"理晰而事简"，"简净得体"，"虽课徒小册，能尽其要，取材亦甚精，殆非东、西著作所得比也"。⑥

青木正儿之所以赞许王梦曾《中国文学史》，一方面是因为青木正儿认为只有生长于中国、接受本土文化涵养的人，才能真正讲清中国文学的变迁："一国文学之精华，闳远微妙，缊奥难见，必生于其土，而学问渊博，贯穿今古，渐染风流，餐服艺术，始可与言文学变迁之故，是支那文学史之作，所以东、西诸儒虽近时有成书，多不足见。"⑦ 另一方面，青木正儿认为"支那革命，学风一新"，王梦曾的《中国文学史》体现了辛亥革命以来文学研究的新动向，可使日本"学支那文学者，直闻其国人之说"，获取新的学术滋养。

青木正儿所说的学风新变，在王梦曾这部"共和国教科书"中有何具体表现？根据笔者的考察，王梦曾吸纳了中华民国的民族观念和实用主义教育观，虽持杂文学史观，却也显露出纯文学意识；叙述文学变迁时，尽管缺乏对文体间互动关系以及作为进化动力的

---

① 参见单锦珩总主编：《浙江古今人物大辞典·下）》，江西人民出版社1998年版，第61页。

② 项士元《杭州府中学堂之文献》："宣统元年，姚作霖先生擢任监督，教师又有凌士钧、锺毓龙、金兆梽、王梦曾、沈蓝田、胡麟阁等，大多在学界中当时负有盛名。"见陈元晖主编，李桂林、戚名琇、钱曼倩编：《中国近代教育史资料汇编·普通教育》，上海教育出版社2007年版，第339~340页。郑鹤声自述："小学毕业后，我考入杭州浙江省第一中学。国文老师陈棠、历史老师王梦曾、地理老师锺毓龙，皆有名于时，对学生亦是注重鼓励施教。"见国务院学位委员会办公室编：《中国社会科学家自述》，上海教育出版社1997年版，第867页。

③ 教育杂志社编辑：《教育法令选·中》，商务印书馆1925年版，第142页。

④ 王梦曾：《中国文学史》，商务印书馆1916年版，版权页。

⑤ 林物先《读王梦曾中国文学史书后》："流光如电掣，余在中三级，不觉已将一载，而王梦曾先生之《中国文学史》，亦且讲习一遍矣。"见林物先：《读王梦曾中国文学史书后》，《汇学杂志》1927年第10期。

⑥ 王梦曾原撰，［日］青木正儿点注：《点注中国文学史》，汇文堂书店1918年版，序第1~2页。

⑦ 王梦曾原撰，［日］青木正儿点注：《点注中国文学史》，汇文堂书店1918年版，序第1页。

民间文学的观照，但循流溯源，并不崇古卑今。其著述所蕴含的许多新的文学意识，只待文学革命的"新雷第一声"，便可引发文学史书写的巨大转变。本文拟围绕这一答案展开论述。

一、隐约的"共和国"特色

中华民国成立后，学校教材亟待更新。1912 年 1 月 19 日，教育部颁发了《普通教育暂行办法》，指导各地学务，强调"凡各种教科书，务合乎共和民国宗旨，清学部颁行之教科书，一律禁用"；当下民间通行的教科书，"其中如有尊崇满清朝廷，及旧时官制、军制等课，并避讳、抬头字样，应由各该书局自行修改"，呈送教育部，及其省民政司、教育总会存查。① 新生的民国政府之所以重视教科书内容的更新，其原因正如《商务印书馆新编共和国教科书说明》（1912 年）所说："政体既已革新，而为教育根本之教科书，亦不能不随之转移以应时势之需要。"商务印书馆于 1912 年秋开始出版"共和国教科书"系列教材。中国文学史作为中学国文科的规定讲授内容，自然被纳入"共和国教科书"编撰系列，民国成立以来的第一部中国文学史著作就此诞生。

王梦曾《中国文学史》的"共和国"特点，突出表现在其鲜明的民族观念和实用主义教育观。

1912 年 1 月 1 日，孙中山在《临时大总统宣言书》中提出了"五族共和"的原则："国家之本，在于人民。合汉、满、蒙、回、藏诸地为一国，即合汉、满、蒙、回、藏诸族为一人。是曰民族之统一。"② 在梁启超和康有为参与起草的《中华民国宪法草案》和《中华民国宪法》中，各民族间的平等及"五族合一"均从根本法的意义上被规定。③ 这种多民族共和的观念体现在王梦曾《中国文学史》中，就是肯定少数民族对于中国文学发展的积极意义。

王梦曾将多民族的融合视为清代文学能够词理并胜的两大原因之一："凡历代之外族，所谓匈奴、突厥、鲜卑、蒙古者，至前清则东自高丽，西迄葱岭，北自西伯利亚，南极交阯，皆融洽于一炉，影响所及，文学亦不复分畛域。"④ 尽管称呼上还带有传统华夷观的色彩，如称其他民族为"外族""蛮族"，但已尝试理性描述少数民族对中国文学的影响，如承认宋元时期"曲之兴盛"受益于少数民族："自宋人为词，间用俚语，金元以塞外蛮族入据中原，不谙文理，词人更曲意迁就，雅俗杂陈而曲作矣。"⑤ 随着民族主义的盛行，其后的文学史著作将汉族与其他民族对立起来，如赵景深《中国文学小史》（1928 年）："宋室南渡，国事蜩螗，金人腥膻，遍染山河大地，怎得不使有志之士咬牙切

---

① 陈元晖主编，李桂林、戚名琇、钱曼倩编：《中国近代教育史资料汇编·普通教育》，上海教育出版社 2007 年版，第 473 页。

② 《孙中山全集·第二卷》，中华书局 1982 年版，第 2 页。

③ 李晓峰：《被表述的文学：20 世纪中国文学史书写中的民族文学》，中国社会科学出版社 2013 年版，第 85 页。

④ 王梦曾：《中国文学史》，商务印书馆 1916 年版，第 78 页。

⑤ 王梦曾：《中国文学史》，商务印书馆 1916 年版，第 72 页。

齿,攘臂疾呼?"① 胡怀琛在《中国文学史概要》(1931 年)中将"外族"视为"外国",将"五胡乱华"解释为"当时候西北的外国人侵略中国,把中国的地方占据了,晋室因而东迁,由今陕西迁到今南京来,长江以北的地方差不多都被他们侵占去了"。② 与赵景深、胡怀琛的表述相比,王梦曾的立论较为稳健。

民国初年的实用主义教育观,并非指杜威的实用主义哲学,而是强调把学生培养成为能够适应社会生活并改进社会生活的人。1912 年蔡元培就任民国教育总长,提出了包括实利主义在内的"五育"宗旨:"注重道德教育,以实利教育、军国民教育辅之,更以美感教育完成其道德。"③ 陆费逵、黄炎培、庄俞等教育家在此基础上提议将实用主义作为民国教育方针,认为普通教育应使学生"悉能适于社会生活之需要",国文科"若不注意于实用主义,则数年毕业,茫无智能,不啻从前儿童在塾,诵习百家姓、千字文、唐诗三百首,徒成口调,无解意义"。④

中学教育的课程设置就体现了这种实用主义观念。根据《中学校课程标准令》,中学国文科的课程安排为——

第一学年　讲读　作文　习字(楷书、行书)
第二学年　讲读　作文 文字源流　习字(同前学年)
第三学年　讲读　作文 文法要略　习字(同前学年)
第四学年　讲读　作文 文法要略　中国文学史　习字(行书、草书)⑤

这一课程安排表明,中学的国文教育将帮助学生掌握阅读、写作的能力放在首位,而非对中国文学发展历程的全面体认。具体到中学中国文学史教材的编写,特别注意行文简洁、内容精粹,也是实用主义教育观的体现。郑振铎曾批评王梦曾的《中国文学史》"浅陋得很",实则是忽略了中学通识教育与大学专业教育的不同。大学专业教育,如《国立大学校条例》(1924 年)所说"以教授高深学术、养成硕学宏才、应国家需要为宗旨",而中学通识教育则"以完足普通教育造成健全国民为宗旨"⑥。中学的中国文学史讲授课时短,且具有普及性,因此"简括得要"即可。其次,中学通识教育更加重视培养学生的读写能力,这一教学目标促使王梦曾的《中国文学史》形成了一种"重文章"的面貌:从章节排布上看,论述"文章"的笔墨更多,《中国文学史参考书》也大量引用《中国文学史》中论及的诗文原文,而不补充、扩展其他学人的相似或相反的论述。小说、戏曲虽在王梦曾《中国文学史》中提及,但《中国文学史参考书》中并不引用,与之相对的是,青木正儿点注的《中国文学史》补充引用了小说、戏曲文献。这种对参考文献的不同处理,一方面与他们对小说、戏曲的重视程度不同有关,另一方面也因为王梦曾更重视

① 赵景深:《中国文学小史》,光华书局 1932 年版,第 133 页。
② 胡怀琛:《中国文学史概要》,商务印书馆 1931 年版,第 76 页。
③ 见《教育部公布教育宗旨令》,《教育杂志》1912 年第 4 卷第 7 期。
④ 庄俞:《采用实用主义》,《教育杂志》1913 年第 5 卷第 7 期。
⑤ 教育杂志社编辑:《教育法令选·中》,商务印书馆 1925 年版,第 142 页。
⑥ 《中学校令》民国元年 9 月 28 日教育部令第 13 号。见教育杂志社编辑:《教育法令选·中》,商务印书馆 1925 年版,第 122 页。

实用性，认为节选小说、戏曲等占用篇幅太大："诸史及小说、南北曲之类皆非仅取一二段即足以明其意义者，是以书中亦不复援引。"①

从王梦曾《中国文学史》鲜明的民族观念和实用主义教育观来看，著者确乎有志于写出一部具有"共和国"特色的教材。然而，文学观念的变更与思想意识的变化往往并不同步，要写成真正意义上的"共和国"文学史，"一步到位"是十分困难的。比如，王梦曾将清代文学视为典范，极力加以推崇，就与"共和"色彩并不协调。

王梦曾将中国文学史分为四个时期，即孕育时代（自羲农暨周秦）、词胜时代（自汉至唐）、理胜时代（自宋至明）、词理两派并胜时代（清代）。从清代文学"词理两派并胜"的定位，便可看出王梦曾对于清代文学的高度肯定，其总述曰："前清一代，实为吾华四千年来文学之一结束，凡前古所有之文学，至前清无不极其盛。"② 王梦曾又以乾隆朝为界，将词理并胜的清代文学分为两期：驰骛时期、改进时期。所谓"驰骛""改进"，都显示出一种昂首前行的样貌。王梦曾的这一描述，在民国初年的中国文学史中居于主导地位。例如，张之纯《中国文学史》（1915 年）第四编"始清初讫清末"第一章即命名为"清代文学最盛之原因"，得出了与王梦曾完全一致的结论："前古所有之文学，至清代无不极其盛也。"③ 曾毅的《中国文学史》（1915 年）同样持此观点："历代文学之昌盛，以前清为最。前清三百年中，以康乾两朝为最。"④

与清初思想界、文学界极力批判、反思明代弊端，用力于转变学风、文风不同，民国初年的文学史家更加关注如何处理中学、西学的关系，他们为中国文学指出的进路是中体西用，在承继传统文学的基础上接纳西方。王梦曾深信即便"欧化东来"，使当今"学者兼骛旁营，心以分而不壹，业以杂而不精"，干扰到"固有之文学"原有的进程，可是，只要能"使学者知所研求，则当此未有之奇局，学识益广，安见不更闳是论议，崇厥体裁，使神州文学益臻无上之程度"？他把清代文学看成文学发展的正道，以为只要沿着这条路走下去，"神州文学"必会达到最高境界。⑤"其兴方未有艾"的前清文学因而被视为"共和国"文学的典范。可以说，辛亥革命虽然结束了清朝的统治，但浸润于传统学术的文学史家尚未与清朝割席；共和政体虽已建立，合乎共和政体的更为现代的思想观念却并未随之成为主导。

二、萌动的纯文学意识

实用主义是王梦曾《中国文学史》"重文章"的成因之一，传统的文学观念则是其"重文章"的首要因素。

王梦曾对文章的重视，首先表现在篇幅占比和章节排布上。如其"编辑大意"所说，

---

① 王梦曾：《中国文学史参考书》，商务印书馆 1914 年版，编辑大意第 2 页。
② 王梦曾：《中国文学史》，商务印书馆 1916 年版，第 77 页。
③ 张之纯：《中国文学史·卷下》，商务印书馆 1915 年版，第 69 页。
④ 曾毅：《中国文学史》，泰东图书局 1915 年版，第 279 页。
⑤ 戴燕：《剑桥中国文学史：不是王梦曾式"国粹"，也不是台静农式"中国"》，《东方早报》，2014 年 4 月 6 日。

这部文学史"以文为主体,史学、小说、诗词、歌曲等为附庸。文字为文章之源,亦著其因革,其他经学、理学等只旁及焉"。王梦曾从文章学的角度讲述六经,其第一章"六经之递作"共包含六节,其中五节分别为"记载文之滥觞""韵文之发轫""论理文之导源""典制文之椎轮""记载文之进步",依次指涉《书》《诗》《易》《礼》《春秋》;又延续视《春秋》为"记载文"的思路,将宋元史学归入"记事文之体变""记事文之就衰"两节之中;且不似后来的文学史将古文、骈文并入散文之下加以书写的套路,王梦曾始终将古文、骈文二分,归入不同的小节。如此处理,属于文章的章节自然增多,成了整部文学史的主体。以述写南宋至明宪宗时期文学的第八章为例,所包含的第49~56节分别为"古文之式微""骈文之就衰""记事文之就衰""时文之兴起""小说文之体变""诗之就衰""词之就衰""曲之兴盛",按照王梦曾的文章观念,八节中有五节都属于"文",可见文章在整部文学史中占比之大。同时,每一文学分期下往往都是先叙述古文、骈文、记事文,后论及诗、词,从顺序排布中亦可见王梦曾以文为尊的传统文体观。

更重要的是,王梦曾因"重文"而选取了"词""理"两个文章学概念作中国文学史的关键词,认为以六经诸子为源头的尚理文学和以楚辞为源头的尚词文学构成了中国文学的两大派别,词与理的交互作用,推动着文学的变化发展。据此思路,王梦曾将中国文学史分为四个可以相互区别的时代:先秦的特征是词、理都未成熟;汉朝至唐朝的特征是"以文辞相尚";宋明间各类文体都"以理相胜";清代则是"词理并胜"。他不仅用文章学概念统摄中国文学史的发展,甚至用古文的变迁来代表具体时段的文学发展状况。例如,在分析理胜时代时,王梦曾认为,宋明间"古文大兴,即骈俪文、记事文、诗词之类亦皆以理相胜",因此直接用"古文昌盛时期""古文中衰时期""古文复盛时期"来表述北宋之世,南宋金元及明宪宗、明孝宗迄明末三个时期的文学,将这三个时期的骈文、诗、词等文体一律纳入彼时的"古文"大势之下。

这种以文章为主的文学史书写方式,不仅昭示了传统文论对于王梦曾《中国文学史》的重要影响,更表明王梦曾的文学理念是相对含混的,经学与文学的界限、史学著作与记事文的区别均不够明晰,更多显现出一种基于传统知识结构的杂文学观。胡怀琛《中国文学史概要》(1931年)曾批评说:"民国以来,也出过几部文学史:计谢无量一部,曾毅一部,张之纯一部,王梦曾一部。……但是他们有同样的毛病,就是界限太不清楚,把所谓经史子集一起放在文学史里来讲。"①胡云翼《新著中国文学史》(1932年)也说:"在最初期的几个文学史家,他们不幸都缺乏明确的文学观念,都误认文学的范畴可以概括一切学术,故他们竟把经学、文字学、诸子哲学、史学、理学等,都罗致在文学史里面,如谢无量、曾毅、顾实、葛遵礼、王梦曾、张之纯、汪剑如、蒋鉴璋、欧阳溥存诸人所编著的都是学术史,而不是纯文学史。"②

胡怀琛、胡云翼的批评当然是有理由的。不过,换个角度来看,王梦曾的"重文"实际上也包含了几分纯文学的意识。相比讲述文字、音韵变迁后重点论述经、史、子、集四部文体演变的林传甲《中国文学史》,相比依次叙述各时段经学流变、史学流变、子学流变、文学流变的朱希祖《中国文学史要略》,王梦曾的《中国文学史》在狭义文学义界

① 胡怀琛:《中国文学史概要·上册》,商务印书馆1931年版,第13页。
② 胡云翼:《胡云翼重写文学史》,华东师范大学出版社2004年版,第4页。

的影响下，虽兼及四部，但较为侧重叙写与纯文学有关的集部，① 最终形成了 "以文为主体，史学、小说、诗词、歌曲等为附庸"② 的面貌。他将六经和史学著作视为文章的处置方式不一定为所有人所认可，但他试图从文学角度解读经、史却是极有意义的尝试。他将文学性的经、史纳入文学史书写，而非简单地论述经学、史学的学术发展，正是一种纯文学意识的体现。

王梦曾对于《史记》的书写便是一例。第十九节 "史家纪传体之成立"，看标题似乎是要论述史学新体例的产生，细观本节的文字，原来王梦曾意在肯定《史记》的文学性——

> 迁之所长不在例而在其文，其例则纪传、世家本之《尚书》《国语》，诸表本之《世本》，八书本之《禹贡》《周官》，迁不过猎取前人之所长，荟而萃之于一篇而已。其所以巍然为百世文史二家祖者，在其文善叙事理，辨而不华，质而不俚，无美不臻，无善不备。唐宋以还之古文家得其一鳞一爪，即足以傲睨一世，以嗣左氏，洵无愧矣。③

王梦曾指出，司马迁的卓越贡献不在于创立了纪传体，而在于 "善叙事理，辨而不华，质而不俚"，对唐宋古文具有重要的借鉴意义。这与林传甲在《中国文学史》中强调读《史记》应当求实不求文已大有不同。林传甲与王梦曾同样引用了《汉书》评《史记》"辨而不华，质而不俚" 的话，却更重视其体现的史家实录之精神，忽视了其文学性："昔班固赞史迁，不过曰辨而不华，质而不俚，不虚美，不隐善，故谓之实录。今人不求其实，而求其文，虽马班陈范复生，亦为责其不类。"④

其纯文学意识的更直接体现是将小说、戏曲纳入了文学史书写范围。在此之前，文学史家如林传甲对小说、戏曲进入文学史持否定态度。林传甲认为："日本笹川氏撰《中国文学史》，以中国曾经禁毁之淫书，悉数录之。不知杂剧、院本、传奇之作，不足比于古之《虞初》，若载于风俗史犹可……笹川载于《中国文学史》，彼亦自乱其例耳。况其胪列小说戏曲，滥及明之汤若士、近世之金圣叹，可见其识见污下，与中国下等社会无异。"⑤ 随着众多学人从社会功用的角度重新发现小说、戏曲的价值，随着常将小说、戏曲作为重要内容的日本编著的中国文学史的不断传入，小说和戏曲终于在黄人、王梦曾笔下进入了中国文学史，而王梦曾的影响更大：黄人之书仅以讲义的方式在东吴大学内流通，影响有限；王梦曾的《中国文学史》则作为中学教材，使用广泛，其对小说、戏曲的评价还影响了后来的文学史家。如，王梦曾《中国文学史》第六十六节 "曲之复盛"对自明弘治至清乾隆间的戏曲发展情况的叙述，几乎被张之纯一字不改地纳入其《中国

---

① 刘玮、吴光正：《20 世纪初中国文学史由 "文学" 到 "纯文学" 的观念演进》，《河北学刊》2019 年第 4 期。

② 王梦曾：《中国文学史》，商务印书馆 1916 年版，编辑大意第 1 页。

③ 王梦曾：《中国文学史》，商务印书馆 1916 年版，第 18~19 页。

④ 林传甲、朱希祖、吴梅：《早期北大文学史讲义三种》，北京大学出版社 2005 年版，第 157 页。

⑤ 林传甲、朱希祖、吴梅：《早期北大文学史讲义三种》，北京大学出版社 2005 年版，第 210 页。

文学史》的明代"曲家之继起"一节和清代"曲家之著作"一章。

王梦曾之前,林传甲《中国文学史》有关清代文学的叙述不多,散见于不同体类;黄人《中国文学史》述至明末,未及清代。王梦曾几乎称得上是国内最早对清代文学进行完整书写的文学史家,他的种种结论因而常被后来者参考、借鉴。以清词为例:张之纯整合了王梦曾《中国文学史》"词理两派并胜时代"的"词家之驰骛""词家之改进"两节,形成张氏《中国文学史》(1915年)的"词学名家之类聚"一章,这一章又被徐珂摘入《清稗类钞》(1917年),最终由唐圭璋辑入《近词丛话》一书,被其后的学者视为徐珂的词学思想加以引用、研究。对朱彝尊、陈维崧词作的经典评价"朱才多不免于碎,陈气盛不免于率",以及"厉鹗、过春山,近朱者也;郑燮、蒋士铨,近陈者也"等结论,应都是王梦曾的创见。

三、待"进化"的文学史观

毫无疑问,王梦曾的《中国文学史》叙述,某些部分是与进化论合拍的。他以发展的眼光看待中国文学的历史,并不片面尚古。一方面,王梦曾的文学史尤重"变迁",他的"编辑大意"即声明了自己对"变迁之际"书写的格外重视,"凡遇变迁之际,皆援证分明",力求理出中国文学的发展脉络,以使"教者便于指授,学者易于领会"。可以说,他将明晓中国文学的变迁视为此本教材、此门课程的重要目标。这种鲜明的文学史意识亦体现在王氏《中国文学史》的结构上:其书并不依据朝代,而是根据作者本人对中国文学变迁大势的把握,"准诸文学变迁之大势,分为四编",且各编下设之章节仍以文学发展大势为据,以第二编"词胜时代"为例,其下设四章为"词赋昌盛时期""由词赋入骈俪之回翔时期""骈俪成立时期""由骈俪转古文之回翔时期"。较之同时代的其他文学史著作,黄人分"上世文学史""中世文学史""近世文学史",张之纯设"始伏羲讫秦代""始汉代讫隋朝""始唐代讫明朝""始清初讫清末",曾毅分"上古文学""中古文学""近古文学""近世文学",王梦曾紧扣文学、注重察变的文学史书写,可谓"进步"。

另一方面,王梦曾已经开始有意识地梳理各种文体的发展脉络,在"词"与"理"互动的大线索下,对各时期古文、骈文、记事文(史学家之文学)、诗、词等文体的发展状况展开描述。比如,他以"词学之兴起""词学之昌盛""词之就衰""词之复盛""词家之驰骛""词家之改进"数节梳理词之变迁,即使以"进化论"来加以衡估,也不难予以认可。对于备受新文化人推崇的白话文学,王梦曾也以历史的、"进化"的眼光看待。他虽然视"唐末皮陆等之诗、宋世白话之诗词、元世白话之文告"等为"一时异制",[①]并不赞许,但承认文章、小说使用白话是中国文学发展之必然:"以白话易文言,宋以来始有之,不但小说也","文章风气如是,小说之变用白话,势所必然矣"。[②]

当然,王梦曾的文学史观仍是待"进化"的。当我们将视线从宏观的篇章结构转向具体时期具体文体的书写时,便可发现,王梦曾采用的仍是传统文论的理路。这些论述以

---

① 王梦曾《中国文学史》"编辑大意"载:"其有一时异制,如唐末皮陆等之诗、宋世白话之诗词、元世白话之文告,亦刺取其精华列入,以明歧趋,并以博读者之趣。"

② 王梦曾:《中国文学史》,商务印书馆1916年版,第67~68页。

静态把握为主，以传统的循流溯源的方法，将作家归入某一文学流派，分辨其推崇、宗尚之文风。例如他对清词的叙述：

> 自陈黄门提倡风雅，作者辈起。清初龚芝麓、梁棠村俱以能词鸣，而梅村尤杰出，其词学屯田、淮海，高者直逼东坡。继之者，有宋徵典、钱芳标、顾贞观、王士禛、性德、彭孙遹、沈丰垣之前七家，大抵皆宗仰北宋。辕文词不减冯韦，葆馚原出义山，神味居然淮海，梁汾清空一气，出入北宋诸家，渔洋小令，逼近南唐二主，容若亦然，其品格乃在晏叔原、贺方回之间，美门多唐调，遹声柔丽，亦探源淮海、方回。同时如李雯之哀艳，逼近温韦，沈谦、陈维崧之步武苏辛，亦莫不以五代、北宋为归，世尝合前七家为十家，鸣呼，盛矣！与其年齐名者，有朱彝尊。当时朱陈村词，流传遍宇内，然锡鬯词一宗姜张，其弟子李良年、李符辅佐之，而其传弥广。康乾之际，言词者几莫不为朱陈二家所牢笼，惟朱才多不免于碎，陈气盛不免于率，故其末派有佻巧奋末之病。厉鹗、过春山，近朱者也；郑燮、蒋士铨，近陈者也；而太仓诸王，独轶出陈朱两家之外，以晏欧为宗，时翔凄惋动人，汉舒意味深厚，亦自名家。史承谦、任曾贻，且不屑规规两宋，独融会诸家而出之云。（第六十五节 词家之驰骛）

这一例证表明，王梦曾在具体叙述时，基本按照时间顺序列举作家、作品，附以简短评价，局限于文体内部的代表人物的依次罗列。要使文体发展的叙述也"进化"起来，需要"一代有一代之文学"的进化史观的深入运用。

以后见之明来看，王梦曾《中国文学史》未能发见文体间的代际更新，未能察觉促使文学发展的重要因素——民间文学，也是其与进化史观的重要差异之一。

王梦曾的文学变迁大势是文体内部的不断发展，而胡适等新文化人的文学发展脉络是文体与文体间的代换、更新。王梦曾、张之纯、曾毅等文学史家推崇清代文学，是认为清代众体必备，臻于完善，古文家、骈文家、史学家、诗家、词家、曲家都经历了"驰骛"和"改进"，"论古文至姚曾，论骈文至孔曾，论诗至沈王，论词至张周，取径甚正，其兴当未有艾"。① 而进化史观视野下的中国文学史，并不以众体皆备为优，反而认为这不过是旧文体的沿袭，不值得推重。胡怀琛《中国文学史略》（1924 年）便据此否定了清代文学："有清一代，可谓文学之总汇，凡前此所有者，无不有之。自其表面言之，可谓极盛，然一察其实际，除清末与外界接触，发生极大之变化外，其他不过述前人之旧而已，无甚创造也。"值得肯定的，唯有新文体的发展而已——"惟清初之《红楼梦》《聊斋志异》《长生殿》《桃花扇》各小说、院本，在文学中各具特色，有超过前人之处"②。正如谭正璧在其《中国文学进化史》（1929 年）中评价清词时所说："宋以后词，大都为诗人的词，不能协律，惟作长短句而已！其中只有朱彝尊词，工求音律，然去古既远，无论若何讲究，终非进化的文学。……我们希望，从此以后，一般天才文人，不要再去做这

---

① 王梦曾：《中国文学史》，商务印书馆 1916 年版，第 96~97 页。
② 胡怀琛：《中国文学史略》，梁溪图书馆 1924 年版，第 134 页。

种复古事业，我们不要把我们创造的精神，再去抛在这种模仿的无用的工作上!"① 在新文化人看来，文人们在旧有文体上的努力不过是 "复古事业" "模仿工作" 罢了，新文体才应该是文学史书写的重点与焦点。

王梦曾《中国文学史》论述文学变迁之原因，往往归之于学术、政治及文学风尚。所谓政治因素，如汉、曹魏、萧梁时帝王之好尚有利于文学发展，清朝两开博学鸿词科、鼓舞人才助于文学大兴。所谓文学风尚，如 "汉初受原、玉之影响，以能为楚辞为文人之极轨"，"士林遂蒸成风气，历千余年而弗衰"，于是促成了 "词胜时代"。其对于学术与文学关系的论述，最值得注意。王梦曾认为，清代文学之所以能词理并胜，原因在于学术，在于清代经学和理学并胜："自汉迄唐尚经学，故其文尚词。自宋迄明尚理学，故其文尚理。前清既沿前代风气而重理学，亦沿明末黄宗羲、顾炎武诸先生之学术风尚而重经学，故尚词、尚理两派之文学并盛。"② 这一论述，将尚经学与文学注重声韵词采相联系，将尚理学与文学注重论理叙事相关联，而词与理的关系又决定着彼时的文学潮流，这就意味着，一时代在学术上尚经学还是尚理学决定了其文学是尚词还是尚理。而从进化文学史观的视角看，学术并不是影响文学发展的最重要因素，民间文学才是其关键，"民间文学的发展" 为 "催促我们的文学向前发展不止" 的重要 "原动力"③：新文体在民间发生，被优秀文人采用，为文学发展带来新的活力，又逐渐远离民间而成为 "正统文学"，失去活力，于是又以新的民间文学为动力，催动中国文学不断前进。王梦曾从文章修辞学摘取 "词" "理" 两个概念，构建了词、理此消彼长的中国文学发展脉络。新文化人则从民间文学与士人文学的对立中，寻找文学变迁的原因。两者的差异是显著而深刻的。

四、小　　结

青木正儿所说的 "支那革命，学风一新"，是理想化的。一方面，新的共和政体尚且需要稳定，经历了袁世凯复辟等波折，才逐步确立其地位，学风之变、文学史书写之变更无法一蹴而就；另一方面，新的思想观念需要传播、扩散，方能成为一种风气，方能从个别学人的新见转化为具有现实活力的思想观念。政体更新之后，思想的更新并非指日可待。王梦曾、张之纯、曾毅等人撰写中国文学史的这一时期，正是文学革命的蓄力阶段，传统旧识与新见新知共存。所谓 "千红万紫安排著，只待新雷第一声"，文学史书写的新局面即将全面展开。

（作者单位：武汉大学文学院）

---

① 谭正璧：《中国文学进化史　诗歌中的性欲描写》，上海古籍出版社 2012 年版，第 103 页。
② 王梦曾：《中国文学史》，商务印书馆 1916 年版，第 78~79 页。
③ 郑振铎：《插图本中国文学史》，人民文学出版社 1957 年版，第 11 页。

哲学与思想

王阳明的格物说

□ 汪学群

【摘要】 王阳明的格物说，从源流看，体现《大学》与孟子的结合，准确地说是以孟子心学来诠释《大学》格物；直接而言，则来自对朱熹格物说的批评，或者是在直接反对朱熹格物过程中确立的。另外，王阳明对格物的理解也是在与同时代学者湛若水、罗钦顺、顾璘等论辩中进一步发展完善的，主要包括格物的基本内涵，释格为正、物为事；格物与心即理，表明格物建立在心即理基础之上；格物与内外，格物无内外，体现本体与工夫的统一等。总之，王阳明以心为轴，多角度分析格物，深化了对格物的认识，建构与朱熹不同的格物说。

【关键词】 格物；心即理；内外

王阳明的格物说，间接地说，来源于《大学》和《孟子》。《大学》中的"八条目"（格物、致知、诚意、正心、修身、齐家、治国、平天下）为其诠释格物提供了基本范式，而孟子重心的思想特色则为其诠释格物提供了思路或者说方法，简而言之，是以孟子心学来诠释《大学》格物说；直接而言，源自对朱熹格物说的批评，也即朱熹对格物外向性的解释为他格物说提供了批评的平台，其格物说是在直接反对朱熹格物过程中确立的。另外一个不可忽视的因素是，王阳明的格物说也是在与同时代学者湛若水、罗钦顺、顾璘等论辩中进一步发展完善的，也即从格为正、物为事，以及格物与心即理、格物与内外等角度分析格物，深化对格物的认识。

一、格物的基本内涵

格物的基本内涵也即格物的本质，按照王阳明的说法，格物的本质是格为正、物为事。以正、事解读格物主要是针对朱熹的格天下之物而发的。王阳明写道：

> 先儒解格物为格天下之物，天下之物如何格得？且谓一草一木亦皆有理，今如何去格？纵格得草木来，如何反来诚得自家意？我解"格"作"正"字义，"物"作"事"字义。《大学》之所谓身，即耳、目、口、鼻、四肢是也。欲修身，便是要目

非礼勿视，耳非礼勿听，口非礼勿言，四肢非礼勿动。①

"先儒"指程颐、朱熹，他们主张的格物为格天下之物，如程颐说："一草一木皆有理，须是察。"② 王阳明反诘如何格？即便是格草木，如何反身诚意？因此，不赞同朱熹所谓格天下之物，而主张格为正、物为事，格物为正事，以正事训格物。又援引《论语·颜渊》所讲的"四勿"解释格物，这是从道德修养意义上诠释格物。程颢说："正己以格物"③，王阳明对格物的理解与此暗合。格物也具有精神特色，陈九川卧病虔州，与王阳明有一段对话体现这一点。王说："病物亦难格，觉得如何？"陈说："功夫甚难。"王说："常快活便是功夫。"④ 病物指病中意念，常快活指心体乐易。人平时素有快活处，病中仍旧即常快活，总是不为病所苦，把病中的常快活称为格物工夫，此为精神疗法。

《传习录》载，有人问如何理解格物。王阳明以最简单的语句加以回答说："格者，正也。正其不正，以归于正也。"⑤ 释格为正，心体纯正，受后天习染出现不正，格是格心，使人心端正，从这个意义上格物是端正人心或者说为善去恶。他又说：

"格"字之义，有以"至"字之训者，如"格于文祖"、"有苗来格"，是以"至"训者也。然"格于文祖"，必纯孝诚敬，幽明之间，无一不得其理，而后谓之"格"；有苗之顽，实以文德诞敷而后格，则亦兼有"正"字之义在其间，未可专以"至"字尽之也。如"格其非心"、"大臣格君心之非"之类，是则一皆"正其不正以归于正"之义，而不可以"至"字为训矣。⑥

儒家经典本有训格字，如"格于文祖"见于《尚书·舜典》，"有苗来格"见于《尚书·大禹谟》，"格其非心"见于《尚书·冏命》，凡此中讲的格皆"必纯孝诚敬"，这就要正即端正或纯正。对于把格释为至字，在王阳明看来似有不妥，因为格兼有正之义，不如释为正更能反映文义，"所谓正其不正以归于正"，是对格恰如其分地解释。王阳明发挥孟子格君心之格说："'格物'如孟子'大人格君心'之'格'，是去其心之不正，以全其本体之正。但意念所在，即要去其不正以全其正。"⑦ "大人格君心"见于《孟子·离娄

① 王守仁：《传习录下》，吴光、钱明、董平、姚延福编校：《王阳明全集（新编本）》第一册，浙江古籍出版社2010年版，第130页。
② 程颐：《河南程氏遗书》卷十八，王孝鱼点校：《二程集》，中华书局1981年版，第193页。
③ 见程颐：《明道先生行状》，《河南程氏遗书》附录，王孝鱼点校：《二程集》，中华书局1981年版，第330页。
④ 王守仁：《传习录下》，吴光、钱明、董平、姚延福编校：《王阳明全集（新编本）》第一册，浙江古籍出版社2010年版，第103页。
⑤ 王守仁：《传习录上》，吴光、钱明、董平、姚延福编校：《王阳明全集（新编本）》第一册，浙江古籍出版社2010年版，第27页。
⑥ 王守仁：《传习录中·答顾东桥书》，吴光、钱明、董平、姚延福编校：《王阳明全集（新编本）》第一册，浙江古籍出版社2010年版，第51~53页。
⑦ 王守仁：《传习录上》，吴光、钱明、董平、姚延福编校：《王阳明全集（新编本）》第一册，浙江古籍出版社2010年版，第7页。

上》"惟大人能格君心之非。君仁，莫不仁。君义，莫不义。君正，莫不正。一正君，而国定矣"。这里强调格物之格是格君心之非，格物之格即有端正人心之义，此人心不是本心而是受意念影响之心。

王阳明对格物的训释受到一些学者的质疑。如罗钦顺对王阳明训格为正提出异义，说："'物者，意之用也。格者，正也，正其不正，以归于正也。'其为训如此，要使之内而不外，以会归一处。亦尝就以此训推之，如曰：'意用于事亲，即事亲之事而格之，正其事亲之事之不正者，以归于正，而必尽夫天理。'盖犹未及知字，已见其缴绕迂曲而难明矣。"① 在罗氏看来，训格为正，偏于内而遗外，又正其不正归于正必须尽天理，把格物归于天理，格物概括正、意，《大学》所讲的正心、诚意变成多余的了，这种理解也忽视知的作用。又"执事尝谓'意在于事亲，即事亲是一物。意在于事君，即事君是一物'。诸如此类，不妨说得行矣"②。不满意王阳明强调意字，主张以行替代意，有如《论语》川上之叹，《中庸》鸢飞鱼跃之旨，皆圣贤吃紧为人处，学者如未能深达其义，不可称之为学。试以吾意着于川之流、鸢之飞、鱼之跃，怎么能正其不正以归于正？罗氏的意思是不赞同以意之用为物，当然也不同意以正训格。

又如湛若水则把王阳明的格正理解为正念头，在答王宜学书中说："阳明所见固非俗学所能及，但格物之说以为正念头，既于后面正心之说为赘，又况如佛老之学者皆自以为正念头矣。因无学问思辨笃行之功，随处体认之实，遂并与其所谓正者一齐错了。"阳明亦尝有辩论，多未同。③ 格正理解为正念头，其正与《大学》讲后面的正心，二个正字叠加成累赘，也很难与佛老之学讲的正念头相区别，或者说流于佛老之说。又答杨少默书认为，王阳明近来有两书，与自己的意见终有不合，"且与陈世杰谓随处体认天理是求之于外。若然，则告之义外之说为是，而孟子长者义乎长之者之说为非，孔子执事敬之教为欺我矣。程子所谓体用一源，显微无间，格物是也，更无内外。静言思之，吾与阳明之说不合者有其故矣。盖阳明与吾看心不同，吾之所谓心者，体万物而不遗者，故无内外。阳明之所谓心者，指腔子里而为言者也，故以吾之说为外。阳明格物之说谓正念头，既与下文正心之言为重复"④。不赞同王阳明说自己"随处体认天理是求之于外"，如果这样，那么非心内所发的告子义外之说是正确的，孟子仁义内在、孔子执事敬之教就是错误的。程子所谓体用一源、显微无间，以此看格物，不存在内外之分，言外之意王阳明分内外且重于内。另外，湛氏以为与王阳明对心的理解有所不同，他所以理解的心是体物不遗、无内外，王阳明所理解的心是主内，格物说即正念头与又正心重复，这一点与罗钦顺对王阳明的批评相类似。

如何理解格物之物是《大学》讲的本末之物。《传习录》载黄直问："物有本末"一

① 罗钦顺：《与王阳明书》，阎韬点校：《困知记》附录，中华书局1990年版，第142页。

② 罗钦顺：《又与王阳明》，阎韬点校：《困知记》附录，中华书局1990年版，第147页。

③ 湛若水：《答王宜学》，《湛甘泉先生文集》卷七，《四库全书存目丛书》集部第56册，齐鲁书社1997年版，第570页。

④ 湛若水：《杨少默》，《湛甘泉先生文集》卷七，《四库全书存目丛书》集部第56册，齐鲁书社1997年版，第571页。

条，旧说（应指程朱）似与您的说法不同。王阳明回答说：

> 譬如二树在此，一树有一树之本末。岂有以一树为本，一树为末之理？明德亲
> 民，总是一物，只是一个工夫。才二之，明德便是空虚，亲民便是袭取矣。"物有本
> 末"云者，乃指定一物而言。如实有孝亲之心，而后有孝亲之仪文节目。"事有终
> 始"云者，亦以实心为始，实行为终。故必始焉有孝亲之心，而终焉则有孝亲之仪
> 文节目。事长、事君，无不皆然。自意之所着谓之物，自物之所为谓之事。物者事之
> 物，事者物之事也。一而已矣。①

《大学》有"物有本末，事有终始，知所先后，则近道矣"一句。朱熹释为"明德为本，
新民为末。知止为始，能得为终。本始所先，末终所后。此结上文两节之意"②。把本末
始终均分成二部分，或者说各有所指。王阳明不赞同这种说法，认为"本末"是一物中
之本末而非两物中之本末，即一物为本一物为末。物则是《大学》"大学之道，在明明
德，在亲民"，指伦理道德对象，工夫在此下。对于"终始"，先有实心然后才有事，心
是始行是终，凸显心的作用。物是主体意念所指向，事是主体施物之所为，事物的统一表
征着主体意念施于对象的活动。此物并非离人而存在，也不是纯粹的客观事物，而是主体
所施的伦理道德对象。

格物与事紧密相联。有人问：格物只在动处用功吗？王阳明说："格物无间动静，静
亦物也。孟子谓'必有事焉'，是动静皆有事。"③ 格物不分动静，也就是说动是格物，
静也是格物，静时格物主要指戒惧慎独。"必有事焉"出自《孟子·公孙丑》"必有事焉
而勿正。心勿忘，勿助长也"一句，引此旨在说明动静皆有事，此事指仁义之事，不管
动静皆应该格物，格物就是行仁义之事。

格物与事的关系表现为格物运用于实际工作。有一位官员经常参与王阳明及门人讲
论，认为王阳明所讲的学问固然很好，只是簿书讼狱繁难不得为学。王阳明听到后说：
"我何尝教尔离了簿书讼狱，悬空去讲学？尔既有官司之事，便从官司的事上为学，才是
真格物。如问一词讼，不可因其应对无状，起个怒心，不可因他言语圆转，生个喜心；不
可恶其嘱托，加意治之；不可因其请求，屈意从之；不可因自己事务烦冗，随意苟且断
之；不可因旁人潜毁罗织，随人意思处之：这许多意思皆私，只尔自知，须精细省察克
治，惟恐此心有一毫偏倚，枉人是非，这便是格物致知。簿书讼狱之间，无非实学。若离
了事物为学，却是着空。"④ 对此，刘宗周评道："因物付物，便是格物。先生却每事用

———————————————

① 王守仁：《传习录拾遗》，吴光、钱明、董平、姚延福编校：《王阳明全集（新编本）》第五
册，浙江古籍出版社 2010 年版，第 1553 页。
② 朱熹：《四书章句集注·大学章句》，朱杰人等主编：《朱子全书（修订本）》第 6 册，安徽教
育出版社 2010 年版，第 16~17 页。
③ 王守仁：《传习录上》，吴光、钱明、董平、姚延福编校：《王阳明全集（新编本）》第一册，
浙江古籍出版社 2010 年版，第 27 页。
④ 王守仁：《传习录下》，吴光、钱明、董平、姚延福编校：《王阳明全集（新编本）》第一册，
浙江古籍出版社 2010 年版，第 104 页。

个克己为善去恶之功，更自切实在。"① 孙奇逢说："六个不可，正见格物实学。"② 凡此说明格物既务实又具体，格物之学要与实际工作相结合才能发挥其效用，脱离具体事物的格物是空谈。他讲的格物致知虽然从心出发，但并非仅仅格心而是格心中之事物，把心与事物联系在一起，由心达于事物，此心学也即实学。

《言行录》有类似的文字：以前有位士人听王阳明演讲，说：你讲的学问很好，只是簿书讼狱繁劳，未免妨碍讲学。他答道：我何曾教人离开簿书讼狱而悬空去讲学？学不离见在，见在处官司上为学方是真格物。如听讼，不可因其言词婉转产生喜心，不可因其应答无状起了怒心，也不可厌恶其嘱托而加意惩治，不可因其请求而曲意跟从，不可因自己事务烦冗而随意苟且判断，不可因傍人赞毁罗织而随人意思听处。种种转换都是私意，只有人自知，必须时刻精察克治，惟恐此心有一毫不尽，惟恐有一毫偏倚，枉人是非，这就是格物致知。簿书讼狱也是实学，离开簿书讼狱便是落空。不仅听讼，推及于监司守令、宰执乘田，莫不如此。只有求尽我是非之本心以达于政事，不渗杂一毫利害毁誉。致是致此，格是格此，明白这一点才知古人之学。③格物立足于当下，处理或解决所遇到的实际问题而非流于口谈，求真务实才是真格物。

平宁王朱宸濠后的一天，王阳明聚集诸生入讲并告诉他们："我自用兵以来，致知格物之功愈觉精透。"致知在于格物，正是对境应感实用力处。平时执持怠缓，无甚查考，到了军旅酬酢，呼吸存亡，宗社安危的时候，所系全体精神只从一念入微处，自照自察，一切着不得防险，一毫容不得放纵，勿欺勿忘，触机神应，才是良知妙用，顺万物自然而无我参与。人心本来就神明，本自变动周流，本能开物成务，出现蔽累是因为利害毁誉两端。世人一般的利害不过一家得丧而已，毁誉也不过一身荣辱而已，当今的利害毁誉事关灭三族，助逆谋反，关系天下的安危。只如人怀疑我与宁王同谋，机少不密，如有一毫激作之心，此身已成齑粉，动稍不慎，如有一毫假借之心，万事已成瓦裂，哪还有今日？此等苦心只好自知，如真金遇烈焰，愈锻炼愈发光辉，此处致得方是真知，此处格得方是真物，非见解意识所能及。自从经历宁王造反这个大利害大毁誉之后，一切得丧荣辱真的如同飘风过耳，何足以动吾一念？现在虽然已经平定动乱，也不过一时良知之应迹，过眼便为浮云，已经忘了。④此段所描述军中平定朱宸濠叛乱的经历，体现格物运用于实践，在实践中方显出其实用价值，

在区分格物与穷理的关系时，王阳明写道：

> 《大学》"格物"之训，又安知其不以"正"字为训，而必以"至"字为义乎？如以"至"字为义者，必曰"穷至事物之理"，而后其说始通。是其用功之要全在一

① 刘宗周：《阳明传信录》，吴光主编：《刘宗周全集》第五册，浙江古籍出版社 2007 年版，第 74 页。

② 孙奇逢：《理学宗传》卷九《王子》，张显清主编：《孙奇逢集》上，中州古籍出版社 2003 年版，第 835 页。

③ 王守仁：《言行录汇辑下》，吴光、钱明、董平、姚延福编校：《王阳明全集（新编本）》第五册，浙江古籍出版社 2010 年版，第 1669~1670 页。

④ 王畿：《读先师再报海日翁吉安起兵书序》，吴光、钱明、董平、姚延福编校：《王阳明全集（新编本）》第六册，浙江古籍出版社 2010 年版，第 2114~2115 页。

"穷"字，用力之地全在一"理"字也。若上去一"穷"、下去一"理"字，而直曰"致知在至物"，其可通乎？夫"穷理尽性"，圣人之成训，见于《系辞》者也。苟"格物"之说而果即"穷理"之义，则圣人何不直曰"致知在穷理"，而必为此转折不完之语，以启后世之弊邪？盖《大学》"格物"之说，自与《系辞》穷理大旨虽同，而微有分辨。"穷理"者，兼格、致、诚、正而为功也。故言"穷理"，则格、致、诚、正之功皆在其中；言"格物"，则必兼举致知、诚意、正心，而后其功始备而密。今偏举格物而遂谓之穷理，此所以专以穷理属知，而谓格物未尝有行，非惟不得"格物"之旨，并"穷理"之义而失之矣。此后世之学所以析知行为先后两截，日以支离决裂，而圣学益以残晦者，其端实始于此。吾子盖亦未免承沿积习见，则以为于道未相吻合，不为过矣。①

假定释《大学》格物之格不为正而为至，会造成以下后果：如果释为至，必然要说穷至事物之理后才能讲通。穷理用功的关键是一个穷字，所施的对象是一个理字，如果"穷至事物之理"这句话，去掉"穷"和"理"即穷理，就会变成致知在于"至（事）物"，这恐难说通。"穷理尽性"见于《周易·说卦》，如果格物即是穷理，圣人为何不直说"致知在穷理"，而何必说"在格物"？这说明《大学》格物之说与《周易·说卦》"穷理"大体相同，但也有所差异。这种差异表现在，穷理包括格致诚正之功，也即说穷理，格致诚正作用已在其中了，而格物兼顾致知诚意正心，之后发挥作用才能完备且细密。联系到知行关系，单提格物于是称之为穷理，这是把穷理仅视为知，格物如果不包括行，格物之旨和穷理之义尽失。后来学者判知行为二或者说割裂知行皆由此造成。王阳明实际上是主张知行合一，以此诠释穷理格物。

对于王阳明的说法，当时学者有所评论，兹举几条。

湛若水致书王阳明认为，格物之说甚为超脱，属于您高明之见，其实与自己的意见大体不相远，所谓大同小异。意思是说"格者，至也；格于文祖、有苗来格之格。物者，天理也；即言有物、舜明于庶物之物，即道也。格即造诣之义。格物者即造道也。知行并造，博学审问慎思明辨笃行皆所以造道也。读书亲师友酬应，随时随处皆随体认天理而涵养之，无非造道之功"，"孟子深造以道，即格物之谓也；自得之即知至之谓也；居安资深逢原，即修齐治平之谓也。近来与同志讲究，不过如此，高明以为如何？"② 湛氏训格为至、物为天理，与王阳明训格为正、物为事（心的指向）有所不同。又以深造以道为格物，并引经据典加以说明，最后归于"随时随处皆随体认天理"，这是湛若水的核心思想，他的格物似有求外之嫌，大体属于朱熹的路子。

《传习录》记载：湛若水近日遵信《大学》古本，把格物称作造道，又解穷为穷其巢穴之穷，以为身至之，因此格物也只是随处体认天理，陈九川问王阳明，这似乎与您的说法大体相同。王阳明答道："甘泉用功，所以转得来。当时与说'亲民'字不须改，他亦

① 王守仁：《传习录中·答顾东桥书》，吴光、钱明、董平、姚延福编校：《王阳明全集（新编本）》第一册，浙江古籍出版社 2010 年版，第 52 页。
② 湛若水：《答阳明》，《湛甘泉先生文集》卷七，《四库全书存目丛书》集部第 56 册，齐鲁书社 1997 年版，第 568 页。

不信，今论'格物'亦近，但不须换'物'字作'理'字，只还他一'物'字便是。"①
穷理为穷巢穴之穷，以为身至之，指湛氏所谓"格者，至也"，"格物者，即造道也"。又
"随处体认天理"，即"格物者，至其理也。学问思辨行，所以至之也"。"格物云者，体
认天理而存之也。"在王阳明看来，湛氏用功所以转得来，曾经与其讨论亲民与新民，湛
氏似乎赞同朱熹改"亲民"为"新民"，而他自己则坚持亲民。湛氏论格物似也近于朱
熹，他则主张不必以理更换物，即湛氏所谓随处体认天理偏于工夫，一物字就够了，关键
在于如何理解物。后来有人问陈九川："今何不疑物字？"陈氏引《中庸》"不诚无物"，
程子"物来顺应""物各付物""胸中无物"等提法皆说明物为古人常用字，物的重要意
义后来得到王阳明的认可。他在一封信中说："随事体认天理，即戒慎恐惧工夫，以为尚
隔一尘，为世之所谓事事物物皆有定理而求之于外者言之耳。若致良知之功明，则此语亦
自无害，不然即犹未免于毫厘千里也。"② 随处体认天理，此理在事物之中而似在心外，
必求之于外是王阳明反对的。他认为致知格物正是穷理，穷理即随事随物精察此心之天
理，致知即致其本然之良知，心之天理、良知皆在内而非外，因此格物在内而非外。

　　湛若水致王阳明书认为，接到两封关于格物之论，产生怀疑，有疑不可不辨，不辨此
学不能统一，朋友也会责难。王宜学认为讲求至当之归是湛氏的责任，方叔贤也讲湛氏不
辨析谁能辨析。接着湛氏主要从以下四方面辨析王阳明的格物：其一，自古圣贤之学都以
天理为头脑，以知行为工夫，而训格为正、训物为念头之发，则与《大学》下文诚意之
意即念头之发、正心之正即格，这在文义上重复。其二，又于《大学》上文知止能得为
无承，于《大学》古本下节以修身说格致为无取，显然是错误的。其三，格物训为正念
头，则念头正与否也未可据，即不可以是否正念头为价值判断的根据。如释、老对于虚无
则说"应无所住而生其心"，"无诸相无根尘"，也自以为是正。杨、墨之时皆以为圣，难
道自以为不正而安之？以其无学问之功而不知其所谓正者是邪，这属于不自知，其所自谓
圣是流于禽兽。夷、惠、伊尹三人，孟子以为圣人，而流于隘与不恭且异于孔子的人则以
他们无讲学之功、无始终条理之实、无智巧之妙。简而言之，训格物只是正念头不可，因
为正念头是相对的，不能作为评判的依据。其四，论学之最始，《尚书·说命》说"学于
古训乃有获"，《尚书·周书》说"学古入官"，舜命禹则说"惟精惟一"，颜回述孔子之
教说"博文约礼"，孔子告哀公说"学、问、思、辨、笃行"，归于知行并进，同条共贯。
如只讲正念头，那么孔子止说"德之不修"即可，又何必说"学之不讲"，止说"默而识
之"即可，又何必说"学而不厌""信而好古敏求者"，子思止说"尊德性"即可，又何
必说"道问学"，这里强调所讲、所学、所好、所求者，又是为什么？③ 反对王阳明释格
物为正念头，这不仅与《大学》正心重复局限于内，而且流于佛教。

　　针对王阳明格物诸弊端，湛若水进一步提出自己的格物说，主要有以下五方面：其

　　① 王守仁：《传习录下》，吴光、钱明、董平、姚延福编校：《王阳明全集（新编本）》第一册，
浙江古籍出版社2010年版，第100页。
　　② 王守仁：《寄邹谦之第五书》，吴光、钱明、董平、姚延福编校：《王阳明全集（新编本）》第
一册，浙江古籍出版社2010年版，第220页。
　　③ 湛若水：《答阳明王都宪论格物》，《湛甘泉先生文集》卷七，《四库全书存目丛书》集部第56
册，齐鲁书社1997年版，第571~572页。

一，训格物为"至其理"，开始虽然很自得，然而稽考程子之书，为先得同然，这一点继承程子之意。其二，考《大学》章首"止至善"，即此，上文"知止、能得"，即《大学》"知止而后有定，定而后能静，静而后能安，安而后能虑，虑而后能得"一段说的是知行并进至理工夫。其三，考《大学》古本下文，以修身申格物致知，对于学者极有力。其四，《大学》讲"致知在格物"，程子则说"致知在所养，养知在寡欲"，以涵养寡欲训格物，正合古本以修身申格物之旨。其五，以格物兼知行，其于自古圣训学、问、思、辨、笃行，精一，博约，学古、好古、信古，修德、讲学，默识、学不厌，尊德性、道问学，始终条理，知言养气，圣贤之教为不谬。① 对格物的理解，尽管结合《大学》其他范畴合说，使格物含义模糊且泛化，但仍以至其理为尚，从这个意义上说，大体遵循程、朱的路子。

王阳明首先肯定湛若水《学庸测》的发明，认为他们之间的看法大同小异，尤其赞同他提出的"随处体认天理"，与自己最初一致，但根究其发端处似乎有一些差别，不过终究是殊途同归。但对修齐治平格物似乎分疏得太细琐，觉得说话太多且语意务为简古，反而比原文更加深晦，读者愈难寻求，此中莫非有心病？不如明白浅易其词，略指路径，使人自思得之，更觉意味深长。至于致知之说，王阳明仍坚持己见，也希望湛若水与自己保持一致。凡此都是圣学传心之要，这些清楚了，其他皆一目了然。②

冯柯解释格之二义即至与正，说："且'格'之为字，既有'至'与'正'二义，则不必各执其是以相非也。要于其当不可易而已，为阳明者，乃曰：'安知《大学》之格，不以正字为训，而必以至字为义也。'则为程朱者，独不可曰，'安知其不以至字为训，而必以正字为义乎'？以至字为义者，必曰穷至事物之理而后其说始通，则夫以正字为义者，亦必曰格正其意所用之物而后其说始通也。穷至事物之理者，既上去一穷字，下去一理字，而直曰致知在至物之不可通，则夫格正其意所用之物者，上亦去一格字，下亦去一物字，而直曰致知在正意，其独可通乎？"③ 格释至与正并不矛盾，王阳明以为《大学》讲的格为至而不为正未必正确，相反，程朱派学者释格为至而非正也未必合理。把格释为至，穷至事物之理后格物才说得通，把格释为正，格正其意所用之物后格物才说得通。离开穷理则致知在格物讲不通，离开格物则致知在正心诚意也讲不通，《大学》诸范畴应该合起来看。简而言之，意思是说把格物中的格字释至与正角度不同，但都有道理，似有调和程朱派与王阳明之意。

施邦曜说："格物者，原合修身正、诚意、致知而言者也，究此身心意知所历之物，原非舍天下国家而别自为物者也。""是格物也者，诚成己成物，内圣外王之工夫，第其用力自有头脑，不在耳目见闻上求，是则先生致良知之说耳。"④ 格物包括修身正心诚意

---

① 湛若水：《答阳明王都宪论格物》，《湛甘泉先生文集》卷七，《四库全书存目丛书》集部第56册，齐鲁书社1997年版，第572页。

② 王守仁：《答甘泉（辛巳）》，吴光、钱明、董平、姚延福编校：《王阳明全集（新编本）》第一册，浙江古籍出版社2010年版，第194页。

③ 冯柯：《求是编》卷四，张寿镛辑：《四明丛书》第六集《贞白五书》，广陵书社2006年版，第16页。

④ 王阳明原著，施邦曜辑评，王晓昕、赵平略点校：《阳明先生集要》，中华书局2008年版，第213页。

致知，此物字包括天下国家，这是社会人伦之物而非自然界之物。因此，格物从人的主体出发成己成物，己是内圣，物是外王，格物也是内圣外王的工夫，格物从主体出发，其中所包含的道德主体实践，也就是王阳明的致良知之说。

邹元标说："盖当时格物之说浸淫宇宙，先生力排其说，约之于内，其后末学遂以心为内者纷纷矣，与遂外者何先后闻耶？且当时先生随人立教，困病设方，此为中下人说法，而所接引上根人，则本'天泉证道'一语尽之，学者当直言无疑可也。"① 从心即理角度理解格物，此物主要指伦理人文之物，强调的是主体性，天泉证道讲的四句话最后一句"为善去恶是格物"说明这一点。

明初黄润玉说："格物格字，当训合格之格。""则物理具于吾心。学者以吾心之理，格合事物之理，是曰格物。若训为至，则为物至而后知，至不成文义也。"② 这种理解与湛若水不同。而与王阳明并无往来的王廷相认为，格物之解，程朱皆训"至"字，朱熹则说"穷至事物之理"，是"至"字上又添出一"穷"字，圣人之言直截，决不如此。不如训以"正"字，直截明当，义也疏通。③ 黄润玉虽然提出"以吾心之理，格合事物之理"，王廷相训格为正，与王阳明相契合，但只是个别论断，并没有做进一步系统的说明，其意义及影响并不大。王阳明则系统以正训格，既区别于朱熹，又对后学产生影响，因此具有典范性的意义。

下面对王阳明从格物与心即理、格物与内外角度分析格物做些考察。

二、格物与心即理

如前所述，王阳明的格物说源自《大学》，但却直接与朱熹有密切的关系，可以说他的格物说是对朱熹格物说的扬弃，如说："凡某之所谓格物，其于朱子'九条'之说，皆包罗统括于其中；但为之有要，作用不同，正所谓毫厘之差耳。然毫厘之差而千里之谬实起于此，不可不辨。"④ 朱熹九条即与格物相关的九条引文。具体内容为：①读书讲道义，或论古今人物而别其是非，或应接事物而处其当。今日格物，明日又格一物。②自一身之中，以至万物之理，多多理会。③非穷尽天下之理，亦非止穷得一理。但须多积累。④于一一事上穷尽，可以类推。一事上穷不得，且别穷一事。或先其易，或先其难，各随人深浅。⑤物必有理，皆所当穷。⑥如欲为孝，当知所以为孝之道。⑦物我一理。才明彼，即晓此。一草一木皆有理，不可不察。⑧知至善之所在。⑨察之于身。此九条皆言格物致知所当用力之地与其次第工程。⑤ 他把朱熹的格物说概括为九条并认为已经包括在自己所讲

① 邹元标：《书阳明先生语略后》，吴光、钱明、董平、姚延福编校：《王阳明全集（新编本）》第六册，浙江古籍出版社 2010 年版，第 2117 页。

② 黄润玉：《经书补注·大学》，《明儒学案》卷四十五《诸儒学案上三》，沈善洪、吴光编校：《黄宗羲全集》第八册，浙江古籍出版社 2005 年版，第 365 页。

③ 王廷相：《雅述》上篇，王孝鱼点校：《王廷相集》，中华书局 2009 年版，第 838 页。

④ 王守仁：《传习录中·答罗整庵少宰书》，吴光、钱明、董平、姚延福编校：《王阳明全集（新编本）》第一册，浙江古籍出版社 2010 年版，第 84 页。

⑤ 朱熹：《四书或问·大学或问》，朱杰人等主编：《朱子全书（修订本）》第 6 册，安徽教育出版社 2010 年版，第 525~526 页。

的格物之中，但告诫对格物九条的理解要懂得要领，它们的角度及作用有所不同，应注意这种差别，笼而统之的讨论，其结果必然是似是而非的。

这九条看似广泛，其核心是讲心与物、心与理的关系。朱熹解格物说："在即物而穷其理"，又说："欲其极处无不到"。① 施邦曜对此评论说："其所谓物理者，原是性命身心之理，非泛滥无穷之理也。所谓'极处无不到'，指理之极至而言，即是至善，是直说，非横说也。后之学者均失朱子本意，便落支离。"② 把对朱熹格物曲解的责任归咎后学，为朱熹辩护。朱熹后学固然有责任，但其格物说也并非完全正确。

在王阳明看来，"文公格物之说，只是少头脑，如所谓'察之于念虑之微'，此一句不该与'求之文字之中'，'验之于事为之著'，'索之讲论之际'混作一例看，是无轻重也"③。朱熹原文是"若其用力之方，则或考之事为之著，或察之念虑之微，或求之文字之中，或索之讲论之际"④。相对而言，念虑属于主观，也可视为内，而文字事为讲论则属于客观，可视为外，他认为朱熹的格物"少头脑"似指偏于客观而未能从主观用力，纠正朱熹的偏颇。因此，刘宗周说他是"文公功臣"⑤。朱熹格物有心与物、心与理割裂之嫌，而他的格物说以心为基石，建立在心即理基础之上，这是经历一番艰苦实践后创造出来的。当时众人所理解的格物都以朱熹的解释为圭臬，但并没有把此说法付诸实践，他则重视从实践来验证朱熹的格物说，揭示其格物与心疏离的偏颇，而以心诠释格物，突显其道德实践的意义。

弘治五年（1492年），王阳明侍父于北京，与友人钱某谈起做圣贤必须格天下之物，如今却没有这般大的力量，于是从近处着手加以实验。恰好所居官署中有许多竹子，他想通过格竹子来体悟格物之理。钱子首先亲手格竹子，早晚努力试图穷格竹子的道理，竭其心思至于第三天便劳神成疾。王阳明怪他精力不足，自己亲自去穷格，从早到晚也不得格物之理，到了第七天自己也劳思致疾，于是发出圣贤是做不得的叹息，因为没有力量去格物了。他后来遭人陷害被贬至贵州修文这一偏远地区，在此经历了三年的所谓"居夷处困"，于是"颇见得此意思乃知天下之物本无可格者。其格物之功，只在身心上做，决然以圣人为人人可到，便自有担当了。这里意思，却要说与诸公知道"⑥。起先为朱熹格物说所困，后来居夷处困悟得格物即格心之物，从心即理出发提出自己的格物说，把格物限定在心上，或者说从心的角度阐释格物，赋予格物道德价值，从而也解决了如何做圣人的

————————

① 朱熹：《四书章句集注·大学章句》，朱杰人等主编：《朱子全书（修订本）》第6册，安徽教育出版社2010年版，第20、17页。

② 王阳明原著，施邦曜辑评，王晓昕、赵平略点校：《阳明先生集要》，中华书局2008年版，第125~126页。

③ 王守仁：《传习录下》，吴光、钱明、董平、姚延福编校：《王阳明全集（新编本）》第一册，浙江古籍出版社2010年版，第108页。

④ 朱熹：《四书或问·大学或问》，朱杰人等主编：《朱子全书（修订本）》第6册，安徽教育出版社2010年版，第527页。

⑤ 刘宗周：《阳明传信录》，吴光主编：《刘宗周全集》第五册，浙江古籍出版社2007年版，第76页。

⑥ 王守仁：《传习录下》，吴光、钱明、董平、姚延福编校：《王阳明全集（新编本）》第一册，浙江古籍出版社2010年版，第132页。

道理，这才是他格物的目的。

以心为基轴谈论格物涉及笃信与反求，王阳明更倾向于后者。《传习录》载徐爱说："昨以先生之教推之格物之说，似亦见得大略。"王阳明回答说："子夏笃信圣人，曾子反求诸己。笃信固亦是，然不如反求之切。今既不得于心，安可狃于旧闻，不求是当？就如朱子，亦尊信程子，至其不得于心处，亦何尝苟从？"因此，"朱子格物之训，未免牵合附会，非其本旨"①。心属于主体内在并控制其本身，反求即反求于心，前趋或顺势的笃信不如逆向的反求，因袭于闻见是求之不当，反求于心而后物自然格，朱熹外于求事物是不理解格物的本质。

顾璘就"即物穷理"向王阳明提出质疑，说："来书云：闻语学者乃谓'即物穷理'之说，亦是玩物丧志，又取其'厌繁就约'，'涵养本原'数说标示学者，指为'晚年定论'，此亦恐非。"他回答顾氏写道：

> 朱子所谓格物云者，在即物而穷其理也。即物穷理，是就事事物物上求其所谓定理者也，是以吾心而求理于事事物物之中，析"心"与"理"为二矣。夫求理于事事物物者，如求孝之理于其亲之谓也。求孝之理于其亲，则孝之理其果在于吾之心邪？抑果在于亲之身邪？假而果在于亲之身，则亲没之后，吾心遂无孝之理欤？见孺子之入井，必有恻隐之理，是恻隐之理果在于孺子之身欤？抑在于吾心之良知欤？其或不可以从之于井欤？其或可以手而援之欤？是皆所谓理也，是果在于孺子之身欤？抑果出于吾心之良知欤？以是例之，万事万物之理，莫不皆然。是可以知析心与理为二之非矣。夫析心与理而为二，此告子"义外"之说，孟子之所深辟也。"务外遗内，博而寡要"，吾子既已知之矣。是果何谓而然哉？谓之玩物丧志，尚犹以为不可欤？若鄙人所谓致知格物者，致吾心之良知于事事物物也。吾心之良知，即所谓天理也。致吾心良知之天理于事事物物，则事事物物皆得其理矣。致吾心之良知者，致知也。事事物物皆得其理者，格物也。是合心与理而为一者也。合心与理而为一，则凡区区前之所云，与朱子晚年之论，皆可以不言而喻矣！②

来书指王阳明致顾璘书，顾氏以为，说朱熹《大学章句》的"即物穷理"属于玩物丧志，朱熹《与刘子澄书》的厌繁就约，以及《答吕子约书》的涵养本原等属于晚年定论，这恐怕不正确。王阳明则认为，如果把"即物穷理"视为事物上求其所谓理，也即以吾心求理于事物，这是视心与理为二，以致它们割裂。在他看来，求理于事物，如果事物消失，心之理也消失？问题的关键是：理在心还是在事物，朱熹认为理在事物，他认为理在心，只有理在心，求理于心或求心之理才是格物，这是以心即理诠释格物。以心即理解释格物，说明格物具有形而上的道德意义，它不为具体事物所左右或者说不以具体事物为对象，而是从主体内心出发，同时也具有抽象和超验的特点。良知是心的内容，

① 王守仁：《传习录上》，吴光、钱明、董平、姚延福编校：《王阳明全集（新编本）》第一册，浙江古籍出版社 2010 年版，第 5~6 页。

② 王守仁：《传习录中·答顾东桥书》，吴光、钱明、董平、姚延福编校：《王阳明全集（新编本）》第一册，浙江古籍出版社 2010 年版，第 49~50 页。

以心诠释格物即是以良知释格物，所谓格物是致吾心之良知于事物，心之良知也即天理，致心中良知之天理于事物，事物皆得其理。因此批评心与理二分属于告子的义外之说，也即把仁视为内，义视为外，割裂仁义，心与理二分也同样割裂它们的一致性，造成心驰外而追逐物，心物两失。"致吾心之良知"是致知，"事事物物皆得其理"是格物，这是在心即理的基础上解释致知格物。孙奇逢评道："顾文端公、阳明之所谓知，即朱子之所谓物，朱子之所以格物者，即阳明之所以致知者也。可以忘同异之辩。"① 朱熹与王阳明的本质区别并不在于知与物或格物与致知的不同，而是物与心之间的差异，前者释格物有心与物二分之嫌，而后者以心为轴理解物，可以说是心之物，孙奇逢的评论似乎忘记了这种差异。

学生问："知止而后有定，定而后能静，静而后能安，安而后能虑，虑而后能得"，如何理解？王阳明回答："人惟不知至善之在吾心，而求之于其外，以为事事物物皆有定理也，而求至善于事事物物之中，是以支离决裂，错杂纷纭，而莫知有一定之向。今焉既知至善之在吾心，而不假于外求，则志有定向，而无支离决裂、错杂纷纭之患矣。"② 人应该重在求心，心包蕴至善，如果求于外，必然导致"支离决裂，错杂纷纭"，失去方向。既然知至善就在我心，何必外求，求我心则志有定向。心不妄动自然能静，能静则日用之间自然能安，能安则能详审精察，能虑便能得。也就是说《大学》所讲的止定静安虑得都必须内求，内求于我心，达到止定静安虑得就是至善。这是以内心为轴来诠释止定静安虑得，反对朱子学求于外或求于事事物物之说。

又以史实说明格物与心的关系，王阳明写道："舜不遇瞽瞍，则处瞽瞍之物无由格；不遇象，则处象之物无由格。周公不遇流言忧惧，则流言忧惧之物无由格。故凡动心忍性，增益其所不能者，正吾圣门致知格物之学，正不宜轻易放过，失此好光阴也。知此则夷狄患难，将无入不自得矣。"③《史记·周公世家》记载："周公恐天下闻武王崩而畔，乃践阼代成王，摄行政。当国管叔及其群弟流言于国曰：周公将不利于成王。"这段文字说的是周朝刚刚开国，面对朝中种种流言与忧惧，周公也以道德的力量感化改造他们，这些都是格物。格物为格心之物，格事物于心属道德范围。又援引《孟子·告子下》"故天将降大任于是人也……所以动心忍性，增益其所不能"一段话，旨在说明使人内心受到震动，使人意志坚强，挖掘潜力增益其所不能者，正是儒家圣人倡导的致知格物之学。明白此理，便能达到自得，如《中庸》所说"君子素其位而行，不愿乎其外"，如"素夷狄，行乎夷狄，素患难，行乎患难，君子无入而不自得焉"。意思是说君子只因见在所居之位而为其所当为，无外慕之心，以这种心态甘于所处，将怡然自得。简而言之，舜的父亲与弟弟人品都有问题，舜以道德的力量感化改造他们，周公不被流言所忧惧，这些都是心性道德上的积极作为，这本身就是格物。

———————————

① 孙奇逢：《理学宗传》卷九《王子》，张显清主编：《孙奇逢集》上，中州古籍出版社 2003 年版，第 843 页。

② 王守仁：《大学问》，吴光、钱明、董平、姚延福编校：《王阳明全集（新编本）》第三册，浙江古籍出版社 2010 年版，第 1017 页。

③ 王守仁：《传习录拾遗》，吴光、钱明、董平、姚延福编校：《王阳明全集（新编本）》第五册，浙江古籍出版社 2010 年版，第 1548 页。

王阳明还以镜子比喻格物。徐爱发挥师说写道："心犹镜也。圣人心如明镜，常人心如昏镜。近世格物之说，如以镜照物，照上用功，不知镜尚昏在，何能照？先生之格物，如磨镜而使之明，磨上用功，明了后亦未尝废照。"① 把心比做镜，圣人之心如明镜般无所不照，一般人心则如昏镜如何能照？近世格物之说指程、朱格物之说，所谓格物似以镜照物，在照上用功，镜本身不亮如何能照？王阳明的格物则从磨入手，磨镜使其光明，自然能照，较之程、朱偏于外在，其格物之说更强调内在及工夫。黄宗羲说："阳明之学，先生（徐爱——引者）为得其真。"② 时人认为，徐爱性警敏，闻言即悟。当时四方同志云集，王阳明不能一一做答，每令徐爱回答，他借此发挥了老师的思想。陈荣捷评道："《传习录》只此一条门人之言。然其畅述阳明思想，无可疑问。阳明以圣人之心比明镜，已见二十一条。徐爱以明镜与格物相连，似是新义。然谓照物不在照上用功而在磨镜上用功，即阳明格物之不在格外物而在格心之意耳。"③ 凡此对徐爱阐释师说予以肯定。

徐爱问："昨闻先生之教，亦影影见得功夫须是如此。今闻此说，益无可疑。爱昨晓思'格物'的'物'字即是'事'字，皆从心上说。"王阳明回答说："然。身之主宰便是心；心之所发便是意；意之本体便是知；意之所在便是物。如意在于事亲，即事亲便是一物；意在于事君，即事君便是一物；意在于仁民爱物，即仁民爱物便是一物；意在于视听言动，即视听言动便是一物。所以某说无心外之理，无心外之物。"④ 肯定格物之物是事且从心上理解，外在之身虽然执行格物，但心为身之主宰，心之虚灵明觉即本然之良知，此良知应感而动谓之意，有知则有意，意所用必有物，物即事。如意用于事即施于对象，此对象就是一物，之所以成为物并非物自身的原因，而是作为主体人的意念施为或指向，从这个意义上说"无心外之理，无心外之物"。

施邦曜说："人看得'物'字是死的，先生看得'物'字是活的。"⑤ 物是活的、有生命力的，它是凝结着人的道德活动。对于"意在于事亲，即事亲是一物。意在于事君，即事君是一物"的主张，罗钦顺评道："如此类不妨说得行矣。此意非行。"⑥ 把主体所发之意施之于对象称为物，物由意之所指，意本身包括生命似也包括行，而罗钦顺认为此意非行，与王阳明的理解有偏差。刘宗周说："以心之所发言意，意之所在言物，则心有未发之时却如何格物耶？请以前好恶之说参之。"这里指的是王阳明"只见那好色时已是好了，不是见了后又立个心去好"，"只闻那恶臭时已是恶了，不是闻了后又立个心去

————————————

① 见王守仁：《传习录上》，吴光、钱明、董平、姚延福编校：《王阳明全集（新编本）》第一册，浙江古籍出版社 2010 年版，第 22 页。

② 黄宗羲：《明儒学案》卷十一，沈善洪、吴光编校：《黄宗羲全集》第七册，浙江古籍出版社 2005 年版，第 249 页。

③ 陈荣捷：《王阳明传习录详注集评》，台湾学生书局 1983 年版，第 94 页。

④ 王守仁：《传习录上》，吴光、钱明、董平、姚延福编校：《王阳明全集（新编本）》第一册，浙江古籍出版社 2010 年版，第 6 页。

⑤ 王阳明原著，施邦曜辑评，王晓昕、赵平略点校：《阳明先生集要》，中华书局 2008 年版，第 36 页。

⑥ 罗钦顺：《与王阳明书（戊子冬）》，阎韬点校：《困知记》附录，中华书局 1990 年版，第 112~113 页。

恶",他又评道:"洞见心体处,既不是又立个心去好恶,则决不是起个意去好恶可知。固知意不可以起灭言。"① 就心体谈格物,已超越已发未发,正如"洞见心体"超越好恶一样,是从本体处理解格物,格物内在于心与意之中,也可以说不管未发已发都要格物,这是心体的需要。

王阳明谈及意的作用时指出:

> 心者身之主也,而心之虚灵明觉,即所谓本然之良知也。其虚灵明觉之良知,应感而动者谓之意;有知而后有意,无知则无意矣。知非意之体乎?意之所用,必有其物,物即事也。如意用于事亲,既事亲为一物;意用于治民,即治民为一物;意用于读书,即读书为一物;意用于听讼,即听讼为一物:凡意之所用无有无物者,有是意即有是物,无是意即无是物矣。物非意之用乎?②

心身意知物之间的关系是,心是身的主宰,意是心之所发,知是意之本体,物是意之所在,物也是事。心具有决定性,作为心之所发,意则起着直接作用,作为主宰的心通过意、知指向对象,即是事(活动)即物,此物是人伦之物、道德之物,准确地说,事或物是道德主体活动所施于的对象。刘宗周说:"此是先生定论。先生他日每言'意在于事亲,即事亲为一物'等云云。予窃转一语曰:'意不在事亲时是惩物?'千载而下,每欲起先生于九原质之而无从也。"③对于从意的角度理解物表示怀疑,甚至希望王阳明复生并与之对话。然而"意不在事亲时是惩物",对于这种质疑或许应该这样理解:意为心之所发,如果不发,意念似乎没有指向,作为指向的物并不是不存在,而是潜在的,只不过没有变成现实罢了。物作为意的指向可以从两方面来把握,其一是潜在的,其二是现实的,二者并不是对立的,实践终究使二者一致,使物具有对象性和实践性双重的特点。

王阳明讨论格物与良知、天理的关系。正德十五年(1520年),陈九川前往赣州见王阳明,问:"近来功夫虽若稍知头脑,然难寻稳当快乐处。"王阳明称:"尔却去心上寻个天理,此正所谓理障。此间有个诀窍。"陈说:"请问如何?"王说:"只是致知。"陈说:"如何致?"王说:"尔那一点良知,是尔自家底准则。尔意念着处,他是便知是,非便知非,更瞒他一些不得。尔只不要欺他,实实落落依着他做去,善便存,恶便去,他这里何等稳当快乐。此便是格物的真诀,致知的实功。若不靠着这些真机,如何去格物?我亦近年体贴出来如此分明,初犹疑只依他恐有不足,精细看无些小欠阙。"④ 刘宗周说:"先

———————————————

① 刘宗周:《阳明传习录》三,吴光主编:《刘宗周全集》第五册,浙江古籍出版社 2007 年版,第 55、54 页。

② 王守仁:《传习录中·答顾东桥书》,吴光、钱明、董平、姚延福编校:《王阳明全集(新编本)》第一册,浙江古籍出版社 2010 年版,第 52 页。

③ 刘宗周:《阳明传信录》卷三,吴光主编:《刘宗周全集》第五册,浙江古籍出版社 2007 年版,第 62 页。

④ 王守仁:《传习录下》,吴光、钱明、董平、姚延福编校:《王阳明全集(新编本)》第一册,浙江古籍出版社 2010 年版,第 101~102 页。

生每以'念'字与'意'字合说，恐'念'与'意'终有别。"① 对念与意合说有疑义，以为二者分别为好，但没有说如何分别。梁启超说："不欺良知一语，王学之精蕴尽于是矣。"② 以良知解释格物反映王阳明思想精要，因此阳明学亦称为良知之学或良知之教。但衡今说："本段'格物的真诀''格物'二字，当作克己看。'致良知的实功''致知'二字，当作复礼看。如此会通，方免病痛。阳明以天理无可把握，故将良知以晓之，俾有实落用功处，非谓良知如此粗疏也。"③ 寻天理要致知，所谓致知便是从良知入手并以其为准则，意念即良知活动，意念着处即良知施于对象，这便能知是非。良知是本然之知，人是瞒不了良知的，欺骗不了良知，实践良知也是存善去恶，这是格物致知之实功。

格物在于去人欲、存天理，王阳明批评格物流于口耳空谈，说："今为吾所谓格物之学者，尚多流于口耳。况为口耳之学者，能反于此乎？天理人欲，其精微必时时用力省察克治，方日渐有见。如今一说话之间，虽只讲天理，不知心中倏忽之间已有多少私欲。盖有窃发而不知者，虽用力察之，尚不易见，况徒口讲而可得尽知乎？今只管讲天理来顿放着不循；讲人欲来顿放着不去；岂格物致知之学？后世之学，其极至，只做得个义袭而取的工夫。"④ 对于存天理、去人欲的精微之处，需要时刻用力省察克治才有成效。口说天理而不知不觉心已存私欲，虽然用力省察也不易发现。讲天理而不通过行动去遵循，讲人欲而不通过行动去克服，是空谈而没有任何实际意义，这不是格物致知之学。"义袭而取"见《孟子·公孙丑》"是集义所生者，非义袭而取之也"。朱熹注："非由只行一事偶合于义，便可掩袭于外而得之也。"⑤ 格物致知不限于道德认知而在于道德实践，格物是反复实践的过程，后世学者脱离实践来谈格物至多是一种应时的权宜之计。

罗钦顺对王阳明格物致知的主张提出批评，如果按照他所说的，"吾心之良知，即所谓天理也。致吾心良知之天理于事事物物，则事事物物皆得其理矣。致吾心之良知者，致知也。事事物物各得其理者，格物也"。那么《大学》应该说"格物在致知"，不应该说"致知在格物"，应该说"知至而后物格"，不应该说"物格而后知至"。意思是说王阳明的上述说法与《大学》经文相反，而且也有悖于常识，从时间或顺序上颠倒致知与格物。王阳明讲的致知与格物有所不同，相对来说，致知偏于良知，而格物则建立在心即理基础之上，角度不同，并不是时间或顺序问题。即便是《大学》讲的格物致知，也可以颠倒理解或互解。罗钦顺又认为，王阳明既然说"精察此心之天理，以致其本然之良知"，又说"正惟致其良知，以精察此心之天理"。天理与良知是一个还是二个，察与致孰先孰后？⑥ 王阳明在讨论范畴时重在它们之间的互动，互为因果，罗钦顺则偏重于单向的因

① 刘宗周：《阳明传信录》三，吴光主编：《刘宗周全集》第五册，浙江古籍出版社 2007 年版，第 72 页。

② 梁启超：《节本明儒学案》，清光绪三十一年新民社铅印本，第 138 页。

③ 转引自陈荣捷：《王阳明传习录详注集评》，台湾书局 1983 年版，第 292 页。

④ 王守仁：《传习录上》，吴光、钱明、董平、姚延福编校：《王阳明全集（新编本）》第一册，浙江古籍出版社 2010 年版，第 27 页。

⑤ 朱熹：《四书章句集注·孟子集注》，朱杰人等主编：《朱子全书（修订本）》第 6 册，安徽教育出版社 2010 年版，第 283 页。

⑥ 罗钦顺：《与王阳明书（戊子冬）》，阎韬点校：《困知记》附录，中华书局 1990 年版，第 112~113 页。

果，这样反倒容易导致理解上的片面化。

<h2 style="text-align:center">三、格物与内外</h2>

格物与心和理及物的关系，一般认为心属内，理及物属外，因此又涉及内外关系。王阳明讨论格物反对内外割裂而主张合一，甚至不分内外，他对内外关系的分析深化了格物的内涵。

格物无内外包含着丰富的意蕴，如王阳明所说：

> 夫理无内外，性无内外，故学无内外；讲习讨论，未尝非内也；反观内省，未尝遗外也。夫谓学必资于外求，是以己性为有外也，是义外也，用智者也。谓反观内省为求之于内，是以己性为有内也，是有我也，自私者也，是皆不知性之无内外也。故曰："精义入神，以致用也；利用安身，以崇德也。""性之德也，合内外之道也。"此可以知格物之学矣。①

理、性、学、讲习讨论与反观内省均无内外之分，至少可以说内外统一。如果把学仅理解为外求，其结果是己性有外，这便是《孟子·告子》所说的"告子曰，仁，内也，非外也，义，外也，非内也"，犯了片面用智的毛病；如果把反观内省只理解为内，是己性有内，这便是有我自私，以上二种片面性皆不懂内外合一之道。《周易·系辞上》"精义入神，以致用也；利用安身，以崇德也"，精义入神与致用、利用安身与崇德体现了内外一致，《中庸》"性之德也，合内外之道也"，他引经据典旨在为格物兼顾内外寻找理论根据，以加强自己论说的可信度。

格物无内外是因为理只有一个，但表现形式则是多样的，如王阳明写道：

> 此岂有内外彼此之分哉？理一而已，以其理之凝聚而言，则谓之性；以其凝聚之主宰而言，则谓之心；以其主宰之发动而言，则谓之意；以其发动之明觉而言，则谓之知；以其明觉之感应而言，则谓之物。故就物而言谓之格，就知而言谓之致，就意而言谓之诚，就心而言谓之正。正者，正此也；诚者，诚此也；致者，致此也；格者，格此也；皆所谓穷理以尽性也。天下无性外之理，无性外之物。学之不明，皆由世之儒者认理为外，认物为外，而不知义外之说，孟子盖尝辟之，乃至袭陷其内而不觉，岂非亦有似是而难明者欤？不可以不察也！②

《大学》工夫只是一事，即所谓精一之学。讲习讨论也有内，反观内省也有外，片面追求内或外甚至割裂内外，不是流于义外用智，就是有我自私。理与性与学皆无内外，因此性

---

① 王守仁：《传习录中·答罗整庵少宰书》，吴光、钱明、董平、姚延福编校：《王阳明全集（新编本）》第一册，浙江古籍出版社 2010 年版，第 83 页。

② 王守仁：《传习录中·答罗整庵少宰书》，吴光、钱明、董平、姚延福编校：《王阳明全集（新编本）》第一册，浙江古籍出版社 2010 年版，第 83 页。

不可分内外。理只有一个，表现形式有所不同，其凝聚为性，其凝聚成主宰为心，其主宰发动为意，其发动明觉为知，其明觉感应为物。就知而言为致，就意而言为诚，就心而言为正，天下无性外之道，无性外之物。世儒所谓的理为外、物为外之说，在他看来是告子的义外之说，如同孟子当年批评告子义外之说一样予以批驳。

王阳明认为，一些人在此讲致知格物之说时恐怕并不了解其宗旨。不知毫厘之差、千里之谬，必须在头脑上勘破用功方有下落。朱熹所说的"求之文字之中，索之讲论之际"，这分明是向外求讨。天下事物无穷无尽，不知何时求讨得？如果能向头脑上用功，则先儒数说皆在其中。不知诸位能勘破否？谢弘之认为，求之于文字也只是此心上去求，索之于讲论也只是此心上去索。总之是明白心之天理而已，有何不明？王阳明答道：这种说法也不太明白，不免把心与物一分为二了，希望你们再做深入思考，应当理解。① 求外在事物不是致知格物，求事物于心也不免有事物在心外之嫌，而反身求心自然有事物，这是他所主张的。

陈九川问："静坐用功，颇觉此心收敛，遇事又断了。旋起个念头，去事上省察。事过又寻旧功，还觉有内外，打不作一片。"王阳明答道："此格物之说未透。心何尝有内外？即如惟浚，今在此讲论，又岂有一心在内照管？这听讲说时专敬，即是那静坐时心。功夫一贯，何须更起念头？人须在事上磨练做功夫乃有益，若只好静，遇事便乱，终无长进。那静时功夫亦差，似收敛而实放溺也。"后来在南昌，陈九川又与夏良胜、舒芬讨论内外之说，他们认为，"物自有内外，但要内外并着功夫，不可有间耳"。以此请教王阳明，他说："功夫不离本体；本体原无内外。只为后来做功夫的分了内外，失其本体了。如今正要讲明功夫不要有内外，乃是本体功夫。"听了这段话后他们都有所醒悟，也即赞同他的观点。② 本体无内外，工夫是本体的工夫，要在本体上下，因此也就无所谓内外，内外统一体现了本体与工夫的一致，工夫往本体上下也说明心性修养属于人的内在的超越。

王阳明赠《大学古本》《朱子晚年定论》二编给罗钦顺，其中《大学古本》中涉及格物。依照罗钦顺的理解，王阳明认为人之为学当求于内，而程朱格物之说不免求之于外。罗氏致书认为，程朱格物说并非如此，如果像您那样，"必以学不资于外求，但当反观内省以为务，则正心诚意四字，亦何不尽之有？何必于入门之际，便困以格物一段工夫也？"《大学》除格物之外又有正心诚意，经既有此文，理当尊信，不得以格物替代其他。针对王阳明把格物理解为，"物者，意之用也。格者，正也，正其不正，以归于正也"③。罗氏认为这使格物向内而非外，或者说是内外会归一处。如此理解，《大学》之始如能即事即物，正其不正以归于正，而且皆穷尽天理，则心既正意也既诚，那么诚意正心之目岂不是重复或堆叠而无用吗？反对以格物来抹杀其他条目，《大学》之格物是内外分明或者

---

① 王守仁：《阳明先生遗言录下》，吴光、钱明、董平、姚延福编校：《王阳明全集（新编本）》第五册，浙江古籍出版社 2010 年版，第 1604 页。

② 王守仁：《传习录下》，吴光、钱明、董平、姚延福编校：《王阳明全集（新编本）》第一册，浙江古籍出版社 2010 年版，第 101 页。

③ 罗钦顺：《与王阳明书（庚辰夏）》，阎韬点校：《困知记》附录，中华书局 1990 年版，第 108~109 页。

说内外兼顾的。

对于罗钦顺怀疑自己格物偏重于内而遗于外等说法，王阳明予以回应，认为如果真是这样，岂不有罪于孔子、朱熹，而世间明训诂皆知其非。格物包括内外，内外合一也可称之为精一之学，来教谓：

> 如必以学不资于外求，但当反观内省以为务，则"正心诚意"四字亦何不尽之有？何必于入门之际，便困以格物一段工夫也？……若语其要，则"修身"二字亦足矣，何必又言"正心"？"正心"二字亦足矣，何必又言"诚意"？"诚意"二字亦足矣，何必又言"致知"，又言"格物"？惟其工夫之详密，而要之只是一事，此所以为精一之学，此正不可不思者也。①

言格物涉及正心、诚意、致知等，是讲格物贯穿于其中，也即《大学》"物格而后知至，知至而后意诚，意诚而后心正，心正而后身修，身修而后家齐，家齐而后国治，国治而后天下平"。格物并不仅是起点而是始终一贯，这说明格物工夫的详密，其实质便是《尚书·大禹谟》所说的"人心惟危，道心惟微。惟精惟一，允执厥中"。以精一说明格物旨在扭转人心易私故险，使道心更加细微，达到不杂形气之私，专一依据义理之学。

对罗钦顺曲解自己所谓格物偏内而非外、反观内省而遗弃讲习讨论，以及注重《大学》"三纲领"、忽略"八条目"等说法，王阳明进一步为自己辩解说："凡执事所以致疑于格物之说者，必谓其是内而非外也；必谓其专事于反观内省之为，而遗弃其讲习讨论之功也；必谓其一意于纲领本原之约，而脱略于支条节目之详也；必谓其沉溺于枯槁虚寂之偏，而不尽于物理人事之变也。审如是，岂但获罪于圣门，获罪于朱子，是邪说诬民，叛道乱正，人得而诛之也，而况于执事之正直哉？审如是，世之稍明训诂，闻先哲之绪论者，皆知其非也。而况执事之高明哉？"②强调自己的格物说并不违背孔门及朱熹，并希望得到罗钦顺的理解，因为内外一致或者说内外合一，就无所谓内或外有所偏重，与其说重内或外，不如说一"合"字更重要，他的观点是"合"内外，而不是"分"内外，在这一前提下才是由内达于外，"合"是根本，由内达于外是路径。

王阳明又说："执事所以教，反复数百言，皆以未悉鄙人格物之说。若鄙说一明，则此数百言皆可以不待辩说而释然无滞。故今不敢缕缕以滋琐屑之渎，然鄙说非面陈口析，断亦未能了了于纸笔间也。嗟乎！执事所以开导启迪于我者，可谓恳到详切矣！人之爱我，宁有如执事者乎？仆虽甚愚下，宁不知所感刻佩服？然而不敢遽舍其中心之诚而姑以听受云者，正不敢有负于深爱，亦思有以报之耳。秋尽东还，必求一面，以卒所请，千万终教！"③不赞同罗钦顺对自己格物说采取重内遗外的片面理解，对其未能理解自己格物

---

① 王守仁：《传习录中·答罗整庵少宰书》，吴光、钱明、董平、姚延福编校：《王阳明全集（新编本）》第一册，浙江古籍出版社 2010 年版，第 82~83 页。
② 王守仁：《传习录中·答罗整庵少宰书》，吴光、钱明、董平、姚延福编校：《王阳明全集（新编本）》第一册，浙江古籍出版社 2010 年版，第 83~84 页。
③ 王守仁：《传习录中·答罗整庵少宰书》，吴光、钱明、董平、姚延福编校：《王阳明全集（新编本）》第一册，浙江古籍出版社 2010 年版，第 85 页。

说的真谛而感到遗憾，自认为格物说不分内外，而且有一以贯之的要领，自己的格物之说已经很明白，无需用笔墨再辨了，但希望见面再谈，消除误解。

对于格物与内外的关系，湛若水与王阳明也有书信往返。湛若水致信说："昨承面谕《大学》'格物'之义，以物为心意之所着，荷教多矣。但不肖平日所以受益于兄者，尚多不在此也。兄意只恐人舍心求之于外，故有是说。不肖则以为人心与天地万物为体，心体物而不遗，认得心体广大，则物不能外矣。故格物非在外也，格之致之之心又非在外也。于物若以为心意之着见，恐不免有外物之病，幸更思之。老兄仁者之心，欲立人达人甚切，故不免急迫，以召疑议。"① 以为人心与天地万物为体，心与物一致，格物非在外，如以物为心意的着见，反而有外物之病。又引《周易·咸》：其咸意为感，以无心感物，物之感也深。九四："贞吉悔亡，憧憧往来，朋从尔思"，上六："咸其辅颊舌"，"腾口说也"，说明感人以心且不可，况以颊舌乎？愿与王阳明共戒之。致徐爱认为，王阳明有"以内外为二而离之"的倾向。② 指他"是内而非外者亦谓之支离"③。又答陈九川书说王阳明格物"未得其详，大抵心与天下不可分内外，稍云求之本心，又云由内，便有外物之弊"④。致书王阳明诸弟子批评其格物内与外割裂，至少说得不严谨，由此看出湛氏对这一问题的关注，不希望王阳明格物给后学带来负面影响。

如何避免内外分离或者说弥合内外，湛若水标出以随处体认天理，说："仆之所以训格者，至其理也。至其理云者，体认天理也。体认天理云者，兼知行合内外言之也。天理无内外也。陈世杰书报，吾兄疑仆随处体认天理之说为求于外，若然，不几于义外之说乎？求即无内外也。吾之所谓随处云者，随心、随意、随身、随家、随国、随天下，盖随其所寂所感时耳，一耳。寂则廓然大公，感则物来顺应，所寂所感不同，而皆不离于吾心中正之本体。本体即实体也、天理也、至善也、物也，而谓求之外，可乎？致知云者，盖知此实体也、天理也、至善也、物也，乃吾之良知良能也，不假外求也。但人为气习所蔽，故生而蒙、长而不学则愚。故学、问、思、辨、笃行诸训，所以破其愚、去其蔽、警发其良知良能者耳，非有加也，故无所用其丝毫人力也。"⑤ 训格物为理，就这一点而言，大体遵循朱熹的路数。此理即天理，其特色是兼顾知行合内外，这是以随处体认天理来理解格物。至于随处则是随寂随感包括心意身及家国天下，这些都不离我心中正之本体，显然不是求于外。致知是知天理良知良能，也非外求，但人受气习遮蔽，出现蒙愚，这就需要学问、思辨、笃行诸工夫警惕省发，工夫属于内在固有而非外在所加。

湛氏还举例：如人睡觉做梦自能醒来而非靠外力，意思是说自己有自我控制或调节的

① 湛若水：《与阳明鸿胪》，《湛甘泉先生文集》卷七，《四库全书存目丛书》集部第56册，齐鲁书社1997年版，第217~218页。
② 湛若水：《答徐曰仁工曹》，《湛甘泉先生文集》卷七，《四库全书存目丛书》集部第56册，齐鲁书社1997年版，第221页。
③ 湛若水：《答阳明书》，《湛甘泉先生文集》卷七，《四库全书存目丛书》集部第56册，齐鲁书社1997年版，第248页。
④ 湛若水：《答太常博士陈惟浚》，《湛甘泉先生文集》卷七，《四库全书存目丛书》集部第56册，齐鲁书社1997年版，第234页。
⑤ 湛若水：《答阳明王都宪论格物》，《湛甘泉先生文集》卷七，《四库全书存目丛书》集部第56册，齐鲁书社1997年版，第269~270页。

能力（工夫），格物致知如此。如果只守其心而没有学问思辨笃行诸工夫，恐怕无所警发，虽然看似正其实是邪，这样的人下为老子、佛徒、扬子、墨子，上为夷、惠、伊尹。这是为什么？以前曾参芸瓜误断其根，其父用大杖打他，昏死后醒过来，曾子以为父亲打他，他不逃是出于孝顺（所谓的正），孔子则说："小杖受，大杖逃"（见《孔子家语·六本》），如果不逃让父亲打死，令父亲背上恶名则不孝顺，这是天理。一件事出入之间天人相判，其可不讲学吗？反问者说："孔子又何所学？心焉耳矣。"殊不知孔子虽然至圣、天理极致、仁熟义精，然而一定是七十岁才从心所欲不逾矩。总之，人不学就会老死于愚，以此强调学问思辨笃行诸工夫的重要性。

正德十年（1515 年），陈九川在龙江初次见王阳明，此时王阳明正与湛若水讨论格物之说，湛氏持朱熹的格物论，王阳明认为是求之于外了，湛若水认为，若以格物理为外，是自小其心也。陈九川当时也甚喜朱熹之说，王阳明又论《孟子》尽心一章，陈九川听说后便不再怀疑。后来家居，又复书王阳明讨论格物，他回答说："但能实地用功，入当自释。"陈氏在山间自录《大学》旧本阅读，觉得朱熹格物之说非是，然而也怀疑王阳明"以意之所在为物"以为"物字未明"。后来两人再见于洪都，理解物为经典常用之字，①逐渐赞同老师对格物的解释。

对于王阳明与湛若水讨论格物，施邦曜说："只此一语，便见人心万物皆备，可了格物致知之义，此甘泉见其大处。"又"甘泉格物之解，已可扫时说之蒙蔽，顾舍物言理，犹似见理精而物粗，理与物殊分为两。惟还之以物，则形色即是天性，始无内外之殊，任他是一片光明境界，知致而《大学》之道一以贯之矣"②。物作为意之所在，即意之指向便在主观视野之内，以内绾合外即内外合一，湛若水的"随处体认天理"从某种意义上说也是合内外，在这方面接近王阳明。

关于王阳明的格物说，后儒有以下评论。施邦曜说："此是圣贤实体实验工夫，方知先生格致之说，非是抛弃事物。只是要把人驰逐于外者，挽而归之于内耳，合内外之道，方是能诚，方是能穷物之始终。"③刘宗周说："'何须更起念头'，是圣学入微真消息。他日却曰：'实无无念时，只是要正念。'如讲论时便起不得在内照管的念，则讲论时不知又可起得个事亲的意否？"④孙奇逢说："心无内外，故须在事上磨练。"⑤格物说之所以理解不透彻，主要在于把心一分为二，这如同陈九川在讲论（其本身以用心）而又多出个心来照管，二心便不是敬，专一便是敬。心似乎一个自然的流入，刻意有为反成二心。因此，在王阳明看来，必须以心无内外或自然流出为前提。人需要在事上磨练即在实

① 王守仁：《传习录下》，吴光、钱明、董平、姚延福编校：《王阳明全集（新编本）》第一册，浙江古籍出版社 2010 年版，第 99~100 页。

② 王阳明原著，施邦曜辑评，王晓昕、赵平略点校：《阳明先生集要》，中华书局 2008 年版，第 99、100 页。

③ 王阳明原著，施邦曜辑评，王晓昕、赵平略点校：《阳明先生集要》，中华书局 2008 年版，第 103 页。

④ 刘宗周：《阳明传信录》三，吴光主编：《刘宗周全集》第五册，浙江古籍出版社 2007 年版，第 72 页。

⑤ 孙奇逢：《理学宗传》卷九《王子》，张显清主编：《孙奇逢集》上，中州古籍出版社 2003 年版，第 834 页。

践中用功，工夫在本体上用，所以说工夫一贯，内外方能打并归一，只求静则遇事便乱。就格物来说，工夫不离本体，本体无内外，工夫也无内外，如有内外则失去本体，工夫便无处可用，因此也可以说工夫是本体的工夫。

（作者单位：北京师范大学历史学院、中国社会科学院古代史研究所）

治教何以分离：先秦儒法之争的制度性溯源*

□ 王晨光

【摘要】族邑自治时期的社会规范是儒家思想形成的基础。宗法共同体内部裁断维护血缘组织稳定，家国同构式的君主希冀主观的德性审查、中庸调解、差异化调解。而法治所诉求的观念，根本基于普遍授田制后地方宗族向中央政权的治权让渡。在建立起郡县层级政区后，统一的中央行政需要在辖域范围内按照行文法制定标准的规范执行。相应的文教也转为追求可计量、可控制、合乎逻辑与普遍划一适用的理性法则，尤其要求基层行政排除主观因素，并通过科层制与成文法管控个体。秦以降由于国家自身治理能力受限，不得不兼容两种文教，而同时智识群体拒斥对既行政制的正视，导致了治教分离的长期延续。

【关键词】儒家；道统；礼法；治教分离

一、"治教"问题研究概述

在《文史通义》中，章学诚将不断内卷化的儒学、经学研究视为"治教分离"的结果。其反复发出"君师分而治教不能合于一"；"治教无二，官师合一，岂有空言以存其私说哉"① 的议论。事实上，自秦迄今，治教分离似乎一直是儒家学者赓续不断的一个心结，无论是"得君行道"还是"觉民行道"乃至近代新儒家希望在民主政制下重新演绎"老内圣"，儒家自西周形成的文教系统似乎始终与"时王之制度"龃龉难合。杨念群曾指出，以往研究总是热衷于把治教分离向积极方面解释，如"强调士一旦拥有道统，也就拥有了对抗王权的文化资本"②，顺势也就凸显道统制衡王权，以及知识分子内在超越的精神。但仔细审度，治教分离的形上学命题还可表述为"道器分离"，这意味着问题可

---

* 本文受中央基本科研业务费资助，为国家社科基金项目"二十世纪中国文化保守主义民族国家建构理论研究"（18CZX034）阶段性成果。

① 章学诚著，仓修良注：《文史通义新编新注》，浙江古籍出版社2005年版，第97、100页。
② 杨念群：《章学诚的"经世"观与清初"大一统"意识形态的建构》，《社会学研究》2008年第5期。

能并非是经典衰微、君王不致尧舜、儒生被压抑与迫害的历史叙事，而是儒家学者构想的道体自身与治理发生的离隙。

其实，治教分离或道器分离的议论早在汉代已是显学，大量的儒吏分判所映射的正是这一话题。尽管表层论说呈现为文吏擅长处理具体政事与儒生节操品德高尚之比较，但实质则如《论衡·程材》所谓"儒生所学，道也；文吏所学者，事也"。"儒生治本，文吏理末。道本与事末比，定尊卑之高下，可得程矣。"① 其背后托之未出的，只差点明究竟何为"道体"？何以儒生群体拥有对"道体"的唯一解释权？更关键的是，对儒吏之争这一老问题而言，古今论者均忽略了大量儒吏分判的话语本身恰恰是由儒生群体所构造的，其目的往往通过对比官僚系统内两类人格差异，来争取提高经生、儒生的话语权，且大量的本末、高下的排比大多是一种模糊的观念，并无法征实。此后欧阳修有"三代而下，治出于二"②，但追问其所归咎，其实只是希望"欲治之主，思所改作"，"超然远复三代"。王夫之"道统""治统"的分辨看似涉及这一议题，实则也只是单一呼吁民本与夷夏大防，这类讨论并未触及治教分离的深层次根源。这导致中国始终处于近似欧洲近代经验主义和理性主义的分裂状态，一方面，文吏要求基于真实运转，奉法循理进行治理；另一方面，儒生则一直谋求将先秦经典升格为普遍化和绝对化准则，从而纳入官方文教系统来干涉施政。

至民国，王国维再次回溯这个话题谓："自三代至于近世，道出于一而已。泰西通商以后，西学西政之书输入中国，于是修身齐家治国平天下之道乃出于二。"③ 其语下的治教分离显然偏离了传统的议题，但也表明，近代西方政制冲击反而遮蔽了中国延续两千年内部本有的治教症结。此后，吕思勉则从历史角度溯源，将治教分离概括为"法与德礼"的分歧，其结论无外乎"人藏其心，不可测度"，"故人不能皆合乎礼，而必有刑以驱之，而法之为用由是起"。④ 表面区分礼、法，实质仍不过是延续宋儒的人性论叙事。20 世纪80 年代余英时用政治秩序和文化秩序解释治教分离。黄进兴则认为该论题更多是统治者是否主动介入文化的君权消长，大多数时候士大夫只是被动卷入表态乃至共谋，⑤ 此类叙述不免停留于不同时段现象本身。直至马克斯·韦伯始正视治教分离的内在机理，韦伯否认中国官员制度与现代官僚体制的关系，认为问题出在科举选拔所追求的普遍人格自我完善，同追求客观业务专业化、职业化思想的针锋相对。⑥ 也可说，重视血缘伦理与人格修养的"道体"始终与追求理性行政的"治理"相隔阂。90 年代，阎步克延续韦伯的思路继续反思，从汉代文吏与儒生这两个群体的相对关系，审查"法治"因素中理性行政的意义。认为治教分离源于帝国政府逐渐依赖成文的系统化法规，追求"目的明确的、可计算的、合乎逻辑的、普遍主义的和系统的达到目的的手段"⑦，这为此后研究提供了关

① 黄晖校释：《论衡校释》，中华书局 1990 年版，第 533~545 页。

② 《新唐书·礼乐志》，中华书局 1975 年版，第 307 页。

③ 王国维：《论政学疏稿》，《王国维全集》第 14 卷，浙江教育出版社 2009 年版，第 212 页。

④ 吕思勉：《吕思勉读史札记》，上海古籍出版社 1982 年版，第 388 页。

⑤ 黄进兴：《优入圣域：权力、信仰与正当性》，中华书局 2010 年版，第 75~275 页。

⑥ Max Weber, *Economy and Society*: *An Outline of Interpretive Sociology*, Guenther Roth Claus Wittich ed., University of California Press, 1968, p. 1949.

⑦ 阎步克：《士大夫政治演生史稿》，北京大学出版社 1996 年版，第 7 页。

键思路。因此，尽管近年还有罗志田等学者使用"道出于二"概括近代中西治教分离的尴尬处境，欲倡明回归中国学术主体性，① 但我们仍要想一想，迄西学引进之前，拥有所谓"学术主体性"的儒学、经学研究始终面临着内部致用的质疑，如上引章学诚就反复批判学术只是"鼙悦之文，射覆之学，虽极精能，其无当于实用也审矣"。换言之，如果古典学术在传统治理场域始终处于治教分离的状态，何以期许其能应对更复杂的现代问题呢？鉴于此，我们有必要摆脱各种文化情结，重审先秦治教分离的起点，回应道体与治理何以无法直接衔接这一事实。

二、族邑形态下的治教合一

从先秦到近代，尽管面对不同的论敌以不同的方式删削取择诠释儒学，儒家学者均将维护家庭伦理置于"教"的价值谱系首位，而这正是分析治教分离现象的关键命题。以"子为父隐"这一著名公案为例，如我们将冲突表述为：在依法裁断与血亲之情对立时何者具有优先性？其实就已经封闭了问题的解释向度，而形塑了一个现代人才面临的治理问题。但是，问题是否必然是重情、重法的两种教理冲突呢？《管子·君臣上》曾谓："天子出令于天下，诸侯受令于天子，大夫受令于君，子受令于父母，下听其上，弟听其兄。此至顺矣。"即使暂且搁置这种层层递降"受令"理念与实际运行的差距，仅从史料学层面审视，该段文本至少表明在其书写的时代，"父母"在时人的观念中尚未沦为与执政者对立的"被治"角色，而是与天子、诸侯、大夫一样同属布政职能序列。换言之，如果我们将父母作为一层治权单位，那么叶县县令介入"其父攘羊"一案就绝不单单是法与情的冲突，而意味着是否应由外部势力干预父子为核心所组成亲族共同体的内部治理。这种表述虽然乍听上去似乎略显诡异，但如果我们意识到，周代分封制乃至更早的国家形态本身就是一种点状分散的族邑，而族邑的核心是由血缘关系构建互相独立的家族内部自治共同体，那么就能理解殷周共主/宗主对各分支族群内部治理不予干预是一种常态，② 而春秋后期中央国君通过法令逐渐直接管控地方乃至基层个体反而是全新的政制。郑玄注"施于有政，是亦为政"一句便点明这一现象，其谓："《易》曰：'家人有严君焉，父母之谓也。'父母为严君，则子孙为臣民，故孝友施为政。"③ 君父一体无疑是治教合一的内核。而其子向县令揭发其父攘羊，就明显意味着原本由血缘形成的宗法家内（门内）治权被集权型国家接管的现实。再反观《管子·君臣上》所拟构的层层"受令"的制度理念，也恰恰呈现出县制建立后层级管控的新型政体。这就意味着表层"教"的冲突，一开始就寓有两种对立的"治"权。

在《礼记·丧服四制》中便用门内、门外表示两种治权与教理的差异。所谓"门内

---

① 罗志田：《道出于二：过渡时代的新旧之争》，北京师范大学出版社 2014 年版。
② 参考朱凤瀚：《商周家族形态研究》，天津古籍出版社 2004 年版，第 322 页；李峰：《西周的政体：中国早期的官僚制度和国家》，吴敏娜等译，生活·读书·新知三联书店 2010 年版，第 270～296 页。
③ 《吐鲁番阿斯塔那三六号墓 8-1 号写本》，王素：《唐写本论语郑氏注及其研究》，文物出版社 1991 年版，第 13 页。

之治恩掩义；门外之治义断恩。资于事父以事君，而敬同。贵贵尊尊，义之大者也"。孔颖达疏更进一步厘清称"以门内之亲，恩情既多，揜藏公义，言得行私恩，不行公义。'门外之治义断恩'者，门外谓朝廷之间。既仕公朝，当以公义断绝私恩"①。郭店楚简《六德》则更明确称"人有六德，三亲不断。门内之治恩掩义，门外之治义斩恩"②。换言之，这些文本的形成就已然表明公朝与私家形成分离，也表明裁断权发生归属性的争议，既非一概以父家长为核心，也非委以统一的县令或中央下派官吏进行直接裁断。门内或族内裁断，绝异于律令时代对行为的罪刑定型与简单的事后惩处。相比于大一统帝国短期的文吏培训，注重"文吏理烦，身役于职，职判功立"（《论衡·程材》），"使之奉主之法，行主之令，以治百姓，而诛盗贼也"（《管子·明法解》）之类遵循律条、进行无差别的裁断的高效机制。族邑形态下施行惩处的裁判者则需要依靠主观做出情理化的复杂判断。

在令、律式成文法产生之前，施政者的裁断依据惟有族群共同的观念，故其必处于谨慎戒惧的状态中，避免任意妄断而产生误判。这也就对司法者个体提出极强的要求，如《逸周书·官人解》所谓"观诚考志，视声观色，观隐揆德"③，显然是要求施政者谨慎对事理调查，经由此宽厚仁爱以维护最高层面的稳定秩序。早期族内司法为维护族共同体的和谐，刑罚既要达到惩治的效果，又要不因此而导致离心，其最终目的是要经由此保证整体城邦的稳定，同时主观司法的行为与活动空间本身又赋予司法者人格魅力。因此，正是这种情况，催生出了相应的中庸、直方等裁断与文教思想。④ 如《尚书·周书》谓："兹式有慎，以列用中罚。"《管子·牧民》所谓"上服度则六亲固"注曰："上行礼度则六亲各得其所，故能感恩而结固之。"继而又谓："刑罚不足以畏其意，杀戮不足以服其心。故刑罚繁而意不恐，则令不行矣。杀戮众而心不服，则上位危矣。"显然，《管子·牧民》的论述尚保有族邑自治的传统，其并没有径直预设仁政的天然正当性，反而是从施政的有效性入手，从治理术层面论证民众归附的条件，又如谓"能佚乐之则民为之忧劳。能富贵之则民为之贫贱。能存安之则民为之危坠。能生育之则民为之灭绝"。"民意"近乎一种调控衡量标准，君主具体行政手段在于多大程度满足民众心理预期。这种人定法与自由裁量的"教"之基础就在于地方、族群尚握有治权，不同于集权时代中央委以官吏秉性统一的律令治理，而是点状分散的族邑各自形成一个内部的血缘共同体，掌握族内裁断权、法律制定权，维护血缘组织的稳定性。

三、县制形态下的治权转移

当治权与法权被收归中央，亦即当中央以授土田为典型的人力控制、以县制为典型的

---

① （唐）孔颖达正义：《礼记正义》卷七十，上海古籍出版社 2008 年版，第 2351 页。

② 刘钊：《郭店楚简校释》，福建人民出版社 2005 年版，第 117 页。

③ 黄怀信等：《逸周书汇校集注》，上海古籍出版社 1995 年版，第 809 页。

④ "直方"出自《周易》坤卦"直方大，不习无不利"。明代学者来知德借对此句注疏而用以阐发这种治道阐发，所谓"若以人事而论，直者，内而天理为之主宰无邪曲也，方者，外而天理为之裁制无偏倚也。大者，无一念之不直，无一事之不方也"。（明）来知德：《易经集注》卷一，上海书店 1988年版，第 39 页。

行政结构，接管原属宗族的权力，这才形成了令、律外部治理系统，如个体成为直接隶属国家的民众，地方原属族群的治权与法权逐渐被收缩，内外公私的对立也便成为转型初期的核心矛盾。新型的"治"也就与族邑自治的"教"发生分离。因为统一行政系统的政府对不同区域的管辖，必然会追求效率最大化与司法标准化，由此委派短期培养的官吏迅速接管，集权政府不会要求临时行政的官吏具有高强度的主观判断力来妥善解决纠纷并兼顾维护血缘宗族的身份，相反只会要求官吏按照统一的司法规则整治异族以削弱地方的政治离心力。《论衡·程材》所谓"一县佐史之材，任郡掾史；一郡修行之能，堪州从事。然而郡不召佐史，州不取修行者，巧习无害，文少德高也"。各级官吏安于各层级所属职务，遵循要求按法令办事不产生差错即可，如《商君书·定分》是一篇极清晰表明吏治原则的文献。其认为，置吏只要资质能够通晓法令，就足以派遣到地方进行治理，"为法令，置官吏朴足以知法令之谓者，以为天下正，则奏天子；天子则各主法令之，皆降，受命发官，各主法令之"。其核心并不在于个人意志与判断力，而在于能在央地条状化政治结构中准确执行政策，"主法令之吏有迁徙物故，辄使学者读法令所谓，为之程式，使数日而知法令之所谓；不中程，为法令以罪之。有敢剟定法令，损益一字以上，罪死不赦"。并且还囊括制定法令信符的标准，包含信符左右券分别收藏与封泥的规则。[1] 由此可知，从县制作为政治形态创始后，"中庸"与"权变"的自由裁断式教理思想必然不再是实体政制必备的核心执政准则，而成为长期游离于集权政制形态边缘的哲学附属物。

因此，如果只观察汉代学者对秦政的总结，往往难以摆脱表层直观感受对后世造成的误导，如"法严令苛"（《汉书·严安传》），"尚诈力、任刑罚"（《史记·淮南衡山列传》）。实则"刑罚"不同于"刑法"，刑与礼并不构成根本的制度对立，儒法的差异更非前者宽柔、后者严苛的差异。与"礼"对立的概念属于"令"，前者作为文教成立的基础属族治，而追求理性、客观、普遍化的文教基础在于由非亲缘的中央下派官吏接管治权，秉行绝对律令。故以往研究往往从被治理者的民众角度辨析儒、法、刑、德不同治理的正当性。其实，倘若站在国家政体与宏观治理转型来看。施行法治的着眼点可能并不在于对个体所造成的心理冲击，而更关键在于集权中央对下派官吏权能的一种削弱，对取代原族长、封君的新接管治权者（县令）的制约，是通过形塑外部的统一、公开的法令来屏蔽县令在地的自由裁断权，从而避免其以私心治理而形成地方性割据、独立自治的可能。如果说原有族长、封君凭借血缘或宗主的天然执政合理性，对族群施行一种维护统治稳定的仁义型治道，那么郡县制则必然要极力剥离执政者的个人魅力与个人影响力。《韩非子·八经》解释得很清晰，其谓：

> 明主之道，臣不得以行义成荣，不得以家利为功。功名所生，必出于官法；法之所外，虽有难行，不以显焉；故民无以私名。设法度以齐民，信赏罚以尽能，明诽誉以劝沮。[2]

在韩非叙述中，对仁爱施政行为的否定，并非源于对民众生活秩序的考量，而是处于

---

① 蒋礼鸿：《商君书锥指》卷五，中华书局1986年版，第140~141页。

② （清）王先慎：《韩非子集解》卷十八，中华书局1998年版，第441页。

对新地方治理的一种理性思考。倘若地方机构一概施行主观的仁爱，必然造成行为失范而委以个人情感，而这对于已经由族治转移为集权行政的国家而言，必然潜伏极大的隐患。甚至由于地方政权不再属于有限辖域的血缘共同体，已然随着人口增殖与流动性加剧形成庞大且身份混杂的战国城邑，那么仁爱也难以效仿族治重新成为一种有效的治理手法，在法家建构的治理系统内，只会演化为一种行贿受贿的腐败政治。故无论从地方法令的角度抑或从集权国家的角度，都不得不选择建立一套全新的文教话语系统。

四、两种教理的依附体系

基于此，我们可大致将两种教理的依附体系予以区分。前一个"礼法"时期，即西周至春秋中后期，以血缘性族内自治政制为基本结构。其文教基础依据先王前言往行，形成的史、经、礼等文本与仪轨，以此维护族治形态下特定差等秩序、尊卑等级、裁断方式、人伦规范。《周礼》职官系统更清晰呈现礼法与封建制关系，其中大宰掌建邦之六典，注曰："典，常也，经也，法也。王谓之礼经，常所秉以治天下也；邦国官府谓之礼法，常所守以为法式也。常者，其上下通名。"显然，典、经、法、礼构成一种互通互训的文教体系，其所适用的正是宗法分封与族内自治的家国型政治关系。《荀子·王霸》篇所谓"礼法之大分"中即强调"建国诸侯之君分土而守"，可见分封自治为"礼法"之要义。"礼法"即作为族治时代普遍行事的一种非成文式概括，其根本内涵并非作为固定文本形态的"法"，而是区域立法者的主观意志。正如公孙鞅所说，"各当时而立法，因事而制礼。礼法以时而定，制令各顺其宜，兵甲器备，各便其用"（《商君书·更法》）。具体而言，郑玄注《周礼·小宰》即谓"以法掌祭祀、朝觐、会同、宾客之戒具，军旅、田役、丧荒亦如之。法，谓其礼法也"。可见，"礼法"作为囊括实际外交、军事、土地等族邑常务处理的概念。故"礼法"概念的实质在于"以礼为法"，即注重将身份差异之"礼"呈现为可视化的实际行为制度。礼法时代就是维护尊卑、嫡庶、远近、夷夏等，以夫族为中心囊括一系列身份辨识的治权，绝非如后世法学家想象先秦存在一套泛化的"信行容体而顺乎文"的伦理成文法本。因此，这一时代的"法"根本区别于后代以"律、令"为核心进行普遍划一个体行为管控、奖惩的集权成文法系统，而是与相应的宗法族治型政体配合而生的一套特定治理系统，强调差异化身份制与父家长治权，简称为"礼法"。

后一个令、律上升时期，是春秋后期伴随着政体集权化转型而形成的。尽管先秦时期各国国君皆订有法令，① 但"令"地位的上升则伴随着集权政府建立强效管控机制的进程，其内核在于建立中央对地方资源的统筹协调能力，地方不再是各自为治的族群单位，

---

① 最明确的案例是《国语·周语》中所载："先王之令有之曰：'天道赏善而罚淫，故凡我造国，无从非彝，无即慆淫，各守尔典，以承天休。'"该句需关注两点：其一，文中"先王之令"其实与先王之法、先王之制等用法类似，都是一种人定法。其二，文中明确说凡所分封的诸侯国"各守尔典"，是各自遵守其国的礼法，而非建立周宗主与各封国之间绝对统一的法令体系。可见周天子的"令"，并不同于战国以后集权国君绝对遍及统治领域的划一法令。徐元诰：《国语集解》卷二，中华书局 2002 年版，第 68 页。

而处于国家随时调遣布局、高效管控的层级组织内。此可套用《管子》篇题概括为"重令"主义的兴起，所谓"令重则君尊，君尊则国安"，其内涵在于使中央君主掌握绝对的区域控制治权，个体户籍直接隶属国家。如梁惠王所言"河内凶，则移其民于河东，移其粟于河内。河东凶亦然"。即为集权政体掌握治权后施行财政与人力规模化调控的普遍手段。《管子·立政》将其法理理念演绎得更清楚，其谓："正月之朔，百吏在朝，君乃出令布宪于国，五乡之师，五属大夫，皆受宪于太史。大朝之日，五乡之师，五属大夫，皆身习宪于君前。太史既布宪，入籍于太府。宪籍分于君前。五乡之师出朝，遂于乡官致于乡属，及于游宗，皆受宪。"显然，"令"所属的政制形式在于将原本分治的族邑单位建成层级政令统一的国家协同机体。《管子·正世》所谓"法立令行，故群臣奉法守职。百官有常，法不繁匿，万民敦悫，反本而俭力"。最终，国家取代地方分离各自孤立的治权，形成所谓"置法出令，临众用民，计其威严宽惠"，又谓"圣王之治人也，不贵其人博学也，欲其人之和同以听令也"。（《管子·立政》）"令"以及稍晚出现的"律"共同构成与集权政制配合而生的新型政制基础，要求执行统一且普遍性的管控、赏罚、晋升治理模式。从国家层面而言，其特征体现为官吏派遣与郡县建制取代封建时代族内自治；从基层社会行为方式而言，则关系到整套个体身份的辨识、独立户籍与族群关系的解绑、国家对人力资源的统筹管理等内容。

五、治权转移引致的治教矛盾

礼法与令律两种政制之差异，实质是伴随社会结构转变的治理方式差异。其中更为关键的一个因素就是族邑自治的瓦解，或者说地方以"族"作为治权、法权单位的消失。治权丧失必将带来相应文教与法理的失效，族内亲亲裁断被中央下派官吏依法而治取代就是最明显的表征。在《荀子·君子》篇中曾拟构出"治世"与"乱世"的分别，其核心差异在于，治世的刑法仅针对独立的个体，所谓"刑不过罪，爵不逾德"，即使处死父亲仍可任命儿子为臣，处死兄弟仍可任命其弟，"杀其父而臣其子，杀其兄而臣其弟。刑罚不怒罪，爵赏不逾德，分然各以其诚通"。而乱世的法，则是以族为单位施行的集体赏罚，一人有罪，则父母妻三族均被杀，一人受爵，则门第子孙均世袭，"故一人有罪而三族皆夷，德虽如舜，不免刑均，是以族论罪也。先祖当贤，后子孙必显，行虽如桀纣，列从必尊，此以世举贤也"[1]。其实，荀子两种政体差异的构想乃是一种话语策略，两者绝非可供选择的社会模型，而是先秦社会实际经历的政制转型。荀子之前地方的宗族掌握各自治权，个体则仅有族群身份，形成紧密利益关联的血缘礼法共同体，政治本身就与血缘关系一体。而荀子所处时代的个体则脱离族治，成为直接隶属国家的编户齐民，向独立的政治身份而演进，由此国家建立新型法令系统，施行社会的层级下垂式的直接管控。

一旦我们理解问题实质出在治权转移，而非礼、法之争或刑德的道德观教理差异，则知"治教分离"的实质就在于：社会制度转型的发生，却未必促使文教层面发生必然的更替，尽管原有的文教系统在新政制中不再作为实际政治的法理，而呈现出失效的窘况，但战国之后，礼和六经所包含的法理仍然具有非常顽强的生命力，而被知识阶层所诵习。

---

① （清）王先谦：《荀子集解》卷十七，中华书局 1988 年版，第 452 页。

尤其是汉武帝"罢黜百家，表章六经"使得源生于族治语境的礼和六经成了知识阶层学习的主要内容。而知识阶层又是历来认识世界、解释世界、规范世界的主体。由此，实际运行的"治"与意识形态的"教"就出现了脱节，或者说在制度更替后，文教内部始终裹挟新旧并行两种势力。在专经博士存在的同时，时人又谓"法令，汉家之经"（《论衡·程材》）、"萧何承秦法所作为律令，律经是也"①，就是文教竞逐的表征。当政制从三代西周的族治宗法制格局演变成战国秦汉以降的郡县、官僚制，知识层熏习与指导社会的经典规范还属于前一个时代的产物，这就必然促使一种尴尬情形的出现，即六经系统已然从实际具体指导政治的教本角色中退场，但知识层却寄希望于将旧学致用。

治教的分离，所学与所用的分离，最终又被知识群体出于各种目的诠释为三代以降的政治衰败观，对圣王政制的怀想尽管被后世学者视为古典道统对现实政统的隐性监督与反思，但更为常见的则是进行一种枘凿式的解释，即以失效的经典文本比附当下政制。诸如两汉以降政论中常见的以"郡守/墨绶/节度使/刺史/牧守"比附"诸侯"的现象，如蔡邕《独断》中谓"今之令长，古之诸侯"②；《后汉书·左雄传》中说"今之墨绶，犹古之诸侯"，注曰"墨绶谓令长，犹古子男之国也"③。可见，无论是视汉之郡守为古之诸侯，抑或将汉县令长比拟为古之诸侯，都呈现出一种治理观念的错置。王莽更是事事附会古制，郡县制也附会成古代的分封制，居延汉简、居延新简中还能见到当时这种附会之遗制，所谓"州牧八命，黄金印和绖角肌之公以所仁□"④；"上卿七命□"⑤。所谓"州牧八命""上卿七命"均意味着官制仍朝着《周礼》九命制度附会。可见，治教分离的后果是使得受旧有文教训练的智识群体最终拒斥对既行时政的正视。这看似是一种无足轻重的三代圣王情结，实则恰恰是文教领域转型的失效；看似被后世史书尊为学者以道抗势的表征，实则是源于两种政体组织形式的必然差异。

六、治教分离的次生危害

两种文教混杂并行的局面进而促使选官呈现出混杂多样性。汉初一度曾含混地举孝悌或举贤良方正直言极谏之士，自董仲舒点明"长吏多出于郎中、中郎，吏二千石子弟选郎吏，又以富赀，未必贤也"⑥等弊端，遂建立郡国以四科选举贡士的明确考察机制，所谓"一曰德行高妙，志节清白；二曰学通行修，经中博士；三曰明习法令，足以决疑，能按章覆问，文中御史；四曰刚毅多略，遭事不惑，明足决断，材任三辅县令"⑦。显然，

① 《汉书·宣帝纪》，中华书局 1962 年版，第 258 页。

② （汉）蔡邕：《独断》，《景印文渊阁四库全书》第 850 册，台湾"商务印书馆"1986 年版，第 79 页。

③ 《后汉书·左雄传》，中华书局 1965 年版，第 2017 页。

④ 中国社会科学院考古研究所编：《居延汉简》280.2（甲 1497），中华书局 1980 年版，第 200 页。

⑤ 甘肃省文物考古研究所编：《居延新简·甲渠候官与第四燧》，文物出版社 1990 年版，第 378 页。

⑥ 《汉书·董仲舒传》，中华书局 1962 年版，第 2512 页。

⑦ （唐）杜佑：《通典》卷十三，中华书局 1988 年版，第 311 页。

除却德行、刚毅之类主观考量的因素外，经学与法令形成并列的两大举荐提拔途径。《汉官旧仪》中则记载武帝制十三州刺史，职责之一即从地方筛选人才吸纳进中央，其中"刺史举民有茂材，移名丞相，丞相考召，取明经一科，明律令一科，能治剧一科，各一人"①。此后"诸生通章句，文吏能笺奏"；"诸生试家法，文吏课笺奏"；"儒通经法，吏达文法"等记载，均表明双重意识形态的状况持续运行。属于文教层面的"明经"与通晓律令、奏案等行政文书的处理，两种职官设置与考察的标准始终并存，由此导致持久的治教分离。

这种治教分离选官的隐患最终必导致国家内部智识阶层的内耗。以汉代为例，律令虽实际成为国家管控编户的必要手段，但在当时的文教系统内部，却长时期处于压抑的地位，盖因"两汉之朝，重经术而轻律令。其聪明特达者，咸励精于专门。以通贤之质，挟黼藻之美，大则必至公卿，小则不失守令"②。当一种与现行政制脱节的文教掌握人事职权，就必然会削弱现行集权律令系统下的智识资源的分配，最终也就影响实际国家治理的效应，如《抱朴子·审举》反思选官与法令研习的脱节及其所导致的祸患曰："四科亦有明解法令之状，今在职之人，官无大小，悉不知法令。……或以意断事，蹉跌不慎法令。"③ 延及清末，甚至康有为还有类似的感慨：

> 以好古贱今之故，故法令律例委于吏胥，吏胥庸猥，盖以今事为笑，故相率习于无用之学，而待用者亦遂无材。……今一郡一邑乡曲间，求一《大清通礼》《大清律例》不可得，求《会典则例》《皇朝三通》诸方略书，有并无之者，况欲得通古今、周四方之故者哉？以此为教，而欲求治才，何异北行而之楚，缘木而求鱼也？④

至此，就不再仅是学术群体内部的怀想或个人情感的失误了，而是国家治理危机的爆发。当政体已经从地方族内自治转换为中央集权的国家结构时，实质维系国家的模式已经转变为律令与官吏机制，但相应的教理层却处于一种混乱状态，新旧两种文教并存于新式政体中。当春秋后期逐渐兴起的权力集中运动蔓延扩展，权力实际运行亟需依靠律令系统，而非依靠名教建立社会秩序。但与此同时，国家上层文官却仍坚守着一种名教情结，执着于三代史事及文本的神圣叙事，并欲图借此来建立一种政权的合法性基础。正如韩非子所言"夫离法者罪，而诸先生以文学取"⑤，"错（措）法以道（导）民，而又贵文学，则民之所师法也疑"。⑥ 这里的"文学"便指前一个族邑社会所形成的经典法理系统。这就导致国家的治、教长期陷入分离局面。不难发现古典文教随着政制转型必然丧失了原生

---

① （汉）卫宏：《汉官旧仪》，《汉官六种》，中华书局 1990 年版，第 37 页。
② 《周书·乐逊列传》，中华书局 1971 年版，第 819 页。
③ 杨明照：《抱朴子外篇校笺》，中华书局 1991 年版，第 418 页。
④ 康有为：《教学通义》，《康有为全集》（1），上海古籍出版社 1987 年版，第 135 页。
⑤ （清）王先慎：《韩非子集解》卷十九，中华书局 1998 年版，第 449 页。
⑥ 此外，对于文教并行所导致的治道混乱局面，《韩非子·奸劫弑臣》篇又称"世之愚学，皆不知治乱之情，謳讴多诵先古之书，以乱当世之治"。

实质的政治效能，但在疏离的同时却又掌控实际控制文教话语权，乃至将作为社会组织形态的"法"与"术、势、刑"等概念杂糅，遮蔽了对政制结构变动的辨识，形成了一种诡异的治教分离。

七、结　语

综上，"治教分离"的问题可归纳为一个核心话题：即先秦原典与其产生语境（族邑自治及其瓦解）的分离，这进而导致表面呈现为儒法之争。章学诚"官师治教合一"的历史原型即为此。族邑形态下的政制与古典文教配合相生，然而随着族邑形态瓦解，政制发生更替，文教却处于迟滞状态。"古人未尝离事而言理"指的便是五经形成的商周时期，族邑的治理理念在于主观裁断与因人因事立教。后世伴随集权君主的律令事务处理机制稳定运转后，原有以亲缘性族邑为内核的五经整体不再作为典章制度，而纯粹成为私学授受的话语系统（"理"）。因此，事理分离也就是实际呈现的现象。也可说令律始终未完成"理"，即相应的意识形态合法性建构。但深究其内核，此绝非儒法学派之争导致的思想领域失败。而是自秦政已暴露的症结：即越采取巨细靡遗的管控手段，越需要源源不断的经费和人力去支撑，当帝国的资源长期运行在峰值时，崩溃的概率也会逐渐增大。尽管集权型国家的承受压强峰值远超过其他政体形态，但仍然存在一个承受边界，而一旦巨大强效的管控网络出现一个裂缝，集权型国家的崩溃就产生连带效应。由此，国家不得不始终让渡部分治权给基层父家长，族治形态下形成的价值不断被取择纳入法律谱系，从"亲亲相隐不为罪"到"准五服以制罪"，无意间使得集权政体内保留了大量族内自治的意识形态，自身也就制造出了吏治与儒学双重合法性的纠结。

正如章学诚推崇秦"以吏为师"提倡官学取消私学的论点，不乏被后世学者视为"文化专制主义"或"隐含思想统制的特质"[1]，并认为其无视"孔子突破官学，兴起民间学术、教育对此后中国文化发展的巨大贡献，无视西周以后中国文化的发展成就"[2]。殊不知，其论点并非关注文化繁荣，而在于努力描述一种客观发生的现象，即孔子以降学统与政统分离的事实，亦即经学无论如何努力也无法直接"施于有政"。从现代史学层面讲，就是战国分离自治的族邑已经与集权型令、律、县治国家相隔绝，基于小型血缘族群的治理经验无法上升为庞大资源汲取需求的国家制度。当然，迄于古史辨派产生，传统学者都很难逾越四部分类法与五经神圣性的思维框架，清晰地表述先秦政体转型问题，五经无法被视为商周有限时空下形成的文本，这就导致问题只能反复缠绕在仁政、民本等表层呼唤圣君的口号上。后世将"三代以还，官师政教不能合而为一"理解成一种经世致用的呼吁，而忽视其首先是对秦以降意识形态分裂现实的描述。处于历史场景的哲人多数并未清晰地认识治教分离的状态，更多的只是处于转型冲击带来的纠结与混乱，既怀有对剥离掉旧政制系统的一套故有文教的怀想，又亟需根据已有的政治运行格局建立切实可行的

---

① 林安梧：《章学诚"六经皆史"及其相关问题的哲学反省》，《清代经学国际研讨会论文集》，台湾"中央研究院"中国文哲研究所1994年版，第263~290页。

② 姜广辉、钟华：《章学诚"六经皆史"论批判》，《哲学研究》2018年第8期。

规范，这也就导致了治教分离以及延续的儒法学派之争。因此，惟有澄清这一制度转移的背景，方能避免思想资源的持续内耗。

（作者单位：西安电子科技大学人文学院）

《大学》 在俄罗斯的传播与影响[*]

□ 张鸿彦

【摘要】《大学》是最早传播到俄罗斯的儒家典籍著作，它在俄罗斯的翻译与推广对于我国传统文化思想的对外传播具有重要意义。纵观俄罗斯历史上《大学》的几次翻译高潮，都适逢俄罗斯国内政治转折的关键时期，本文聚焦译者微观史，将《大学》在俄罗斯的传播放置在中俄文明交流史的框架中进行考察，梳理早期俄罗斯译者对《大学》翻译的转译操控及对"中国形象"的异域建构，分析现当代俄罗斯译者对《大学》的多元化解读，揭示历史、译者和译本之间的互动关系，突出《大学》在俄罗斯汉学史以及中俄文明对话中的重要作用，为典籍的对外传播研究提供参照和思路。
【关键词】《大学》俄罗斯；"四书"；传播

　　《大学》是儒家经典"四书"之首，蕴含着丰富的道德伦理思想和政治智慧，阐述了儒家修身治国平天下的理念。儒家经典中最早被引入俄罗斯的正是《大学》，早在1730年，时任帝俄圣彼得堡科学院院士的普鲁士学家拜谒尔（T. S. Bayer）就参考了柏应理（P. Couplet）的译本翻译了《大学》的原文节选，收录于《中国博览》（Museum Sinicum）第二卷的《孔夫子大学》一章，该译文虽存在多处错误和漏译，读者面也不大，但却具有重要的开拓性意义和价值。《大学》在俄罗斯的译介历程，可以说是儒学作为一种"政治思想话语体系"跨越了时间与空间，在俄罗斯生产和本土化的过程。纵观俄罗斯历史上《大学》的几次翻译高潮，都适逢俄罗斯国内政治转折的关键时期。

一、18 世纪：《大学》 翻译的高潮

　　在18世纪，彼得一世的改革打开了俄罗斯通向欧洲的窗户，俄罗斯在政治、经济、文化以及社会的各个方面都受到了西方的影响，在此后的较长时间里俄罗斯开始了对"欧洲风"的消化和吸收。与此同时，中国风席卷欧洲，对西方社会的思想发展产生了深远的影响，这股中国热也扩散到了俄罗斯，俄罗斯知识精英开始从法、英、德文著作中了

　　* 本文为国家社科基金青年项目 "'四书'在俄罗斯的传播与接受研究"（20CZW031）阶段性成果。

解儒家经典及其思想。在当时很多俄罗斯人的眼中，中国是一个政府清廉、文化厚重的理想王国，是可以和俄罗斯现实丑恶相对照的道德国度。这一时期俄国对中国经典作品的翻译基本上都是以转译和摘译为主，尤其受到法国启蒙作家思想的影响，可以说俄罗斯对"东方文学"的接受，事实上是从接受西欧对"东方文学"的解读开始的。

最早将《大学》翻译为俄文的是著名戏剧家、批评家冯维辛（Д. И. Фонвизин），据克列斯托娃（Л. В. Крестова）考证，冯氏的译本采用的是驻华法国传教士、圣彼得堡科学院外籍院士韩国英（Pierre-Martial Cibot）的《大学》法文译本。1776 年，韩国英首次将"四书"从中文翻译成了法文并且把它发表在《北京传教士关于中国历史、科学、艺术、风俗、习惯录》（*Mémoires concernant l'histoire, les sciences, les arts, les moeurs, les usages, etc. des chinois*）的第二卷中。这套书共有六卷，在很长的一段时间内都是法国乃至整个欧洲获取中国信息的主要来源。而冯维辛于 1777—1778 年生活在巴黎，正是在这一期间他开始了该书的翻译工作，冯维辛的译本为《大学——涵盖中国高级哲学思想的伟大学说》（Ta-Гио, или Великая наука, заключающая в себе высокую китайскую философию），该译本于 1779 年匿名发表于《科学院通报》（*Академические известия*），译本共分为两部分，正文部分和注释部分，共分为 9 小节，附有 34 个韩国英的注释，其中只做了较小的语序调整和语法调整，该译文于 1801 年在彼得堡出版的匿名收藏集"求真者"中被重印。据考证是由著名书商，出版家索皮科夫（В. С. Сопиков）出版的，注释被删减至八条。冯维辛 1866 年出版的作品集被认为是译本的首次发表，但其实之前已多次发表。

冯氏决定翻译《大学》不是偶然的，这与当时俄罗斯国内的政局有关。当时的叶卡捷琳娜通过宫廷政变掌权，俄罗斯的社会精英对其政权合法性提出质疑，并批判当时宫廷内宠臣当权的现象。当时俄罗斯的启蒙知识分子便将儒家经典作为批判专制主义的理论工具，以中国为例分析俄罗斯的社会现实，作为俄国启蒙运动领袖的冯维辛，他非常赞赏《大学》中所强调的道德修养在社会生活中的作用，强调当权者要"治国""平天下"，首先要"明德""修身"，同时也不能贪财，因为"财聚则民散，财散则民聚"。从冯维辛的译文中也可以看出其对现实社会的不满以及对理想国度的向往，他不止一次的将君王和堕落的女王进行隐晦的对比，[①] 发泄对现实社会的不满和对理想国度的向往，克列斯托娃指出："国家的管理与制度、法律等问题使得冯维辛倍感焦虑，他讨厌俄罗斯统治的专横、女皇的堕落举止、宠臣的频繁更替、重要政治家被罢免、波节姆金的专制等，冯维辛在自己的作品以及译文中都会抓住一切机会去证明只有那些得民心的国王才能使人民真正幸福。"[②]

冯维辛的译文对于《大学》在俄罗斯的传播具有开拓性意义，其翻译目的更多的是将《大学》的思想带给俄罗斯，以反思俄罗斯当时存在的问题，以隐蔽的方式表达自己的政治诉求。但冯氏的译文是从法译本翻译过来的二度重译，这必然在选材和对原作的理

---

① См. *О. Л. Фишман Китай в Европе*: *миф и реальность*（*XIII-XVIII вв.*）. СПб., 2003, с. 381-382.

② *Л. С. Крестова Из истории публицистической деятельности Д. Н. Фонвизина* // XVIII век: СПб.. М.; Л., 1958. Т. 3, с. 486.

解上受到法译文的极大影响，而且他在翻译的过程中进行了大量的删减，对不契合自己需求的部分，或回避处置，或直接否定，在正式出版时由于触及敏感的现实政治问题，又遭到了检察机关的大幅删削，这一定程度地造成对《大学》不客观也不全面的认识。

在冯维辛后来所著的政论文章和戏剧作品中，也都可以看到他对《大学》思想的浓厚兴趣。在他的戏剧作品《纨绔子弟》中，斯塔罗东是一个为人无私正直，不阿谀权贵的角色，他强调一个人首先要有高尚的灵魂和节操，才有可能履行好为国家服务的天职。斯塔罗东的生活信条其实就是冯维辛关于道德伦理和个人社会使命观点的体现，这与《大学》中先修身而后治天下的理念是一致的。冯维辛在其政论作品《国家自然法则论》中也提道："国君被赋予最高权力，只是为了造福他的子民，暴君也知道这条真理，但贤明的君王却能用心感受……如果国君的身上没有德行，那么王座的光芒就只不过是虚幻的光。"① 这一段话就受到了《大学》中"大学之道，在明明德，在亲民，在止于至善"理念的影响。

继冯维辛之后，第二年就发表了列昂季耶夫（А. Л. Леонтьев）的译文，可以说"18 世纪俄国汉学成果的最高峰，无疑是列昂季耶夫的研究和翻译活动"②，根据阿列克谢耶夫（В. М. Алексеев）和科布泽夫（А. И. Кобзев）的考证，列昂季耶夫的译文是从满文翻译而来的，于 1779 年 5 月第 11 期发表于《科学院消息》，列氏的译文是以汉满合璧的《日讲四书解义》作为依据，该译本虽题为"四书"，但只包含了《大学》和《中庸》二十章，包括译文和注释。如今看列氏的译本，术语和语言都显得陈旧，但却是第一部从满语翻译过来且经科学校对过的《大学》俄语译本，其译文后收录于他的著作《中国思想》（1772 年）中，受到欧洲汉学界的肯定，1778 年被转译成德文，在魏玛出版，1807 年被转译为法文，在德累斯顿出版。

从列昂季耶夫选择翻译的篇目来看，他对帝王的统御之术以及治国思想极为关注，这也成为他的主要翻译素材，他在《中国思想》的序言中这样写道："我所翻译的中国著作，包括一位中国皇帝的道德训诫和许多中国文人就各种问题阐发的建议和论断，讨论最多的是如何造福百姓和国家，还有他们提出了一些什么思想。"③ 由此可以看出 18 世纪的汉学研究不可避免地受到政治气候的影响，列昂季耶夫的译文经过启蒙思想家的利用和改造，也发挥了一定的政治影射和讽刺作用，但是和冯维辛不同的是，列昂季耶夫自主进行的翻译活动，虽然明显表现出很强的政治现实性，但同时也展现了其对中国传统思想和儒家伦理道德的尊重和敬意，我们可以从译文中窥见一二，如"物有本末，事有终始，知所先后则近道矣"，在冯维辛的译文中，将其翻译为："把树枝当做树根，把树叶当作果实，把重要的事和无关的事混为一谈且不把方法和意图区分开来的人是很痛苦的。弄清自己任务的先后并且认识到它们价值的重要性才是学问的开端。"而列昂季耶夫对这句话的翻译更接近中文原意："万物各有本末，万事也各有始终，如果明白了事情的先后顺序，那就越来越接近学问之道了。"

---

① Д. И. Фонвизин *Собрание сочинений в двух томах. Том 2.* М.，1959. с. 254.

② П. М. Шаститко，А. А. Вигасин，А. М. Куликова и др.；Редкол.：А. П. Базиянц и др. *История отечественного востоковедения до середины XIX века.* М.：Наука，1990. с. 84.

③ А. Л. Леонтьев *Китайския мысли 2-е изд.* СПб：При Имп. Акад. наук，1775. с. 4.

在列昂季耶夫之后，俄国著名知识分子，宫廷翻译家维廖夫金（М. И. Веревкин）重新对《大学》进行了翻译，他于 1786—1788 年翻译了《北京传教士关于中国历史、科学、艺术、风俗、习惯录》（又称《中国丛刊》，*Записки, надлежащие до истории, наук, художеств, нравов, обычаев и проч. китайцев, сочиненные проповедниками веры христианской в Пекине*）中关于《大学》的部分，由"大学印刷厂"出版。

维廖夫金比冯维辛晚 6 年出版了自己的《大学》译本，同样是出自法译文，总体来说维廖夫金的译本相比于冯维辛的译本更加准确和详实。在当时的历史条件下，都经过了严格的审查程序，在维廖夫金的译本中可以看到这样的词句，如"就像一个忘记耻辱和尊严的女人，疯狂地将自己的力量运用到邪恶，压迫人民"[1]，来影射叶卡捷琳娜二世。

勒菲弗尔曾指出："翻译就是对原文的改写，改写即操纵，而改写受到诗学观、意识形态及赞助人三个因素的操纵。"[2] 因此，"赞助人"也是能够推动或阻碍文学翻译和创作的重要外因，上文提到的冯维辛、列昂季耶夫以及维廖夫金的译本都与当时一名著名讽刺编辑家的推动密不可分，他就是诺维科夫（Н. И. Новиков），他是俄国启蒙运动的代表人物，受到欧洲启蒙思想的影响，期望通过自己的发声来改变俄国社会现状，因此他对《大学》的翻译十分重视，将中国作为开明君主专制国家的典范，通过宣扬中国的仁君形象来达到暗讽女皇的目的，他创办的刊物《空谈家》《雄峰》等都因其辛辣的讽刺风格被勒令停刊，当时的书报监察机关也非常严格，不能容忍有人利用中国题材对叶卡捷琳娜二世进行含沙射影的批判。苏联著名的 18 世纪文学研究者别尔科夫（П. Н. Берков）在为《冯维辛文集》所作的注释中写道："俄国译者对于《大学》所表现出的兴趣与自 18 世纪 60 年代开始在俄国文学界形成的从汉语翻译中国哲学和历史著作的传统有密切关系。这些著作的主要内容是描述合乎理想的君王及其在造福臣民方面的作用，而且正好出现在俄国人积极思考如何评价叶卡捷琳娜二世之时。"[3] 诺维科夫就是在这个时期刊行了许多类似著作的译本。从他对中国题材的选择和出版可以看出其中国观与法国启蒙思想家一脉相承。

1779—1806 年，俄国出现了三部《大学》的译作，其翻译目的更多的是将理想化的中国当作一面反观俄国现实社会的镜子，用来反观俄国自身存在的迫切的社会问题，译本中充斥着自己的想象和印记。这种印象和中国观并非来自与中国的直接接触，而是接受西方文化影响的结果，其中只有列昂季耶夫的译本是在与中国直接的政治和文化往来的过程中形成的，虽然翻译的目的是为了讽刺当时的俄罗斯政体，但同时也对中国的思想和道德给予了极高的评价，传播了儒家思想，塑造了贤明的中国帝王形象。这些中国传统思想题材的译文发表形成了俄罗斯汉学史上译介中国传统思想文化典籍的高潮，形成了俄国汉学发展过程中的一个特殊的阶段，也表明了当时俄国对于中国传统思想的兴趣，此后直至苏

① М. И. Веревкин Записки, надлежащия до истории, наук, художеств, нравов, обычаев, и проч. китайцев : Сочиненныя проповедниками веры христианской в Пекине. Москва : Унив. тип. , у Н. Новикова, 1786-1788. с. 191, 193.

② 汪艺、贾德江：《操纵与构建：译者主体性的实现》，《吉首大学学报》（社会科学版）2013 年第 2 期，第 141~144 页。

③ Д. И. Фонвизин Собрание сочинений Т. 2. М: государственное издательство художественной литературы，1959. с. 676.

联汉学时期，中国传统文化典籍的译介再也没有达到 18 世纪下半叶如此大量出版的情况。

二、19—20 世纪：《大学》翻译的式微

到 19 世纪，对《大学》的翻译逐渐降温，出版商出版的兴趣也开始减弱，这是因为它丧失了通过异国政治社会批评的工具功能，但也正是因为政治目的的减弱，对《大学》开始形成更加自然纯粹的学术意义上的兴趣，即从《大学》本身所蕴含的儒家道德和治国理念展开更加纯粹的研究。这一阶段的代表人物要数修士大司祭比丘林（Н. Я. Бичурин），他以《四书章句集注》为底本将"四书"的原文及注释全部译为俄文，译稿没有出版，而是以手稿形式保存在苏联科学院东方所列宁格勒分所档案馆（现为俄罗斯科学院东方文献研究所档案馆）。比丘林站在一个俄国人的学术角度，用自己的语言文字描写了他所认识的中国文化，给当时的俄国读者带去了中国文化的信息，使俄国读者可以从欧洲作品以外的渠道认识中国文化。正如他所批评的："如果我们还是盲目地重复法国人或德国人写的东西，那么，重复他们那些早已为人所知的文字将使我们永远倒退，而我们的智力将永远停留在模仿别人那些常常是奇怪而且荒谬的文字上。"①

到 20 世纪初，俄罗斯帝国遭遇很大的社会政治危机，这个时期《大学》再次为当时的思想家所注意，最值得一提的就是俄罗斯的大文豪列夫·托尔斯泰（Л. Н. Толстой），19 世纪 70 年代后期开始，俄罗斯人民的苦难使得托尔斯泰对沙皇和俄罗斯东正教失去希望，也对自己的状况不满。1882 年，托尔斯泰收到文学评论家斯特拉霍夫（Н. Н. Страхов）给他寄来的《中国经典》丛书，儒家经典让托尔斯泰开始把目光从西方转向了东方，从上帝转向了人自身。从阐释学的角度来看，译者的翻译过程是基于已知领域去认识未知领域的过程，最终达到"视域融合"的境界，翻译的目的不是为了将原著翻译为新的语言作品，而是为了文化的交流和观点的融合。对于托尔斯泰来说，他翻译《大学》的目的不是为了将原著翻译为新的语言作品，不是为了宣传中国的传统文化，也不是为了传教事业，而是为了用儒家思想重新建构自己的思想体系，拯救俄罗斯的危机。1884 年，他将自己的体悟和感受整理成文，发表了《论大学》和《论孔子的著作》，在《论孔子的著作》中引用了朱熹为《大学》作的序，翻译了《大学》的第一章（即"经"的部分），是以理雅各（James Legge）的英文三卷本《中国经典》为底本，他并未选择同时期柯大卫的英译本，主要原因是柯大卫沉湎于基督教思想体系（1828 年），无法与托尔斯泰产生精神上的共鸣，而理雅各认为，中国在远古时期就已经达到了高度文明的状态，他对之持以的是欣赏和学习的态度，这与托尔斯泰的观念也比较契合。托尔斯泰在 1900 年再次对《大学》进行了译述，这次在翻译第一章"经"的基础上，还翻译了"传"的部分内容，因为其中包含着托尔斯泰感兴趣的思想，如"古之欲明明德于天下者，先治其国，欲治其国者，先齐其家……"托尔斯泰在《大学》的译文前写道："这本书是中国的先师孔夫子所著，它被公认为圣书，就像《摩西篇》之于犹太人，《圣经》之于我们欧洲人。"②

---

① 李伟丽：《比丘林的中国文化研究》，《中国社会科学报》，2017 年 12 月 11 日，第 6 版。

② 列夫·托尔斯泰：《列夫·托尔斯泰文集》第十五卷，冯增义、宋大图译，人民文学出版社 2000 年版，第 73 页。

可以看出，在当时的历史认知的局限下，他错以为《大学》是孔子所作，但是他对"修身"思想的兴趣，对儒家学说的推崇，以及对《大学》的高度评价可见一斑。

托尔斯泰在译述中提到"从帝王到最普通的农夫，所有人都负有同一个职责：改正错误，使自己变得更好，即自我完善，这是根本，在此基础上建立起完善人类的整个大厦"①。可见，托尔斯泰选译的经文主要是强调治国平天下首先要修身的道理，将其最终归结为"道德的自我完善"。而原文所说的从格物致知到治国平天下的过程，他就不感兴趣，没有翻译。这同他本人追求完善的实践是契合的。托尔斯泰采取东方文化与西方文化互相对立的观点，认为西方文化过于强调物质，而东方文化注重精神。

托尔斯泰的追随者作家布朗热（П. А. Буланже）同样对《大学》充满兴趣，1903年，布朗热从英文翻译的全译本《大学》出版，该译文"前言"部分是托尔斯泰转译的《大学》第一章的内容。布朗热还于1910年在"媒介"出版社出版了《孔子·生平及其学说》一书，该书由托尔斯泰组稿和编辑，其中整理了托尔斯泰的日记、文章及对《大学》《中庸》的摘录，等等，以"托尔斯泰对中国孔子学说的阐释"开头，一开始就对《大学》给予了极高的评价，该书出版的用意在于拯救俄罗斯甚至全人类迫在眉睫的灾难，收获了极大的销量。

汉学家瓦西里耶夫院士（В. П. Васильев）在其著作中也多次提到《大学》，对其进行过精准的描述："《大学》是给初学者来学习的，全书都包含了支持政府的学说，包括君王和官员要做到的品质，同时还包括财政事项。"② 他在其《中国文学史纲要》中也大篇幅地引用《大学》，用来说明儒家确实为官方思想的代言人。

从18世纪到19世纪末，俄罗斯汉学的成就主要是由翻译构成的，随着社会历史的发展，逐渐出现两个变化的趋势，一是由完全翻译逐渐走向翻译与研究并重，但即便是翻译与研究并重，也还是非常重视翻译，这成为俄罗斯汉学的一个重要传统，二是由一开始多从其他国家文字进行转译，到后来逐渐转向从中文直接翻译，这也从侧面说明，俄国汉学水平的不断提升。但自1917年十月革命爆发后，在政治标准衡量学术研究的社会情况下，中国古代典籍不再成为受重视的研究对象，反而成为批判的代表，成为唯心主义的代表，且中国国内对儒学的批判和厌弃也一定程度影响着苏联对儒学的认知，在很长一段的时间里无人敢触及儒学研究，李明滨先生曾对此做过分析："苏联时期对儒学的研究不如旧俄时代，部分的原因是儒家学说被当做维护统治阶级利益的反动思想，从而遭到冷落。"③苏联时期的《大学》翻译研究几近缺失，只有1959年再版冯维辛的《大学》译本，以及克罗科洛夫（В. С. Колоколов）对《大学》进行的语言学分析评价。克罗科洛夫从小在中国长大，反对西方对《大学》的评价和思考，他指出，西方学者没有意识到《大学》中包含了整套的复合古代中国教育法的学科内容，他认为："与'四书'的另外三本书一样，《大学》也是由碎片式的片段构成的，包含了零散的谚语和格言，分散并从不同哲学论文中选取，再将其以象形文字和修辞手段结合在一起，掌握这样的手段，可以使您的文

① См. Толстой Л. Н. *Полн. собр. соч*（Т. 25）. М.：Гослитиздат，1928-1959，с. 532-534.

② В. П. Васильев *Материалы по истории китайской литературы.* СПб.，1887，с. 195.

③ 李明滨：《中国与俄罗斯文化交流志》，上海人民出版社1998年版，第25页。

章更加高级，无论是散文还是诗歌。"①

三、21 世纪:《大学》翻译的回升

20 世纪 90 年代苏联解体，原有的意识形态土崩瓦解，急需从其他文化中寻求精神价值，中国自改革开放以后重获繁荣，这引起了俄罗斯极大的兴趣。更多的社会文化精英将目光转向对理想的人格教育和人类心灵世界的关注，对社会和国家的治理以及政府和人民之间的相互关系的儒学原则的关注。正是在这一阶段冯维辛的译本、布朗热的全译本以及托尔斯泰的节译本都不断再版，但是由于再版过于急切，商业动机尤其明显，这些再版的译本质量普遍较低，不仅没有附加必要的注释，还重复了原译本中完全荒谬的错误。比如说在朱熹的注释中，在"淳熙的统治期间"错译为了"神秘的神帝统治期间"，以及年份错误和漏译现象层出不穷，这些错误在现代再版当中都不假思索地保留了，而在 1959 年冯维辛的再版当中这些错误得到了修正。这表明在新世纪激进的出版文化战略影响下，无法使译本具有严谨和科学的性质，导致翻译水平和译本质量相比 1959 年再版版本有所下降。

总体来说，苏联解体之前的译本多出于政治的目的，通过翻译典籍从中把握中国人的道德品质和精神气质，为开展政治讽刺或殖民运动服务，译本更加重视信息的传递而非文学性，故可读性较差。而苏联解体之后，研究者特别关注传统文化遗产的现代意义，以及中国哲学与中国文明的相互关系问题。并主张不应当按照欧洲哲学的概念来研究中国哲学，对汉学的研究正逐渐摆脱政治化和意识形态化，翻译的立意和文学性都高于苏联解体之前，译者的身份也发生了改变，自由地进行学术与翻译，将学术研究与翻译结合起来。力图突出思想性和文学性，兼具可读性。

1986 年，科布泽夫的《大学（伟大的学说）》译本出版，载于《历史—哲学年鉴》的 234~251 页。2004 年出版的《四书》一书中收录了科布泽夫的《大学》全译本。在该译本中，科布泽夫所使用的中文本是 1983 年出版的朱熹《四书章句集注》，译本由"译序""大学章句序"和"大学章句"组成。其中，"大学章句"部分按照朱熹的第一章为经、后十章为传的划分方法又分为两大部分，考虑到便捷性和通用性而使用罗马数字和阿拉伯数字进行标记划分，这些数字标号都与朱熹的篇、章和段相对应，朱熹将《大学》共分为 65 句，译文严格按照朱熹的划分进行排列。科布泽夫翻译了《大学》正文、朱熹的全部注释，以脚注的形式对朱熹的注释又进行了注释。可以说，他的译文非常完整、详尽，层次分明，是《大学》不可多得的学术性译本，翻译实践与典籍研究相结合，包括原文的性质内容，所含关键词术语以及核心观点的理解，学术地位及影响，等等，译著科学、系统，具有较高的学术价值。

在科布泽夫的研究中，他认为中国人的古籍与命理学有着密切的联系，这可以从作品的字数中发现一些端倪，如《大学》共计 1755 个字，而这个数字并非偶然，并且具有数字命理学特征，它等于几个简单因数的乘积:$1755 = 3^3 \times 5 \times 13$，它首先包含了在方法学上

---

① В. С. Колоколов *О Джемсе Легге и его воззрениях на книгу "Да сюэ"* // Народы Азии и Африки. М., 1969, № 6, c. 161.

基本的数组 "3" 和 "5"。科布泽夫认为,《大学》总字数的数字命理学完全被其主要的注释者们发现了,并反映在他们所设定的文本结构中。郑玄将《大学》分为 39 段(这与《礼记》中该篇章的数字一致),而朱熹将《大学》分为了 65 段,这显然与郑玄的划分有所关联,同样构成了标准的数字命理学数组 "3" 和 "5":39 = 13×3,65 = 13×5,也与自身的文本结构有关:2 章+11 篇 = 13×5 = 65。此外,两个主要的文献数字 39 和 65 都能够被 1755 整除:1755 = 39×45 = 65×27,而 39、45、65 和 27 这四个因数都是在中国为人熟知的数字命理学数值。因此,科布泽夫认为,《大学》在很大程度上和经籍一样被数字命理学化,其严格的符号形式的数字结构参数直接与其内容(概念结构)相配合。

从科布泽夫的研究之路也可以看出,他对《大学》的研究是多角度、宽维度的,他不仅对朱熹注释的《大学》进行了全译,同时他对程子、王阳明、郑玄等注释家和学者关于《大学》的研究都进行了深入的研究,如《〈大学问〉和孔子学说》(2011)、《王阳明和〈大学问〉》(2012),2011 年他再版了含有朱熹注释的译本,该译本中同时还包含了郑玄的译文。在 2011 年的译本的序言中,科布泽夫还收录了戈洛瓦乔娃(*Л. И. Головачёва*)的新译本,这一版本被认为是非标准且颇具争议的版本,她对很多字词的理解都有自己的独特想法,如,戈洛瓦乔娃认为《大学》讲述的是人与天之间的关系问题,因此她理解的第一句话将 "大学" 理解为 "天学",将第一句理解为 "大学之道在明,明得(德)在亲民,在止于知(至)善"①。并用详细的注释来佐证自己的观点。正如俄罗斯著名汉学家西门年科谈到对于注释的翻译问题时指出的:"古典文本的研究必须以翻译不同时代对其的具体文本注疏为基础,以不同时代的代表性观点来研究原文,通过这种方式才能够更加多元化地理解原文意涵,更加准确详实地理解注疏中的说明。"②

《大学》在俄罗斯的翻译与传播迄今已有两百余年的历史,儒家思想跨越时空的障碍,经过正确与错误阐释的不断交错,逐渐找到了属于自己的位置。随着中俄两国文化交流的不断发展,《大学》以及儒家思想在俄罗斯当下更具现实意义,汉学家纷纷从更加科学和多元化的角度对中国的 "四书" 作出自己的阐释与解读,俄罗斯对《大学》的研究内容还会不断丰富,在有效促进中俄两国文化交流的同时,也为当今学者研究中俄学术交流史和儒学的流传提供可贵的资料。

(作者单位:武汉大学外国语言文学学院)

---

① *Л. И. Головачёва О канонической части 《Да сюэ》 с точки зрения пресинологии (тезисы) // 41-я научная конференция 《Общество и государство в Китае》. Т. XLI (Ученые записки Отдела Китая ИВ РАН. Вып. 3). М., 2011, с. 328-334.*

② 张鸿彦:《〈孟子〉在俄罗斯的译介》,《俄罗斯文艺》2019 年第 2 期,第 115 页。

王阳明解心明经思想的规范性阐释*

□ 卢奇飞

【摘要】阳明的解心明经思想可在其心学话语体系里进行更为规范的阐释,具体是:"以心之良知为依凭""以经典之义为依准"和"以祖述宪章为旨归"。三项原则对心学中的经典理解具有指导和规范意义,依此即能保证经典中圣人之意的准确传达。

【关键词】王阳明;经学;良知;见闻之知

治经是为了明心,这是阳明经学思想中的一个重要论点,阳明说:"盖《四书》、《五经》不过说这心体,这心体即所谓道,心体明即是道明,更无二。此是为学头脑处。"①心明即是道明,故关于经典的理解,阳明说:"只要解心。心明白,书自然融会。若心上不通,只要书上文义通,却自生意见。"②经典作为一套文本系统,承载着圣人之意。正确解析这种圣人之意,取决于理解经典的条件与经典自身属性相契,阳明的解心以明经实出于此种考虑。当然,"解心"只是阳明给出的理解经典的操作路径,具体实践过程中的主观性偏差难以避免。学者欲通过解心以从经典中获取圣人之意,就须将作为理解之依凭的心与作为理解对象的经典在阅读的交互过程中体现出的本质性、规范性原则提取出来,从而能够起到指导和规范经典理解的作用。以下结合阳明经学思想的相关论述进行深入阐发,以期能够对阳明治经思想的本质有更为清晰的把握。③

一、以心之良知为依凭

为何经典是在说此心体呢?在阳明看来,圣人之学自古即是心学传统:

---

* 本文为 2016 年度教育部人文社会科学重点研究基地重大项目"广义论证理论研究"(16JJD720017)阶段性成果。

① 王守仁:《传习录》上,吴光、钱明、董平、姚延福编校:《王阳明全集》卷一,上海古籍出版社 2011 年版,第 17 页。

② 王守仁:《传习录》下,吴光、钱明、董平、姚延福编校:《王阳明全集》卷三,上海古籍出版社 2011 年版,第 107 页。

③ 下文所引阳明之说主要是围绕六经而谈,故本文所指阳明之经学也主要从其六经思想而论。

圣人之学，心学也。尧、舜、禹之相授受曰："人心惟危，道心惟微，惟精惟一，允执厥中。"此心学之源也。中也者，道心之谓也；道心精一之谓仁，所谓中也。孔孟之学，惟务求仁，盖精一之传也。而当时之弊，固已有外求之者，故子贡致疑于多学而识，而以博施济众为仁。夫子告之以一贯，而教以能近取譬，盖使之求诸其心也。①

阳明描绘了一个心学的道统系谱，以表示心学乃是自尧舜禹以来已经存在的事实，且此"精一之传"只是"求诸其心"。而心外求索的为学方式正为心学所病，子贡的"多学而识"即是代表。也即"在闻见上用功"的为学方式是对心学传统的背离，而"在心地上用功"的为学方式才是正传。② 经典既然是圣人所述，那必然对应的是心学这一为学传统，指导学者求诸其心以明其心体，而非是对"多学而识"的为学方式的指导。相应地，后世学者只有真正求诸其心才能相契于经典的指导，求诸见闻则于经典难以相契。

在阳明心学的话语脉络中，心之本体即是良知，阳明亦有"道心者，良知之谓也"③之言，故心学传统中的"求诸其心"可从良知视角进行审视，进而才能对阳明的解心以明经加深理解。对于为学，阳明说："故'致良知'是学问大头脑，是圣人教人第一义。今云专求之见闻之末，则是失却头脑，而已落在第二义矣。"④ 可知，"求诸其心"与"多学而识"的本质差别即是良知与见闻之知上的差别。相应而言，就经典理解上看，"若信得良知，只在良知上用功，虽千经万典，无不吻合"⑤。故澄清良知与见闻之知之说的内涵是厘清阳明之经典理解的关键所在。阳明说：

"未发之中"即良知也，无前后内外而浑然一体者也。有事无事，可以言动静，而良知无分于有事无事也。寂然感通，可以言动静，而良知无分于寂然感通也。动静者，所遇之时，心之本体固无分于动静也。⑥
良知不由见闻而有，而见闻莫非良知之用，故良知不滞于见闻，而亦不离于见闻。……若主意头脑专以致良知为事，则凡多闻多见，莫非致良知之功。⑦

———————————

① 王守仁：《象山文集序》，吴光、钱明、董平、姚延福编校：《王阳明全集》卷七，上海古籍出版社 2011 年版，第 273 页。
② 阳明释"汝与回也孰愈"章时说："子贡多学而识，在闻见上用功；颜子在心地上用功：故圣人问以启之。而子贡所对又只在知见上，故圣人叹惜之，非许之也。"见王守仁：《传习录》上，吴光、钱明、董平、姚延福编校：《王阳明全集》卷一，上海古籍出版社 2011 年版，第 37 页。
③ 王守仁：《传习录》中，吴光、钱明、董平、姚延福编校：《王阳明全集》卷二，上海古籍出版社 2011 年版，第 58 页。
④ 王守仁：《传习录》中，吴光、钱明、董平、姚延福编校：《王阳明全集》卷二，上海古籍出版社 2011 年版，第 80 页。
⑤ 王守仁：《传习录》中，吴光、钱明、董平、姚延福编校：《王阳明全集》卷二，上海古籍出版社 2011 年版，第 80 页。
⑥ 王守仁：《传习录》中，吴光、钱明、董平、姚延福编校：《王阳明全集》卷二，上海古籍出版社 2011 年版，第 72 页。
⑦ 王守仁：《传习录》中，吴光、钱明、董平、姚延福编校：《王阳明全集》卷二，上海古籍出版社 2011 年版，第 80~81 页。

阳明认为良知不滞于见闻也不离于见闻，此中，作为形上心体的良知乃是无前后、内外、动静之分而超越分别对待的，阳明所谓"无声无臭独知时，此是乾坤万有基"① 正是将良知的超越性指点出来；相对而言，见闻之知作为形下的经验意识则是有前后、内外、动静之分别对待的。进一步说，以超越分别对待的良知为主宰，则见闻之知无非是良知之用；若见闻之知反客为主，则良知隐而不彰，为学即失去头脑而落入第二义中，即是阳明所力斥的"求之见闻之末"，从而陷于分别对待之中而不能超拔出来。可见，阳明强调为学中有依于良知与单依见闻之知两种方式，有无分别对待则是二者的显著差别。阳明高徒王龙溪对良知与见闻之知的论述因深契阳明之意，故可作借鉴："夫知之与识，差若毫厘，缪实千里，不可不辨。无分别者，知也；有分别者，识也。知是本心之灵，是谓根本知，无知无不知。性是神解，不同妄识托境作意而知，亦不同太虚廓落断灭而无知也。"② 龙溪所谈的"知"即阳明的"良知"，"识"即阳明的"见闻之知"。在龙溪看来，知乃是本心之灵，无知而无不知，识则"托境作意而知"，知与识的根本差别在于有无分别对待，所谓"知无起灭，识有能所；知无方体，识有区别"③ 正是此意。与阳明一样，龙溪的"知"与"识"也非截然对立："变识为知，识乃知之用；认识为知，识乃知之贼。回、赐之学，所由以分也。"④ 故对于为学，若以知统识，则此识只是无分别对待之知的发用而已；若以识为知，则知为识所蔽，从而陷入分别对待而不能超拔其上。彭国翔就龙溪所谈"知"与"识"分析说："用我们现代的话语来说，良知与知识在龙溪处意味着两种性质极为不同的认识能力及其所产生的结果。"⑤ 此说指出了问题的核心：阳明心学非常注重无分别对待的良知与有分别对待的见闻之知这两种认知方式的区分，或此或彼只在于学者的初始选择，随后的为学内涵由此而异，故龙溪称之为"古今学术毫厘之辨"⑥，是回、赐之学的分野。至此，阳明的良知与见闻之知之说的内涵已很清楚：良知超越分别对待，见闻之知则有分别对待，此心只有依于良知（以知统识）和单依见闻之知（知为识蔽）两种状态，依此的两种为学方式，因有无分别对待而在内涵上相应有异，由此形成的为学话语体系始终不能并列看待，更不存在对等的交流，单依见闻之知则永远不能契入无分别对待的良知话语体系。

既然良知与见闻之知具于一心，其辨甚微，那么在经典理解上对于二者的差别也应谨慎分辨：经典作为一套文本系统，本质上乃是圣人依无分别对待的良知而立，以指导心学学者为学，解读经典之前必须首先明确无分别对待的良知方式，若单依有分别对待的见闻之知，则于经典必然不得要领而有毫厘千里之谬，故以心之良知为依凭正是阳明强调解心以明经的基本考虑。

① 王守仁：《咏良知四首示诸生》，吴光、钱明、董平、姚延福编校：《王阳明全集》卷二十，上海古籍出版社 2011 年版，第 870 页。

② 王畿：《与孟两峰》，吴震编校整理：《王畿集》卷九，凤凰出版社 2007 年版，第 208 页。

③ 王畿：《金波晤言》，吴震编校整理：《王畿集》卷三，凤凰出版社 2007 年版，第 65 页。

④ 王畿：《金波晤言》，吴震编校整理：《王畿集》卷三，凤凰出版社 2007 年版，第 65 页。

⑤ 彭国翔：《良知学的展开——王龙溪与中晚明的阳明学》（增订版），生活·读书·新知三联书店 2015 年版，第 47 页。

⑥ 王畿：《意识解》，吴震编校整理：《王畿集》卷八，凤凰出版社 2007 年版，第 192 页。

二、以经典之义为依准

阳明以六经为心之记籍之说值得深入考察：

> 《六经》者非他，吾心之常道也。故《易》也者，志吾心之阴阳消息者也；《书》也者，志吾心之纪纲政事者也；《诗》也者，志吾心之歌咏性情者也；《礼》也者，志吾心之条理节文者也；《乐》也者，志吾心之欣喜和平者也；《春秋》也者，志吾心之诚伪邪正者也。……盖昔者圣人之扶人极，忧后世，而述《六经》也，犹之富家者之父祖虑其产业库藏之积，其子孙者或至于遗忘散失，卒因穷而无以自全也，而记籍其家之所有以贻之，使之世守其产业库藏之积而享用焉，以免于困穷之患。故《六经》者，吾心之记籍也，而《六经》之实则具于吾心，犹之产业库藏之实积，种种色色，具存于其家。其记籍者，特名状数目而已。而世之学者，不知求《六经》之实于吾心，而徒考索于影响之间，牵制于文义之末，硁硁然以为是《六经》矣。①

阳明申明六经是吾心之常道，常道应感之机不同则有六经之别。关于道，阳明说："道无方体，不可执着。却拘滞于文义上求道，远矣。"② 常道本自离言，故体现为语言文字形式的六经不是道之本身，而只有记籍意义。记籍虽然只是"产业库藏"的"名状数目"之记录，但其指示"产业库藏"的功能却是真实存在且明确清晰的，因为，记籍对于"后世子孙"能够"使之世守其产业库藏之积而享用焉"，实即说明记籍意义上的六经足资后人参考印证之用。龙溪曾就阳明以六经为记籍之说阐发道："治经有三益：其未得之也，循其说以入道，有触发之义焉；其得之也，优游潜玩，有栽培之义焉；其玩而忘之也，俛仰千古圣人先得我心之同然，有印正之义焉。"③ 故明确六经的记籍身份，所谓"触发""栽培""印正"正能体现六经在不同为学阶段的相应功用，这种功用是明确而充分的。

阳明的记籍之说实是强调经典在修身过程中的工具性意义，故经典发挥"触发""栽培""印正"意义上的记籍之用，关键在于学者须依经典所述求之于心。求之于心其实就是求之于无分别对待的良知，由此，经典在良知理解方式中呈现的内涵就是经典承载的真实之义。依于经典之义才能把握圣人依良知述经的本意，才能发挥经典的记籍之用，这绝非仅是揣度以读取文本表面含义就能做到的。正如阳明所说："学者读书，只要归在自己身心上。若泥文着句，拘拘解释，定要求个执定道理，恐多不通。盖古人之言，惟示人以

---

① 王守仁：《稽山书院尊经阁记》，吴光、钱明、董平、姚延福编校：《王阳明全集》卷七，上海古籍出版社 2011 年版，第 284 页。

② 王守仁：《传习录》上，吴光、钱明、董平、姚延福编校：《王阳明全集》卷一，上海古籍出版社 2011 年版，第 24 页。

③ 王畿：《明儒经翼题辞》，吴震编校整理：《王畿集》卷十五，凤凰出版社 2007 年版，第 421 页。

所向往而已。若于所示之向往，尚有未明，只归在良知上体会方得。"① 阳明所言经典唯在"示人以所向往"，也即以经典为记籍之意，故"示人以所向往"实即就经典之义而言，本质上也只有依于良知才能正确解析，"泥文着句"则非正确之法。既然本质上以无分别对待的良知为依凭，那么经典之义作为良知的理解结果，也不会停留于分别对待之中；只有相通、相契于离言之道，才能发挥其引人入道之用，不然其"所示之向往"就有偏差。可知，经典虽是一套文本系统，但依于良知，经典之义却能超越分别对待而相应于道，且在发挥"触发""栽培""印正"之用上，经典之义也是完足明确的，不可随意解读。在阳明看来，训诂之学舍心外求，在经典理解上依于分别对待的见闻之知，要字字句句求其确解以明圣人之道，这看似客观精确，但因未能依于良知，缺乏超越形下经验意识的深刻生命体验，就不能真正契入经典无分别对待的义理体系，只能执取文本表面含义而在有分别对待的名言体系中打转，实则是直接以名言为道，得到的所谓"定理"只是揣摸影响而已。可知，单依见闻之知而对经典文本分别执取，实即以记籍为"产业库藏"，故经典的工具性意义也被抹杀了，所谓的"经典"反成为修道之障，阳明所说"非惟有捕风捉影之弊，抑且有执指为月之病"② 正是此意。关于经典的理解，依于良知才能以文显义，以义为依准，虽无"定理"可得而经典之用却完足明确，单依见闻之知则会执取名言，于经典反倒自生意见而多有不通，由此可知经典的言义之别。

三、以祖述宪章为旨归

在阳明看来，孔子之世已经存在圣人之教被繁文迷乱的趋势，故孔子因应"风气益开，文采日胜"③ 的时代特质，依照"于尧、舜则祖述之，于文、武则宪章之"④ 的基本原则述作六经，即所谓"祖述宪章"："祖述者，远宗其道。宪章者，近守其法。"⑤ 其中，为孔子所"祖述"的尧舜之道实即人之为人之道，阳明曾着重强调"圣人述《六经》，只是要正人心，只是要存天理、去人欲"⑥，人之为人之道具体只是存天理、去人欲，体现了阳明心学乃至整个宋明理学对儒家终极价值追求的基本界定。而依阳明之见，因私心尚存，佛老之学"失之虚罔空寂，而无有乎家国天下之施"，功利之学则"失之权

① 王守仁：《传习录拾遗》，吴光、钱明、董平、姚延福编校：《王阳明全集》卷三十二，上海古籍出版社 2011 年版，第 1296 页。
② 王守仁：《书汪进之卷》，吴光、钱明、董平、姚延福编校：《王阳明全集》卷二十八，上海古籍出版社 2011 年版，第 1127 页。
③ 王守仁：《传习录》上，吴光、钱明、董平、姚延福编校：《王阳明全集》卷一，上海古籍出版社 2011 年版，第 11 页。
④ 王守仁：《传习录》上，吴光、钱明、董平、姚延福编校：《王阳明全集》卷一，上海古籍出版社 2011 年版，第 11 页。
⑤ 朱熹：《中庸章句》，《四书章句集注》，中华书局 2012 年版，第 38 页。
⑥ 王守仁：《传习录》上，吴光、钱明、董平、姚延福编校：《王阳明全集》卷一，上海古籍出版社 2011 年版，第 10 页。

谋智术,而无有乎仁爱恻怛之诚"①,如此之学则在人之为人意义上都有不足,从而有别于圆满的圣人之道。另一方面,阳明认为"文、武之法,即是尧、舜之道"②,文、武之法之所以为孔子所"宪章之",是因为"唐、虞以上之治,后世不可复也,略之可也;三代以下之治,后世不可法也,削之可也;惟三代之治可行"③。进一步说:"专事无为,不能如三王之因时致治,而必欲行以太古之俗,即是佛、老的学术。因时致治,不能如三王之一本于道,而以功利之心行之,即是伯者以下事业。"④ 故圣人立教须因时致治,孔子所述六经只是依循三代之治的产物,宪章文、武乃其基本要求,更是于其时代实现尧舜之道的必由之路。可知,祖述宪章作为六经的价值旨归是圣人述经的基本定位,由此,才能准确把握六经教化功用的根本意义,于此不明则难明圣人述经的初衷。

阳明认为,对于功利及佛老之学大行其道的现今之世,只有三代之教才能挽救世道人心,故仍须一遵孔子的祖述宪章原则来阐扬圣人之道,六经即是其具体表现形式。相应来说,在圣学不明的现况中,明确圣人述作六经的祖述宪章旨归,有着重要的指导与匡正意义,如此才能保证学者在依于良知方式下正确理解经典之义,才能避免功利及佛老之学的侵蚀,从而依照经典真正归于圣人之道,而非入于异端。可知,祖述宪章原则作为孔子立教的基本定位,对经典理解中的"以心之良知为依凭"和"以经典之义为依准"具有统摄作用。

四、结　语

通过以上分析,对阳明所倡解心明经的内在意蕴得到了一个规范性阐释。以心之良知为依凭是理解经典的基础,确立了此心依无分别对待的良知以求道的基本立场,涉及与单依见闻之知立场的根本区分;以经典之义为依准则是强调在依凭良知基础上,通过切身践履以契入经典的圆融义理体系,而非仅依见闻之知对文本揣摸臆测;最后,必须明确经典的祖述宪章旨归,前两项原则才能被准确贯彻,以与功利及佛老之学划清界限,从而契入圣人之道而再无偏差。三项原则的确立即能保证经典中圣人之意的准确传达,而面对同一套经典文本,单依见闻之知求道于文字之间,实则容易自生意见而曲解经典。由此,可以更好把握阳明治经思想的本质特征,对于阳明经学思想研究的深入开展具有一定借鉴意义。

(作者单位:中山大学哲学系)

---

① 以上参见王守仁:《大学问》,吴光、钱明、董平、姚延福编校:《王阳明全集》卷二十六,上海古籍出版社 2011 年版,第 1068 页。

② 王守仁:《传习录》上,吴光、钱明、董平、姚延福编校:《王阳明全集》卷一,上海古籍出版社 2011 年版,第 11 页。

③ 王守仁:《传习录》上,吴光、钱明、董平、姚延福编校:《王阳明全集》卷一,上海古籍出版社 2011 年版,第 11 页。

④ 王守仁:《传习录》上,吴光、钱明、董平、姚延福编校:《王阳明全集》卷一,上海古籍出版社 2011 年版,第 11 页。

论许孚远的"克己"思想

□ 刘丽莎 文碧方

【摘要】许孚远上承湛若水、唐枢,下启冯从吾、刘宗周,是明代具枢纽地位的思想家。许孚远以"克己"为宗旨,对"克己"的强调贯穿他为学的始终。他的"克己"思想不仅承袭了王学"心即性"的心本体论,而且将朱学之严苦实修的工夫论融摄进来,形成了他独特的"克己"思想。他之所以形成这样一种克己思想,与甘泉学派师承影响和纠心学流弊现实需要两个方面关联甚深。

【关键词】许孚远;克己;心性论;甘泉学派

许孚远(1535—1604年),字孟仲,号敬庵,今浙江德清人。许孚远上承湛若水、唐枢,下启冯从吾、刘宗周,是明代具枢纽地位的思想家。许孚远为学标举"以克己为要"①,对"克己"的强调贯穿他为学的始终,可谓他一生为学的宗旨。"克己"一词出自《论语·颜渊》,许孚远之前的理学家们曾对以此作为为学工夫有过广泛而深入的讨论,许孚远在前人的基础上对"克己"这一为学工夫又有所创新和发展。本文拟对许孚远的"克己"思想以及其根据作一探讨。

一、"克己"的心性论根据

"克己"一词自孔子提出后,一直被后学不断推崇和衍义,到宋明时期各家各派更是各陈其词。许孚远认为:"孔子之学,自虞廷精一执中而来,其大旨在为仁。其告颜子以克己复礼,最为深切著明者也。"② 又言:"古之圣贤所以大过人者无他,只是克己到尽处。"③ 他指出孔子之学以仁为宗,而克己复礼最能体现其仁学这一主旨,圣贤并非有什么异于常人的,不过是他们能将克己工夫做到底、贯彻到底罢了。于是,许孚远将"克

---

① 黄宗羲:《明儒学案》卷四十一《甘泉学案》五《侍郎许敬庵先生孚远》,中华书局 2008 年版,第 973 页。

② 许孚远:《敬和堂集》卷十《原学篇二》,《儒藏·精华编》二六三册,北京大学出版社 2016 年版,第 698 页。

③ 许孚远:《敬和堂集》卷四《启王荆石阁老》,《儒藏·精华编》二六三册,北京大学出版社 2016 年版,第 394 页。

己"从"克己复礼为仁"中提取出来,作为学术宗旨,贯穿为学始终。

许孚远在《论语述》中言:"克者,战而获胜之名。"① 他将克己之"克"释为"战胜"意,强调天理与人欲之间截然对立的关系;其将"克"释为战胜,便是默认了"己"并非至善这一前提,故"己"便指私欲。单从字义训释方面来看,许孚远对"克己"的诠释并无太大特色,多是依"旧解"。但若结合其心性论来看,许孚远所言"克己"实际大有文章。

对理学家而言,凡克己工夫都是建立在心性论之上的。要把握许孚远的克己思想,就必须先了解其心性论。对于性,许孚远称:"大率性之为名,自天之降衷,不杂乎形气者而言。"② 性是天之所赋而不与形气相杂者。对于心,他说:"心之为名,合灵与气而言之者也。……心者,至虚而灵,天性存焉。"③ 心则包括了虚灵的作用、气之实体以及性于一体。就此而言,许孚远所谓"心",与张载"合性与知觉"之心、朱子"统性情"之心更接近。由于这种心内在地包含了"气",而"气"的活动并不总是与"性"一致,因此"心"就不是绝对至善的道德本心。正是在这个意义上,许孚远说心"不免有形气之杂"。由此我们可以看出,许孚远对心的理解似乎与陆王"心即理"的立场不同,更偏向于程朱"性即理"和心有善有恶的立场。

然而,如果联系到许孚远"道心""人心"的区分,我们则发现,他仍然站在心学的立场上。他说:"虞廷别之曰人心,道心,后儒亦每称曰真心,妄心,公心,私心。其曰道心、真心、公心,则顺性而动者也,心即性也。其曰人心、妄心、私心,则杂乎形气而出者也,心不可谓之性也。"④ 人有道心和人心,道心是不杂于形气之心,不受形气影响,因此其活动全幅展现了性,就此而言,可谓"心即性"。而人心则是杂于形气之心,其活动受到了形气的干扰,因此不可称为性。这里值得注意的是,"顺性而动"和"心即性"实际上是矛盾的。"顺性"意味着性在心外,心方能顺之;而"心即性"意味着心与性等同为一,如此则无所谓"顺"。那么这两种表达到底哪一个为真义,哪一个只是表达上的"滞词"呢?如果许孚远以"顺性"为真义,那么他所谓的"心即性",只能是心符合性的一种表达,与牟宗三评判程朱"心与理合"为外部的"合"一样。如果许孚远以"心即性"为真义,则是明确的陆王"心即理"的立场。要明白他真正的立场,必须回到"真心"上。许孚远说:"夫曰真心者,即虞廷之所谓'道心'","真心在人,本来具足,万古常然","真心元自炯然,不从外得"。⑤ 许孚远所言的"真心"是万物皆备于我、从不外求、亘古不变的,而朱子恰恰反对这种具有超越意义的心。由此我们可以推

---

① 转引自[日]锅岛亚朱华:《明儒许敬庵对〈大学〉的解释》,台湾高雄师范大学经学研究所,2008年。

② 许孚远:《敬和堂集》卷五《与胡庐山先生论心性书》,《儒藏·精华编》二六三册,北京大学出版社2016年版,第417页。

③ 许孚远:《敬和堂集》卷五《与胡庐山先生论心性书》,《儒藏·精华编》二六三册,北京大学出版社2016年版,第417页。

④ 许孚远:《敬和堂集》卷五《与胡庐山先生论心性书》,《儒藏·精华编》二六三册,北京大学出版社2016年版,第417~418页。

⑤ 许孚远:《敬和堂集》卷二《唐一庵先生祠堂记》,《儒藏·精华编》二六三册,北京大学出版社2016年版,第347~348页。

断，许孚远的真心，其实质应与陆王所重的本心、良知一致。

许孚远之所以会有如此的心性观，与其师承影响关联甚深。其师唐枢为甘泉弟子，他以"讨真心"为学术宗旨，这直接影响了许孚远的思想。唐枢言："真心乃人实有之心"①，"真心即是良知"②，"心体乃人生不能假的所在，物欲也蔽不得，习染也移不得，气质也拘不得，盖本体之真，实有未尝息者"③。"真心"是人实实在在所拥有的，即良知即本体，它没有物欲障蔽、气质之拘，是习染不能移的。"心只有这一个是真心，二之三之，以至千千万万，都是假有，非天命本然之心。"④ 真心只有一个，而假有之心千千万万，其有物欲之障蔽、气质之拘泥，被习染所移。

湛若水也讲性体，曰："本体即性也，性即理也"⑤，"道，天理也，心之本体"⑥。他认为，性即理，即心之本体。其所谓"心"也分为两种，一个指虚灵知觉之心，如言"猩猩者，心也，虚灵知觉之谓也"⑦；另一个指即性即天之心："夫心也、性也、天也，一体而无二者也，心尽而性见，性见而天不外是矣"，"即心即性，即性即天，不必更求性天也"⑧。可见，将虚灵知觉之心和本体之心融摄进心性观是甘泉学派的特色，承自湛若水—唐枢一脉的许孚远就是继承了这样的师门学说而形成了上述所论的心性思想。

由此，许孚远讲"剥尽形骸之累，独全乎性命之真"⑨，也就道出他的克己思想内涵：其所"克"之"己"即"人心、妄心、私心"，即性体之障蔽，"克己"便可解为以"真心"胜"私心"，克除己私、去除气质之杂，以使"本来具足"的"真心"本体即性体湛然呈现，廓然无碍，也就是他所说的"存心复性"。朱子在《论语集注》里将"克"解为"胜"，认为天理、人欲是截然对立的，是"此胜则彼退，彼胜则此退"⑩ 的关系；将"己"解为"身之私欲"，⑪ 认为身与欲是不能分离的，人一出生便是有着理气混杂而成的气质之性，由此，"克己"即胜身之私欲。看似许孚远是依照朱子"克己"之旧解，

---

① 唐枢：《木钟台初集·景行馆论》，《四库全书存目丛书》，齐鲁书社 1995 年版，第 463 页。

② 唐枢：《木钟台初集·真谈》，《四库全书存目丛书》，齐鲁书社 1995 年版，第 482 页。

③ 唐枢：《木钟台初集·真谈》，《四库全书存目丛书》，齐鲁书社 1995 年版，第 486 页。

④ 唐枢：《木钟台再集·积承录》，《四库全书存目丛书》，齐鲁书社 1995 年版，第 575 页。

⑤ 湛若水著，陈大章校刊：《泉翁大全集》卷七十三《新泉问辩续录》，台湾"中央研究院"中国文哲研究所 2017 年版，第 1826 页。

⑥ 湛若水著，陈大章校刊：《泉翁大全集》卷六《庸语》，台湾"中央研究院"中国文哲研究所 2017 年版，第 116 页。

⑦ 湛若水著，陈大章校刊：《泉翁大全集》卷二十七《记》，台湾"中央研究院"中国文哲研究所 2017 年版，第 726 页。

⑧ 湛若水著，陈大章校刊：《泉翁大全集》卷十二《讲章》，台湾"中央研究院"中国文哲研究所 2017 年版，第 369~371 页。

⑨ 许孚远：《敬和堂集》卷三《答吴川楼太守》，《儒藏·精华编》二六三册，北京大学出版社 2016 年版，第 370 页。

⑩ 朱熹：《朱子语类·学七》，朱杰人等主编：《朱子全书（修订本）》第 15 册，上海古籍出版社、安徽教育出版社 2010 年版，第 389 页。

⑪ 朱熹：《四书章句集注·论语集注》，《朱子全书》第 6 册，上海古籍出版社、安徽教育出版社 2010 年版，第 167 页。

但实际上却是心学的内涵。阳明推崇"为己之学",认为"君子之学,为己之学也"①,又言"为己故必克己",故克己便是成圣之基。阳明所谓"己"有两种含义:"为己之学"之"己"是指"真吾",而"克己"的"己"则是指"私吾":"所谓真吾者,良知之谓也。……名利物欲之好,私吾之好也。"② 因此,阳明所言克己是指克除有我之私和物欲之蔽以复良知本体。可见,许孚远与阳明之解更为接近。

二、"克己"宗旨的确立

既然许孚远持有心学的基本立场,认为人有超越的本心、真心或良知,那么他为何不遵从阳明"致良知"或甘泉"随处体认天理"的宗旨呢?他盛赞其师唐枢拈出"讨真心"一语,甚至可与王、湛"鼎立为儒宗"③,那为何自己还要另立新的"克己"宗旨呢?

事实上,甘泉虽然赞同克己工夫,却认为:"惟随处体认天理最要紧,能如是,则克复在其中矣。谓体认天理,不如克己者,盖未知此。……若待到知是己私时,其机已住,又安能克?惟是只悔耳。"④ 他主张若能"随处体认天理",克己复礼的工夫便在其中,而若只重"克己",反而有流弊。克己工夫的目的在于克除己私,这种工夫的逻辑前提是己私的存在和产生。甘泉认为,等到意识到己私时,己私就已经产生了,此心的生化之机就已经凝固滞着了,此时为时已晚,故工夫应该在己私产生之前就拔本塞源。这就体现在其"随处体认天理"上:能够随处体认天理,就能让此心时时生化不已,从而在根本上避免产生己私和此心的滞着,因此反而能够达到"克己"的目的。在另一处,针对弟子提出工夫首要在于克除私欲,甘泉则明确说:"所谓克者,匪坚制尔也,其惟进天理乎!天理日明而人欲日隐,天理日长而人欲日消,是之谓克。……未体天理,焉知人欲?"⑤ 我们可以把工夫分为两种,一种是体认天理在先,则私欲自消;另一种是克除私欲,让天理彰显。对于这两种相反的进路,甘泉明确主张第一种。因此,他认为能体认到天理,人欲自然能够"日隐""日消";若未体认天理,甚至连人欲都无法知晓。

作为甘泉弟子,唐枢侧重的也是第一种进路。唐枢以"讨真心"为宗旨,他称:"心到极真处,才了得心之官。心之官则思,讨则所以为思,思则得之……存存不失之谓思。思者,圣功之本。"⑥ 唐枢所谓的"讨",就是孟子所谓的"思",同时,他进一步规定了思并非一般的思考、思索,而是此心常存不失的状态。因而,所谓"讨真心",就是让真心常存常在的工夫,也即"真心"自讨。⑦ 真心能常在,人欲也自然退消。

① 吴光、钱明、董平、姚延福编校:《王阳明全集》,上海古籍出版社 2011 年版,第 303 页。

② 吴光、钱明、董平、姚延福编校:《王阳明全集》,上海古籍出版社 2011 年版,第 278 页。

③ 许孚远:《敬和堂集》卷二《唐一庵先生祠堂记》,《儒藏·精华编》二六三册,北京大学出版社 2016 年版,第 347 页。

④ 黄宗羲:《明儒学案》卷三十七《甘泉学案》一,中华书局 2008 年版,第 904 页。

⑤ 湛若水著,陈大章校刊:《泉翁大全集》卷六《雍语》,台湾"中央研究院"中国文哲研究所2017 年版,第 144~145 页。

⑥ 唐枢:《木钟台初集·真谈》,《四库全书存目丛书》,齐鲁书社 1995 年版,第 480 页。

⑦ 俞汉群:《讨真心——唐一庵哲学思想研究》,浙江大学博士学位论文,2020 年,第 56 页。

　　然而，作为甘泉后学、唐枢弟子的许孚远，通过标举"克己"之宗旨，反而走上了第二种进路。他并不是直接通过"随处体认天理""讨真心"来消除私欲，而是先针对私欲下手，认为只有先克除私欲，才能彰显"真心""天理"。这种思路上的倒转，其实和他所处的时代背景紧密相关。湛若水、唐枢之时，正是心学发展成熟和壮大之时，他们针对程朱理学的支离和流弊，标举超越的本心、真心、良知，确立了天理的内在性和道德的主体性，故工夫以体认天理、扩充良知为主为先。王畿更是高扬"四无之说"，把"克己"之"克"释为"能"，"己"释为"由己之己"，确信"己"之圆满自足至善，认为"克己"之"己"应是道德行为的发出者而非被克治的、待完善的对象。① 到了许孚远之时，心学末流已经流弊丛生。心学末流将"现成良知"推向极致，使得"己"过度膨胀自大，从而导致道德修养工夫的消解。许孚远对此批评道："近时学者，多被禅语汩没，因援儒入墨，乱人趋向，其惑已久"②，"我朝王文成先生揭'致良知'三字，直透本心，厥旨弘畅矣。乃其末流侈虚谈而鲜实行，世之君子犹惑焉"③。他指出："昔人学问，私之广远，故儒者反而约之于此心，其实要在反约。又须博学详说而得之，非谓直信此心，便可了当是事也。"④ 且认为"'无善无恶心之体'一语，盖指其未发廓然寂然者而言之……合下三言始为无病。今以心意知物俱无善恶可言者，非文成之正传也"⑤。

　　作为心学的继承人，许孚远并不反对真心或良知有"本来具足，万古常然"的特点，乃至有"囊括宇宙""经济当世"⑥（赞唐语）的神妙作用，但却更提防其"蔽梏于物欲，偏颇于意见"的现实处境。他认为，若未经克己工夫洗练一番，人们所认准并倚靠的真心其实并不真正可靠。而时人缺乏克己工夫却高标"直信此心，便可了当"⑦，便是这些流弊的根源。正是有鉴于此，他才一反甘泉一派以真心或良知为主为先的工夫路径，而提出新的"克己"宗旨，即克除一己之私欲，让良知天理彰显。因此，他的克己宗旨一提出，就带有鲜明的注重下学、强调躬行乃至严苦实修的色彩。

三、"克己"工夫的落实

　　许孚远的克己工夫具有强调下学的特点，这具体体现在他的工夫下手处。他提出将

---

　　① 王畿曰："克是修治之义，克己犹云修己，未可即以己为欲。克己之己，即是由己之己，本非于义。"王畿：《格物答问原旨》，吴震编校整理：《王畿集》卷六，凤凰出版社 2007 年版，第 143 页。

　　② 许孚远：《敬和堂集》卷五《简耿楚侗先生》，《儒藏·精华编》二六三册，北京大学出版社 2016 年版，第 450 页。

　　③ 许孚远：《敬和堂集》卷一《胡子衡齐序》，《儒藏·精华编》二六三册，北京大学出版社 2016 年版，第 318 页。

　　④ 许孚远：《敬和堂集》卷五《简王东厓丈》，《儒藏·精华编》二六三册，北京大学出版社 2016 年版，第 479 页。

　　⑤ 黄宗羲：《明儒学案》卷四十一《甘泉学案》五《侍郎许许孚远先生孚远》，中华书局 2008 年版，第 973 页。

　　⑥ 许孚远：《敬和堂集》卷二《唐一庵先生祠堂记》，《儒藏·精华编》二六三册，北京大学出版社 2016 年版，第 347 页。

　　⑦ 许孚远：《敬和堂集》卷五《简王东厓丈》，《儒藏·精华编》二六三册，北京大学出版社 2016 年版，第 479 页。

"诚意"和"觉觉"作为"克己"工夫的下手处。

何为"诚意"？许孚远称："诚意者何？心体浑然，其萌在意，诚对妄而言，摄念归真，无容伪妄之杂是谓诚意。"① 他认为尽管心体浑然，但意不断萌生，有意则有真妄，故需摄念归真、去除伪妄之杂，此即"诚意"。"第观胸中真无纤毫障碍，而天下之善无不可入，方为虚己，方为诚意。"② 依许孚远之见，心中无私欲之杂，虚纳天下之善，可谓"诚意"。可见，作为"克己"工夫的下手处，"诚意"就是为了去除伪妄之杂，摒弃私心杂念，"摄念归真"，"毋自欺其本心"。③ 如何"诚其意"？许孚远认为应当从言和行两个方面入手："人身惟有言、行两端，忠信、笃敬所以为存心凝道之本。一念忠信、笃敬，便收敛凝一。"④ 在许孚远看来，言忠信，行笃敬，便可存心凝道，便可收敛精神，从而使"诚意"工夫切实可行。许孚远反对以毋意为宗："谓孔门学先毋意，遂以此为训，使人人皆由毋意之学，得无圣人所谓欲速则不达耶？"，"若作毋意解，则精神便都散漫矣"。⑤ 他认为只从心上做工夫是欲速则不达，只做毋意之学会使得精神散漫。

何为"觉觉"？许孚远言："夫觉也者，人之性也"，"人之性也，必附丽于其气质。……觉性不能不蔽于气质。当其蔽也，则觉性为迷，然而觉者未尝不存也。故学者贵于觉之而已矣。……古之圣贤，不恃其无蔽，而恃吾之觉有以胜之"。⑥ 对许孚远而言，"觉觉"二字，前者为"觉悟"义，后者指"人之灵觉之性"，因此他所谓"觉觉"亦可作"觉性"解。人之性难免为气质所障蔽，故不可不"觉"，"觉性"是去性之障蔽的重要工夫。他说："念念觉悟，不染尘根，不滞有我，则良知出头，是谓至善。"⑦ 觉悟后外无物欲之累，内无有我之私，如此良知就能彰显呈露，从而达致至善之境，此亦即"一性圆融，洞达无碍"的"觉之至"之境。⑧ 并且，许孚远还进一步用"省察"和"存养"来落实"觉"的工夫。他认为，学者识得道理容易，"然到得与自己身心凑泊尚远"，"翻令此中浮泛，不得贴实，此诚与不诚之介，不可不察也"，"省察"而"高明广大"。⑨

① 许孚远：《原国立北平图书馆甲库善本丛书》第 28 册《大学述》，国家图书馆出版社 2013 年版，第 221 页。

② 许孚远：《敬和堂集》卷五《简徐鲁源年兄》，《儒藏·精华编》二六三册，北京大学出版社 2016 年版，第 463 页。

③ 许孚远：《原国立北平图书馆甲库善本丛书》第 28 册《大学述》，国家图书馆出版社 2013 年版，第 223 页。

④ 许孚远：《敬和堂集》卷十《原学篇其二》，《儒藏·精华编》二六三册，北京大学出版社 2016 年版，第 700 页。

⑤ 许孚远：《敬和堂集》卷五《与李同野》，《儒藏·精华编》二六三册，北京大学出版社 2016 年版，第 454~455 页。

⑥ 许孚远：《敬和堂集》卷十《觉觉堂所》，《儒藏·精华编》二六三册，北京大学出版社 2016 年版，第 703~704 页。

⑦ 许孚远：《敬和堂集》卷五《简张阳和年兄》，《儒藏·精华编》二六三册，北京大学出版社 2016 年版，第 446 页。

⑧ 许孚远：《敬和堂集》卷十《觉觉堂所》，《儒藏·精华编》二六三册，北京大学出版社 2016 年版，第 704 页。

⑨ 许孚远：《敬和堂集》卷五《与李同野》，《儒藏·精华编》二六三册，北京大学出版社 2016 年版，第 454 页。

他说："省偏祛蔽，泛应皆得，犹持鉴以照众形也，否则好恶乖僻而不谐"，"人之精神意气，有超于形骸之外而存乎感应之微者，惟明哲君子察而得之"。① 可见，"省"的对象为性蔽，即"私意"，"察"的对象为超乎躯体之外而又与之有感应的精神意气。"时时反观内省，闲邪存诚"，如此一来，"其于外面是非好丑，一切涵容，不轻发露"，便是"高明广大气象也"。② "养深而德粹"③，"省察"后还须"存养"。许孚远说道："凡吾侪平日觉有胸次洒落时，感应顺适时，正是诚意端倪，要须存养扩充得去"，"识得便须存得，方为己有。时时默识，时时存养，真令血气之私销烁殆尽，而此理盎然而流行"。④ "存"的对象是"理"，"存之之法"是"戒慎不睹，恐惧不闻"⑤，是"收敛精神，毋令浮动走动"⑥。

可见，无论是"诚""觉"，还是"省""存"，都是在强调去除私欲，以恢复性体、良知之本然。此与朱子"宁下勿高""宁拙勿巧"的下学工夫路径相似，是典型的以工夫彰显本体的路数，而非王学、湛学那种以良知为主为先，以良知的发用流行去除私欲之工夫。

许孚远还将格物与克己对举，强调由外向内去除性体之障蔽的重要性。许孚远称："人之生也，各有气质，有气质便有物欲。气质与物欲交病，而性为之蔽"，"两病一痛，治法不异"。⑦ 他认为，性体之蔽有二：一是气质之拘，二是物欲之障。"克己"与"格物"在去除性蔽方面各司其职："复性之学只在祛蔽。从气质上消融，则曰克己；从物欲上廓清，则曰格物"⑧，格物重在物欲方面的廓清，而克己主要是气质上的消融。许孚远又说："在《论语》曰克己，在《大学》曰格物，一也。"⑨ "克己"与"格物"都是祛蔽工夫，从这一方面来看二者是同一的。值得注意的是，在许孚远这里，"格物"所"格"的对象不再是阳明所指向的"心"，而是"物"。他反复强调："人心之知，缘物而起，亦缘物而蔽，故致知只在格物"⑩，"人心之知，触物而形，因物而察，则无往非格，

① 许孚远：《敬和堂集》卷五《简钱淡庵先生》，《儒藏·精华编》二六三册，北京大学出版社2016年版，第447页。

② 许孚远：《敬和堂集》卷十《原学篇其五》，《儒藏·精华编》二六三册，北京大学出版社2016年版，第701页。

③ 许孚远：《敬和堂集》卷十《觉觉堂所》，《儒藏·精华编》二六三册，北京大学出版社2016年版，第704页。

④ 许孚远：《敬和堂集》卷五《与李同野》，《儒藏·精华编》二六三册，北京大学出版社2016年版，第454页。

⑤ 许孚远：《敬和堂集》卷五《答陆以建》，《儒藏·精华编》二六三册，北京大学出版社2016年版，第432页。

⑥ 许孚远：《敬和堂集》卷十《觉觉堂所》，《儒藏·精华编》二六三册，北京大学出版社2016年版，第704页。

⑦ 许孚远：《原国立北平图书馆甲库善本丛书》第28册《大学述答问》，国家图书馆出版社2013年版，第233页。

⑧ 许孚远：《原国立北平图书馆甲库善本丛书》第28册《大学述答问》，国家图书馆出版社2013年版，第233页。

⑨ 许孚远：《原国立北平图书馆甲库善本丛书》第28册《大学述答问》，国家图书馆出版社2013年版，第222页。

⑩ 许孚远：《原国立北平图书馆甲库善本丛书》第28册《大学述答问》，国家图书馆出版社2013年版，第222页。

但看当几何，如学问之功未尝离物，而亦不容逐物"①，"而物之有则原于天性，形形色色各有自然之理，心以此通，意以此准，知以此别，所以欲其格之"②。他认为，物我不离，人心之障蔽均缘于物，故致知在格物。然而，他所谓的"格物致知"并非朱子的"格物致知"，而是去除"物欲"，因为"物无可格去之理，所可去者私欲耳"③，物本身是没有私欲可言的，心之所以有遮蔽，是因为我们对物起了私欲，因此，所"格"的对象当是物欲，而非物。许孚远曰："格即'格其非心'，'惟大人能格君心之非'之格。在《易》曰闲邪、曰洗心，在《论语》曰克己，在《大学》曰格物，一也。格去物累，真性湛然，斩钉截铁，一了百当。"④ 在此，许孚远所谓的"格物"即"闲邪"即"洗心"即"克己"。这表明许孚远所谓的"格"既不同于阳明释"格"为"正"之义，也不同于朱子释"格"为"至"之义。许孚远认为，阳明的"正其不正以归于正"之"格物"有"涉于径"之病，朱子的"即物而穷其理"之"格物"则陷"疑于支"之弊。⑤

尽管许孚远的克己工夫与朱子的克己工夫大相径庭，但在具体落实中均体现出下学上达的严苦实修色彩。许孚远反复强调"学不贵谈说而贵躬行"⑥，"谈说则易，践履实难；激发则易，潜修实难"⑦，指出克己去蔽工夫并非只是谈说而已，而须躬行践履，真做实行。"苟不从自己性情上检察，气质上消融，只作一场话说耳，可不戒乎？"⑧ "愈笃实愈精明，愈体验愈亲切。"⑨ 许孚远重视笃行实修、鄙薄虚见谬言。他认为无论是省察还是存养，都应当"蚤夜黾勉求之"⑩，"久要而不离"⑪，日日省察，夜夜存养，处处躬行，

---

① 刘斯原编：《大学古今本通考》卷三十一《许敬庵先生大学解》，《四库全书存目丛书补编》第92 册，齐鲁书社 2001 年版，第 704 页。

② 刘斯原编：《大学古今本通考》卷三十一《许敬庵先生大学解》，《四库全书存目丛书补编》第92 册，齐鲁书社 2001 年版，第 705 页。

③ 刘斯原编：《大学古今本通考》卷三十一《许敬庵先生大学解》，《四库全书存目丛书补编》第92 册，齐鲁书社 2001 年版，第 705 页。

④ 许孚远：《原国立北平图书馆甲库善本丛书》第 28 册《大学述》，国家图书馆出版社 2013 年版，第 222 页。

⑤ 许孚远：《原国立北平图书馆甲库善本丛书》第 28 册《大学述》，国家图书馆出版社 2013 年版，第 215 页。

⑥ 许孚远：《敬和堂集》卷十《原学篇三》，《儒藏·精华编》二六三册，北京大学出版社 2016年版，第 698 页。

⑦ 许孚远：《敬和堂集》卷五《简耿楚侗先生》，《儒藏·精华编》二六三册，北京大学出版社2016 年版，第 449 页。

⑧ 许孚远：《敬和堂集》卷五《简孟云浦丈》，《儒藏·精华编》二六三册，北京大学出版社 2016年版，第 471 页。

⑨ 许孚远：《敬和堂集》卷三《简钱惟凝》，《儒藏·精华编》二六三册，北京大学出版社 2016年版，第 377 页。

⑩ 许孚远：《敬和堂集》卷五《答陆以建》，《儒藏·精华编》二六三册，北京大学出版社 2016年版，第 432 页。

⑪ 许孚远：《敬和堂集》卷五《简钱淡庵先生》，《儒藏·精华编》二六三册，北京大学出版社2016 年版，第 447 页。

不得懈怠,用功不已。可见,许孚远所坚持的"今日既有此志,会须有千磨百炼之功始得"① 的克己工夫与朱学之"克之又克之"的严苦实修的克己工夫十分相似。

四、结　语

综上,我们发现,许孚远既坚持了"真心在人,本来具足"的王学本体论,又融摄了朱学"黾勉求之""力行不懈"的严苦实修工夫论。这表明,作为许孚远学术宗旨的"克己"思想实际上就是力图通过去除私欲的工夫来彰显良知本体。因此,我们完全可以说,许孚远克己的学术宗旨,不仅继承和光大了甘泉学派心性论,而且通过凸显严苦躬行之工夫,一定程度上也修正了王学末流之弊,因而有端正当时学风之功。当然,许孚远虽强调从下学工夫入手克治私欲以彰显真心,而非以真心为主为先的本体工夫,但他毕竟坚持的是心学立场,其克己的目的是为了觉悟良知,为了"一性圆融,洞达无碍"②,为了"若江河之决而渣滓浑化,皎若日月之明而一疵不存者"③,此即真心廓然无碍、发用流行之境界。

(作者单位:武汉大学哲学学院)

---

① 许孚远:《敬和堂集》卷五《简张阳和年兄》,《儒藏·精华编》二六三册,北京大学出版社2016年版,第466页。

② 许孚远:《敬和堂集》卷十《觉觉堂所》,《儒藏·精华编》二六三册,北京大学出版社2016年版,第704页。

③ 许孚远:《敬和堂集》卷十《觉觉堂所》,《儒藏·精华编》二六三册,北京大学出版社2016年版,第704页。

学 术 综 述

百年竟陵派研究述评*

□ 陈婧玥

【摘要】以钟惺、谭元春为代表的竟陵派，在明末清初文坛产生了广泛而深远的影响。明清鼎革之际，由于王朝易代的社会现实因素，竟陵诗歌被视为亡国之音，受尽贬讽。20世纪以来，随着新文化运动的爆发，此前广受非议的竟陵派重新引起学界的关注。研究者以发掘竟陵派文学思想、文学创作的革新精神为发端，从竟陵派的总体评价与文学史定位、竟陵派成员的生平著作考述、竟陵派诗文创作、竟陵派文学思想理论、竟陵派与地域文化五个方面，对竟陵派进行深入探讨，形成了一系列有影响的学术成果。与此同时，研究者在文学观念、学术范式、研究方法等层面获得系列突破，为后继开展竟陵派研究奠定了坚实基础。

【关键词】竟陵派研究；百年；研究方法

晚明煊赫一时的竟陵派，由于钱谦益、王夫之等人"为孽于斯世"① 的斥责，直到新文化运动才重新引起学界重视。20 世纪以来，学界对竟陵派的关注主要集中在以下五个方面：（1）竟陵派的总体评价与文学史定位；（2）竟陵派成员的生平著作考述；（3）竟陵派诗文创作；（4）竟陵派文学思想理论；（5）竟陵派与地域文化。百余年间，学界对这些问题的反复探讨与深入考察，反映了竟陵派研究重心的时代变迁，同时也体现出不同时期研究者在研究方法、研究思路上的发展与更新。

一、竟陵派的总体评价与文学史定位

竟陵派的文学评价及文学史地位的重新确认，是学界百年来不断讨论的重要问题之一。20 世纪以来，竟陵派的研究大致经历了毁誉参半—拨正—回归学术并不断深入的过程。以 20 世纪 80 年代为分水岭，在此之前，虽有"五四"文人对晚明散文的大力提倡，但大部分研究者仍沿袭清代主流文坛观点，对竟陵派文学的评价整体不高。1980 年后，学界对以往的论断展开反思，从更为客观的研究角度出发，重新考察竟陵

---

* 本文为国家社科基金重点项目"《钟惺全集》整理与研究"（18AZW015）阶段性成果。
① 钱谦益：《列朝诗集小传》，上海古籍出版社 1983 年版，第 572 页。

派的文学价值。

1919 年至 1979 年，竟陵派研究处于新生期。部分学者受清代主流观点影响，对竟陵派的文学价值基本持否定态度。同时，由于中国社会的近现代转型，新文化运动引发竟陵派散文的关注热潮，促使研究者开始重新关注竟陵派文学。

20 世纪前期，大多数学者仍延续清人看法，对竟陵派评价不高，且多为否定的批评。如谢无量《中国大文学史》（1918 年）、刘贞晦《中国文学变迁史》（1923 年）、陈钟凡《中国文学批评史》（1929 年）、宋佩韦《明文学史》（1934 年）等文学史著作，都直接沿用朱彝尊等人的评价。钱基博的《明代文学》从"诗道穷而必变"[1]的角度论证竟陵派诗风的合理性，在这一时期的文学史著作中较为特殊。随着新文化运动的兴起，新旧文化传统冲击巨大，语言风格浅俗平淡的公安、竟陵散文，备受"五四"文人的推崇。1932 年，周作人在北京辅仁大学讲演《中国新文学的源流》，从反叛精神、文学要旨等方面，指出晚明文学思潮与新文化运动的内在共性，将明末文学与新文化运动联系起来，为白话文写作寻求文统来源。周作人讲演的重点集中于竟陵派的反叛精神，关于其诗文创作，他注意到钟、谭二人的散文多有"奇僻的词句"[2]，但没有继续作深入讨论。郁达夫、林语堂等人认同周作人的说法，进一步解读现代散文与明末文学的关系。同时，鲁迅、阿英、陈子展等反对者的声讨之声也不绝于耳。在他们看来，竟陵派散文只是闲适之作，不值得大力提倡。阿英在《申报》副刊上发表《读〈狂言〉》，明确反对周作人将明末小品文视作现代白话文源头的论断。[3] 陈子展撰《什么叫做公安派和竟陵派？他们的作风和影响怎样？》质疑"公安、竟陵本来是以诗成派，今人却标榜他们的散文"[4]。怀琛《公安竟陵的疙瘩》一文也表达了相同疑惑，不解于思想浅薄平凡的竟陵派，何以受到近代学人的追捧。[5] 这场围绕明人小品文的大讨论，不仅调整了学界的研究态度，并由此推及于竟陵派散文之外的其他文体研究。

20 世纪 40 年代，在经历前一阶段的晚明文学思潮论争后，学界对竟陵派文学的评价有所转变。一方面，"五四"文人过分强调竟陵派的反叛思想与革新精神，只提倡明末小品文，其言论"有着浓烈的五四色彩和五四情结"[6]，学术立场与研究态度有失公允；另一方面，研究者沿着中国学术史的传统脉络，继续展开竟陵派的文学研究，其中具有典型意义的是郭绍虞的《竟陵诗论》和钱锺书的《谈艺录》。1941 年，郭绍虞发表《竟陵诗论》，主张从更为公正的学术立场出发，"阐说竟陵派之论诗主张以明他在历史上的地位；既不是贬弹，也不同提倡"[7]。他认为，竟陵派在文学风格、诗文理论方面不同于公安派，竟陵派论诗兼顾"学古"与"性灵"两个方面，"学古而不欲堕于肤熟""主性灵而不欲

① 钱基博：《明代文学·自序》，商务印书馆 1934 年版，第 3 页。

② 周作人：《中国新文学的源流》，华东师范大学出版社 1996 年版，第 27 页。

③ 阿英：《读〈狂言〉》，柯林主编：《阿英全集》第二卷，安徽教育出版社 2003 年版，第 723～728 页。

④ 陈子展：《什么叫做公安派和竟陵派？他们的作风和影响怎样？》，郑振铎、傅东华编：《文学百题》，上海书店出版社 1981 年版，第 389 页。

⑤ 怀琛：《公安竟陵的疙瘩》，《读书顾问》1934 年第 1 卷第 2 期。

⑥ 吴承学、李光摩：《晚明文学思潮研究》，湖北教育出版社 2002 年版，第 9 页。

⑦ 郭绍虞：《竟陵诗论》，《学林》1941 年第 5 辑。

陷于俚僻"，避免重蹈七子派、公安派的覆辙。① 郭文不但填补了 20 世纪以来竟陵诗论方面的研究空白，同时也是对以往竟陵派研究展开的自省与反拨。1948 年，钱锺书《谈艺录》论及竟陵派文学理论，认为竟陵派的文学史价值不能一概抹杀。他指出"以作论诗，竟陵不如公安……然以说诗论，则钟谭识趣幽微，非若中郎之叫嚣浅卤"②。同时，他还敏锐地发现竟陵诗论的诸多特点，如竟陵诗论与严羽、王士禛诗学主张的相通之处，竟陵诗论中的佛禅思想，等等。这些论点在 80 年代之后的竟陵派研究中逐步成为学界的主要研究论题，相关成果颇为丰富。

新中国成立后，受时代影响，大陆关于竟陵派的专题研究几乎停滞。这一时期出版的文学史带有明显的时代痕迹，评价模式单一。以 60 年代的两部文学史为例，中国社会科学院文学研究所编《中国文学史》（人民文学出版社 1962 年版）、游国恩等主编《中国文学史》（人民文学出版社 1964 年版），有关竟陵派的评述多以批判为主，且批评力度甚于公安派。这种一味否定竟陵派的论调，直到 80 年代才有所缓和。

80 年代以后，随着人们逐渐摆脱思想禁锢，竟陵派研究进入蜕变期。最突出的特点在于研究立场的拨乱反正，研究者自觉反思过去的诸多定论，以严谨的学术态度展开新时期的竟陵派研究。这一阶段，学界基本认同了竟陵派的文学价值，但也存在一些非议之声。1983 年，吴调公在《文学评论》上发表的《为竟陵派一辩》，率先打破新中国成立以来竟陵派研究的沉寂状态。吴文针对清代有关竟陵派的种种批评进行驳斥，在当时引起巨大反响，许多学者发文响应，支持重新确立竟陵派的文学史地位。此外，80 年代围绕竟陵派相继展开的系列学术活动，也为这一时期的竟陵派研究营造了良好的外部环境。随着学界的自我省察，80 年代以后竟陵派的专门研究开始得到重视，竟陵派的文学创作、诗文主张、选本及评点等方面的研究成果逐年递增。与此同时，也有少数学者对竟陵派的文学评价依旧不高。总体来看，站在客观立场，一味褒扬或贬抑，都不是评价竟陵派的正确态度。从历史主义的角度出发，深入分析竟陵诗风在晚明兴起的历史因缘及其文学史意义，才是客观看待竟陵派的有效途径。

21 世纪以后，竟陵派研究渐进深入，开始较为成熟的第三阶段。学界在肯定竟陵派文学价值的前提下，考察方式不断多元化，竟陵派的文学史定位也更为客观、公允。部分学者认为，将竟陵派置于"纯文学"领域进行考察，对确定竟陵派的文学史地位具有重要意义。如李先耕《钱谦益论钟惺发微》一文认定钱谦益否定钟惺文学主张的做法"标志着明末学风的转换"③，廖可斌的专著《明代文学思潮史》将竟陵派的兴起视为"晚明浪漫文学思潮蜕变的另一个重要表现"④ 等，均明确肯定了竟陵派的文学价值，为此后的竟陵派文学研究提供立场支持。另一部分学者则侧重将竟陵派置于明清社会予以观照，围绕竟陵派文学与明清政治、经济、文化之间的复杂关系展开研究。商传的论文《竟陵派与晚明时代》是其中的代表成果。他从历史学角度出发，强调竟陵派与社会背景的紧密关联，并将竟陵派的诗歌选评标准、"幽深孤峭"的诗文风格、一定程度上的"学殖不

① 郭绍虞：《竟陵诗论》，《学林》1941 年第 5 辑。
② 钱锺书：《谈艺录（补订本）》，中华书局 1984 年版，第 102 页。
③ 李先耕：《钱谦益论钟惺发微》，《文艺研究》2006 年第 12 期。
④ 廖可斌：《明代文学思潮史》，人民文学出版社 2016 年版，第 445 页。

深"等表现，归结为"晚明时代社会转型期文化"影响下的产物。① 同时，这一阶段出现不少竟陵派的研究专著，如邬国平《竟陵派与明代文学批评》（上海古籍出版社 2004 年版）、陈广宏《竟陵派研究》（复旦大学出版社 2006 年版）、郑艳玲《钟惺评点研究》（人民日报出版社 2006 年版）、李先耕《钟惺著述考》（黑龙江大学出版社 2008 年版）等著作，均意味着竟陵派研究获得了更充分的关注。其中，陈广宏《竟陵派研究》是目前唯一可见全面系统论述竟陵派的研究论著。全书在发掘、梳理大量一手材料的基础上，对竟陵派的产生、形成、发展，进行了严谨细致的考察和论述，并力图贯通竟陵派文学观念、诗文批评、创作实践等各个方面的研究，更为客观地评价了晚明竟陵派的文学史地位与作用。

这一阶段关于明清主流文坛对竟陵派的评价研究，也呈现出新的面貌。学界不再简单继承或否定旧说，而是试图站在明清文人的立场上，寻求其思想、行为上的合理性，做到学术研究中的"了解之同情"。郑艳玲《从辉煌一时到沉寂百年——明清时期的钟惺研究》、李圣华《清初人论竟陵派平议》等论文对明清时期的竟陵派研究史进行反思。其中，钱谦益、王夫之作为明清之际批评竟陵派最甚的文坛大家，成为部分学者的专论对象。凡此种种，都试图在具体历史语境中对相关论说进行辨析，以求获得更切近的认识和理解，并给予文学现象更为客观的评价和定位。

二、竟陵派成员的生平著作考述

竟陵派成员的生平著作考述，以钟惺、谭元春为主要对象，兼及蔡复一、林古度等其他竟陵文人。研究内容主要包括对竟陵派成员生平经历的考察，及其著作版本的考辨与整理。20 世纪 80 年代以前，学界多关注竟陵派与五四文化精神的相通处，不太重视学理层面的讨论，竟陵派的文献研究相对薄弱。随着竟陵派文学史地位的重新确立，80 年代后的竟陵派文献研究日渐兴盛。

钟惺、谭元春作为竟陵派的领袖人物，二人生平经历对竟陵派文学风格、命运走向具有重要意义。明清时期的文献虽收有钟、谭二人的小传，但由于他们的生平没有确切记载，导致钟、谭二人的生卒年、文学交游等史实历来说法不一。这些历史争议点成为 80 年代以后学界的考察重点。

钟惺作为竟陵派领袖，明清以来尚无年谱留存。20 世纪 80 年代中期，祝诚按照传统学术路径，撰写《钟惺年表》一文，简要梳理了钟惺的人生脉络。② 1993 年，复旦大学陈广宏编写的《钟惺年谱》，对钟惺生平事迹作了更详细的考辨。该年谱全面考察了钟惺个人生平经历及世系概况，资料翔实，考证严谨，对推进新世纪的竟陵派研究意义重大。③ 此后，研究者在此年谱的基础上，考辨订误，继续推进钟惺生平考证工作。在美国汉学界，Nancy Norton Tomasko 于 1995 年完成博士学位论文《钟惺年谱》［*Chung Hsing* (*1574-1625*), *A Literary Name in The Wan-Li Era* (*1573-1620*) *Ming China*］。该年谱在考

① 商传：《竟陵派与晚明时代》，《历史研究》2004 年第 1 期。
② 祝诚：《钟惺年表》，《镇江师专学报》（社会科学版）1987 年第 3 期。
③ 参见章培恒主编，陈广宏著：《钟惺年谱》，复旦大学出版社 1993 年版。

证钟惺生平经历的同时，试图通过钟惺这一个案的细节考察，全方位展示晚明中国社会的政治、文化、经济状况，具有后现代史学观的思维特点。① 除这类年谱著述外，钟惺生平经历的细节研究，主要包括钟惺的生卒年和文学交游的史实考辨。张业茂《钟惺生卒年及谭元春卒年考辨》一文，通过梳理《谭友夏合集》《钟伯敬合集》中的篇目，认为钟惺生于1574年，卒于1625年。② 持相同观点的还有祝诚《钟惺生卒年考辨》、李先耕《钟惺卒年辨证》等。另外，陈广宏《钟惺万历己未在吴越交游考述》、戴红贤《袁中道与钟惺断交时间和原因考论》等文，则专门针对钟惺的某一时段、某一地点的文学交游活动进行考述。

谭元春是与钟惺齐名的竟陵派领袖。相较于钟惺，谭元春的生平考证研究成果较少，引起学界关注的时间也相对滞后。20世纪八九十年代，有关谭元春生平经历的学术成果屈指可数，主要有祝诚《谭元春年表》《竟陵巨子谭元春评传》，张业茂《钟惺生卒年及谭元春卒年考辨》，以及顾启、姜光斗合撰的《冒辟疆谭友夏世谊考》。此后有关谭元春生平事迹的年谱著述，仅见陈广宏《谭元春年谱》行世。该谱从搜辑、排比谭氏存世的诗文作品及各类文献中的有关材料入手，廓清了谭元春的行年事迹、文学活动和交游状况，兼及谭元春文学思想与创作发展脉络的梳理。③ 进入21世纪后，越来越多的研究者有意识地加强对谭元春的文献研究力度。明天启五年（1625年），钟惺去世，竟陵派自此进入以谭元春为中心的发展后期。谭元春在天启、崇祯间开展的文学活动，成为学界关注的重点问题。陈广宏《谭元春启、祯间交游考述——兼论竟陵派发展后期影响的进一步拓展》对谭元春启、祯年间在北京、江西、湖广地区的文学活动进行全面梳理，考察竟陵派在这些地区新的拓展及实际影响。④ 谭元春率领众多竟陵派成员加入复社的行为，影响巨大。何宗美《〈谭元春集〉复社成员考——兼论复社与竟陵派的相互影响》、曾肖系列论文《以谭元春为首的竟陵派与复社诸子的交游》《论谭元春与复社的诗学关系及相互影响》等，对竟陵派与复社之间的交融与排异进行了深入探讨。

此外，竟陵派与晚明党争的关系，也重新引起学界注意。代表成果有邬国平《钟惺、谭元春与晚明党争的关系》、陈广宏《晚明文学变奏的政治考察——钟惺、谭元春与晚明党争之关系平议》等。研究者在发掘与重新梳理相关史料的基础上，还原历史，考察晚明时代的文人生存环境。

竟陵派成员著作的版本问题是文献研究的另一重点。研究成果分为两方面：一是侧重梳理、总结竟陵派成员著作的行世版本，包括篇目辑录、补遗之类的工作，如陈杏珍《谭元春及其著作》、李金松《谭元春佚文一篇》等；二是以考辨版本真伪为目的，对钟惺、谭元春等人的著作进行版本考证，如日本人矢义高《〈诗归〉考》、李先耕《〈钟惺文钞〉辨伪》《钟惺评点小说考》等。相比之下，后者的研究成果多于前者。

---

① ［美］罗南熙：《钟惺年谱》，美国普林斯顿大学博士学位论文，1995年。

② 张业茂：《钟惺生卒年及谭元春卒年考辨》，《华中师范大学学报》（哲学社会科学版）1986年第5期。

③ 陈广宏：《谭元春年谱》，《中国文学研究》2005年第1期。

④ 陈广宏：《谭元春启、祯间交游考述——兼论竟陵派发展后期影响的进一步拓展》，《南京师范大学文学院学报》2003年第1期。

关于钟惺的著作版本考证，李先耕的系列研究成果意义重大。2008 年，黑龙江大学出版社出版其研究专著《钟惺著述考》，全面考证钟惺的著作真伪情况。该书文献丰富，考证严谨，考证内容包括《隐秀轩集》《钟伯敬先生遗稿》《翠娱阁评选钟伯敬先生合集》《钟惺文钞》等诗文作品，以及钟惺对《诗经》《史怀》等书的评点选注，为研究钟惺提供了必备的文献参考。① 此外，在单纯考证辨伪的基础上，部分学者从书籍文化史角度入手，进一步讨论晚明社会的商业、文化环境。陈广宏《〈词府灵蛇〉之编刊与天启间南京的商业出版》一文，以托名钟惺的《词府灵蛇》与《二集》为例，通过细致分析编刊人员、编选方法、内容来源等方面，总结明代天启年间诗法类著作的刊刻特点，并藉此考察晚明社会士人、商业、文学之间的交互关系。②

20 世纪 30 年代和八九十年代，是竟陵派文学著作被大规模整理出版的高峰期，出版内容主要以钟惺和谭元春的作品为主。30 年代，由于"五四"文人的推崇，以公安派、竟陵派为代表的晚明小品被大量翻印，诸如刘大杰《明人小品集》（北新书局 1934 年版）、施蛰存《晚明二十家小品》（光明书局 1935 年版）、阿英《晚明小品文库》（上海大江书店 1936 年版）等，均为此阶段结集而成的晚明小品集。1935 年，上海杂志公司出版由施蛰存主编的《中国文学珍本丛书》，将《钟伯敬合集》《谭友夏合集》专门收录其中。这是 20 世纪以来首次出版的钟惺、谭元春的个人别集，意义非凡。80 年代左右，随着竟陵派研究的复苏，出版内容不再局限于小品文，钟、谭二人的诗歌、选本等也得到进一步整理出版。主要有：《明代论著丛刊·隐秀轩集》（台湾伟文图书出版社 1976 年影印近圣居本）；《明代论著丛刊·谭友夏合集》（台湾伟文图书出版社 1976 年影印张泽本）；张国光点校《诗归》（湖北人民出版社 1985 年版）；张国光点校《隐秀轩文》《鹄湾文草》（岳麓书社 1988 年版）；陈少松选注《钟惺散文选集》（天津百花文艺出版社 1991 年版）；祝诚选注《谭元春散文选集》（天津百花文艺出版社 1991 年版）；吴调公主编，王骧、祝诚选注《竟陵派钟惺、谭元春选集》（湖北人民出版社 1993 年版）；陈广宏整理，章培恒校阅《钟惺集》《谭元春集》（海南国际新闻出版中心 1995 年版）；刘良明编《钟伯敬小品》（北京文化艺术出版社 1996 年版）；田秉锷编《谭友夏小品》（北京文化艺术出版社 1996 年版）等。其中，李先耕、崔重庆点校的《隐秀轩集》（上海古籍出版社 1992 年版），及陈杏珍点校的《谭元春集》（上海古籍出版社 1998 年版），是目前可见收录钟惺、谭元春作品最为全面的诗文集版本，为此后竟陵派研究提供了直接的文献支持。

三、竟陵派诗文创作研究

20 世纪 80 年代以后，随着竟陵派研究逐渐回归文学本位，研究者不断加强对竟陵派诗文作品的解读、分析，从钟、谭等人的诗文创作考察竟陵派的文学价值。竟陵派的诗歌研究、散文研究先后取得一定成绩。

80 年代以前，学界对竟陵派的诗歌创作基本持否定态度，即使在"五四"文人极力

① 参见李先耕：《钟惺著述考》，黑龙江大学出版社 2008 年版。
② 陈广宏：《〈词府灵蛇〉之编刊与天启间南京的商业出版》，《南京师大学报》（社会科学版）2016 年第 3 期。

推重竟陵小品文的情况下，竟陵派诗歌仍未得到研究者的认可。谢无量《中国大文学史》（1918 年）、陈钟凡《中国文学批评史》（1929 年）、宋佩韦《明文学史》（1934 年）、朱东润《文学批评史大纲》（1944 年）等文学史著作，沿用清代文坛对竟陵派的主流评价，以否定批评为主。80 年代以后，随着竟陵派文学史地位的正名，竟陵派诗歌的文学意义才逐渐得到正视。

"幽深孤峭"是钱谦益《列朝诗集小传》对竟陵派诗歌风格的总体评价，广为后世所引用。据陈广宏《论"钟伯敬体"的形成》一文考证，竟陵派"幽深孤峭"诗风的定型应在钟惺擢第之后，介于万历三十八年庚戌至万历四十二年甲寅之间。① "幽深孤峭"涉及竟陵派文学创作的诸多方面，研究者从多个维度对其进行考察。或从创作论出发，将其视为竟陵派诗歌的艺术特点，如王恺《钟、谭〈诗归〉的风格理论浅述》将"幽深孤峭"解释为"幽深孤奇而不失自然平淡之旨，高超莹洁而有峭拔之势"② 等；或从文人心理的角度解读"幽深孤峭"，如雍繁星在《中国诗歌通史·明代卷》中将竟陵诗论的核心概之为"绝俗"，称"竟陵派诗歌幽深孤峭的体貌特征正是其性情心态的最好表征"③等。这类研究多层面剖析文学流派的创作共性，对全面透彻地理解该流派的文学主张意义重大。也有学者表示，仅以"幽深孤峭"来概括竟陵诗歌的特征尚不全面，需要针对不同个体分别论述，钟、谭二人的诗歌个性因此获得更多关注，相关考察也更为具体。

除此之外，文人结社及书画活动也对竟陵派诗歌创作产生了深远影响。如王启元《略论钟惺与南宗画》、邵军《竟陵派的书画鉴藏和创作活动管窥》等论文，均对此有所讨论。如何在两种相互关联的艺术活动之间建立联系，相关研究虽然在此问题的研究视野上有所拓展，但在具体论说上仍有待进一步探讨，某些论断也须有更多的文献予以佐证。

竟陵派散文是 20 世纪以来获得较早关注的领域。明清时期，主流文坛对于竟陵派的攻讦主要集中在诗歌领域，散文作品几乎无人提起。受新文化运动的影响，竟陵派散文才开始进入研究者的视野。

20 世纪二三十年代，周作人、俞平伯、郁达夫等"五四"文人是最早将明人小品与现代白话文联系起来的先驱者。周作人指出"两次的主张和趋势，几乎都很相同。更奇怪的是，有许多作品也都很相似"④。林语堂对周作人把现代散文溯源到明末之公安、竟陵派的做法大加赞赏，称其找到了"现代散文之祖宗"⑤。郁达夫"以为近代清新的文体，肇始于明公安、竟陵两派，诚为卓见"⑥。"五四"文人对公安、竟陵小品文的极力追捧，虽然不能算作严格的学术研究，但却真正引发了学界对公安、竟陵散文的关注。这一时期，学界兴起一股公安、竟陵散文的研究热潮，多篇讨论公安、竟陵散文作品的论文相继问世。主要包括：怀琛《公安竟陵的疙瘩》（《读书顾问》，1934 年）、刘燮《公安竟陵小品文读后题》（《人间世》，1934 年）、陈子展《公安竟陵与小品文》（《小品文和漫

① 陈广宏：《论"钟伯敬体"的形成》，《中国文学研究》1999 年第 4 期。

② 王恺：《钟、谭〈诗归〉的风格理论浅述》《南京师大学报》（社会科学版）1987 年第 2 期。

③ 雍繁星：《竟陵派的诗歌》，左东岭主编：《中国诗歌通史·明代卷》，人民文学出版社 2012 年版，第 720 页。

④ 周作人：《中国新文学的源流》，华东师范大学出版社 1996 年版，第 28 页。

⑤ 林语堂：《林语堂文集》（第十卷），作家出版社 1996 年版，第 246 页。

⑥ 郁达夫：《闲书》，上海书店出版社 1981 年版，第 91 页。

画》，1935 年）等。其中，陈子展《公安竟陵与小品文》反对周作人等人的现代散文溯源说，认为公安派、竟陵派与新文化运动仅在反复古精神上有所相似，但二者仍是不同的文学现象，并强调竟陵派的"性灵说"主要表现在对"古人精神"的求索上，讲求诗文创作"真有性灵之言"。① 陈子展的论述，对公安、竟陵小品文的研究回归正轨有所警醒。与此同时，在 20 世纪三四十年代的文学史著作中，竟陵派文学依旧处于不被认可的边缘状态，散文评价也同样不高。相较之下，钱基博《明代文学》从文学发展的眼光考察竟陵派散文，虽不推崇竟陵散文，但表示"竟陵特以诗著，而文章亦自成一格"②，对钟、谭的某些具体篇目能做出比较公允的评价。

20 世纪 80 年代后，散文研究进入新阶段。在散文分体史的研究论著中，竟陵散文的赞誉之声日盛，这种赞誉不同于"五四"文人对晚明革新精神的看重，更多的是对其文学价值的纯粹肯定，同时竟陵派散文的考察也更加具体、深入。陈书录《明代诗文创作与理论批评的演变》指出钟、谭的散文理论与创作实践间存在"异步乃至对立"的现象，即在文学理论上主张散文"卓大坚实"，而在散文创作上却呈现出"幽深孤峭、奇奥隽永"的艺术风格。③ 郭预衡《中国散文史》认为钟、谭"二人文章成就，不亚于诗。其行文风格，亦极有特色"④。如钟惺的散文作品，除小品文外，其论史、游记等散文创作，在反映钟惺真实心态方面，也具有重要的研究价值。谭元春的散文价值，则更多地表现在真率自然的艺术风格上。与此同时，钟惺、谭元春等人的散文作品逐渐成为独立的考察对象，相关专题研究成果增多。

《帝京景物略》是竟陵派散文中的代表作品，由刘侗、于奕正合撰而成，主要记录北京的风土人情。研究者除重视该书所记载的人文风俗外，也充分关注《帝京景物略》的行文特色与艺术价值。郑振铎《插图本中国文学史》称《帝京景物略》"叙景状物，深刻而有趣……是很着力写作的东西"⑤。关于行文特色，不同学者笔下的论定略有差别。刘大杰认为这种"无一难字，无一典故，无一经文，但读去觉得有些不顺口，要稍稍细心，才感着滋味"⑥ 的艺术风格，正是竟陵派的"幽深孤峭"。也有学者将这种艺术风格概之以"奇"，如吴承学指出《帝京景物略》的"艺术特点在于奇，在于打破传统语言规范，寻求陌生化效果的创造性"⑦。这些研究成果的考察重点始终围绕着《帝京景物略》的叙事艺术展开。

四、竟陵派文学思想理论研究

学界对竟陵派文学思想及诗文理论的讨论，萌芽于 20 世纪三四十年代，勃兴于 80 年

① 陈子展：《公安竟陵与小品文》，陈望道编：《小品文和漫画》，上海书店出版社 1981 年版，第 123~135 页。
② 钱基博：《明代文学》，商务印书馆 1934 年版，第 63 页。
③ 陈书录：《明代诗文创作与理论批评的演变》，凤凰出版社 2013 年版，第 441~446 页。
④ 郭预衡：《中国散文史》下册，上海古籍出版社 2011 年版，第 248 页。
⑤ 郑振铎：《插图本中国文学史》第 4 册，人民文学出版社 1982 年版，第 954 页。
⑥ 刘大杰：《中国文学发展史》下卷，商务印书馆 2015 年版，第 921 页。
⑦ 吴承学：《〈帝京景物略〉与竟陵文风》，《学术研究》1996 年第 1 期。

代，深化于 21 世纪。竟陵派文人没有系统的理论著述，其文学思想及诗文理论观点散见于钟惺、谭元春等人的诗文别集、选本以及评点中。对此，研究者多通过竟陵派的文献资料爬梳，提炼和总结钟、谭等人的文学思想及诗文主张。

20 世纪三四十年代是竟陵诗文理论研究的萌芽时期，学界开始出现竟陵派诗文理论的专题研究。如前文所述，这一时期，郭绍虞《竟陵诗论》与钱锺书的《谈艺录》最为典型。郭文提出竟陵派文学主张的成因，是为弥补七子、公安诗学不足而成；① 钱文则强调了竟陵诗论的学术价值，认为"以说诗论，则钟、谭识趣幽微，非若中郎叫嚣浅卤"②。二人的研究成果具有重要的学术史意义。新中国成立后的三十年间，大陆地区的竟陵派文学研究基本停滞，中国台湾，及日本、韩国等国家或地区的学者在竟陵派文学理论方面取得不少成果。中国台湾学者的研究主要兴起于 70 年代，如邵红先后发表《公安竟陵理论的探究》《竟陵派文学理论的研究》、陈万益《竟陵派的文学思想》等，均是围绕竟陵与公安两学派理论源承问题展开的论述。日本与韩国的学术研究则主要集中于《诗归》选本、评点研究上。

1984 年，首届竟陵派文学讨论会于湖北天门县召开。与会者关于竟陵派文学理论的讨论分为两类：一是比较竟陵派与其他诗论的异同，借此体现竟陵派诗论的独有特点；二是考察钟、谭选评的诗文选本，从选诗原则、评点意见中解读钟、谭的文学思想。这次会议所讨论的各个方面，是学界 80 年代初关于竟陵派文学理论的重要研究成果，为后来者提供了可参考的角度和范式。之后，竟陵派文学理论研究的专著、论文大量产出。邬国平《竟陵派与明代文学批评》是研究论著中的代表著作。该书集合了作者多年来对钟惺、竟陵派及晚明文学批评的相关研究成果。其中，《竟陵派的文学理论》一章，结合竟陵派对七子、公安诗学理论的改造、《诗归》的编订等，全面论述了竟陵派的文学理论状况。③论文方面，则主要围绕"真诗精神""活物""灵""厚"等诗学命题展开。此外，竟陵诗学深受佛、道思想影响，主要成果有周群《佛禅旨趣与竟陵派诗论》、李瑄《钟惺的佛教生活及其佚诗三首》和《禅宗"机锋"与钟惺诗的标新》等。

《诗归》是竟陵派领袖钟惺、谭元春编定的诗歌选集，分为《古诗归》和《唐诗归》两部分。《诗归》的出现在当时引起巨大反响。钱谦益称："承学之士，家置一编，奉之如尼丘之删定。"④ 朱彝尊则称："《诗归》既出，纸贵一时。"⑤《诗归》作为竟陵派的重要诗歌选本，不仅是钟、谭二人对所选诗文进行的资料整理，同时也是竟陵派文学思想和批评取向的直接体现。

20 世纪 80 年代前，大陆关于《诗归》的研究基本处于空白状态。这一时期，日本、韩国学者的研究成果较多。如日本学者入矢义高的《〈诗归〉考》、阿部兼也则的《〈唐诗归〉诗评用语试探—"说不出"の"深"—》《诗评における逆说の表现の意味について—〈唐诗归〉"静""深""幽"なとをあぐつて—》等。80 年代初，吴调公的论文

① 郭绍虞：《竟陵诗论》，《学林》1941 年第 5 辑。
② 钱锺书：《谈艺录（补订本）》，中华书局 1984 年版，第 102 页。
③ 邬国平：《竟陵派与明代文学批评》，上海古籍出版社 2004 年版，第 71~148 页。
④ 钱谦益：《列朝诗集小传》，上海古籍出版社 1983 年版，第 570 页。
⑤ 朱彝尊：《静志居诗话》，人民文学出版社 1990 年版，第 563 页。

《为竟陵派一辩》打破了竟陵派研究的沉寂状态，《诗归》也重新得到学界关注。1984年，首届竟陵派讨论会上，已有学者关注竟陵派诗歌选本、评点背后的文学思想问题。同年，王恺完成硕士学位论文《从〈诗归〉看钟、谭诗歌鉴赏论》，这是国内首篇以《诗归》为研究对象的学位论文。1989 年，马积高《论竟陵派的文学思想》通过考索《诗归》中的选篇和评语，论证了钟、谭诗文理论中的内部矛盾是竟陵派备受打压的根本原因。他认为，钟、谭二人一方面积极响应公安派要求的独创精神，"颇有意于不拘一格，在编订《诗归》时选了许多不为人们所注意的一些小家的有真情实感的好诗"；另一方面则在主张诗文要表现真情、灵气之外，"另提'幽怀单绪'与'柔厚'的标准，并有意排斥一些人所共赏的名作"①。同一时期，日韩学者在竟陵派评点领域笔耕不辍。日本学者村山吉广《竟陵派的〈诗经〉学——以钟惺的评价为中心》一文，以钟惺评点为例，论证了竟陵派诗经学在明代说《诗》传统中的地位及影响，称其促进了"近代《诗经》的'欣赏'，也对所谓'文学鉴赏派'的成立有很大的贡献"②。1995 年，韩国学者高仁德的博士学位论文《竟陵派的文学理论——由〈诗归〉的分析看明末评点诗评之体系》全面探讨了《诗归》的诗学用语及评点体系。③ 在此基础上，他还撰有《明末诗文评点著作〈诗归〉之评诗法》一文，专门针对《诗归》的评诗特点进行论述。④

新世纪的竟陵派选本与评点研究，在 20 世纪八九十年代学术范式的基础上继续深入。一方面，延续传统，从《诗归》的选评原则中探讨竟陵派的文学思想；另一方面，开拓新的切入点，将评点作为一种独立的文学形式进行考察，从钟惺、谭元春等人的诗文评语中考察竟陵派的评点特色。

《诗归》中诗学概念辨析及文学思想，受到研究者的进一步关注。台湾学者陈美朱《论〈诗归〉中的别趣奇理——兼论钟、谭选诗与论诗要旨的落差》，与 80 年代末马积高《论竟陵派的文学思想》一文遥相呼应。陈文通过讨论钟、谭以"别趣奇理"为尚的选诗原则，和"期在必厚"的论诗要旨之间的理论落差，认为这并非钟、谭的理论矛盾，而是二人在创作实践中"眼高手低、期而未至"的结果。⑤ 研究者对于《诗歌》的探讨逐步沿着多层级衍伸发展，主要包括竟陵派的创作要求、竟陵诗论中的庄禅思想、竟陵诗学与《沧浪诗话》的源流关系，以及"真诗精神"的审美导向等问题。有关《诗归》评语的考察，也进一步细化为具体诗人诗作的选评研究。例如《诗归》中有关陶渊明诗歌的评述，研究者大多采取对比的方式，通过比较《古诗归》与其他选本对陶诗的选评差异，考察钟、谭与其他选家不同的选评侧重点；又如《诗归》对李白、杜甫诗的选评，研究

① 马积高：《论竟陵派的文学思想》，古代文学理论研究编委会编：《古代文学理论研究丛刊》第14 辑，上海古籍出版社 1989 年版，第 214 页。

② ［日］村山吉广著，林庆彰译：《竟陵派的〈诗经〉学——以钟惺的评价为中心》，台湾《中国文哲研究通讯》1995 年第 5 卷第 1 期。

③ ［韩］高仁德：《竟陵派的文学理论——由〈诗归〉的分析看明末评点诗评之体系》，日本庆应大学博士学位论文，1995 年。

④ ［韩］高仁德：《明末诗文评点著作〈诗归〉之评诗法》，韩国语文学会《中国语文论集》1997 年第 9 号。

⑤ 陈美朱：《论〈诗归〉中的别趣奇理——兼论钟、谭选诗与论诗要旨的落差》，台湾《中国文哲研究通讯》2003 年第 13 卷第 3 期。

者则依据选家的选评态度、评语内容挖掘出唐诗经典化在晚明时期的表现，等等。

竟陵派的诗文选本、评点除了作为选家文学思想的载体外，研究者还就评点而论评点，对钟惺、谭元春的评点形式、评点特色等方面进行讨论。其中，郑艳玲《钟惺评点研究》一书，是竟陵派评点研究的代表著作。该书分为《钟惺的生平与创作》《晚明评点浪潮中的钟惺评点》《诗归》《钟惺的其他评点本》《题名钟惺评点的研究》五个部分，对钟惺的评点进行全面考察。其主要特点及贡献有二：其一，对大量署名钟评的文献资料进行收集、考辨，全面梳理了钟惺的评点活动及评点本的出版情况；其二，除《诗归》以外，细致分析了《诗经》《东坡文选》《三注钞》等学界关注较少的钟惺评点。① 该书文献丰富，考证严谨，是竟陵派评点研究领域的重要成果。书中也有部分单篇论文致力于竟陵派评点的研究，但比重较小。

五、竟陵派与地域文化研究

竟陵派与地域文化研究，主要指在地域文化视域下对竟陵派文学的生成、发展的考察。这类研究自 20 世纪 80 年代兴起，直到目前仍是竟陵派研究中的热点话题。

20 世纪 80 年代，由于文化热的影响，全国各地掀起宣传地域文化的热潮。湖北作为竟陵派领袖钟惺、谭元春的故乡，开展了一系列有关竟陵派研究的学术活动，并引发了竟陵派与楚地文化的研究热潮。1984 年，湖北成立竟陵派文学研究会。翌年 5 月，首届竟陵派文学研讨会在钟惺、谭元春的故乡湖北天门举行。不久之后，第二次竟陵派文学研讨会也于 1987 年如期举行。在两次会议上，与会人员就竟陵派的诞生背景、文学思想、诗文风格，及其文学史地位等方面，进行了深入探讨与切磋。会议论文集《竟陵派与晚明文学革新思潮》（武汉大学出版社 1987 年版）、《竟陵派文学研究论集》（中国社会科学出版社 1990 年版）先后出版，在竟陵派研究史上具有里程碑式的重要意义，推进了 80 年代竟陵派的研究进程。

21 世纪以来，地域文化之于文人文学思想及创作风格的重要作用，进一步得到学界的重视。随着地方志、文人家谱等文献资料整理工作的日益推进，地域文学成为近些年来人文学科的研究重点。竟陵派文学与地域文化研究同样取得了长足发展，主要表现为楚地文化和闽地文化两个文化视域下的竟陵派研究。

楚地文化与竟陵派文学联系紧密。作为竟陵派的领袖人物，钟惺和谭元春均为湖北竟陵人（今湖北天门）。其文化心理和思想主张深受楚风浸染。楚地文化对竟陵派文学的发生、发展影响深远，此类相关学术成果丰硕，主要有陈广宏《万历文坛"楚风"之崛起及其背景》、魏宏远《论明代中后期"吴风""楚调"之嬗替》、李圣华《钟惺与李维桢诗歌比较研究》等。另外，竟陵派文学创作中保留的明代天门方言，也成为语言学研究的珍贵语料库。谢之《竟陵派钟谭韵文用韵所反映的明代天门方音特点》、谢荣娥的硕士学位论文《明清竟陵代表诗文用韵与现代天门方音》均为竟陵派研究的语言学成果。2014 年，为促进湖北文化繁荣发展，湖北省启动编纂《荆楚文库》的重大文化工程，计划收录历代文献和今人研究专著约 1000 种，约 1200 册，全方位搜集、整理湖北历代文

———————————

① 参见郑艳玲：《钟惺评点研究》，人民日报出版社 2006 年版。

献，建立完整的研究湖北的资料系统，这为新时期的竟陵派与楚文化研究提供了有力的文献支持。

此外，由于钟、谭二人均与闽地文人交游频繁，且晚明八闽地区的诗歌传统受到竟陵派文学的影响明显，因此闽地文化与竟陵派文学研究也得到部分学者的关注。翟勇的论文《钟惺与晚明闽诗坛关系初探》详细考察了闽地文人与钟惺、谭元春等人事迹的文学交游活动，及其文学理念上的交融。他按照地域空间将这种交游划分为出闽、居闽两大类，借此描绘晚明不同地域文化相互交融的文学现象。① 郑礼炬《晚明福建的竟陵诗歌创作》也通过对明末清初福建诗人创作情况的梳理，揭示竟陵派文学运动与闽人诗歌创作之间复杂的关系。②

六、结　语

在竟陵派研究的百余年间，如何从文学本位出发，全面、深入考察竟陵派的文学特质与时代价值，是 20 世纪以来学界不断努力的重点。总体来看，百年来国内外学界的竟陵派文学研究取得了丰硕成果，尤其是自 80 年代起，竟陵派的文献考证、文学理论、诗文创作、选本与评点等方面，均产生了诸多研究力作。研究者经过不断反思与调整，在文学观念、学术范式、研究方法等层面取得了不少突破，为后续的竟陵派研究奠定了坚实基础。与此同时，就已有成果而言，仍存在一些不可忽视的问题。如竟陵派文学思想研究与其他方面的不均衡性，竟陵派文学传播的微观研究较为薄弱等。基于此，在今后的竟陵派研究中尚需注意以下几点：

首先，文献资料整理方面，在重视竟陵派文献考证研究的基础上，需对钟惺、谭元春等竟陵派成员的著述作进一步点校整理，形成诸如"钟惺全集""谭元春全集"之类的个人文献集成。关于竟陵文人的著作，目前仅有张国光等点校《诗归》（湖北人民出版社1985 年版）、李先耕和崔重庆点校《隐秀轩集》（上海古籍出版社 1992 年第 1 版，2017年第 2 版）、陈杏珍点校《谭元春集》（上海古籍出版社 1998 年版）、何丙仲点校《遁庵全集》（商务印书馆 2018 年版）等成果，大量由钟、谭等人选辑、评点的文献未作系统整理。同时，由于竟陵派在晚明文坛的巨大影响，明清文人对竟陵派的功过多有评骘，这些资料也尚需整理。因此，全面收录涉及钟惺、谭元春等人事迹的竟陵派研究资料汇编，对推进竟陵派文学、文化研究具有重要的学术意义。

其次，关于竟陵派的文学研究，需要加强历史考证与竟陵文本研究的贯通性，从微观层面还原竟陵派的历史本来面目。如前所述，学界对于竟陵派文学的传播接受情况，基本呈现出宏观描述，而对竟陵派"幽深孤峭""真诗精神""活物说"等文学思想的生成、演变过程，以及这些思想通过何种方式、何种情形传播各地，都没有形成明确的认识。同时，由于钱锺书等前人对竟陵派文学理论价值的强调，相较于竟陵派文学批评研究，竟陵派其他方面的讨论仍有待进一步细化、深入。

---

① 翟勇：《钟惺与晚明闽诗坛关系初探》，《中国韵文学刊》2014 年第 1 期。
② 郑礼炬：《晚明福建的竟陵诗歌创作》，《闽南师范大学学报》（哲学社会科学版）2014 年第 3期。

　　最后，研究领域的开拓与学术范式的创新。竟陵派作为晚明文坛上产生重要影响的文学流派，国内外学界的相关研究未能全面而深入地加以开展。从 20 世纪 80 年代以来的研究成果来看，这种情况虽然有所改善，研究者对竟陵派的生平经历、诗文创作、文学思想、选本与评点、地域特征等方面均给予充分关注，但总体还是从竟陵派的某个角度出发，探讨局部问题。以竟陵派为主要研究对象的系统论著，目前仍十分缺乏。基于此，如何贯通竟陵派研究的各个方面，全面系统地考察竟陵派，值得研究者作进一步努力。

（作者单位：武汉大学中国传统文化研究中心）

王国维"境界"说理论渊源研究述评

□　左丹丹

【摘要】关于王国维"境界"说理论渊源的争论一直是学术史的热门话题,"中体派"认为"境界"说与传统美学、宗教、哲学密切相关,"西体派"则坚持西方哲学才是"境界"说的本来面目,也有学者试图在二者的夹缝中另辟蹊径,融会贯通。这些研究推动了《人间词话》的经典化,促进了对诗学现代化以及民族诗学如何建构的思考。

【关键词】王国维;《人间词话》;境界;述评

王国维的《人间词话》自 1908 年 11 月于《国粹时报》连载发表至今,已经有一个世纪的历史了。这部词话问世之初,在传统词学阵营中原本默默无闻,直到 1928 年俞平伯校点整理的《人间词话》单行本出版,它才开始受到世人的瞩目。随着王国维国学大师身份的确立及"文化民族主义"心态的推波助澜,《人间词话》被抬高到无以复加的地位,成为"国学经典",而其提出的"境界"说成为"中国古典美学的最高范畴"。"境界"说的提出关系到中国传统诗学的现代化,甚至整个中国现代文论的发生问题,因而关于王国维"境界"说及其范畴体系——"有我之境"与"无我之境"、"造境"与"写境"、"隔"与"不隔"、"大境"与"小境"、"常人之境"与"诗人之境"等也成为 20 世纪文论学术史的热点话题。"境界"说究竟是舶来于西方,还是扎根于本土诗学,是二者的水乳交融,还是随意地剪裁拼接?历来众说纷纭,争执不休。这些研究推动了《人间词话》的经典化,促进了对诗学现代化以及民族诗学如何建构的思考。下面笔者就近百年来王国维"境界"说理论渊源的研究加以回顾、梳理与反思,在具体的论述中尽量选取最有代表性的观点加以观照,疏漏之处,还请各位方家指教。

一、王国维"境界"说中体论述评

"境界"一词古已有之,经常被古代文论家借以品评诗词。刘任萍指出,皎然的《诗式》、袁枚的《随园诗话》、洪亮吉的《北江诗话》是 "境界说" 的思想启蒙。① 钱仲联认为，在王氏之前或同时，以 "境界" 论诗词者，已有司空图、王世贞、叶燮、梁启超、况周颐诸家，这些理论 "总不失为王氏 '境界' 说的先河"。② 两位学者敏锐地察觉到了王氏理论与古代诗论的相似之处，虽然没有进一步探讨 "境界" 的理论体系，但对后来者仍颇有启发之功。王国维曾言："然沧浪所谓 '兴趣'，阮亭所谓 '神韵'，犹不过道其面目，不若鄙人拈出 '境界' 二字，为探其本也。" 言语之间，似乎透露出三者的联系。叶朗由此认为 "兴趣" "神韵" 与 "境界" 是一线下来的，只不过 "'兴趣'、'神韵' 偏于主观感受，因此显得朦胧恍惚、难以捉摸，而 '境界' 是以诗词本身的形象和情感着论，比较清楚确定"③。叶嘉莹将王国维词话中散乱的理论抽离出来，以独特的感悟力将王氏的思考还原，并为其建立起一个简单的理论雏形："所谓 '境界' 实在乃是专以感觉经验之特质为主的"，"凡作者能把自己所感知之 '境界'，在作品中作鲜明真切的表现，使读者也可得到同样鲜明真切之感受者，如此才是 '有境界' 的作品"。叶氏的 "兴发感动" 说既概括了三者共同的产生机制，也点明了三者不同的发展方向："沧浪之所谓 '兴趣'，似偏重在由感受作用本身之感发活动。阮亭所谓 '神韵'，似偏重在由感兴引起的言外之情趣，至于静安之所谓 '境界'，则似偏重在所引发之感受在作品中具体之呈现。沧浪与阮亭所见者较为空灵；静安先生所见者较为质实。"④ 聂振斌也持这一观点，他指出境界比起兴趣、神韵、气质、意味等是一脉相承的，只是更加深入一些，是第一形式的美，从而明确否定了境界与叔本华理念的关系。⑤

以上学者们的论述多为总体概述，分享了他们对王氏理论的整体印象与直观体验，为新时期以后的学者指明了大致方向。新时期开始，学者们对 "境界" 说传统渊源的考察更加具体、深入，个案研究层出不穷：如耿明奇⑥、刘晓林、王达、吴海庆等的 "王夫之影响说"。刘晓林、王达发现王国维的 "隔与不隔" "常人、诗人" "入乎内，出乎外" "造境与写境" 分别与王夫之的 "情景融浃" "哀景、乐景" "身所历，目所见" "无适无不适" 不谋而合。⑦ 吴海庆在认同西哲影响的基础上，进一步肯定王国维 "境界" 说脱胎于王夫之 "情景" 论，然而，"它经历了一个从艺术走向人生、从人生走向哲学、从以和谐为基调的优美走向以痛苦为主要内涵的崇高的历程"，是中国古典美学向近代美学转折的标志。⑧ 如孙维城、吴振华的 "刘熙载影响" 说。孙维城认为王国维虽然受到叔本华 "直观" 思想的影响，但他不可能用这种理念来附会艺术中的自然本体，而只能用中式的物我关系来表述这种审美观念。他从王国维对《艺概》的引用与赞同中受到启发，

---

①　刘任萍：《境界论及其称谓的来源》，《人间世》1935 年第 27 期。

②　钱仲联：《境界说诠证》，《文汇报》，1962 年 7 月 14 日。

③　叶朗：《说意境》，《文艺研究》1998 年第 1 期。

④　叶嘉莹：《王国维及其文学批评》，广东人民出版社 1982 年版，第 220、221、333 页。

⑤　聂振斌：《王国维美学思想述评》，辽宁大学出版社 1997 年版。

⑥　耿明奇：《王国维与王夫之文艺观比较》，《延安大学学报》（社会科学版）1991 年第 3 期。

⑦　刘晓林、王达：《千古诗学二 "境界" ——试论王船山与王国维 "境界说" 的理论传承关系》，《船山学刊》2008 年第 1 期。

⑧　吴海庆：《从和谐的 "情景" 到崇高的 "境界" ——论王国维 "境界" 说对王夫之 "情景" 论的错位生成》，《浙江师范大学学报》（社会科学版）2008 年第 4 期。

进而发现王氏受到了刘熙载"观物""观我"等概念的直接启发,王氏的"造境""写境"是对刘熙载"造乎自然""肇乎自然"的概括,而"忧生""忧世"论更是对刘熙载"忧生忧世"观的美学应用。① 吴振华则进一步详细论证了刘熙载艺术观、文学史观、美学观对王国维的重要影响,"尤其是王氏境界说中的情景关系的论述,及其对情感质地纯真的要求,都或多或少地向刘氏借鉴,有些重要的概念如'隔''境界'等都直接来自刘氏诗论、词论,对具体作家作品的论述也大多取自刘氏"②。再如陶礼天的"戏曲影响说"。陶礼天认为除了传统诗论的直接影响,传统戏曲理论批评中的"境界"论(以祁彪佳等为代表)也是王国维"境界"说的重要理论资源,王国维的"境界"说体现了一种"和而不同"精神的自觉固守。③ 侣同壮、程丽娟、喻守国、彭玉平等④的"庄子影响"说也呼之欲出。侣同壮发现王氏"在其诗词经常化用《庄子》语汇所呈现出的庄子式的'逍遥'理想,而庄子'无用之用'的观念也在王国维这里滋生了价值评判功能,为其建构现代学理提供了借鉴"⑤。程丽娟、喻守国指出王、庄二人均于对宇宙生命的思考与人情物欲的超脱中执着于求"真",物我同构、物我两忘的审美境界也是王之"观物"与庄之"物化"的契合之处。⑥ 彭玉平则从晚清庄学兴起的背景出发,探讨这一时代风潮下,庄学对王氏在人生取向、美学理论、创作倾向等多方面的濡染。⑦ 彭氏的《人间词话》研究十分瞩目,他试图还原《人间词话》的成书、传播、经典化及百年流传的宏观过程,⑧ 又于细微处考察"境界"说的历史性与文化性;他采取文本比照与文本细读的方法,通过比较《文学小言》到《人间词话》再到《人间词话选》关于"三种境界"说理

---

① 孙维城:《〈艺概〉对〈人间词话〉的直接启迪——王国维美学思想的传统文化精神》,《文艺研究》1996 年第 3 期;《传统文化与王国维境界说体系》,《文史知识》1993 年第 5 期;《对王国维"隔"与"不隔"的美学认识》,《文艺研究》1993 年第 6 期。

② 吴振华:《从刘熙载到王国维》,《文学理论研究》2007 年第 2 期。

③ 陶礼天:《王国维"境界"说的传统曲论资源——兼论〈人间词话〉的方法论问题》,《长江学术》2010 年第 2 期。

④ 还有刘雪燕:《王国维与道——〈人间词话〉中的庄子思想》,《滨州教育学院学报》2000 年第 4 期;李春娟:《庄子与陶渊明自然观之比较——兼论王国维对陶诗的误读》,《学习与实践》2006 年第 9 期等,尽不详述。

⑤ 侣同壮:《王国维与庄子的文化渊源》,《滁州学院学报》2009 年第 5 期。

⑥ 程丽娟、喻守国:《论〈庄子〉对王国维"境界"说的影响》,《四川职业技术学院学报》2007 年第 2 期。

⑦ 彭玉平:《晚清"庄学"新变与王国维文艺观之关系》,《文学遗产》2015 年第 1 期。该文可与孙宗美《"意境"与道家思想——中国现代美学研究范例论析》[《武汉大学学报》(人文科学版) 2014 年第 6 期]相互参看。

⑧ 如《俞平伯与人间词话的经典之路》详细论述了俞平伯刊印词话的始末,《蒲菁"人间词话补笺"研究》论述了蒲菁笺注的重要价值,《许文雨人间词话讲疏研究》对许文雨的研究作了介绍,《一个文本的战争》讲述了王氏词话的成书过程,《朱光潜与解读王国维词话的西学立场》对朱光潜以西学立场解读王国维作以介绍,《被冷落的经典——论"盛京时报"本"人间词话"在王国维词学中的终极意义》对盛京时报本《人间词话》作以研究等。另见彭玉平:《王国维词学与学缘研究》,中华书局 2015 年版。

论的调整和拓展，揭示出其立足诗人人格锻造的人文精神实质①。通过考察王国维本身在早期译著中“境界”一词的使用及其内涵的变化，彭玉平发现“境界”一词的内涵从等级、状态、范围发展成为一种自成体系的美学系统，即自然、真切、深沉、韵味。② 彭玉平并没有局限于影响说，而是通过结合王国维的人生经历、时代背景、《人间词话》的成书及经典化与语源、语境的变化对“境界”说的内涵加以细致地解读，对我们重新理解“境界”论多有助益。

“境界”一词虽来自佛教，但很少有学者对于王国维与佛教的关系加以深究，因为王国维本人并没有明确地“热衷于”佛教，且其“境界”说的内涵与佛教的渊源似乎很难理清。张节末对此的回答是：佛教尤其是禅宗的直观传统是王国维接受康德和叔本华诸西哲影响的“底子”，因而王国维才以“境界”这一佛教观念来对接“纯粹直观”并提炼出中国古典美学的最高范畴“境界—意境”。③ 詹志和呼应了张节末的观点，进一步论证“佛学如同‘集体无意识’意义上的文化酵素，以濡化、醇化的形式，渗透、弥漫在王国维‘境界’说诗学之中”④。

虽然关于“境界”说来自传统美学的研究论著十分丰富，但学者们依然无法证实“境界”的传统用法与王氏的使用存在着什么直接而必然的联系。王文生就曾指出，原出佛家的“境界”与王氏的“境界”没有必然联系，⑤ 蒋寅则更进一步指出，清代以来诗论家对于“意境”的使用与王氏不存在什么相通之处，王氏的“意境”根本“不是中国文论自身生长出的东西”⑥。王国维“境界论”本土说的研究出现的困境在于材料的缺乏，王国维并没有明确表示自身与某种传统美学的渊源关系，反而多次重申“叔本华”的影响。再者，王国维《人间词话》与传统诗学的“隔膜”似乎是“不言而喻”的，这从唐圭璋、万云骏、吴征铸等“中国诗学传统捍卫者”的“抵抗”中即可窥其一斑。唐圭璋立足于词学研究的本位，对王国维的“境界”说提出了全面的批评⑦，万云骏⑧、吴征铸⑨也对王氏诸说多加驳难，许多学者由此转向“西体说”研究。

---

① 彭玉平：《“借古人之境界为我之境界”——王国维“三种境界”说新论》，《中山大学学报》（社会科学版）2005 年第 4 期。

② 彭玉平：《“境界”说与王国维之语源与语境》，《文史哲》2012 年第 3 期。

③ 张节末：《法眼、“目前”和“隔”与“不隔”——论王国维诗学的一个禅学渊源》，《文艺研究》2000 年第 3 期；《纯粹直观与境界—意境——王国维中国美学理念探本》，《浙江大学学报》（人文社会科学版）2003 年第 4 期。

④ 詹志和：《王国维“境界说”的佛学阐释》，《中国文学研究》2008 年第 4 期。

⑤ 王文生：《论情境》，上海文艺出版社 2001 年版，第 20 页。

⑥ 蒋寅：《原始与会通：“意境”概念的古与今——兼论王国维对“意境”的曲解》，《北京大学学报》（哲学社会科学版）2007 年第 3 期。

⑦ 唐圭璋：《评人间词话》，原载《斯文》1938 年 3 月，转引自姚柯夫主编：《人间词话及评论汇编》，书目文献出版社 1983 年版，第 93~95 页。

⑧ 参见王水照：《况周颐与王国维：不同的审美范式》，《文学遗产》2008 年第 2 期。

⑨ 吴征铸：《评人间词话》，原载《斯文》卷一第 21~22 合期，转引自姚柯夫主编：《人间词话及评论汇编》，书目文献出版社 1983 年版，第 96~99 页。

二、王国维境界说西体论述评

　　"西体论"研究中首先要提到的自然是"叔本华影响"说。王国维在三十岁写的两篇《自序》及光绪三十一年（1905年）秋八月所写的《静安文集自序》中明确地表达了自己对叔本华哲学的崇拜。1943年缪钺《王静安与叔本华》第一次对王国维学说与叔本华哲学作对比并阐释其联系："似亦相当受叔本华哲学之潜发，虽不似《红楼梦评论》一文有显著之征验，然细读之，亦未尝无迹可寻也"，"无我之境"与"叔氏之说有通贯之处"①，从而启发了王国维"意境"西学来源的研究路径。在此必须提到的还有朱光潜，虽然他没有提及叔本华与王国维的关系，但他借助西方文艺理论对"境界"说作了精彩阐发。他认为"隔"与"不隔"的区别在于显与隐，"无我之境"就是"超物之境"，"有我之境"乃"同物之境"，"超物之境隐而深"，"同物之境显而浅"②。至于王、叔二人之关系论研究，用力最深、比照最细、影响最大的要数佛雏的《王国维诗学研究》。佛雏通过比较，几乎全部将王国维"境界"理论与叔本华美学一一对应起来。与叶嘉莹不同的是，他认为不仅是"无我之境"源自叔本华，"有我之境"亦是如此。③ 佛雏将这一比较研究推向了极致，后来的学者基本上沿着他的思路，对之进行补充和完善。黄保真认为王国维所说的"造境"是按"理想"的模式虚构的艺术境界，他所说的"理想"是"美的预想"。④ 潘知常指出："王国维的'意境'审美范畴与叔本华'理念'审美范畴渊源甚深。"⑤ 佛雏、潘知常等虽然就王国维境界说与理念之关系，作了相当深入的论述，但没有明确地以"理念"来定义"境界"概念。王攸欣除了将"意境"与"理念"等同外，还指出了"有我之境"与"无我之境"的不对等性："优美必定比壮美更美"。⑥

　　佛雏的《王国维诗学研究》尽管在一定时期得到部分学者的赞同与呼应，但由于其停留于初阶的文献比照，缺乏充分的说服力，因而遭到了学界的批评与质疑。夏中义认为他"把王氏平庸化为毫无创意的叔门学子"，他的"文献比较最后竟因望文生义式的逻辑错位而走向思想内讧"。⑦ 正如夏氏所说，完全以叔本华理论来解释王国维的"境界"说产生了不少的"思想内讧"，因而有一批学者开始突破这一影响神话，为"境界"说寻找新的理论渊源。陈鸿祥率先提出了"席勒影响说"："若仅以'西方影响'而言，《人间词话》中与'境界'之'真'相关的属于文学方面的观点，诸如'写境'与'造境'，

---

　　① 缪钺：《王静安与叔本华》，《思想与时代》1943年第26期。

　　② 朱光潜：《诗的隐与显（关于静安人间词话的几点意见）》，原载《人间世》1934年第1期，转引自姚柯夫主编：《人间词话及评论汇编》，书目文献出版社1983年版，第85~92页。

　　③ 佛雏：《王国维诗学研究》，北京大学出版社2000年版。

　　④ 黄保真：《王国维"境界说"的内涵与层次》，《辽宁师范大学学报》（社会科学版）1987年第1期。

　　⑤ 潘知常：《王国维"意境"说与中国古典美学——中国近代美学思潮札记》，《中州学刊》1988年第1期。

　　⑥ 王攸欣：《选择·接受与疏离：王国维接受叔本华、朱光潜接受克罗齐美学比较研究》，生活·读书·新知三联书店1999年版，第101~102页。

　　⑦ 夏中义：《〈王国维诗学研究〉之研究》，《文艺理论研究》1995年第2期。

'主观之诗人'与'客观之诗人','理想'与'写实',决不能归'本'于叔本华,而实出于席勒。"① 肖鹰进而直截了当地指出《人间词话》的基本思想是与叔本华美学相反的,它是奠基在席勒的人本主义美学(诗学)思想基础上的。② 肖鹰的这种绝对化的论断遭到了不少质疑,有学者就指出王国维的"境界"论是建立在认识论美学上的,与席勒的自然人本主义根本不可能建立起对等关系。③ 蓝国桥推崇"康德影响说"。他认为王国维奉行知行并重原则,但在受影响的西学中只有康德能做到知行合一,因而王国维告别了叔本华,走向了康德。④ 海德格尔的"栖居"⑤以及现象学理论⑥也被用来澄清"境界"说与西学的龃龉之处。还有学者从日本学者田冈岭云⑦、元良勇次郎⑧那里找到了蛛丝马迹。对于一些"牵强附会"的"影响的神话",罗钢曾专门撰文加以批判⑨。

　　除了影响论外,还有研究者关注到了《人间词话》背后的中西文化冲突、中国的现代转型等时代环境。王一川认为"意境范畴满足了现代中国人在全球化时代重新体验古典性文化韵味的特殊需要,其目的是解决现代中国人自身的现代性体验问题"⑩。一语点醒梦中人,那些持"外来说"的学者们不再执着于如何跨过"境界"说是否逻辑自洽的泥潭,转而拿起了审视东方与西方、传统与现代、殖民与被殖民的望远镜。陈晓春指出"境界"论体现了西方话语的文化霸权。⑪ 蒋寅则调侃道:"王国维只不过用古代术语命名了一个外来的概念('境界'),这不是什么转换,准确地说是不太高明的翻译。"⑫ 将

　　① 陈鸿祥:《王国维与文学》,陕西人民出版社 1988 年版,第 185~192 页。

　　② 参见肖鹰:《被误解的王国维"境界"说——论〈人间词话〉的思想根源》,《文艺研究》2007 年第 11 期;《"有我"与"无我":自然与理想的结合方式——论王国维"境界"说的诗境构成原理》,《清华大学学报》(哲学社会科学版)2008 年第 2 期;《自然与理想:叔本华还是席勒?——王国维"境界"说的思想探源》,《学术月刊》2008 年第 4 期;《"天才"的诗学革命——以王国维的诗人观为中心》,《中国社会科学》2008 年第 1 期。

　　③ 姜荣刚:《"意境说是德国美学的中国变体"论之商榷——兼论王国维"意境"理论来源研究的现状、问题及出路》,《中国文化研究》2015 年春之卷。

　　④ 蓝国桥:《王国维意境论与康德美学中国化》,《学术研究》2015 年第 5 期。

　　⑤ 伍丹、杨经建:《"境界"与"栖居":王国维"境界说"的存在论属性》,《中国文化研究》2016 年春之卷。

　　⑥ 如王妍试图以现象学理论解释以叔本华唯意志哲学解读"有我之境"与"无我之境"所遇到的矛盾(见王妍:《超越与复归——王国维"有我之境""无我之境"说的现象学解读》,《文艺评论》2017 年第 10 期);郭勇健指出境界的实质乃是现象学的"意向性客体"(见郭勇健:《王国维境界说的现象学诠释》,《中国美学研究》2014 年第 1 期)。

　　⑦ 祁晓明:《王国维与日本明治时期的文学批评——天冈岭云文论对王国维"意境说"的影响》,《清华大学学报》(哲学社会科学版)2015 年第 4 期。

　　⑧ 王增宝:《王国维的翻译实践及其"境界说"的发生——从元良勇次郎〈心理学〉的翻译入手》,《中国现代文学研究丛刊》2018 年第 12 期。

　　⑨ 罗钢:《影响的神话——关于"田冈岭云文论对王国维'意境说'的影响"之辨析》,《清华大学学报》(哲学社会科学版)2015 年第 4 期。

　　⑩ 王一川:《通向中国现代性诗学》,《北京师范大学学报》(社会科学版)2001 年第 3 期。

　　⑪ 陈晓春:《王国维"境界论"述评》,《四川师范大学学报》(社会科学版)2003 年第 4 期。

　　⑫ 蒋寅:《原始与会通:"意境"概念的古与今——兼论王国维对"意境"的曲解》,《北京大学学报》(哲学社会科学版)2007 年第 3 期。

此一思潮推向高峰的当属罗钢。童庆炳认为"罗钢对王国维诗学的研究是目前最具代表性、最富于思想意义的学案研究"①。他将"意境"说完全剥离于中国诗学传统之外，并试图用多种西方理论解答"境界"说中的模糊、歧义与矛盾，经过抽丝剥茧与层层递进的详尽分析，他"发现""境界说""乃是德国美学的一种中国变体"②，是一种"被发明的传统"③。王国维试图借助德国美学的补天之石促成古典文论的"现代转换"，以疏解西方殖民浪潮的压制下的焦虑与无助，可结果却丢失了自己的文化传统——罗钢将这十分"讽刺"的一幕描述为"认贼作父，自乱其宗统"。④ 对于这些"石破天惊"的言论，认同者将其供之神坛⑤，反对者们则扛起捍卫传统诗学的大旗，他们认为不论西方文论的影响有多大，"境界说"依然流淌着中国文化的血脉⑥，罗钢"将其纳入'后殖民文化结构'予以'解殖民化'，当属理论的'幻象'"⑦。

王国维对西方哲学的"沉迷"与"服膺"是有目共睹的。"体素羸弱，性复忧郁，人生问题，日往复于吾前，自是始决从事于哲学"，天性的忧郁与人生的迷惘使他对西哲产生了浓厚的兴趣。从《汗德像赞》《德国哲学大家汗德传》《汗德之事实及其著书》《汗德之哲学说》《汗德知识论》《汗德之伦理学及宗教论》，到《叔本华像赞》《德国哲学大家叔本华传》《叔本华之哲学及其教育学说》《书叔本华遗传说后》《叔本华与尼采》，再到《德国文化大改革家尼采传》《尼采氏之教育观》，以及《〈红楼梦〉评论》，王氏不仅将自己对康德、叔本华、尼采三位巨匠的喜爱与敬佩毫不吝啬地诉诸笔端，而且还试图将叔氏之说实践于古典文学之评论中。《人间词话》的西学色彩自然不言而喻。虽然"尼采谓：'一切文学，余爱以血书者'"是书中唯一明确注明取自西哲的言论，但词话中忧郁、悲观的气质，对物我关系的理性观照，以及担负世人之罪恶的审美理想，无一不流露出对叔氏等人的亲近。这种"亲近"是"西体说"立足的根本之一。然而王氏对于西学

---

① 童庆炳：《文学理论发展的新趋势（代序）》，罗钢：《传统的幻象：跨文化语境中的王国维诗学》，人民文学出版社 2015 年版，代序第 9 页。

② 罗钢：《意境说是德国美学的中国变体》，《南京大学学报》（哲学·人文科学·社会科学）2011 年第 5 期。

③ 罗钢：《"被发明的传统"——〈人间词话〉是如何成为国学经典的》，《南京大学学报》（哲学·人文科学·社会科学）2014 年第 3 期；《七宝楼台，拆碎不成片段：王国维"有我之境、无我之境"说探源》，《中国现代文学研究丛刊》2006 年第 2 期；《眼睛的符号学取向——王国维"境界说"探源之一》，《中国文化研究》2006 年冬之卷。

④ 罗钢：《传统的幻象：跨文化语境中的王国维诗学》，人民文学出版社 2017 年版，第 394 页。

⑤ 如郑绍楠：《"西体中用"的王国维诗学理论建构论》，《华侨大学学报》（哲学社会科学版）2015 年第 6 期。

⑥ 如姜荣刚：《"意境说是德国美学的中国变体"论之商榷——兼论王国维"意境"理论来源研究的现状、问题及出路》，《中国文化研究》2015 年春之卷；孙仁歌：《质疑颠覆意境说的学术动机及其逻辑性——直面颠覆意境说之立言者罗钢先生》，《文艺争鸣》2015 年第 6 期；刘锋杰、赵言领：《是"幻象"还是"真象"——以罗钢教授论"隔与不隔"为中心的商榷》，《学术月刊》2016 年第 6 期；黄键：《还原"间距"——王国维"境界"说的文化身份辨析》，《文学评论》2018 年第 2 期；刘发开：《王国维"境界"说的理论结构与审美精神转向》，《中国文艺评论》2019 年第 9 期等。

⑦ 潘海军：《理论的幻象：评罗钢〈跨文化语境的王国维诗学〉》，《中国美学研究》2018 年第 2 期。

的态度不断发生着转变。王氏在 1907 年《静庵文集续编》的自序中言及“余疲于哲学有日矣，哲学之说，大都可爱者不可信，可信者不可爱”，“近日之嗜好，所以渐由哲学而移于文学”。① 自辛亥革命后，文学之兴趣又为甲骨金文、古史地理等传统学术所取代。至于对“境界”说的态度，王氏也从早年论其“探本”之说的颇为自得，转变为晚年的“深悔少作”②，甚至刻意回避③。另一方面，王国维对西哲的应用是不完全的，大部分词话的仍然是传统的直觉式、印象式的点到为止，并未深论其与“境界”说诸多概念的逻辑关联；具体的评赏语言也带有浓浓的东方韵味。王氏对西学态度的含糊不清以及“理论”与“实践”的“错位”是让“西体说”支持者们颇为困惑苦恼的地方，也成为“中体说”论者们眼中的“阿特琉斯的脚踝”。

三、争论与反思

《人间词话》于发表之初在传统词学阵营中是个“异类”——它不仅借鉴西方美学诠释传统诗词，而且对盛行其时的浙西派、晚清四大家多有批判，因而备尝孤独之苦。自俞平伯校点之后，朱光潜、任访秋、唐圭璋、周振甫、钱仲联、李长之等学者们发现，王氏的“境界”说已经成为绕不开的美学命题。叶嘉莹、佛雏、陈鸿祥、陈永正、彭玉平、罗钢等学者们的专论再次推动了《人间词话》的研究高潮，“境界”说成为“王学”研究中争论最为激烈、成果最为丰富的内容，成为各种版本的美学史、文论史、诗词史，乃至哲学史、思想史、美术史所提及的经典，成为现代美学、文学研究的核心之一。学者们对“境界”说渊源的追溯，不仅是对王氏思想轨迹的爬梳与还原，也是一场或有意或无意的文化寻根之旅。人们在阅读中重新思考着传统文学的抒情方式、言说系统，在比较中重新探索着传统文论的不同面向，也在考证中重新认识这繁育了融融生气的文化土壤。虽然没有列强的坚船利炮，但当今的我们依然面临着西方世界文化“殖民”的压力。百余年前，王国维在痛苦忧郁中尝试借鉴西方美学以阐释中国文学时，已十分前瞻性地预感到传统文论的生存危机。百余年后，西方话语霸权的裹挟使我们陷入迷惘与焦虑，《人间词话》以“拯救者”的身份，为我们提供了可以独当一面的“文化盾牌”。从另一角度说，当下《人间词话》的经典化与王国维对西学的借鉴有着相似的文化心态。尽管招致了一些质疑与非议，尽管总有这样或那样的缺陷，但作为第一个吃螃蟹的人，王氏的《人间词话》无疑为传统文论如何现代化提供了宝贵的经验与借鉴。王氏十分清楚西学之逻辑、理性等优长可补传统词话零散、感性等缺陷，他也十分明白传统诗词之独特风格非传统文论不能赋予之神采。这也导致了该书似中似西、非中非西的特点。在“境界”说的渊源之争中，有人说王氏的尝试不仅赋予了传统文论新的生机，又保留了自我的文化品格，是传统文论现代化转型的典范；也有人说王氏在漫漫黄沙之中所寻得的绿洲只是海市蜃楼，而他本人早已湮没于流沙之下。王氏的《人间词话》为我们树立了一个“典范”，因为我们实在太需要“典范”了。而那些怀疑的声音反映了在这场不平等对话下的我们如履薄

---

① 《静庵文集续编·自序二》，《王国维遗书》第五册，上海古籍书店 1983 年版，第 21 页。
② 黄浚：《花随人圣盦摭忆》，上海书店出版社 1998 年版，第 19 页。
③ 朱东润：《致林东海函》，林东海：《师友风谊》引，人民文学出版社 2007 年版，第 15 页。

冰、艰难前行的焦灼。可以说，"境界"说渊源之追踪史也是文化"殖民"压力下的心态史。

不论是突出"中体说"、还是偏重"西体说"，抑或将二者齐平的中立派，在研究思路与方法上，存在着一些问题。许多人似乎总是抱有这样一种执着，即先预设一个理论或方法框架，再将王国维取出比比长短，截长补短，总能将他塞入其中，至于其中的缝隙和空白，或含糊之，或涂抹之，或填补以新材料。正如蒋寅所指出的："当代学者对意境的所有阐释之时在做这样一个工作：将自己对古典诗歌乃至全部古典艺术的审美特征的抽象认识纳入一个历史名词——'意境'中，并将其解释为已经概念固有的内涵。"① 在研究方法上，许多人以文本细读、文献比较的方式分析"境界"说的逻辑体系，以及这一逻辑是否自洽等问题。毛宣国曾如此评价道："把境界说单纯看做是中国古典意境理论和传统美学集大成者的最大错误就是把一个富于深刻的历史感和文化内涵的美学命题转变成一个纯逻辑的美学命题"②，可谓一针见血。有一批学者试图另辟蹊径，试图跳出这一莫比乌斯循环，如姜荣刚发现王国维在西学东渐的浪潮中，似乎受到了严复"顺向格义"的影响，因而以"格义"之方法点石成金③。"格义"论兼顾了时代背景，较好地处理了中西两种"意境"的相通之处，有一定的启发性；刘锋杰将"境界"定义为对生命存在的诗性探索，自创门派④，尝试的勇气令人钦佩。

有趣的是，尽管时代不同，王国维的"境界"说与陈世骧、高友工的"中国的抒情传统"论却有着十分相似的经历与命运，同为"典范"，又同被质疑。也许王氏与陈氏等人在发明"境界"与"中国的抒情传统"之初，心中还有对它们的诸多限定与条件，并未曾料到它们将会成为"最高范畴"或"最高典范"，更未曾预见它们所遭受的"盛名之累"吧！

（作者单位：武汉大学中国传统文化研究中心）

---

① 蒋寅：《原始与会通："意境"概念的古与今——兼论王国维对"意境"的曲解》，《北京大学学报》（哲学社会科学版）2007 年第 3 期。

② 毛宣国：《中国美学诗学研究》，湖南师范大学出版社 2000 年版，第 319 页。

③ 姜荣刚：《王国维"意境"新义源出西学"格义"考》，《学术月刊》2011 年第 7 期；《王国维"有我之境""无我之境"概念形成考》，《浙江学刊》2012 年第 3 期；《两种"意境"的并存与交融——"意境"现代意义生成的历史考察》，《人文杂志》2012 年第 6 期；《王国维"造境""写境"本源考实——兼论"境界"说的概念使用特点及理论建构模式》，《广西社会科学》2014 年第 9 期。

④ 刘锋杰：《王国维"境界"说：一个"生命—主体论"概念》，《河北学刊》2015 年第 6 期；《生命之敞亮：王国维"境界"说新论》，《江西社会科学》2015 年第 10 期；《从"西体""中体"到"以生命为体"——与罗钢、彭玉平二先生论〈人间词话〉的诗学属性》，《浙江工商大学学报》2015 年第 6 期；《王国维"境界说"的儒家思想面相》，《学习与探索》2020 年第 1 期。另有专著刘锋杰：《生命之敞亮——王国维"境界说"诗学属性论》，上海教育出版社 2018 年版。相关评论见夏中义：《"生命之敞亮"说及其深度再塑——论刘锋杰通释王国维"境界"说》，《学习与探索》2020 年第 1 期。

武汉大学中国传统文化研究中心大事记

（2020 年 1—12 月）

□　李小花

1 月

本月，郭齐勇、胡治洪、姚才刚编《刘述先文集》十卷本由中国人民大学出版社出版。

陈文新编《美文品读·嘉言韵事篇》由商务印书馆出版。

陈文新编《美文品读·山水名胜篇》由商务印书馆出版。

2 月

23 日，陈伟回国，结束为期近一个月的日本京都大学人文研究所学术访问活动。

本月，冯天瑜著《封建考论》（宣纸线装版）由善品堂出版。

郭齐勇获 2019 年度山东省"儒学大家"称号。

3 月

6 日，郭齐勇应经心书院邀请参加书院主办的线上读书会，主讲《曾国藩家书》。

26 日，郭齐勇出席腾讯研究院主办的互联网与人文线上论坛，主讲《人文精神与互联网》。

本月，晏昌贵《新出秦汉简牍所见地理史料的整理与研究》获批 2020 年教育部人文社会科学研究规划基金一般项目。

4 月

16 日，郭齐勇在琼海电视台参加并主持《光明日报》、国际儒联、孔学堂与光明网合办的线上孔学堂 2020 年春季论辩大会，该会主题是"中国医道与天人合一"。

本月，李天虹主编 *Bamboo and Silk*（第 3 卷第 2 期）由 Brill 出版社出版。

5 月

16 日，冯天瑜主讲《爱国主义的文野之辨：读魏源〈海国图志〉》，我中心主办的"真知·中国"系列云讲座由此拉开序幕。为促进世界各文明各抒其诚，抛弃冲突，加强对话，贡献真知，共克时艰，我中心举办此系列讲座，聚焦人类文明历史坐标中的中国思想和中国制度，邀请了冯天瑜、葛剑雄、郭齐勇、李宗桂、张国刚、常建华、陈文新、刘志伟、陈锋、赵世瑜诸名家，以期向听众传播精英学者的真知灼见，向世界传达中国知识分子的真实见解。

16 日，郭齐勇应邀在中国教育电视台国学台网络国学师资培训班，线上直播课程作首讲《国学与人生》。

20 日，郭齐勇应邀为东南大学马院博硕士研究生线上授课，课题为"试谈中国文化精神"。

22 日，郭齐勇通过知网直播讲授《刘述先先生的著作与思想》。

25 日，郭齐勇应北京三智书院邀请，线上讲授《王阳明"一体之仁"的生命智慧》。

26 日，在武汉大学哲学院"新冠疫情时代的哲学反思与心理调适"学术周活动中，郭齐勇讲演《关于疫情的人文学反思》。

本月，郭齐勇著《郭齐勇新儒学论文精选集》由台湾学生书局出版。

郭齐勇、高柏园主编《当代新儒学丛书》陆续由台湾学生书局出版。

吴根友主编《比较哲学翻译与研究丛书》（第 1 辑），森舸澜著、史国强译《无为，早期中国的概念隐喻与精神理想》，由中国出版集团、东方出版中心出版。

吴根友主编《比较哲学翻译与研究丛书》（第 1 辑），张世英著《中西哲学对话——不同而相通》，由中国出版集团、东方出版中心出版。

6 月

5 日，吴根友参加了武汉大学媒体发展研究中心组织的多元文化世界中的真实伦理的对话，该对话主讲人系美国伊利诺伊大学传播研究所主任 Christians（克利福德·克里斯琴斯）。

10 日，超星武汉分公司为郭齐勇录制《大学》讲演视频。

12 日，为迎接中国文化遗产日以及推进本中心"地方宗教文献与明清佛教世俗化研究"等基地项目的研究进度，清华大学图书馆特藏部、清华大学科技史暨古文献研究所、武汉大学图书馆古籍保护中心、中国人民大学图书馆古籍整理与研究部及浙江大学图书馆、南开大学图书馆、西安美术学院图书馆等单位的古籍特藏部门共同策划和组织了"高校古籍特藏文献建设暨明清佛教金石文总目编制云会议"，周荣系此会议发起人之一。在会上，周荣就明清佛教金石文总目及全文数字化平台的缘起、特点和进度等情况作了陈述。

18 日，周荣应邀参加中国社会保障学会举办的《中国社会保障通史》研究会视频会议，就《中国社会保障通史》的思路发表了看法，并提交了《明代社会保障卷》的大纲。

19 日，吴根友应邀出席吉林大学哲学社会学院主办的哲学研究、教学与学科建设线上讲座。

20—21 日，武汉大学与北京大学合办的"张世英与当代中国比较哲学"研讨会在腾讯会议上召开，储昭华主持会议，吴根友致辞并提交文章《"万物一体"与全球化的哲学形上之思》。

27 日，吴根友主持了武汉大学文明对话高等研究院第一场线上对谈：全球文明视野里的家（Family）与家园（Home）问题——当代家哲学问题纵横对谈。

30 日，吴根友主持的教育部哲学社会科学研究重大课题攻关项目"中国传统道德文化的现代阐释和实践路径研究"，获"合格"结项证书。

本月，郭齐勇著《中国哲学史十讲》由复旦大学出版社出版。

陈锋主编《百年财税变革与财政治理》由科学出版社出版。

7 月

10 日，周荣作为与谈嘉宾参加中国社会史学会慈善史专业委员会主办的第二期 2020 年云端慈善论坛，就会议的议题"清代慈善事业内容新探"发表了评论。

18 日，周荣参加中国社会保障学会第二次全国会员代表大会，在会上当选为学会理事。

18 日，傅才武应邀参加 2020 场景（中国）高峰论坛：消费·美学·场景会议评议工作。

18—19 日，郭齐勇应邀在江西德安出席熊十力新儒学考察研讨会并作主旨报告。19 日上午，应德安县委县政府邀请，郭齐勇在江西德安图书馆为百余人主讲《熊十力：世界级的大哲学家》。

19 日，吴根友应邀参加北京师范大学"辅仁国学讲座"，主讲《从经学解释学到经典解释学的可能性探讨——戴震的经学解释学及其当代的活化》。

25 日，吴根友应邀做客岳麓书院与凤凰国学联合主办的风直播，主讲《戴震的经学解释学在当代如何活化?》。

本月，张昭炜著《中国儒学缄默维度》由中国社会科学出版社出版。

张昭炜主编《阳明学要籍选刊》，李会富编校《陶奭龄集》（上、下），由武汉大学出版社出版。

8 月

4 日，郭齐勇应邀在线上为中国教育电视台国学台国学师资培训班的百名学员讲《四书概论》。

5 日，郭齐勇应邀在线上为武汉大学哲学院主办的政治哲学前沿暑期学校的学员讲《儒家政治哲学与正义论的思考》。

10 日，杨国安应邀在华中师范大学 7 号楼一楼报告厅为湖北省中学高三历史教师主讲《历史学科核心素养之理解与培养》。

14—15 日，武汉大学哲学学院举办了萧萐父先生与当代中国哲学线上会议。吴根友组织并参加该会议，提交会议论文《萧萐父的诗化哲学》。储昭华参加会议，提交论文并报告《政道与治道的偏离及其必然效应》。

18—19 日，钟书林参加由澳门大学举办的线上学术会议"省思与开拓：先唐文学与文化国际学术研讨会"，提交大会论文《陶渊明晚年诗文创作与汲冢考古发现》。

24 日，姚彬彬参加中国社会科学院马克思主义理论学科建设与理论研究工程领导小组主办的第八届科学无神论论坛（视频会议），提交论文《当前台湾地区佛教的"去传统化"与个人崇拜趋向的成因分析》并作大会发言。

26—27 日，郭齐勇在安徽黄山出席《中华孔学》杂志社、安徽省孔子后裔联谊会等主办的"第七届全国孔子思想传承与发展学术研讨会"，在大会上就孔子大同小康思想与人类命运共同体作学术演讲。

31—9 月 7 日，傅才武应邀前往中国海洋大学主讲"名家课程"："文化产业管理与运营——基于中国的经验与模式"。

本月，欧阳祯人《刘咸炘儒家哲学思想研究》获批四川省哲学社会科学国学单列项目重大课题。

9 月

2 日，吴根友在兰州大学主办的"知行讲堂"主讲《〈庄子〉哲学三题与经典解释学》。

11 日，姚彬彬赴京参加中央统战部举办的对台宗教交流工作座谈会，提交咨询报告《台湾地区佛教现状与两岸交流前景之分析》。

18 日，郭齐勇应东北师范大学马克思主义学院邀请，为该院师生作线上讲学，题目为"亲亲相隐与大义灭亲的情理与法理之反思"。

18—20 日，杨华应邀参加由曲阜师范大学孔子研究院主办的"三礼学与中国传统文化"学术研讨会，发表论文《汉代经学与民间复仇：以礼法冲突为视角的考察》。

25—28 日，欧阳祯人应邀赴成都参加由四川大学承办的中华孔子学会年会，提交了《岛田虔次论陆象山》一文并发言。在该次大会中，欧阳祯人当选中华孔子学会副会长。

26 日，周荣当选为中国社会保障学会慈善分会理事。

27 日，胡治洪以线上方式参加第六届尼山世界文明论坛，发表论文《熊十力文化哲学的精义及其启示》。

30 日，欧阳祯人应邀赴浙江省图书馆作了《王阳明的家训与为人处世》的学术报告。

本月，张昭炜回国，结束为期两年的柏林自由大学哲学系访学活动。

冯天瑜、姚彬彬合著《中国文化元典十讲》由商务印书馆出版。

丁四新主编《经学视域下的朱子学研究》由社会科学文献出版社出版。

陈文新编著《美文品读·师友交际篇》由商务印书馆出版。

陈文新编著《美文品读·忆旧谈往篇》由商务印书馆出版。

陈文新编著《美文品读·说文论史篇》由商务印书馆出版。

李维武《马克思主义哲学中国化与中国哲学的现代转型》获批全国哲学社会科学工作办公室"2019 年度国家哲学社会科学成果文库"项目。

10 月

2 日，吴根友应邀在中南财经政法大学马克思主义学院主讲《当代中国哲学形而上学之鸟瞰》。

9 日，欧阳祯人应邀在四川大学文化研究院"儒释道讲坛"演讲，题目是"儒家经典的上古背景"。

11—14 日，陈锋应邀参加由故宫博物院、国家清史办主办的紫禁城建成 600 周年暨中国明清史国际学术论坛，提交论文并报告《清代食盐运销的成本、利润及相关问题》。

12 日，吴根友应邀参加厦门大学南强哲学论坛第 193 期活动，主讲《〈庄子〉哲学三题与经典解释学》。

13 日，郭齐勇出席国学院 2020 年释菜礼，发表以"弘毅"为中心的讲话。

16—19 日，胡治洪参加嵩山少林寺庚子年少林学研讨会，发表论文《全球生态危机与儒家救治之道》。

17 日，傅才武应邀参加第五届特色文化产业高峰论坛暨非遗（文创）扶贫联盟现场交流会——告别贫困、全面建成小康社会再出发，以"新时代文化和旅游融合的内涵建构与模式创新"为题发表主旨视频演讲。

17—18 日，申万里应暨南大学古籍所邀请，前往浙江湖州参加宋元文集与社会工作坊，作主题报告《元代殿试试卷的特征与整理》。

17—18 日，姚彬彬应邀参加中国棋院杭州分院主办的第八届中国杭州国际棋（智力）文化峰会，并任大会组委会委员。

23 日，欧阳祯人应邀参加武汉市商业学院通识课教育大会，并作题为"在疫情的背景下看通识教育的理念建构"的发言。

23 日，卢烈红应邀为海南师范大学国际教育学院师生讲授《如何开展词义研究》。

24 日，郭齐勇在巴山夜雨酒店讲演《国学及其现代价值》。此为湖北国学大讲坛庚子年首讲和国学院院庆十周年系列讲座首讲，由湖北省国学研究会与武大国学院、武汉邵阳商会主办。

24—25 日，李维武参加武汉大学主办的"新时代马克思主义哲学中国化暨纪念李达先生 130 周年诞辰陶德麟先生 89 周年诞辰"高端学术论坛，提交论文《从李达到陶德麟的〈实践论〉解读之路》，并就此在大会发言。

24—25 日，姚彬彬应邀前往杭州参加中国社会科学院世界宗教研究所主办的第二届马克思主义宗教学研讨会，作大会发言《光复以来台湾地区佛教的"祖国化"历程》。

25 日，欧阳祯人应邀参加湖南大学岳麓书院国学著作奖、终身奖的评审工作。

27 日，晏昌贵应复旦大学《历史地理研究》编辑部邀请，主讲《出土简帛地理资料的整理与研究》。

29—30 日，郭齐勇赴京出席中央文史馆主办的第七届国学论坛，作重点发言《疫情防控中展现出来的中华民族精神》。

30 日—11 月 1 日，欧阳祯人应邀赴浙江绍兴参加浙江省稽山王阳明研究院主办的王阳明大会，担任三场论文大会点评嘉宾。

30 日—11 月 2 日，陈伟应邀参加由中国古文字研究会主办的中国古文字研究会第二十三届学术研讨会，线上发表论文《周家寨汉简〈告地书〉识小》。

本月，吴根友、黄超主编《哲学前沿问题与方法论》由人民出版社出版。

郭齐勇著《现当代新儒学思潮研究》获湖北省人民政府颁发的第十二届湖北省社会科学优秀成果奖一等奖。

陈伟著《秦简牍校读及所见制度考察》获第十二届湖北省社会科学优秀成果奖二等奖。

陈文新著《刘永济评传》获第十二届湖北省社会科学优秀成果奖三等奖。

傅才武系列论文《文化行业绩效困境与改革策略研究——以公共图书馆行业为中心的考察》获第十二届湖北省社会科学优秀成果奖二等奖。

李维武论文《新文化运动中的唯物史观派》获第十二届湖北省社会科学优秀成果奖二等奖。

鲁小俊系列论文《清代书院考课研究》获第十二届湖北省社会科学优秀成果奖三等奖。

欧阳祯人著《出土简帛中的政治哲学》荣获第十二届湖北省社会科学优秀成果奖三等奖。

徐少华著《楚都丹阳探索》获第十二届湖北省社会科学优秀成果奖二等奖。

钟书林著《五至十一世纪敦煌文学研究》获第十二届湖北省社会科学优秀成果奖二等奖。

冯天瑜《东亚同文书院中国调查之研究》获批 2020 年国家社科基金后期资助重点项目。

卢烈红《唐宋禅宗语录句法专题研究》获批 2020 年国家社科基金后期资助项目。

11 月

5—7 日，陈伟应邀参加由韩国庆北大学主办的古代东亚文字资料研究的现在与未来国际学术会议，提交论文《"有等比"与"比行事"》并作云报告。

6—8 日，陈锋前往上海华东师范大学参加由华东师范大学、武汉大学、华中师范大学、清华大学联合举办的第四届财税史论坛，提交论文《晚清"财政"新机构的出现与"财政"实质的变化》。会上，陈锋致辞并发表主旨演讲。

6—10 日，钟书林参加敦煌研究院、中国敦煌吐鲁番学会在甘肃敦煌莫高窟联合主办的"纪念藏经洞发现 120 周年学术研讨会"，提交论文《姜亮夫先生与 20 世纪敦煌学研究》。

7 日，吴根友受湖南师范大学哲学系邀请，主讲《〈庄子〉哲学三题与经典解释学》。

7 日，傅才武应邀参加 2020 文化科技创新论坛（CTIS2020）——云端与现场：文化科技融合发展的挑战与机遇，以"中国艺术消费理论的转向——文化消费理论的本土化问题"为题发表了主旨演讲。

7—8日，姚彬彬应邀参加中国社会科学院世界宗教研究所、中国宗教学会主办的首届中华文明发展与中华传统文化创造性转化与创新性发展学术研讨会，提交论文《经学范式与文化转型——近代中国佛学学派的兴起》，并担任研讨会第一组下半场会议主持人。

9日，卢烈红在线上为湖北师范大学文学院师生及全国其他高校学生共200余人讲授《如何开展词义研究》。

10日，姚彬彬应邀在武汉出版集团作公益视频直播讲座《围棋与中国文化漫谈》。

13—16日，欧阳祯人应邀参加由贵阳孔学堂举办的学术年会。

14—15日，周荣前往广州参加粤港澳佛教文化交流会，发表论文《六祖慧能黄梅得法的遗迹与历史记忆重建》。

16日，吴根友主持文明对话高等研究院第一场线下学术讲座，邀请复旦大学特聘教授、中国研究院院长张维为主讲《关于建构中国话语的一些思考》。

17日，姚彬彬参加武汉大学台湾研究所主办的青年与未来——台湾研究领域青年学者研讨会，并作会议发言。

20—23日，吴根友参加中山大学珠海校区哲学系举办的第四届湖广中哲论坛。

24日，傅才武应邀参加第十二届深圳学术年会主题学术研讨会——深圳经济特区40周年回顾与前瞻，以"文化创新如何彰显深圳力量：一种解释框架"为题作演讲。

25—26日，姚彬彬应邀参加首届东盟广西佛教论坛——广西佛教中国化与海上丝绸之路研讨会，提交论文《契嵩禅师对韩愈辟佛论的驳议》并作会议发言。

26日，武汉大学文明对话高等研究院与温州大学合作举办了文明对话视域中的家与家园——当代家哲学中青年学者论坛，吴根友提交文章《现代汉语"家哲学"的基本脉络、新意与挑战》。下午，吴根友应邀参加武汉大学武测社区下沉党员活动，发表演讲《〈论语〉〈道德经〉中的人生智慧》。

27日，吴根友应邀参加华中科技大学哲学学院举办的慧源哲学茶座第281期活动，发表演讲《当代中国哲学的新形态及其几种形而上学之鸟瞰》。

27日，傅才武应邀前往同济大学主讲《新时期文化和旅游政策研究的十大前沿问题》。

28—29日，昌切在湖南长沙参加由湖南师范大学文学院和《中国文学研究》编辑部主办的"《中国文学研究》编委会扩大会议暨新时代·新思路·新发展学术研究与期刊建设"研讨会，作大会报告《文学研究的本源》。

28—29日，姚彬彬应邀参加暨南大学首届工夫论跨学科工作坊（线上会议），提交论文《曹洞宗"默照禅"与传统"习禅"工夫论之分野》并作会议发言。

28日，傅才武应邀参加高校博物馆专业人才培养工作座谈会，以"文化强国背景下的文化文物发展方向与政策路径"为题作演讲。

22日，吴根友主持武汉大学文明对话高等研究院第二场线下学术讲座，邀请了中国人民大学欧盟"让·莫内讲席"、习近平新时代中国特色社会主义思想研究院副院长、国际关系学院博士生导师王义桅先生主讲《国际话语体系下的"中国悖论"》。

本月，郭齐勇著《传统文化的精华》由商务印书馆出版。

郭齐勇著《中国哲学的特色》由商务印书馆出版。

郭齐勇主编《阳明学研究》（第五辑）由人民出版社出版。

欧阳祯人主编《心学史上的一座丰碑——陆象山诞辰880年国际学术研讨会论文集》由武汉大学出版社出版。

陈文新、[韩] 闵宽东主编《朝鲜汉籍稀见版本丛刊》第1辑由崇文书局出版。

储昭华著《何以安身与逍遥——庄子"虚己"之道的政治哲学解析》由商务印书馆出版。

郭齐勇著《现当代新儒学思潮研究》获湖南大学岳麓书院、凤凰网、敦和基金会主办的"致敬国学：第四届全球华人国学大典"之"国学成果奖"。

12 月

1日，张昭炜受聘为武汉大学人文社会科学优秀青年学者。

3日，陈伟应邀参加由韩国首尔大学主办的第二届秦汉法律国际学术会议，提交论文《岳麓书院藏秦简"符令"解读》并在线上作论文报告。

5日，傅才武应邀参加第三届紫金文化产业论坛暨中国文化产业管理专业委员会2020年年会，以"文化强国背景下的文化发展方向与政策路径"为题发表主旨演讲。

11—14日，申万里前往上海大学宝山校区出席中国社科院古代史研究所、上海外国语大学主办的"宋元与东亚世界高端论坛暨宋元多边外交及东亚秩序"学术研讨会，提交论文并作主题报告：《蒙元之际的洪氏家族：兼论元丽关系的发展与定型》。

16日，吴根友做客岳麓书院与凤凰国学联合主办的风直播，主讲《与颜炳罡对谈：儒学的现代转化与当代价值》。

17—18日，姚彬彬应邀参加江西云居山主办的一诚老和尚佛学思想座谈会，提交论文《"禅七"制度略考》并作会议发言。

26日，吴根友应福建平潭两岸国学大讲坛邀请主讲《〈论语〉〈道德经〉中的人生智慧》，仅人民网就有360万以上听众参与。

本月，杨华主编《长江文明研究》由长江出版社出版。

余来明著《明代复古的众声与别调》由中华书局出版。

钟书林著，朴云锡、金洪水共译《知其不可为之：〈论语〉研读十二讲》，由韩国明文堂出版社出版。

丁四新著《周易溯源与早期易学考论》获得教育部授予的第八届高等学校科学研究优秀成果奖（人文社会科学）三等奖。

陈锋整理《晚清财政说明书》获教育部第八届高等学校科学研究优秀成果奖（人文社会科学）三等奖。

吴根友著《戴震、乾嘉学术与中国文化》获教育部第八届高等学校科学研究优秀成果奖（人文社会科学）三等奖。

陈伟主编《秦简牍合集》获教育部第八届高等学校科学研究优秀成果奖（人文社会科学）一等奖。

陈文新著《明代文学与科举文化生态》获教育部第八届高等学校科学研究优秀成果

奖（人文社会科学）二等奖，并入选 2020 年度国家社科基金中华学术外译项目推荐书目。

傅才武著《近代中国国家文化体制的起源、演进与定型》获教育部第八届高等学校科学研究优秀成果奖（人文社会科学）二等奖。

李少军《从 1912 年至 1937 年间日本驻华使领商务报告整理与研究》获批 2020 年国家社会科学基金重大招标项目。

李天虹《荆州胡家草场 12 号西汉墓出土简牍整理与研究》获批 2020 年度国家社会科学基金重大招标项目。